ビギナーズ
犯罪学

第２版

守山　正
小林寿一
［編著］

成文堂

第 2 版はしがき

2016 年の初版以降、本書は大学の学生諸君を中心に多くの読者を得てきたが、今次、第 2 版を発行する運びとなった。初版「はしがき」にも書いたが、世界的には犯罪学研究は隆盛であるといえるが、残念ながら、わが国では必ずしもそのような状況はみられない。

この要因には種々考えられるが、政府は「エビデンスに基づく政策」を掲げながら、依然として、政府の刑事政策に対する評価が進まない現状が考えられる。まさしく、エビデンスに基づく政策を支えるのが、国内外を問わず犯罪学の知見であることは言うまでもない。

そうとはいえ、わが国でも犯罪学に関わる実証研究は、科学警察研究所はもちろんのこと、都市工学や地理学などの研究者によるものも含めて多数実施されており、たんに学界内部の議論の素材にとどまらず、政策の基盤としての基調なデータであるから、国や地方自治体の政策立案者は、これらを活用すべきと思われる。このような動きが活発化すれば、刑事政策も精緻な方向性を打ち出すことができるであろうし、他方で、研究者による犯罪学に関する種々の研究も盛んになり、次世代の若手研究者にも刺激を与えることになろう。

第 2 版では、その後の社会状況の変化に伴い統計類を改訂し、また用語等の見直しを図ったほか、新規に「犯罪予測」の項を設けて、いくらか本書の方向性を打ち出したつもりである。引き続き、ご愛読を願う次第である。

2019 年 10 月

編者を代表して
守　山　　　正

はしがき

本書は、『ビギナーズ少年法』（初版2005年）、『ビギナーズ刑事政策』（初版2008年）に続くビギナーズ・シリーズの姉妹書である。本書刊行を計画してから相当の年月を要し、執筆者の方々、そして本書を期待された方々には多大な迷惑をかけたが、ようやく上梓することができ、ここに犯罪関係の初心者向けテキスト3部作が完成した。

ビギナーズの前書に比較し、本書の発刊が遅れたのは、犯罪学分野の性格上、さらには近年の展開の状況から、法学にかぎらず心理学、社会学、さらには都市工学、地理学など種々の異種領域が参入し、きわめて複雑で学際的な領域となりつつあるからである。それを反映して、本書は当然ながら執筆者の出身分野も多様であり、そのため用語法や理念の理解など統一感を保ちながら本作りを行うことは困難を極めた。そもそも、犯罪学の理念自体、いぜん確定しておらず、未だに「犯罪学とは何か（What is Criminology?）」という題名の書籍が出回るほどである。それほど、定義困難な領域であり、諸外国の文献でも、犯罪学と刑事司法論、刑事政策、犯罪政策、犯罪対策論などの分野との異同は明らかにされておらず、なかには犯罪学の定義を議論すること自体、時間の無駄であるとする論調さえみられる。

しかし、犯罪をとりあえず法的概念でとらえ、犯罪学がまず犯罪を研究対象とするのであれば、犯罪学と法学の関係は不可分である。実際、英語圏の大学では犯罪学単体の講座名は少なく、むしろCriminology with LawとかCriminology and Lawなどの名称で講義が行われている例がある。他方で犯罪学を事実学としてもっぱら実証領域であると理解して、規範学の法学を離れ、社会実体としての犯罪やそれに関与する犯罪者・被害者その他のさまざまな要素をデータとして提示していく潮流も諸外国ではきわめて盛んである。

世界的に見ると、全般的な犯罪学の発展は近年とくにめざましく、また犯罪学を含む科目名として設置する大学は増加する一方であり、実際、犯罪学は人気科目の一つであるとされる。学界的にみても新しい学会が次々と設立され、それに伴って学会誌が多数発刊されており、電子ジャーナルで検索しても criminology 関係はきわめて多く、特定雑誌を探すのに苦労するほどである。いわば「花盛り」の状況といってよいであろう。考えてみれば、現実では犯罪状況は世界規模で急激に減少しつつあり、なぜ犯罪学がこのような繁栄をもたらしているのか、はなはだ不思議である。これに対して、わが国ではむしろ犯罪学は低調であるといわなければならない。その要因はいくつか思い当たる。第1に、もともと犯罪が他の社会問題と比較してそれほど深刻ではなく外国ほど犯罪学研究に対するニーズがないこと、第2に、司法試験科目から刑事政策が除外され、その影響から後進の研究者が育っていないこと、第3に、わが国では政府機関・公的機関からの生データの取得が外部者にはとくに困難であり、大学研究者が実証調査を行いにくい研究環境に依然あること、などである。

とはいえ、わが国においても犯罪学の魅力が失せたわけではない。現に、犯罪学を履修する学生の反応は上々であり、将来的に犯罪学を研究したいと考える学生がいるのも現実である。それでは犯罪学の魅力は何か。考えてみれば、犯罪行動は人間の行動そのものであり、犯罪を研究することはすなわち人間、そしてその集合体としての社会を研究することに他ならず、誰しも大きな事件が発生すれば、なぜこのような事件が起きたのか、犯人の心の中や家族環境を覗いてみたいと思うことであろう。もちろん、犯罪学は科学であり、評論家のような断定調の議論は避けねばならない。犯罪原因を特定できるほど、あるいは人間行動を予測できるほどの研究状況にはなく、「誰がいつ、どこで、なぜ犯罪を行うのか」という問いに対する答えはいまだ闇に包まれているし、将来明らかになるかどうかも不明である。ましてや「犯罪はここで起こる」などとはとうてい言えないであろう。それは依然として人間科学の発達、つまりその心理や社会の解明が進んでいないことに起因する。残念ながら、われわれは未だに人間のことを完全に理解できないし、あるいは今後も完全にできるとは限らない。その意味では、犯罪学はその任務を果してないし、実際過去に生じた有名事件を考えてみても解明の余地が残されていることは明らかである。正しく、犯罪学は悩める状況にある。

本書は、類書にはない種々の試みを行っており、犯罪学の伝統的な研究領域に加えて、とくに近年、諸外国ではトピックとなっている最新のテーマも取り上げた。しかし、本書はあくまでも初学者を念頭においていることから、姉妹書でも比較的好評のコラムを挿入し、犯罪学をなるべく身近に親しみやすくなるように工夫を施した。本書においても、これらの試みが読者に受け入れられることを願う次第である。他方、書式やスタイル、表現においてその統一を図るため、編者の判断でかなり加筆、補正を行った。したがって、文責の一部は編者にある。

先にも述べたが、本書は構想からかなり長い道のりであったために、早々に執筆された方々を長期間待たせる結果となり、また成文堂編集部の篠崎雄彦氏にも何かと我慢をお願いし心苦しい限りであったが、何とか刊行にこぎ着けることができた。とりあえずは生みの苦しみから解放され、本書の刊行を素直に喜びたいと思う。

2016年3月

編者を代表して
守山　正

凡　例

ASBO	Anti-Social Behaviour
b・d・r	behabiour/damage/reaction
BCS	British Crime Survey
BCSM	Behavioral Change Stairway Model
BIA	Behavioral Investigate Advice
CAP	Chicago Area Project
CCTV	Closed-Circuit Television
CI	Cognitive Interview
CMOc	Context/Mechanism/Outcome configuration
CPTED	Crime Prevention through Environmental Design
DNA	Deoxyribonucleic Acid
DV	Domestic Violence
ECCA	Environmental Criminology and Crime Analysis
FBI	Federal Bureau of Investigation
G. I. Bill	Government Issue Bill
GIS	Geographical Information System
HEUNI	The European Institute for Crime Prevention and Control, affiliated with the United Nations
ICVS	International Crime Victims Survey
IES-R	Impact of Event Scale-Revised
IQ	Intelligence Quotient
MFY	Mobilization for Youth
NSPCC	The National Society of the Prevention for Cruelty to Children
PDCA	Plan/Do/Check/Act
PEACE	Preparation/Planning, Engage/Explain, Account/Probing/Challenge, Closure, Evaluation
PMS	Premenstrual Syndrome
PTSD	Post-Traumatic Stress Disorder
QOL	Quality of Life
SARA	Scan/Analysis/Reponse/Assessment
SBD	Secured by Design
SMART	Specific, Measurable, Achievable, Realistic, Timebound
UNICRI	United Nations Interregional Crime and Justice Research Institute
ViCAP	Violent Criminal Apprehension Program
ViClAS	Violent Crime Linkage Analysis System

目　次

コラム一覧

第 1 講◆犯罪学の意義

キーワード

犯罪／生活の質／社会的構築

1　犯罪学とは何か

世界的にみると、犯罪学は現在、「花ざかり」とも言われる。21 世紀において、新しい学会が相次いで創設され、それに伴い、学会誌を含む各種の専門雑誌や書籍が多く刊行されている。高等教育においても、犯罪学を設置する大学は増えており、その結果、世界中で多くの犯罪学者、犯罪研究者を生みだしている。しかし、以下にみるように、犯罪学の実像は、その成立経緯、起源、有力分野などが各国でまちまちであることから、依然として定かではなく、一部の研究者は犯罪学の定義は不可能とすら述べている。それでもなお、犯罪学は人気分野であり、一般公衆でさえ、犯罪は社会問題の中でもとくに興味を示す領域である。それは、日常的に犯罪がメディアを通じて報道され、あるいはテレビや映画でドラマとして扱われるからであろう。人々は、具体的な犯罪事件を通じて人間の深層を理解しようとしている。

1　犯罪学の意義

(1)「犯罪学」という用語

「犯罪学（criminology)」という語は、1879 年に犯罪者の体型を研究したフランス人人類学者ポール・トピナール（Paul Topinard）が最初に使用したといわれるが（フランス語で ‘criminologie’)、一般には、犯罪学という語を定義したのはイタリア実証学派の一人ラファエル・ガロファロ（Raffaele Garofalo）であるとされる（イタリア語で ‘criminologia’)。さらに、これを学問的に体系として組織したのは、同じくイタリアのチェザーレ・ロンブローゾ（Ceasare

Lombroso）であり、彼こそ「近代犯罪学の父」と称されている。後述するように、ロンブローゾは当時においては科学的な手法を用い、犯罪者とそうではない者との相異を体型、とくに頭部の形状、頭蓋骨や顎のサイズなど先天的要因に求めた。

しかし、犯罪学とは何かという議論は今日でも続けられ、依然定まらない状況がみられる。一見簡単なようにみられるが、実際には複雑で容易ではない。その理由は、一つに、犯罪学には種々の学問領域が混入し、きわめて学際的であるためである。その傾向は、いよいよ強まっている。歴史的にみて、法学、人類学、生物学、精神医学、心理学、社会学などから犯罪や犯罪者に対するアプローチがみられ、こんにちではさらに、教育学、地理学、都市工学からの参入もみられる。1930 年代に活躍したアメリカの犯罪学者トーステン・セリン（Thorsten Sellin）は、「犯罪の研究に合流する全ての分野に精通した犯罪学者は一人も存在しない」と述べるほど、犯罪学は複雑なのである。

また、犯罪学が複雑なのも当然ともいえる。なぜなら、犯罪はきわめて人間的な事象であり、したがって犯罪、さらには犯罪者を探究することは、とりもなおさず、もともと複雑な人間行動を探究することと同義だからである。しかしながら、このような状況が逆に犯罪学の体系を曖昧にし、定義づけを困難にしていることは否定できない。犯罪学の学際性は、このように、研究の目的・対象も分岐させ、他の領域との境界も不明瞭にしている。逆にいえば、犯罪学は間口の広い学問領域であり、したがって、さまざまな分野の科学者が参入することが可能であり、それが犯罪学の魅力ともなっている。

そもそも、各国で始まった犯罪学はその起源も異なる。イタリアでは当初、法学的な刑罰論の系譜があり、後に人類学的な探究へと変化した。フランスでは環境が重視され、統計学のアプローチから犯罪学が発展した。イギリスでは刑事施設における精神病理の研究から犯罪学が生まれている。さらに、アメリカでは当初生物学そして次に社会学を基盤にした犯罪学がシカゴ学派を中心に展開してきた。このように、犯罪学はその出自も異なり、単一の定義になじまないとも言えよう。

(2) 定義の試み

このような中で、アメリカのエドウィン・サザランド（Edwin Sutherland）は犯罪学の定義を試みている。それによると、犯罪学とは法の生成、法の違反および法の違反に対する社会の反応であるとした。これを言い換えると、犯罪学の任務は、①犯罪の研究、②犯罪を行った者の研究、③刑事司法・刑罰制度の研究ということになる。サザランドは、「犯罪学の目的は、法の過程、犯罪、処遇や予防に関する一般的に検証された原理や知識の総体を発展させることである」とした（Principles of Criminology, 4th ed., 1939）。

しかしながら、このサザランドの定義にも種々の疑問が生じる。まず第1に、犯罪概念は所与のものではなく、相対的であることである。たとえば、人を殺すという行為が犯罪であることは自明ではない。平時では殺人罪が適用されるが、戦場では一般に犯罪とはされず、賞賛されることもある。つまり、犯罪は存在論的な現実とはいえないのである。第2に、社会的に害悪を与えるのは犯罪とは限らない。一般に社会的には重大犯罪が注目されがちであるが、日常的には犯罪と言えない秩序違反行為も広く横行しており、近年、どちらかというと住民の関心は後者にある。したがって、犯罪学の対象は、犯罪を行っていない者、刑罰の対象とならない社会的に有害な行為も含まれる。

2 刑事政策との関係

犯罪学のほかに、刑事政策や刑事学という学問領域もある。後者は「刑」の文字が含まれているように、刑罰を中心に検討する領域であり、主として、刑罰の執行、それによる再犯予防を研究対象とする。このために国や自治体によって設置された各種公的機関がその任に当たり、犯罪者の処遇を担い、再犯予防活動を展開している。

犯罪ないし犯罪者を扱う点で犯罪学と刑事政策は類似しており、しばしばその識別が困難なことが少なくない。わが国では、従来、犯罪学は社会的実体としての犯罪、犯罪者を実証的に研究するという意味で事実学とし、刑事政策は法的要素を多く含むために規範学とされてきた。そして、犯罪学で獲得された知見は刑事政策に提供され、刑事政策はそれに基づいて特定政策を展開するという構図がしばしば提示されてきた。しかし、このような理解は刑事政策が上位、犯罪学が下位という位置づけになりがちであり、適当でない。

むしろ英米では、犯罪学が総合科学としての地位を確保し、犯罪学の下位に、刑事司法研究（すなわち、刑事政策）などが位置づけられている。したがって、こんにちにおいて、厳密に研究領域を識別する利益に乏しく、また先にみたように、犯罪を扱う新規参入の領域もあり、それぞれの研究部門がその関心に従って犯罪問題を研究すること自体、必ずしも不当ではなく、不都合もみられない。

本書もその方向から構成され、基本は刑事政策で扱われない部分をとくに扱うこととする。

3　犯罪学の任務・目的

前述のとおり、わが国では犯罪学は事実学に位置づけられたために、事実つまりデータの提供を行うのが主要な任務であるとされた。しかし、欧米とくに英米では、犯罪学は総合科学として発展しており、犯罪政策（わが国でいう刑事政策）も含む射程の広い分野となっている。その限りにおいては、その任務、目的はたんに犯罪やその周辺行為の社会的な事実や実態を解明するにとどまらず、ひろく犯罪などの社会的有害行為を防止することをめざしている。刑事政策では主として刑罰の適用によってそれを果たそうとするが、犯罪学はそれに限定せず、幅広い社会的資源を活用して、可能な限り有用な手段で果たそうとする。

しかし、留意すべきは、犯罪学の目的は犯罪防止を念頭におきながらも、最終的には、人々の快適な生活を目指すということである。近年、犯罪学文献にはしばしば、「生活の質（quality of life）」の向上という目標が掲げられている。犯罪が端的に、生活の質を侵害することはいうまでもない。しかし、たとえばイギリスの不安感調査では、先に述べたように、犯罪よりも刑罰を科すことのできない秩序違反行為（disorder）、反社会的行動（anti–social behaviour）が不安の要因であるという指摘がある（犯罪不安感については、第14講Ⅳ参照）。このような社会的害悪という点で軽微な行為も、生活の質を害するのには十分であるから、これらの行為も防止すべきことになる。したがって、犯罪学は犯罪防止が最終的な目標ではなく、その先にさらに「生活の質」の維持、向上があると言わなければならない。

2　犯罪とは何か

1　犯罪の定義

犯罪学の定義が定まらないとしても、犯罪が犯罪学の研究対象であることは明らかである。それでは、犯罪とは何であろうか。犯罪は日常生活において人々の口の端にしばしば上るほどの自明な概念であり常識であって、あらためて議論することもないように思われるかもしれない。しかし、実際には、犯罪学同様、犯罪の定義も実に多様で複雑である。以下にみるように、犯罪は明らかに相対的な概念である。

通常、犯罪の定義は定義を行う者の所属研究領域によって異なる。法学者、社会学者、心理学者などでは、関心や視点の相違から、犯罪の定義も異なっている。そのためか、実際には、犯罪学関係のテキストで犯罪自体を定義していないもの、回避しているものが少なくない。

犯罪概念との関係で、主としてアメリカで1970年代に議論されたのが「被害者なき犯罪（victimless crime）」であった。すなわち、被害者のいない行為は犯罪とはすべきではなく、従って刑罰を科すべきではないという議論が有力に主張されたのである。この背景には1970年代の過犯罪化現象がみられる。社会的に好ましくない行為を次々と犯罪化したからである。そこで、この反動が「非犯罪化（de–criminalization）」論を生み出したのである。その最も端的な例は同性愛行為であろう。かつてアメリカの一部の州では、かりに両者に同意があっても同性愛は犯罪とされ処罰されたが、その後合法化され、こんにち同姓婚が異性婚と法律上、同様の扱いを受けるなど時代は大きく変化し、従来の犯罪概念を覆している。

もう一つ、同様の見方として犯罪を社会的構築物とする考え方がある。その主唱者の一人としてノルウェー人犯罪学者ニルス・クリスティ（Nils Christie）がいる。彼は次のように主張する。すなわち、「犯罪は存在しない。行為のみが存在するのであり、行為には、しばしば種々の社会的枠組みの中で異なった意味づけが行われる。行為とその行為に対する意味づけがわれわれの素材となる。われわれの取り組みは、意味づけの世界を通じて行為の運命を辿ることにある」(A Suitable Amount of Crime, 2004, p.3)。この意味づけを行うのは、それぞれの社会の諸条件であり、それぞれの国家や社会における歴史、伝統、慣習、文化などが関わっている。

(1)　法学的視点

通常、犯罪概念の出発点になるのが法学的概念である。つまり、刑法が規定する行為を犯罪ととらえるのである。したがって、しばしば、「犯罪とは刑法に違反する行為である」という定義が利用される。この定義の特徴は、明解さにある。なぜなら、刑法典を調べれば、一定の行為が犯罪であるか否かが判断できるからである。しかしながら、これもそれほど単純ではなく、正確にいえば、刑法によって処罰可能な行為が法学概念としての「犯罪」である。一般の市民は、犯罪といえば故意による行為を連想しがちであるが、自己の過失で交通事故を起こし、人を死傷に至らしめれば、これも犯罪であり、処罰が可能である。また、同じ人を殺す行為でも、死刑執行人の行為は違法性が阻却され犯罪とはならず、行為の是非弁別ができない者の行為も責任が阻却され犯罪とはされない。他方、行為そのものが果たして「犯罪」に当たるのか、これもしばしば論争の的になる。その例として、エイズに汚染された血液製剤をそれと知って輸入許可を行い、その製剤を利用して輸血を受けた多数の者が死亡した事件では、輸入許可を行った旧厚生省の役人が業務上過失致死罪で起訴された。このような解釈も含めると、刑法典に一定類型の犯罪が規定されているからといっても、社会の一定行為が犯罪に当たるかどうかは直ちに判断できず、司法の判断を待たねばならない。したがって、刑法における犯罪概念が犯罪の定義に役立つとはいえ、これにおいても不明瞭さが残るのである。

さらに刑法は時代によっても変化するから、同じ社会においても、ある行為が時期によって犯罪となったり、犯罪とはされなかったりすることがある。わが国でも、第二次大戦後の一時期まで姦通罪が存在し、既婚女性が夫以外の男性と性行為を行うことは「犯罪」であったが、現在姦通罪は廃止され、そのような行為はたんに倫理上の批判を受けるだけに過ぎなくなった

(近年では、逆に性的自己決定権などの観点から夫の妻に対する強姦罪の適用が問題とされ、法運用にも変化がみられる)。

また社会が異なれば、刑法典、したがって犯罪概念も異なる。イギリスでは従来、自殺を犯罪としてきたが、その後改正され、現在は合法化されている。つまり、自殺の社会的意味が変化したのである。これに対して、わが国では自殺を犯罪化した時代はみられない。このように刑法における犯罪概念は、時間的空間的に犯罪の普遍性と相対性を示すものである。

❍コラム 1　自殺は犯罪か

イギリスでは、歴史的に自殺（未遂）はコモンロー上の犯罪として扱われ、処罰が可能であった。自殺は神を冒涜する行為と考えられたからである。実際には、刑罰として自殺者の私的所有物が没収され、また倫理上、公営の墓地に埋葬されないなどの不利益を受け、残された遺族も不名誉な扱いを受けた。1961 年自殺法（Suicide Act 1961）は、自殺自体を非犯罪化したが、自殺幇助罪は維持されている。わが国では自殺を犯罪化した歴史はないが、刑法では自殺を教唆したり幇助したりすれば自殺関与罪（202 条）が成立し、犯罪となる（守山正「イギリスにおける施設内自死の状況」刑政 107 巻 6 号 28 頁以下）。

---

(2)　心理学的視点

心理学者は当然ながら、心理学的な視点から犯罪を定義しようとする。しばしば、犯罪心理学として独自の視点を提供してきた。これによると、たとえば、犯罪は人間の社会適応の問題とされる。人は、日常生活を通じて、知識や技術を身につけてその社会に相応しい行動様式を学ぶ。人にはさまざまな欲求や攻撃性を有するが、それらをどのように抑制し、あるいは充足して他人との良好な人間関係を維持すべきかを学習するのである。これが適応の問題である。つまり、犯罪は一般にこのような状況に適応できないこと、つまり不適応（maladjustment）の例であるとされる。そして、不適応の原因として、両親の不良な育児態度など、社会化の失敗などが挙げられている。

このほか、力動心理学では、犯罪行為を生活上で生じた何らかの欲求不満

（フラストレーション）と結びつけられ、その解消として犯罪行為が生じると論じる。さらに、社会心理学では、役割理論などが援用され、犯罪者にはその人らしい行動を求められていると考えられ、犯罪はその役割の体現や実行と定義される。まさしく後述のラベリング理論の二次的逸脱の説明は、このカテゴリーに含まれる（第 5 講Ⅳ参照）。

しばしば、犯罪心理学を刑事司法機関や少年保護機関に対する支援科学として捉える考え方、つまり警察の捜査や法廷手続、さらには矯正・更生保護分野の犯罪者処遇に関わる領域であるという理解もあるが、これは狭きに失するように思われる。確かに、近年、プロファイリングなどの捜査支援の領域が注目されているが、基本的には、犯罪心理学自体の理念や対象を明瞭にすべきであろう。

(3)　社会学的視点

社会学においては、社会の倫理・批判や合意に反する行為が犯罪とされる。それは、人々の集合的な共通の倫理に衝撃を与え、秩序を紊乱し、ひいては人々の間に道徳的な義憤を醸成するからである。フランスの社会学者エミール・デュルケーム（Emile Durkheim）は、「一定の行為が強力で、よく定義された集合的な良識の状態を侵害したとき犯罪となる」と主張した（The Rules of Sociological Methods, 1938）。しかも、犯罪は社会的に不可避な行為であり、むしろ健全な社会現象であるとも指摘した。つまり、第 1 に、犯罪の存在しないような社会は存在しないこと、第 2 に、犯罪は社会の発展にとって必要であること、第 3 に、犯罪は道徳の発展には有用であること、などを指摘した。これは、しばしば犯罪正常説と呼ばれている。デュルケイムの説は、個人における規範違反行為ないしは逸脱行為が社会を発展させる原動力になった歴史的事例に従うと、肯定しうるという側面を有する。

いずれにせよ、このような犯罪社会学では犯罪や非行を、社会規範・行為規範の問題として捉える。これは原始社会や未開社会においても適用できる考え方であり、犯罪を法的概念から解放して理解する方法を提供する。一般に社会集団は、その存続のために構成員を拘束する規範を有し、同調性を確保しようとする。そのために、一方では、望ましい行為をした者、つまり規範に同調した者に対しては賞賛や報奨といった肯定的な反応、他方で違反した者には嘲笑、憎悪、排除、追放といった否定的反応を示す。後者の典型例が刑罰である。通常、これらの反応を示すために、集団内部には装置や制度を設けており、これによって集団内の秩序を維持する。しかし、この種の評価は相対的であって、同じ規範違反行為でも、年齢や性別、社会的地位によっては、反応の程度は異なる。少年と成人への対応が異なるのは、まさにこれである。さらに、時間的変化、つまり規範が時代によって変化すれば、これらの反応は異なってくる。

2　犯罪の構成要素

小川太郎は、犯罪の構成要素として、図表 1-1 に示された b・d・r 構造を提唱する（「刑事政策講義第 2 分冊」（法政大学出版局、1968 年））。すなわち、b, d, r とは人間個人（Individual）の行動（behaviour）、被害者（Victim）の損害（damage）、そして社会（Society）の反動（reaction）である。要するに、まず確認すべきは、犯罪は人間の行動である。さらに、犯罪であるためには、その行動によって人・組織（被害者）に損害が生じる必要がある。しかし、これだけでは依然、犯罪とはいえない。民事法における不法行為は、人や組織の行為によって相手に損害を与える点では同じであるが、犯罪とはいえないからである。犯罪と言えるためには、さらに、その行動や損害が発生したことに社会的な批難（つまり反動）が加えられなければならない。先述した「被害者なき犯罪」が問題となるのは、被害者もいなければ損害が生じていないのではないかという点であった。この社会的反動は通常、国家の制裁・

図表 1-1　小川太郎の b・d・r 構造

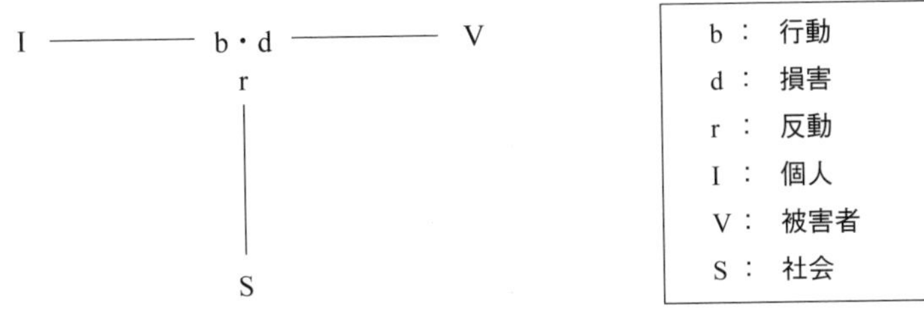

刑罰である。しかし、刑罰の科せられない行為に対しても社会的非難はありうるから、そのような行為に対しては何らかの公的対応が必要となる。先に述べた秩序違反行為などは、この例に当たる。

このような考え方は海外の研究者の主張の中にもみられる（たとえば、Leroy Gould et al（2001）, What is Crime?）。犯罪を「社会的イベント（social event）」として捉える考え方である。グールドらは、犯罪は犯行者のみの行為を問題とするのではなく、その他の人々の行動、たとえば被害者、目撃者・通行人などの第三者、法執行官、政治家などの行動も問題とされるべきであり、したがって、犯罪はこれらの人々の間に生じる特定の一連の相互作用であるとした。さらに、後述する環境犯罪学でも、犯罪は犯行者の存在だけでは発生せず、それを誘導する犯罪機会が必要であり、犯罪機会は、行為者（犯行者）、標的（被害者・被害物）の存在と監視人の欠如から構成されるとする。環境犯罪学では、これらが重なり合う状況を「犯罪イベント（criminal event）」と呼び、従来の犯罪学が、犯罪発生において犯行者の存在のみを注目した点に警告を与えた。

3　犯罪者の意義

犯罪者とは、いうまでもなく犯罪を行った者である。法学的視点でいえば、刑法に違反する行為を行った者である。しかし、上記のように、法学的な犯罪概念を拡張すれば、犯罪者概念も拡張される。実際、古くから秩序を乱す者は犯罪者とされ、精神障害者やヨーロッパ中世の魔女も犯罪者であり、断罪された。もっといえば、19世紀にロンブローゾが唱えたように、頭蓋骨に異常がみられ骨相にそれが現れている者は何も行わなくとも、危険な犯罪者とみなされた。他方、1980年代アメリカで展開されたラベリング論では、悪のレッテルを貼られた者が犯罪者や非行少年とされたのである（第5講Ⅳ参照）。

実際、一般社会では犯罪者の概念は、法的な概念に拘束されるわけではなく、社会的なイメージが支配しているといえよう。現に、犯罪を行い、有罪判決を受け刑に服して全ての法的義務を負えた者（刑余者）でさえ、社会では「犯罪者」とみなされ、事実上、社会的排除の対象となっている。それほど、犯罪を行った者に対するレッテル（烙印）は現実の社会では強力である。

逆に、犯罪者が犯罪を行った者であると定義しても、犯罪者は必ずしも処罰されるわけではない。社会には実際、犯罪を行っても検挙されることもなく、処罰を免れている者が多数いる。犯罪には暗数が含まれるが、まさしくこの暗数は犯罪を行っても検挙されない者が存在することを示している。とりわけ、犯罪学で問題となるのは、ホワイト・カラー層である。政治家や企業幹部の中には、汚職や脱税などで違法行為を行いながら、処罰を免れており、逆に社会からは成功者として尊敬されている人物もいる。このようなホワイト・カラー犯罪者に対しては、犯罪者として検挙されやすい下級階層や労働者階層に対して不公平という批判が従来から展開されている。

さらに、刑法上の犯罪概念は、刑法の構成要件に該当し違法で有責な行為とされるから、たとえば14歳未満の者は処罰されず（刑法41条）、精神の障害があって行為時に心神喪失状況にあった者も刑罰が科せられない。つまり、法律上犯罪とは言えないからである。しかし、犯罪学はこれらの者も研究対象とする。社会から何らかの否定的評価が与えられ、実際に社会的には実害が生じている可能性があり、これらの行為も予防すべきだからである。

4　犯罪学の展開

率直に言って、わが国における犯罪学研究は十分に発展を遂げているとはとうてい言えないであろう。その原因や理由は、理論研究は別として、実証研究（empirical research）が著しく遅れていることにある。依然として、法学系の犯罪学は諸外国の実証研究を紹介するにとどまっており、理論研究も、通常、実証研究から生まれることが多く、両者は表裏一体をなすから、その意味ではわが国固有の理論研究も遅れていると言わざるを得ない。そこで、わが国の犯罪学の状況・課題と世界の状況を概観する（なお、個別の国の状況については、第3講「犯罪学の動向」参照）。

1　世界の状況

世界的にみると、犯罪学は21世紀に入る頃から、多くの大学が犯罪学専攻の部門を開設し、犯罪関係の各種雑誌が新規に発刊されるなど一種の犯罪学ブームを迎えている。とりわけ、オーストラリア・ニュージーランド、北アメリカ、イギリスなどの英語圏ではその動きが顕著である。他の地域でも、学会関連としてヨーロッパ犯罪学会（創設2000年）、アジア犯罪学会（同2006年）が設立され、学会誌が発行されている。新規には犯罪学に特化した学術賞（ストックホルム犯罪学賞）も創設された（ストックホルム犯罪学賞については、守山正「ストックホルム犯罪学賞と環境犯罪学」犯罪と非行180号、2015年）。

そのような新しい動きにも関わらず、こんにち依然として世界最大の犯罪学関連の学会はアメリカ犯罪学会（American Society of Criminology, ASC）である。この学会の大きな特徴は、会員が全世界にわたり、いわば毎年開催の世界学会の様相を呈していることである。しかも、学会全体だけでなく、学会の下部組織も独自の会誌を発行しており、多くの雑誌が競合関係にある。これは別の見方をすれば、犯罪学の傘下で、専門分野が細分化され、あるいはイデオロギー化しており、研究志向が同じの研究集団が他の集団を排外するという仲間意識を生む結果ともなっている。そのため同じ集団内においては批判が控えられるという欠点があり、このためタブーのない活発な論争がみられず、かえって学問の閉鎖性が強まる恐れがある。

このような中で、各国において議論されてきたのが、大学研究者と政府機関との関係である。つまり、犯罪学の研究において、大学研究者は政府機関とどのような関係を維持すべきか、という問題である。とりわけ膨大な研究予算を必要するプロジェクトでは政府機関などの公的資金の支援が必要となる。従来、アメリカではもっぱら中央政府・州政府を主要な支援者として大学刑事司法部門が調査研究を行う例が目立っているが、他方でイギリスにおいては、1970年代に内務省内に研究部門が創設されてからは、政府は研究助成を活発に行って大学関係者と友好な関係を築いてきたが、近年、両者間に相互不信が生まれている。

学究的な研究者と政府機関との距離は、調査研究、とりわけ実証研究には多大に影響する。なぜなら、犯罪者や刑務所などを研究対象とする場合などには、政府機関からデータの提示を受けるなどの協力や支援が欠かせないからである。他方で、政府機関と過度に癒着すると、政府政策への批判が控えられがちになったり、逆に政府の都合のよい調査結果だけが利用される懸念もある。

2　わが国の状況

わが国では、刑事政策と犯罪学ないしは刑事学の未分化状況がしばらく続き、今日でも十分に区別されていない。それは、たとえばかつて司法試験科目であった「刑事政策」の出題においても、犯罪学に関する事項（たとえば原因論）が問われたからである。そのため、多くの刑事政策の教科書には、個別犯罪の問題を扱っており、そこでも若干、犯罪学的な考察が加えられている。しかし、一般的に言えば、前述のように犯罪学は事実学、刑事政策は規範学とされ、形式上は、刑事政策が政策立案の基礎として犯罪学的事実を活用するという図式にあり、刑事政策は犯罪学の上位にあり、犯罪学は補助科学の地位に長く甘んじてきた。というよりは、実際に国の政策に利用される資料は犯罪学的なエビデンスではなく、むしろ海外で実施されている政策あるいはその成否のデータであることが非常に多い。つまり、わが国で実証データが政策に生かされることは稀であり、強いていえば警察部門が若干利用しているという程度であろう。

しかも、わが国の特徴として、研究者による犯罪学研究の大部分が海外の紹介論文に委ねられており、とくに、実証研究に乏しい分野ではその傾向が著しい。実際、官公庁のデータ公開が進まないわが国では、大学研究者が刑事司法の領域で独自の実証調査を行うのはほとんど不可能に近い。せいぜいわが国のこの領域で実証研究が可能なのは、国立の科学警察研究所ないし都道府県立の科学捜査研究所、あるいは法務省付属の法務総合研究所であるが、後者の構成員は実務家で構成され、研究者ではない。このような状況は、海外の状況とは対比的であり、たとえばイギリスのデジスタンス研究においては、これを可能にしたのは保護観察所の協力、つまり犯罪前歴者の個人情報の提供であり、これによって大学研究者が犯罪を止めた人々へのアプローチが完遂できたのである（デジスタンス研究については、第9講参照）。このような研究環境は、わが国では考えられないことであろう。

こうした事情から、わが国ではそもそも犯罪学者やそれを目指す者の母数自体が著しく少ないし、その養成機関、たとえば大学の研究機関も十分に発展していない。欧米の状況ときわめて対照的である。これをわが国は安全で犯罪が少なく、研究の素材に乏しいから犯罪学は優先事項ではないという理由は正統性を欠く。たんに犯罪が少ないという統計的事実よりも、犯罪の被害に遭遇して苦しんでいる人たちが現に存在することを重視すべきであり、また、一般住民の犯罪などの不安感も強いことは各種のデータからも明らかである（犯罪不安感については第14講Ⅳ参照）。わが国で犯罪学が未発達な理由は、むしろ魅力的な研究素材を見いだすことが困難な状況にある点であろう。先述したように、調査したい事項があっても、刑事司法を担う公的機関からのデータが得られず、調査不能という場合が少なくない。したがって、これらの機関がエビデンスに根ざす活動をめざすのであれば、多少のリスクはあっても、データを公表したり、調査を仲介したりすべきである。つまり、情報公開の促進が期待される。しかも、時代は個々の国家政策の評価の時代を迎え、国家機関が自らの政策を外部の組織・個人に評価されることが求められており、わが国も諸外国の例にならい、このような研究環境を提供すべきと思われる。

とはいえ、わが国においても明治期以降、とくに医学者を中心に犯罪学研究は進められてきたし、第二次大戦後は社会学を中心とした研究が発展した（わが国の状況につき、第3講Ⅳを参照）。それでもなお、世界の実証研究状況に比較して著しく遅れていることは否定できない。

参考文献

・Tim Newburn (2012), Criminology 2nd ed.
・西村春夫・菊田幸一『犯罪・非行と人間社会』（評論社、1984年）
・西村春夫・守山　正『犯罪学への招待［第2版］』（日本評論社、1998年）
・岩井弘融『犯罪社会学』（弘文堂、1973年）
・守山　正『イギリス犯罪学研究Ⅰ』（成文堂、2011年）

第 2 講◆犯罪学の歴史

キーワード

タリオ／鬼神論／魔女裁判／古典学派／実証主義学派

人類の歴史は、犯罪との闘いの歴史と言っても過言ではない。どの時代、どの社会にも集団の構成員が従属すべき行動の基準、つまり規範が定められ、それに違反すると処罰され、その威嚇によって治安が維持されてきた。一般に、いかなる形態であるにせよ、社会は内部の秩序維持と外敵への攻撃防御の機能を有して、その存在を保持してきた。その内部の秩序維持の手段として、世界最古の法典の一つ、ハンムラビ法典（紀元前 1770 年頃）には、「目には目を、歯には歯を」と明記されていた。つまり、典型的な応報主義が表明されており、現代刑法の基本理念にも通じる。このように、人類は古くから、刑罰や制裁を用いて犯罪への対応を考えてきたのである。すなわち、どの社会もそれぞれ犯罪への対応の方法は考えられていたし、実際に処理されてきた。一般的には、犯罪への対応が先に生まれ、犯罪原因の追求、言い換えると犯罪説明の議論はむしろ遅れてきたとされる。実際、犯罪の説明、つまりなぜ人々は規範に違反するのかを科学的に考えるようになるのは 18 世紀後半になってからである。それ以前は、超自然的な現象、悪霊や霊魂、魔女、その他邪悪な精神が人に宿って、犯罪が行われていると考えられたのである。

本講では、犯罪学の歴史の中でも、とくに科学的、実証的犯罪学が確立するまでに焦点を当てる。

1　啓蒙期以前

1　犯罪の説明と犯罪者の扱い

古代、犯罪は、天災と同じように神や悪魔の仕業と考えられていた。すなわち、犯罪原因を心霊世界による何らかの力、たとえば神の怒り、悪魔の呪いに求めるものであり、心霊論とか鬼神論とよばれる。犯罪原因は心霊的力によるとされ、その対策も祈祷や呪術といった類いのものであった。悪名高い魔女狩りは、中世ヨーロッパを中心に行われていたが、科学的技術や思考方法が台頭しつつあった大航海時代、新大陸アメリカにおいてさえ、歴史に名を残すマサチューセッツ州セイラムの町で魔女裁判が行われていたという事実がある。わずか 300 年ほど前の出来事である。このような心霊論は、今でこそ非科学的であるとされるであろうが、現在でもなお、英米の刑事裁判における証人の宣誓制度、つまり片手を聖書に乗せて宣誓したり、犯罪者が言い訳としての「魔が差したとか」、人々が凶悪犯罪者を「鬼のような人」と言ったりする表現にその残滓がみられる。

啓蒙期以前のヨーロッパは、農業を中心とした社会であり、人々は地方の村々に居住し、土地に縛られていた。階級は、国王、貴族、宗教家、一般市民というように明確に分かれ、そして、王権神授説を理論的根拠として、国王が絶対的権力を有していた。

訴訟手続や裁判制度は構築されてはいたものの、被疑者・被告人に基本的人権は保障されておらず、裁判官に広範な裁量権が認められ、同じ犯罪行為であっても被告人の身分によって刑の軽重が異なったり、犯罪の嫌疑さえあれば処罰できる嫌疑刑が科されたりすることがあるなど、およそこんにちの公正な裁判からはほど遠い状態であった。イギリスで 1540 年～1641 年に存在していたとされる星室裁判所（Court of Star Chamber）は、恣意的な裁判を行い人々の人権を蹂躙した裁判所として悪名高い。刑罰は、公開で行われ、八つ裂きや火あぶり、晒し台など残虐な刑罰が横行していた。たとえ軽微な犯罪や年少者であっても死刑に処されることもあったのである。

フランスでも、君主から警察に強大な権限が与えられており、警察は犯罪問題だけでなく市民の道徳や政治的言論も扱うことができた。警察は、裁判所の令状なしに被疑者を逮捕し、被疑事実を特定せずに拘留することができた。被疑者は、ほとんど法的保護を受けることなく、取調べではしばしば拷問が用いられた。裁判において、被告人は、反対尋問権を保障されておらず、有罪の場合、身体刑を含む残酷な刑罰を言い渡された（L. Radzinowicz,

1966)。

また、啓蒙期以前は、民事と刑事も未分化で、加害者と被害者は直接話し合いで解決を図っていた。それが、社会が発展するにつれて、仲介人が間に入って双方の言い分を聞き、お互いが納得のいく落としどころを探る調停的システムが誕生するようになる。さらに発展すると、権力を一手に握る者、すなわち国王が現れ、国内のトラブルを解決する裁判システムを構築する。この段階では、国王が国民に対して国内の秩序を維持するために法令を守るように命令を発し、犯罪者は国王の法令順守命令に違反した者、国王の意に反する者として、国王に対して責任を負うこととなった。この頃から、かつて被害者に与えられた賠償金は、罰金という刑罰として、国王が回収するようになったのである。そこで、被害者は、別途、加害者に対して損害賠償を求めねばならなくなった。これが民刑分離の歴史的経緯とされる。

❍コラム２　星室裁判所（Court of Star Chamber）

星室裁判所は、1487 年から 1641 年までイングランドに存在していた裁判所である。旧ウェストミンスター宮殿内の一室、星が描かれた天井にちなんで名付けられた。国王の大権に基づいて、コモン・ロー裁判所では救済されない事件、特に不動産関連の私的紛争を中心に扱っていたが、1500 年代に、暴動、共同謀議、偽造など王国の治安を乱す事件も管轄するようになった。1600 年代初頭、星室裁判所は、清教徒を弾圧するために、拷問を駆使して証言を収集し、非公開で審理を行い、身体刑や終身刑、莫大な罰金刑などの過酷な刑罰を科すようになった。このような圧政に対して反対の声が高まり、議会は、1641 年に星室裁判所を廃止した。現在、星室（Star Chamber）という用語は、非公開で行われ圧政的で広範な裁量権を持つ裁判所という意味で使用される。

2　犯罪への対応

(1)　血　讐

古い時代における処罰の根拠は応報や復讐であり、しばしば犯罪を処理する動機とされた。私的な部族的、宗教的な復讐が栄えた時代では、犯罪の予防、つまり再犯予防は念頭には置かれなかった。復讐は被害者の感情を諫め、ときには賠償を行うためのものであったからである。このような私的復讐においては、ホッブスが「万人の万人に対する闘争」と述べたように、個々人は自らの安全を提供しなければならず、その安全が侵害された場合は、いかなる復讐も適切で実現可能と主張できた。しかし、このような状態は、被害者と犯罪者の相違が曖昧となり、機能不全に陥った。復讐を願望する集団の強さが刑罰の厳格性を支配するため、被害者の復讐に犯罪者もなお復讐し、暴力のスパイラルに陥るからである。とりわけ部族間の復讐スパイラルは問題をより深刻化した。攻撃は個人的な復讐というよりも家族・親族全体、部族、一族への攻撃と考えられ、これが拡大したのが「血讐（blood feuding）」であった。個人間の復讐が部族間の争いに転じたのである。

(2)　異端審問

そこで、中世になると血讐は社会秩序の安定を脅かす分断的な行為と考えられるようになり、封建領主たちは犯罪原因として迷信を使用し始める。つまり、犯罪者の処罰は宗教に方向づけられ、領主たちは誰が悪霊に取り憑かれているかを宣言したのである。これは、私的な部族間の復讐心を和らげる役割を果たした。処罰は神の名で行われ、教会や国家の代表が執行した。処罰は被害者のためではなく、神の宥和として執行されたのである。このようにして、犯罪を行った者は邪悪で罪深い者とみなされた。

4 世紀頃から始まった宗教裁判は、「異端審問（the Holy Inquisition）」として 12 世紀から 18 世紀にかけて絶頂期を迎えたが、これは当時ローマ・カソリック教会が直面した権威の危機が背景にあるとされる。この時代の審問手続は拷問が活用され、刑事手続の基盤となった。ヨーロッパのほとんどの国で審問が行われ、広範な監禁、拷問、火あぶりが自白を引き出す手段となり、異端者が処罰された。実際には、教会は血を流すことが禁じられていたため、審問者や世俗者が刑罰執行を担当したが、13 世紀には聖職者が行ったとする記述がみられる。審問の過酷さと不正義は犯罪と刑罰の歴史に汚点を残した。魔女狩りの担当者は不幸な被害者に代わり、国家の機構を担った。つまり、何万人という魔女とラベルされた無辜の人々を拷問し殺害したのは、当時、社会的には尊敬された役人、法律家、なかには著名な医者や哲学者まで含まれており、この時代の恐怖は現代司法制度の教訓となっている。

(3)　残虐な刑罰

残虐な刑罰のピークは17世紀から18世紀にかけて訪れた。死刑は西欧社会における刑罰の主要な手段となり、17世紀イギリスではすべての重罪に適用された。しかも、その執行は縛り首でゆっくりと行われ、執行者は死刑囚の脚を強く引っ張るなどして、苦痛が長時間継続するように工夫したと言われる。血なまぐさく陰惨な執行はしばしば刑事手続の一部となった。イギリスのコモン・ローでは拷問は禁止されながら、実際には、上述の星室裁判所の手続に用いられ、被告人が死亡したり、罪を自白したりするまで被告人の背骨を引き延ばしたり、鉄の重しを幾重にも重ねた。この結果、罪を自白しなかった被告人は無罪とされ、その財産は家族に戻され、自白した者の全財産は没収された。

18世紀には、死刑執行の手段としては、このほか、溺死、火あぶり、断頭、石打ち、轢死などがあり、致命的ではない手段として、足かせ、さらし台、むち打ち、身体切断、焼き印があった。このような過酷で残虐な刑罰の執行が後の人道的で公正な裁判の運営を求める改革へとつながったのである。

2　科学的犯罪学の出現

上述のように、中世ヨーロッパでは不公正な裁判と過酷な刑罰の専制的な運用が行われていた。そのような中で、これを強く批判して出現したのが古典学派であり、その後、さらに古典学派を批判して現れたのが実証学派であった。両派とも、ローマ・カソリックの強い支配下にありながら、当時自由な学問状況や気風がみられたイタリアで生まれたことはきわめて特徴的である。もっとも、ドイツではこの両者の対立は、古典学派と近代学派の「学派の争い」として刑罰論や刑事政策のあり方に大きな影響を与えた。

1　古典学派の誕生

時代的には、18世紀後半から19世紀初頭にかけて、啓蒙期におけるありうべき人間像をめぐり、自由意思（free will）論や合理的選択（rational choice）論などに根ざした議論が展開された。古典学派は初めて犯罪に対する自然論的な説明を行い、それ以前の犯罪を超自然的な現象として捉える説明にとってかわったのである。すなわち、その背景には、合理主義、知性主義、人道主義があり、国王や聖職者の権威・神聖な権限を強調する考えと対立した。

もっとも、その主眼は刑罰の改革問題にあり、事実、18世紀における各国の刑法改正に大きな影響を与えた。とくにベッカリーアの思想は、フランス革命後においてフランス刑法典（1791年、改正法1810年、1819年）に結実している。それによると、刑罰は行われた犯罪に比例し、その目的は応報であると主張され、刑罰のあり方に人道主義を導入した。すなわち、人間はみずからの行動を自由な意思によって決定しており、したがって犯罪は自由意思で行った所産であるから、あえて悪い行為である犯罪を行った点で非難が可能であり、そこに刑罰を科すことが可能な根拠があるとした。他方、モンテスキューの「法の精神」（1748年）やルソーを代表とする「社会契約論」（1762年）の影響から、古典学派は人を対等で自由な存在と捉え、平等性という概念を中心に据えて、明確で正統性のある刑事司法制度の創設を提唱し、拷問その他の権限濫用を拒否した。古典学派の代表には、前記のイタリアのチェーザレ・ベッカリーア（Cesare Beccaria）とイギリスのジェレミー・ベンサム（Jeremy Bentham）らがいる。

(1)　チェーザレ・ベッカリーア（1738-1794）

ベッカリーアは、犯罪と刑罰の領域に初めて合理的選択理論を持ち込み、当時の不当な刑事手続や残虐な刑罰、刑罰の濫用を批判し、以下のような主張をした。

① 罪刑法定主義：人々が理解できる文言で「犯罪となる行為とそれに対して科される刑罰」を法律で予め規定しておかねばならない。そうすることで、人々は「行ってはならない行為」を理解し、安心して行動することができる。裁判官は、法律に従わねばならず、法律に規定されていない行為を犯罪と認定したり、法律に規定されている以上の刑罰を言い渡したりしてはならない。

② 刑罰適用の公平性：社会的身分にかかわらず、犯罪を行った者は、平

等に扱われねばならない。

③　残虐な刑罰の禁止：残虐な刑罰は、より過酷な刑罰をうみだすことに繋がる。

④　罪刑均衡の必要性：犯罪者の身分や裁判官の勝手な温情で刑の量定を決めてはならず、社会に与えた損害の程度に応じて刑罰の重さを決定しなければならない。

⑤　その他に、陪審制の支持、被告人による裁判官や陪審員の忌避権、裁判の公開、証拠の公開、虚偽告訴の禁止、拷問の禁止、推定無罪の原則を支持した。

このほか、ベッカリーアは、処罰についても以下の3点を強調した。第1に、処罰の迅速性である。処罰は可能な限り迅速に科されねばならない。というのも、有罪・無罪の確定まで、被疑者・被告人は法的に不安定な立場に置かれるからである。また、犯罪と刑罰の時間的間隔が長くなればなるほど、犯罪者に内省を促す効果が弱くなるからである。第2に、処罰の平等性である。行為者の身分にかかわらず平等な刑罰が科されねばならない。どのような階級の者であれ、犯罪を行えば同様に処罰されるという制度は、人々の広範な支持が得られる。すなわち、刑事司法制度の正統性が支持されることになる。第3に、処罰の確実（厳格）性である。犯罪を抑止するためには、刑罰を誤りなく科さねばならない。過度に残虐な刑罰は、逃避に繋がる。「犯罪によってもたらされる利益が（刑罰によって）帳消しにされる」と計算できる程度の重さの刑罰が確実に科されれば十分であり、それを超える刑罰は余計である。

ベッカリーアは、『犯罪と刑罰［第5版］』の最後に一般的定理として次のように記述している。

「あらゆる刑罰が、一人の市民に対する、一人または多人数による暴力行為とならないようにするためには、刑罰は、本質的に公的で、迅速で、必要とされるものであり、与えられた状況において可能な限り軽いものであり、しかも犯罪とのバランスが取れていて、そして法律によって定められたものでなければならない」（小谷眞男訳『犯罪と刑罰』154頁）

❍コラム3　匿名で出版された『犯罪と刑罰』

この書は二人の友人の助言によって生まれたとされる。その一人ピエトロ・ベッリはベッカリーアと文学や社会問題について議論するうちに、ベッカリーアに刑法の運用について批判的な論文を書くように強く勧め、彼は9ヶ月をかけて100頁を超える程度の『犯罪と刑罰（Dei deliti e delle pene)』を完成させた。1764年のことである。文体は直截的で読みやすく、瞬く間に評判になり10か国以上の言語に翻訳された。ボルテール、ディデロ、ルソー、ヒュームなど当時のヨーロッパの知的階級に大きな影響を与えた。しかしながら、本書は当初、著者も出版社も匿名であった。ベッカリーアが異端者になりたくなかったからだと言われる。実際、多くの審問者はこの書を強く批判し、一時は禁書処分を受けるなどの不遇があり、ローマ・カソリック教会は、ベッカリーアのことをキリスト教の敵、邪悪な夢想家、無能な哲学者と罵ったとされる。それほど当時の教会の権限や影響力は圧倒的に強く、その批判を描いた本書は衝撃的な内容であったのである。

(2)　ジェレミー・ベンサム（1748-1832)

ベッカリーアの『犯罪と刑罰』の影響を受けて、その主張をさらに発展させたのが、イギリスのジェレミー・ベンサムである。また、ベンサムは、モンテスキューの『法の精神』、エルヴェシウスの『精神論』、プリーストリーの『政府論随想』などからも影響を受けたとされる。当時、イギリスにおいてもヨーロッパ諸国と同様に、残虐な身体刑が横行し、死刑が多用されており、掏摸（すり）程度の軽微な犯罪にも死刑が適用されていた時代である。ベンサムは、オックスフォード大学でブラックストンのイギリス法講義を受講し、イギリスの法律状況に失望したという。なぜなら、当時コモン・ローとエクイティというイギリスにおける二つの判例法がすでに構築されていたが、体系化されておらず混沌とした状態で、両者はそれぞれ独自の専門用語を駆使し、一般人には到底理解できるものではなかったからである。そこで、ベンサムは、複雑な判例法を簡素化し、一般人にも理解できるようにするために、イギリス法改革に心血を注いだ。その際、自らの主張の根幹においたのが「功利性の原理（the principle of utility)」、すなわちプリーストリーの

「最大多数の最大幸福」から着想を得た、きわめて著名な「最大幸福または至福の原理（the greatest happiness or greatest felicity principle）」であった。

ベンサムは、当初、刑法典の一試案に対する序説として執筆した『道徳および立法の諸原理序説』（1780 年）において、功利主義を詳述し、「功利性の原理とは、その利益が問題になっている人々の幸福を、増大させるように見えるか、それとも減少させるように見えるかの傾向によって、または……、その幸福を促進するようにみえるか、それともその幸福に対立するようにみえるかによって、すべての行為を是認し、又は否認する原理を意味する」（山下重一訳『世界の名著 38』82 頁）と述べている。

さらに、「功利性とは、ある対象の性質であって、それによってその対象が、その利益が考慮されている当事者に、利益、便宜、快楽、善、または幸福を生み出し、または、危害、苦痛、害悪または不幸が起こることを防止する傾向を持つものを意味する」（同 83 頁）

このように、ベンサムは、快楽苦痛原則（pleasure–pain principle）に基づく功利主義の提唱者である。つまり、快楽苦痛原則とは、「人間は快楽を最大化し苦痛を回避するように行動する。」人は、攻撃欲、金銭欲、性欲といった欲望（快楽）を満たすために犯罪を行う。したがって、犯罪抑止策としては、「犯罪によって得られるあらゆる快楽よりも、刑罰によって科される苦痛が勝ること」を目指せばよい。過度に残虐な刑罰は不要であり、快楽を若干上回る苦痛（刑罰）で足りるとした。この考えは、いわゆる合理的選択理論と呼ばれ、こんにち環境犯罪学にも通底する理論である。

ベッカリーアとベンサムの主張は、基本的に類似しているが、以下のように、若干の相違がみられる。第 1 に、両者ともに死刑に基本的に反対ではあったが、ベンサムは、殺人の場合には死刑の適用可能性を論じた。第 2 に、ベンサムは、パノプティコンを設計したように、刑務所の有用性を説いている。第 3 に、ベッカリーアは、累犯者への刑罰加重を認めなかったが、ベンサムはその正当性を認めたことである。

❍コラム 4　ベンサムは生きている

ジェレミー・ベンサムに会いたければ、ロンドン大学ユニバーシティ・カレッジ校に行けばよい。というのも、彼の全身像が同校の建物の一角に飾られているからである。1832 年、彼が死亡した年、その遺言によって、友人サウスウッド・スミスは死体の管理を命じられたという。自分の全身像が著作活動にふけって椅子に座っている姿を維持して欲しいという内容であった。頭部はミイラ化され、当初、解剖学博物館に所蔵されたが、その後、いくつかの施設を経て、最終的にはロンドン大学に寄贈された。その間、ロンドン大学キングス・カレッジ校の学生に持ち去られるなどの事件が発生したが、オークションで買い戻され、現在の場所に安置されている。

---

(3)　古典学派の影響と批判

ベンサムやベッカリーアに代表される古典学派は、中世の残虐で不平等な刑事司法制度を打破し、近代刑事司法制度を構築し、罪刑法定主義や適正手続の保障など現代の刑事司法制度の根幹を支える基本概念を多数うみだした。実際に、19 世紀以降、拷問、身体刑、死刑の利用が減少し、欧米諸国で近代刑法や刑事訴訟法が制定され、後に世界各国にも波及した。この影響によってジョン・ハワードが『監獄事情』で指摘したように、劣悪な環境にあった監獄は改善され、新たな刑務所が創設されるに至った。つまり、人権尊重・人道化と緩刑化をもたらしたのである。

このように、古典学派は、犯罪学理論、法理論、刑事司法実務のすべてにおいて大転換をもたらした。しかし、「人は、損得勘定のできる合理的な理性人である」とか「人は、自由意思を有す存在である」といった前提とそれに基づく犯罪予防策には以下のような批判が加えられ、後の実証主義学派に道を譲ることになる。

・「すべての人を合理的な理性人」とする前提は、多様な能力を有する人という現実を無視している。実際、社会には合理的な判断をできない者が存在する。
・処罰の迅速性は、訴訟における平等性や公平性、正確性と両立し得ない。
・犯罪者が貧困層に多く富裕層に少ない理由を説明できない。
・犯罪者のほとんどが男性で女性犯罪者が少ない理由を説明できない。

・ホワイト・カラー犯罪や企業犯罪を合理的に説明できない。

古典学派が人を理性人とか自由人として想定したのは、18 世紀当時、多くの人々は国王の圧政の下、人間として尊重されなかった事情に鑑みいわば人間を理想化させたのである。

2　実証学派

古典学派は、どちらかというと理論や思想が中心であり、いわば机の上で作り上げられた考え方であったが、実証学派は文字通り、種々のデータを駆使して理論を構築しており、これは現代の科学主義と通底する。後述のロンブローゾが「近代犯罪学の父」と呼ばれる所以である。通常、犯罪学において実証学派と呼ばれるのは、以下にみるようにゲリーやケトレーなどのフランス実証学派とロンブローゾのほか、フェッリ、ガロファロらのイタリア実証学派である。

(1)　実証学派の台頭

古典学派は、種々の啓蒙主義思想の論理を発展させ、絶対王制下の残虐で不平等な犯罪処理を批判し、人権を基盤とする平等な近代的刑事司法制度の確立に大きな役割を果たした。しかし、犯罪理論とそれに基づく犯罪対策という観点からは、失敗したといってよい。というのも、当時の社会的実態は彼らが考えたような道筋を辿らなかったからである。すなわち、古典学派は「犯罪によって得られる利益が科される刑罰という苦痛を上回る」ときに人は犯行に及ぶとし、したがって、「犯罪によって得られる利益よりも若干重い刑罰を予め刑法で規定すれば犯罪は予防される」として犯罪予防策を主張した。実際、ヨーロッパ諸国では、19 世紀中に罪刑法定主義や適正手続の保障を基本原則とする刑法・刑事訴訟法が制定された。しかし、ヨーロッパ諸国では、封建主義の崩壊と産業革命が重なり、都市には多くの失業者や浮浪者が集まり、地域には貧民窟と呼ばれる貧しい人々が集中する場所があり、犯罪が多発した。つまり、刑罰による抑止を基調とした古典学派刑法は機能しなかったのである。

このような古典学派刑法を批判して台頭したのが実証学派である。彼らは、むしろ刑罰による犯罪性の改善を主張した。実証学派の基調には、人の意思は決して自由ではなく、予め宿命づけられ、決定されているとする意思決定論がある。つまり、犯罪が発生するのは、犯罪者が自由に行動を選択した結果ではなく、いわば犯罪を行うように決定づけられているからであり、このような犯罪を防ぐには犯罪者の改善が必要であると説いた。

(2)　フランス実証学派

1830年代、フランスの統計学者ゲリー（André–Michel Guerry）とベルギーの数学者ケトレー（Adolphe Quetelet）は、公的統計を利用して、一定期間、地域ごとに自殺率、教育レベル、犯罪率、犯罪者の性別・年齢などの項目について分析を行った。その結果、二つのパターンを見いだした。第1に、犯罪の類型や量は地域によって異なること、第2に、特定の地域では、年ごとにほとんど変化がないことである。このことから、個人的動機以外の何らかの要因が犯罪に影響を及ぼすことが明らかになった。1842年、ケトレーは、性別、年齢、職業、信仰と犯罪傾向が密接に関連することを指摘した。統計から明らかな犯罪率の変動は、特定社会の社会的、政治的、経済的変化を反映するとし、犯罪は、異常な社会現象ではなく、ほとんどの社会に普遍的に存在する不可避の現象と主張したのである。

このように、ゲリーとケトレーは、犯罪者個人ではなく、犯罪を一定期間・地域ごとに定量的に観察し、犯罪の増減に関連する可能性のある諸要因を指摘した。ゲリーとケトレーの研究は、その後、各国における犯罪統計の整備、量的分析の発展に繋がる。このことから、ゲリーとケトレーらは、実証主義的犯罪学の元祖と考えられている。また、ゲリーとケトレーの統計に基づく地域毎の犯罪分析は、その後のシカゴ学派のショウとマッケイの非行地域研究や環境犯罪学における犯罪地図化（crime mapping）などの犯罪多発地点研究に多大な影響を与え、二人は犯罪地理学の始祖という評価もある。

(3)　イタリア実証学派

実証主義的犯罪学のもう一つの流派は、チェーザレ・ロンブローゾ（Cesare Lombroso）に代表されるイタリア実証学派である。彼らの主張は犯罪原因を生来的要素に求める点に特徴がある。1800年代初頭、ヨーロッパにおいて、ドイツ人医師フランツ・ヨセフ・ガル（Franz Joseph Gall）が骨相学を提唱した。骨相学とは、人の頭蓋骨の形状がその人の知性や性格、感情的特性と関連性があるとする学問領域である。また、1859年、チャールズ・ダーウィン（Charles Darwin）は『種の起源』を発表し、その影響は、人間は「神の創造物」ではなく、「サルから進化した存在」であるという一般的な理解に及んだ。いわゆる、進化論である。ロンブローゾは、この骨相学や進化論から着想を得て、1876年に『犯罪人論（L'uomo delinquente)』を執筆した。ロンブローゾは、医師であり、監獄医と軍医の経歴を有し、その経験から犯罪者の一部には、生まれながらにして将来犯罪を行う可能性の高い「生来的犯罪人（born criminal)」が存在すると主張した。その仮説を証明するために、刑務所に収容された犯罪者とイタリアの兵士の身体測定の比較を行い、生来的犯罪人が有する身体的特徴を明らかにしようとした。そして、生来的犯罪人は、進化の過程で隔世遺伝を起こし先祖返りをした者で、多くの身体的な特徴からすると人間よりもむしろサルに近いと論じた。その研究成果は、当時最新の科学技術や研究が集まったフランスの第1回パリ万博（1900年）で公表されるなどの脚光を浴び、犯罪人類学派を形成した。

ロンブローゾの『犯罪人論』は、生物学的決定論であり、学界だけでなく一般社会に与えた衝撃は非常に大きく、多くの研究者がロンブローゾの主張を検証した。なかでも、イギリスのチャールズ・ゴーリング（Charles Goring）は、大量かつ徹底的な身体測定研究を行い、さまざまな証拠からロンブローゾを批判した。ロンブローゾは批判を受けて、その後、自説を何度か修正し、最終的には、生来的要因よりも環境的要因を犯罪原因として強調するようになった。

このように、その後ロンブローゾの生来的犯罪人説は否定されたが、ロンブローゾが行った研究手法は高く評価されている。なぜなら、その研究手法の特徴は、第1に、犯罪者と非犯罪者を実験群と対照群に分け比較調査したこと、第2に、数百人規模での大量観察を行ったこと、第3に、仮説を証拠に基づいて実証しようとしたこと、からである。実証主義的手法を用いたという点では、先のゲリーやケトレーの方が早かったという指摘もあるが、しかし、ロンブローゾの研究は、多くの犯罪学者に検証させるための動機を起こさせ、実際に多量の類似研究を生み出した。それまでの思弁的犯罪学研究に批判を加え、実証的知見を示しながら結論を導く科学的研究に高めたというその影響の大きさから、前述のようにロンブローゾは「近代犯罪学の父」とよばれている。

イタリア実証学派による生物学的犯罪原因論は、後に、アメリカのダグデイル（Richard Louis Dugdale）の「ジューク家」とエスタブルック（Arthur Howard Estabrook）によるフォロー・アップ研究、ゴッダード（Henry Goddard）の「カリカーク家」などの犯罪傾性（criminality）が遺伝することを主張する犯罪家系研究、ドイツのクレッチマー（Ernst Kretschmer）の体型と気質の研究、わが国の吉益脩夫による一卵性双生児と犯罪に関する研究などに影響を及ぼすなどの実績がみられた。

(4)　実証学派の評価

実証学派の功績は、「自由意思に基づく合理的理性人」を前提とする思弁的な古典学派を批判し、犯罪現象の観察、犯罪原因に関する仮説の立案、具体的証拠の収集、仮説の検証という科学的アプローチを犯罪学研究に導入した点にある。これに基づきその後、生物学、心理学、社会学など多様な学問領域を背景とする多くの学者が実証主義的手法を用いて犯罪原因論を検証してきた。そのことによって、単一の犯罪原因論は葬り去られ、今や多元的原因論が主流とされる。このような実証主義的犯罪研究の継続が犯罪学を精密科学へと昇格させたことも事実であり、こんにちの量的質的調査研究など実証研究の基礎を築いたことは間違いがない。

こんにちでも欧米諸国を中心に、実証主義犯罪学は発展を続けており、近年主張される「エビデンスに基づく」政策との関わりで、犯罪学において実証研究は重要な事項となっている。要するに、何らかの主張を行うには、それを裏付ける関連データが求められるスタンスである。

3　新古典学派

近年においても古典学派の影響がみられる。これには二つの流れがある。一つには、合理的選択の程度に関するもので、古典学派がすべての人を理性的とみなしたことに対する修正である。少年や精神障害者の行為は是非弁別、意思決定の能力が一般人と異なり、刑罰の適用において同様に扱うことは公正ではないというのが近代刑法の原理であり、しばしばこのような原理は新古典学派と呼ばれている。つまり、古典学派が強調した自由意思推定原則にも修正が加えられている。なるほど、個人が自由意思を行使できない場合には、刑罰は抑止力を発揮できないし、また犯罪を決意し実行する際には、時間的情報的に不完全な中で行わざるを得ないという。要するに、純然たる古典学派の原理だけでは実際の犯罪現象には対応できず、多かれ少なかれ実証主義との融和が図られていると言える。まさしく、「決定されつつ決定する」という状況が見られるのである。

もう一つは、合理的選択理論との関係では、環境犯罪学との結合が指摘される。というのも、環境犯罪学の人間像は、「犯罪者は合理的な判断を行うから、犯罪を予防するには犯罪利益を減らし、その労力を消費させ、検挙リスクを高める、つまり犯罪者の嫌がることを行えばよい」とするロナルド・クラーク（Ronald Clarke）の主張と合致するからである。もっとも、クラークはすべての犯罪者が合理的な選択を行っていないとする批判に答え、犯罪者は予測が困難なリスク、コスト・ベネフィット、時間的プレッシャー、技量や経験といった不完全な状況の中で犯罪を行っているとして、限定的合理性を強調している（第6講「環境犯罪学」参照）。

参考文献

・チューザレ・ベッカリーア（小谷眞男訳）『犯罪と刑罰』（東京大学出版会、2011年）
・ピエール・ダルモン（鈴木秀治訳）『医者と殺人者：ロンブローゾと生来性犯罪者伝説』（新評論、1992年）
・ジェレミー・ベンサム（山下重一訳）「道徳および立法の諸原理序説」（『世界の名著38』）（中央公論社、1967年）
・ミシェル・フーコー（田村俶訳）『狂気の歴史』（新潮社、1975年）
・ヴォルフガング・ナウケ（本田稔訳）「ベッカリーア：刑法を批判し、強化する者」立命館法学2013年1号（347号）
・ゲルハルト・ダイムリンク（九州ベッカリーア研究会訳）『チェーザレ・ベッカリーア：ヨーロッパにおける近代刑事司法の始祖』（1989年）（2）、法政研究58（3）（1992年）
・G. B. ヴォルド、T. J. バナード（平野龍一、岩井弘融訳）『犯罪学：理論的考察』（東

京大学出版会、1990 年）
・加賀乙彦『悪魔のささやき』（集英社、2006 年）
・Larry J. Siegel（2009）, Criminology 11th ed, pp. 141–143, 187–188.
・Tim Newburn（2007）, Criminology.
・J. Robert Lilly, Francis T. Cullen and Richard A. Ball（2007）, Criminological Theory, 4th ed.
・Eugene McLaughlin and John Muncie（eds）（2006）, The SAGE Dictionary of Criminology, pp. 40–41, 302–304, 410–412.
・Graeme Newman（1978）, The Punishment Response.
・Leon Radzinowicz（1966）, Ideology and Crime.

第 3 講◆犯罪学の動向

I　アメリカ

キーワード
シカゴ学派／アメリカンドリーム／体制批判／保守回帰／理論的統合

アメリカは、世界で最も犯罪学の研究が盛んに行われ、その動向はわが国を含めて他の国々の犯罪学研究に大きな影響を及ぼしている。以下では、犯罪学の動向の中でも、犯罪の発生機序等を説明する犯罪理論の変遷に焦点をおいて、アメリカにおける状況をみてみよう。

1　1960 年代中盤までの状況

イタリアのロンブローゾが提唱した生来性犯罪人説（犯罪を犯す者は生まれながらにして犯罪者となるべき特質を持っているという考え方）を代表とする生物学的犯罪原因論はアメリカにも受け継がれ、20 世紀初頭に至るまで、支配的であった。こうした状況を一変させたのは、シカゴ学派による調査研究である。シカゴ大学の社会学部で学んだクリフォード・ショウ（Clifford Shaw）とヘンリー・マッケイ（Henry McKay）は、移民が次々と流入し、産業化と都市化が急激に進行するシカゴの状況を素材に観察したが、異なる国から移民が来て入れ替わるのに特定地域（遷移地帯と呼ばれるスラム）の犯罪発生率が常に高いことを見出した（第 4 講「伝統的な犯罪学」参照）。彼らは、この知見にもとづいて、犯罪の原因は個人の中に存在するのではなく、犯罪が発生する地域や社会の中に求めるべきであると主張し、住民の流動性や異質性が高く、貧困が集中する地域では社会的な統制が弱体化するために犯罪が発生するという社会解体論（social disorganization theory）を提示した。この考え方はその後改変を経て発展し、統制（コントロール）理論（社会内あるいは個人内の統制が緩むと犯罪が起こるという考え方）として今日に至るまで犯罪学理論の主流であり続けている。

さらに、シカゴ大学社会学部出身者による犯罪理論としては、エドウィン・サザーランド（Edwin Sutherland）による分化的接触理論（defferential association theory）が挙げられ、これは犯罪を肯定する考え（犯罪のサブカルチャー等）に多く接触すると犯罪を行うようになると主張する。この分化的接触理論は、犯罪副次文化論（delinquent subculture theory）など多くのバリエーションを生みながら、社会的学習理論（social learning）として犯罪理論の主流を占めている。ちなみに、統制理論と学習理論は、人間の本性について概ね、前者が性悪説、後者が性善説に立つといった大きな違いがあり、両者でその実証的妥当性を巡って長年論争が続いており、その論争が犯罪理論ならびに犯罪学全体を発展させる原動力となってきたことに注目すべきである。

犯罪理論の主流としてもう一つ挙げるべきは、コロンビア大学のロバート・マートン（Merton）による社会的緊張理論である。マートンは、アメリカでは人々は努力して金銭的成功を収めることをアメリカンドリームとして強く推奨されるとし、しかしそれを達成する手段は平等に与えられていないこと（特に下層階級は不利な状況に置かれていること）を重視した。そして、マートンは、目標と手段とでギャップがある故に緊張（フランスの社会学者デュルケームの用語を借用すればアノミー）が発生し、犯罪を生むことになると考えた。この社会的緊張理論（social strain theory）も長年、統制理論や社会的学習理論と共に、犯罪理論の主流を形成することになった。

こうした犯罪理論の主流に特徴的なことは、どちらかといえば下層階級の者がどうして犯罪を犯すようになるのかを説明し、そのプロセスが社会内であるいは社会と個人との関連において生じることを主張するものであったが、アメリカの政治・社会体制そのものを根本的に批判し、その変革を志向するものではなかった。それ故にこうした犯罪理論は政治体制の本流にも概ね受け入れられ、長く影響力を持ち続けることになったと考えられる。

なお、下層階級だけでなく、中流階層も犯罪を行っていることに注目し、主に中流階層の犯罪（特に少年非行）を説明することを意図した理論も、この時期以降登場した。ディビッド・マッツア（David Matza）とグレシャム・サイクス（Gresham Sykes）が提唱した「中和化の技術」（techniques of neutralization）やトラビス・ハーシ（Travis Hirschi）の社会的統制（社会的絆）理論が代表的であるが、後者は統制理論の中で最も中心的な地位を今日まで維持し続けている。

2　1960年代中盤から1970年代の状況

1960年代中盤に入ると、政治体制や公権力が如何に犯罪の発生に関わっているかといった視点から犯罪問題を考える学者が台頭するに至った。こうした体制批判的な考え方は、公民権運動、ベトナム反戦運動、女性の権利拡張を推進する社会運動に代表される社会風潮を反映したものであった。最初に登場したラベリング理論（labeling theory）では、ハワード・ベッカー（Howard Becker）などの論者が、人が初めて犯罪を行う過程よりも、犯罪を行った者が犯罪者としてのアイデンティティーを確立し、さらに犯行を重ねて逸脱性を深めていく経緯に注目した。そうした逸脱増幅過程では刑事司法機関によって公的に犯罪者の烙印を押されることで犯罪性が深化することが強調され、犯罪対策として公的手続きを回避するダイバージョンが採用される契機となった。さらに、次に登場した葛藤犯罪学あるいは急進派（ラジカル）犯罪学においては、富裕層が資本主義体制を維持し、自分たちの地位を守るために、刑事司法システムを運用しているとの主張がなされるに至った。

一方、女性を抑圧する家父長制を批判する観点から犯罪現象を捉えるフェミニスト理論もこの時期に登場し、「従来の女性犯罪研究は女性蔑視の考え方にもとづいている」、「従来の犯罪理論で女性が無視されてきた」、「刑事司法過程で女性が差別されてきた」といった主張が行われた。また、従来あまり研究対象とされなかったホワイトカラーの犯罪を探究する研究も増え始めたが、これはホワイトカラーによる犯罪が巧妙で多くが潜在化しており、膨大な損失を社会にもたらす実態が徐々に明らかとなってきたからである。地位や権力を持たない者の犯罪を説明してきた従来の理論がホワイトカラー犯罪にも適用可能かどうかが検討され、さらにホワイトカラーの個人だけでなく、企業等の組織が犯罪行為の遂行主体となるプロセスを解明する研究も注目されるようになった。

3　1980年代の状況

1980年代に入ると、アメリカはレーガン、ブッシュと続く共和党政権の下で政治・社会体制が保守的なものに回帰し、犯罪の原因を、社会におけるモラルの崩壊や刑事司法システムが寛容過ぎることに求める考えが台頭した。この時期に暴力犯罪等の顕著な増加がみられ、対策として厳罰政策が支持され、重罪を犯した犯罪者については、更生の機会を与えるよりも、長期間刑務所に収容して社会から隔離することが選択された。そうした政策を支持するものとして、保守派犯罪学が登場した。保守派犯罪学の代表的論者としては、当時ハーバード大学（行政大学院）教授のジェイムズ・Q. ウィルソン（James Q. Wilson）が挙げられるが、ウィルソンは心理学者のヘルンシュタイン（Herrnstein）と共に「犯罪と人間の本性（Crime and Human Narture）」（1985年）という著書を上梓し、犯罪原因として犯行者の個人特性（気質、衝動性、知能など）が重要であることを再認識するよう主張した。さらに、ウィルソンはジョージ・ケリング（George Kelling）と共に、「割れ窓」理論（1982年）を発表し、軽微な不法行為を放置することで、モラルの崩壊が生じ、より凶悪な犯罪を招来することを示唆したが、この割れ窓理論は、軽犯罪を徹底的に取り締まるニューヨーク市警の「ゼロ・トレランス（非寛容）」政策を導出することにつながった。

❍コラム5　割れ窓理論は実証されているか

1990年代ニューヨークの治安を劇的に改善したとされる割れ窓理論は、果たして実証されたのであろうか。すなわち、「軽微な違反行為を放置すると犯行者は当該地域の住民は地域に関心がないとして、さらに重大な犯罪を行うようになる」という主張であるが、果たしてそうか。もともとウィルソンとケリングはこの理論を構築するにあたり、実験自体は行っておらず、心理学者ジンバルドーの実験（路傍に中古自動車を放置して、これに対する人々の反応をみる）を援用したとされる。割れ窓理論に関しては、種々の追試や評価の研究が行われ、一部では肯定されたが、近年の一般的な検証では軽微な違反を放置すると軽微な違反行為は増加するが、重大な犯罪は生じていないとして否定する傾向にある。また、ニューヨークの犯罪減少の時期に他の大都市でも犯罪が減少しているところから、割れ窓理論の成果は証明されていないという有力な説もみられる。

なお、1980年代には、必ずしも保守的とはいい切れない犯罪理論も登場した。それは、日常活動理論や環境犯罪学と呼ばれるものである（第6講「環境犯罪学」参照）。日常活動理論や環境犯罪学では、犯行を企図する犯罪者は所与のものと扱い、むしろ犯行の機会に注目する。犯罪の発生をイベントととらえ、犯罪の発生を防ぐために、犯罪が起こりにくいように環境を調整することが重要であると考える。こうした考えから、「環境設計による犯罪予防（CPTED）」や「状況的犯罪予防」といった政策が提唱されるに至った。また、環境犯罪学やそれに沿った政策に合致する理論として「合理的選択理論」が提唱され、犯行企図者が犯行の成功確率を冷静に計算する側面に焦点が当てられた。環境犯罪学や合理的選択理論は純粋に保守的な理論ではないものの、貧富の格差の解消といった大きな社会変革を主張しないために、保守的な政治・社会風潮の下で受容されたと考えられる。

4　1990年代以降の状況

1990年代以降にアメリカで生じている犯罪理論の新しい展開としては、「理論的統合の動き」「発達的プロセスへの注目」「生物学的要因への注目」の三つが特徴にあげられる。まず、理論的統合の動きについて述べると、主要な犯罪理論について、その構成要素を統合して、理論としての説明力と適用範囲を拡大しようとする取り組みが模索されるようになってきた。こうした理論的統合については、本来、各理論は相互に批判して切磋琢磨することで発展してきたわけであり、安直に繋ぎ合わせるような統合に異を唱える論者（例えば、社会的統制理論のハーシ）もいるが、研究者の多くは理論的統合に前向きであった。

二つ目の発達的プロセスへの注目とは、長期的に子どもの問題行動傾向や非行性が発展していくことに十分な関心を向けようとすることを意味する。従来の非行理論では、非行の原因を非行の発生から比較的近い時点で生じたことに求めており、概ね横断的な視点に立っていたが、こうした視点では不十分との認識が高まった。

三つ目の生物学的要因への注目とは、生物学的・生理学な要因が非行や問題行動の発現に関わっていることに関心が高まったことを意味する。犯罪や非行の研究で、生物学的原因論の歴史は古く、19世紀末にヨーロッパで生来性犯罪人説が唱えられ、20世紀の初頭において生物学的原因論は隆盛を極めたが、社会学が犯罪・非行研究の主流となったアメリカでは忌避され、力を失っていった。しかしながら、近年、脳科学や行動遺伝学といった新領域の進展に伴って、犯罪や非行の発現に関わる生物学的あるいは生理学的メカニズムが少しずつ明らかとなってきている。

こうした犯罪理論の三つの新動向を象徴するものとして、発達犯罪学の台頭があげられる。発達犯罪学は、ライフコース犯罪学とも呼ばれ、人の犯罪性の発達ならびに犯罪からの回復のプロセスを人の出生前後から老年にいたるまで縦断的に検討している（発達犯罪学の詳細については、第5 Ⅲ講を参照されたい）。

5　まとめ

これまでアメリカの犯罪学の動向について、様々な犯罪理論が登場する経緯に焦点を置いて概観した（各犯罪理論の詳細については、第4講、第5講参照）。アメリカ犯罪学で他の特徴的なテーマを若干挙げると、「人種と犯罪」と「1990年代以降の犯罪減少」が挙げられる。「人種と犯罪」については、アメリカでは一貫して、マイノリティ（特にアフリカ系アメリカ人の男性）で犯罪者率が高くなっているが、その社会背景について研究がかなりなされており、人種差別との関連で論争が絶えないテーマである。さらに、「1990年代以降の犯罪減少」については、全米で暴力犯罪を中心に顕著な減少傾向がみられることを受けて、その背景等について各種統計等を用いた分析が行われ、様々な見解が示されている。減少がみられるとはいえ、依然としてアメリカは先進国でもっとも犯罪の多い国であり、犯罪学の研究がもっとも精力的に行われている。今後の動向に注目していきたい。

参考文献

・G. B. ヴォルド、T. J. バーナード（平野龍一・岩井弘融監訳）『犯罪学―理論的考察』（東京大学出版会、1990年）
・藤本哲也編著『現代アメリカ犯罪学事典』（勁草書房、1991年）
・ゲリー・ラフリー（宝月誠監訳）『正統性の喪失―アメリカの街頭犯罪と社会制度の衰退』（東信堂、2002年）
・J. ロバート・リリー、フランシス・T. カレン、リチャード・A. ボール（影山任佐監訳）『犯罪学―理論的背景と帰結［第5版］』（金剛出版、2013年）

II　イギリス

キーワード

大陸系移民研究者／ケンブリッジ大学犯罪学研究所

1　イギリス犯罪学の源流

1　犯罪学の展開

イギリスは、歴史的にみて、大陸諸国と比較すると、体系的な意味での犯罪学は存在しなかったといわれる。確かに、ロンブローゾに匹敵するような犯罪学に関連する著名なグランド・セオリストは現れていない。これは、18世紀から19世紀にかけて裁判官、国会議員、博愛思想家、宗教家らが犯罪問題に取り組みながら、個々別々の活動を行ったために、一定の潮流を作ることができなかったのである。

そのように犯罪学展開の基調が曖昧ではあったものの、個々の業績をみると一定の成果はみられた。その中で最も著名なジェレミー・ベンサム（Jeremy Bentham）は倫理思想家として功利主義を訴え、よく知られるように快楽原則を提示した。犯罪学との関連でいえば、その思想に基づき、法実証主義の立場から法改革を訴え、他方、刑務所建築としてのパノプチコン（一望監視システム）を提唱した。次に、ジョン・ハワード（John Howard）はヨーロッパの刑務所を視察し、1784年に『監獄事情』を著し、パトリック・コフーン（Patrick Colquhoun）は『メトロポリス警察に関する論文』（1797年）で警察改革を訴えた。国会議員の中ではサムエル・ロミリー（Samuel Romily）が『イギリス刑法に関する考察』（1811年）によって法改正を示唆した。これらは実証系犯罪学というよりも、刑事司法機関のあり方に関する業績であり、実証研究はむしろ、その後の刑事施設に勤務する実務家によって支えられた。

2　実務家の研究

これらの作品をみて理解できるように、イギリスでは刑事司法の実務に関する研究が活発であり、それも大学研究者というよりは実務家によるものが大半であった。これは、18 世紀から 19 世紀にかけて、フランス学派のように、ヨーロッパ大陸で統計を利用した実証研究が盛んになったのとは対照的である。いわば、イギリス犯罪学は少なくとも 20 世紀初頭までは、大陸の学問状況に影響をほとんど受けることなく、独自の発展を遂げたと言ってよい。実際、19 世紀後半には、新制度としての刑務所や警察などにおいて、収容者の管理・診断を担当する人々によって犯罪学研究が進められた。その一例として、刑務所で活動する教誨師の中にウィリアム・モリソン（William D. Morrison）がおり、犯罪原因論や少年犯罪者の研究を行っている。また、やはり刑事施設の精神科医であったヘンリー・モーズリィ（Henry Maudsley）は精神異常と犯罪の関係、責任能力の研究などを行い、その後、彼の名にちなんだ精神病院がロンドン市に創設されている。さらに、ブルース・トンプソン（J. Bruce Thompson）は、刑務所規律が収容者の精神と肉体にどのように影響しているかを研究した。しかしながら、これらの研究は犯罪学という固有の領域を意識した科学的体系に位置するものではなく、個々の関心に沿って行われたものに過ぎなかった。このように、20 世紀初頭までは、イギリス犯罪学の主流は独自の精神医学を基盤とした応用医学の領域であり、診断、予後、原因、処遇、社会復帰などの医学用語で彩られていた。もっといえば、イギリスではロンブローゾの理論は受け入れられることはなく、むしろ、チャールズ・ゴーリング（Charles Goring）のように、犯罪異常者タイプの存在を強く否定した。

3　二つの源流

犯罪学史を研究するデイビッド・ガーランド（David Garland）によると、イギリス犯罪学には二つの源流があるという（Punishment and Welfare, 1985）。一つは、刑事司法機関の機能に関する議論で、18 世紀以降、政府によって効率的で公正な司法運営が図られ、犯罪パターンの探求や警察・刑務所の管理などが強化され、長期的な実証研究が実施されたことである。その核心には社会的有用性（プラグマティズム）の視点があった。他の一つは、犯罪者とは何かをめぐる議論であり、いわゆるイタリア実証学派の検証である。これは、ロンブローゾが採用した犯罪者と非犯罪者を識別できるという観点に対する反応であり、犯罪原因論、犯罪の科学的説明を目指すものであった。このロンブローゾの理論に対して、イギリスのチャールズ・ゴーリングが批判を加えたことは前述したとおりである。イギリスでは、むしろ、この実証学派の影響の下に発展した純然たる学究的部分と政府の各種プロジェクトとして推進された部分がバランスよく両輪となって犯罪学を支えた点に大きな特徴があるものと思われる。

イギリスの刑事司法機関ではロンブローゾの犯罪原因に対する探求が、とりわけ刑務所における犯罪者の処遇に役立つことは認識したものの、多くの医学者や精神科医は犯罪者の大多数が正常な個人であることを認識し、そうではない少数の犯罪者は病人として医療施設で治療すべきと考えたのである。このようにイギリスでは、他のヨーロッパ諸国と異なり、当時犯罪学を主導したのは政府機関やその下部の刑務所の実務家であり、大学などの学究機関が前面に出てくるのは、かなり後になってからである。

すなわち、イギリスには1935年以前には大学の研究領域としての犯罪学は存在しなかったと言われる。

2　大学研究者の活動

1　大学における犯罪学教育

20世紀に入ると、イギリスで初めて大学に犯罪学コースが設定された。それはバーミンガム大学であって、フロイト系の教員が教鞭をとったと言われる。その後、1935年にLSE, 1940年にオックスフォード大学、1941年にケンブリッジ大学に相次いで犯罪学が履修科目として設置された。これらに共通するのは、その主要教員がヨーロッパ大陸からのユダヤ系移民であったこと、実務家を含む法学系研究者であったことである。彼らとは、ヘルマン・マンハイム（Hermann Mannheim）、マックス・グリュンフット（Max Grünfut）、レオン・ラジノビッツ（Leon Radzinowicz）である。バーミンガム大学を別とすれば、第二次大戦終戦前に有力大学で科学的分野の研究として相次いで犯罪学の授業が始まったことになる。ガーランドは、「ナチスの興隆がなかったならば、（ドイツからの移民もなく）イギリス犯罪学は発展しなかったであろう」とさえ述べている。

イギリスにおいてマンハイムは『比較犯罪学（第1巻、第2巻）(Comparative Criminology I, II)』（1965年）を著し、犯罪社会学の進展を促した。グリュンフットは、再犯研究などを行ったものの、傾向的には刑罰や量刑に対する法学的関心が強く、その研究は彼の著『刑罰改革（The Penal Reform)』（1948年）に色濃く表れている。また、ラジノビッツも、もとより法学者であり、その実績は大著『イギリス刑法とその運用の歴史（The History of the English Criminal Law and Administration）（全5巻)』（1948年～1986年）に示されている。

2　ケンブリッジ研究所と犯罪学の発展

ラジノビッツの肝いりで内務省の助成を受け、1961年ケンブリッジ大学に犯罪学研究所が創設され、イギリス初の大学院生向け専門コースが設置された。これによって、犯罪学研究者養成の道が開け、イギリス犯罪学は一気に発展を開始する。その第一期生に、後に社会空間犯罪学を提唱したアントニー・ボトムズ（Anthony Bottoms）らがいた。もともとケンブリッジ大学には1941年に犯罪科学科が開設されており、これが研究所創設の基盤となった。

他方、1950年に学会誌「イギリス非行誌」が創刊され、1960年に現在の「イギリス犯罪学誌（The British Journal of Criminology)」に改名された。この雑誌の編集には前記マンハイムが関与した。

このような中で、大学に新設された犯罪学科から若手の研究者が育っていったが、彼らの一部は、イギリスの伝統であった臨床精神分析的犯罪学の傾向に抵抗する者が現れるようになり、それに対抗して1953年イギリス犯罪学会が創設された。しかも、1948年刑事司法法は犯罪学研究に対する財政的助成を行うことを明記したため、政府も積極的に犯罪学の実証研究を推奨するようになった。今日においても、犯罪学研究プロジェクトに対する政府助成が盛んであるが、その伝統はこの時期に作られたものと思われる。

❍コラム6　ラジノビッツの人柄

レオン・ラジノビッツの学問的業績とその類い希な政治力、社会的技巧は高く評価され、移民でありながら、ナイトの爵位を女王から授与されるなど輝かしい経歴をもつが、他方で、その人柄については種々のエピソードが多い。もっと分かりやすく言えば、彼はいつも自信に満ちあふれ、気難しくぞんざいで抜け目のない人柄だったとされる。イギリスでは、「誰もラジー（彼のニックネーム）を好きな者はいない」と言われるほどで、共著者のオックスフォード大学名誉教授ロジャー・フッド（Roger Hood）でさえ、彼を嫌っていたと言われる。同じユダヤ系移民の犯罪学者であったマンハイムやグリュンフットとは異なり、医者を父にもつラジノビッツは、イギリスにおいても非常に裕福で、靴さえもオーダーメイドであったという逸話がある。

3　政府政策と犯罪学研究の関係

イギリス犯罪学の特徴の一つは、大学研究者と政府とくに内務省や司法省との関係である。犯罪学の領域に限らず、イギリスの研究者は多かれ少なかれ、その研究実施には外部資金を得ており、犯罪学者に限って言えば、内務省・司法省からの研究助成を受けている者がかなり多い。逆に言えば、イギリスでは外部からの資金援助がない限り、研究を行うことは考えにくい。そこで、問題となるのが、資金を援助した機関の政策につき、研究成果の客観性が担保できるかということである。とくに、犯罪学分野では内務省・司法省とESRC（経済社会研究会議， The Economics and Social Research Council）が二大助成団体であり、前者は実質的に官僚が仲介して種々の研究活動が行われているのが実態である。やや古い統計ではあるが、1990年代半ばでは、内務省の研究予算は約450万ポンド、そのうち150万ポンドが外部への委託・研究助成であり、現在はさらに増額されていると考えられることから、犯罪関係の研究だけでも、いかに膨大な予算が投入されているかが理解される。とくに、コーホート研究など多額の資金を要する研究が可能なのも、こうした事情が背景にある。

❍コラム7　コーホート研究

もともと「コーホート（cohort）」とは、同じ属性をもつ群や仲間を意味する。つまり、コーホート研究は、長期間、同種（たとえば同じ年に生まれた）の人たちを追跡し、その行動パターンの変化を探求する場合、あるいは特定プログラムの一群の人々への効果を探求する場合などに用いられ、定期的に対象者にインタビューをしたり（質的観察）、アンケートを取ったり（量的観察）して観察する。5年、10年さらに長期の研究があり、関係機関の協力や膨大な研究資金が必要とされる。イギリスのコーホート研究としては、内務省の性犯罪者の研究があり、1953年から73年までに生まれ、性犯罪の有罪判決を受けた男子を追跡した。それによると、1953年生まれの男子コーホートにおいて、40歳までに何らかの性犯罪で有罪判決を受けた者は約60人に1人（1.7%）であることが判明した。

政府系助成研究につき、その調査結果の客観性や公平性につき、疑義を訴える研究者も少なくないし、そもそも政府系研究助成の評価研究の成果は信用しないという者さえいる。たとえば、オックスフォード大学犯罪学研究センターは、1980年代サッチャー政権の下で管理主義（managerialism）が強調された時期、研究にも成果主義が押しつけられたことから、それに抵抗したところ、その後補助金が打ち切られるという事態に直面し、有能な人材が流出する体験をしている。このように有力大学ですら、政府による研究助成の影響を受けている現実がある。実際、政府助成の研究には、政権に対する批判が控えられること、研究対象が狭いこと、技巧に走りすぎること、政策よりで純学問的態度に欠けること、純理論的研究が生まれにくいことなどの批判がみられる。

他方で、大学の若手研究者（博士課程の学生を含む）にとって、この研究助成制度は、自らの専門分野の実証調査を行い、次のステップに進むための貴重な資金となっており、わが国に比して有利な状況にある。種々の学会等で若手研究者が多く研究発表を行っているのは、こうした助成制度があるからに他ならない。しかも、政府内部にも独自の研究機関があり、大量の犯罪問題専門家を擁しており、若手研究者の進路が保証されているという利点もみられる。

3　現在の動向

1　研究の動向

科学的犯罪学の歴史をみると、その初期発展の契機となったのはイタリアでは人類学、アメリカでは法医学と社会学であったのに対して、イギリスは法医学や精神医学であった。それが第二次大戦後は、社会学的アプローチへと転換する。

その変形として、アメリカの葛藤理論（conflict theory）に触発されて、イギリスでは犯罪は階級社会の産物であるとする急進派犯罪学（radical criminology）や、これに類するジョック・ヤング（Jock Young）らの新犯罪学（new criminology）、批判犯罪学（critical criminology）が展開された。第二次大戦後、もとより実証学派が前提した合意モデルへの批判が強まっていたが、これら新出のイギリスの相互作用主義犯罪学は、マルキシズムを基調に、犯罪は一部の支配階級により創出された社会現象であると断じたのである。このような中、アメリカで発生した“nothing works”論争はイギリスにも飛び火して、その結果、犯罪者処遇が根ざす改善モデルを支える犯罪原因論への関心は衰退し、1980年代には代わって、犯罪予防（状況的犯罪予防）と刑罰厳格化に対する関心へと推移した。これに呼応して、新犯罪学の主張者らは「左派現実主義（left realism）」を掲げ、これらの動きに対する警戒を強めるとともに、伝統的犯罪学、主流犯罪学が社会の現実を無視して原因論を展開していると批判し、さらに環境犯罪学や状況的犯罪予防論が政府政策と結合し、犯罪者への関心を薄め、犯罪原因論を重視しない傾向に対する不満や警戒を表明している。さらに、フェミニズムとも親和性を強め、性暴力やDVの被害者への関心を強めている。しかしながら、この左派現実主義に対してもイギリス学界では批判が強い。

イギリス犯罪学は現在、質や量ともに拡大を続けている（守山正［2015年］）。大学で犯罪学の学位を提供する教育機関は70ヶ所に上り、さらに40の機関が修士号を授与している。1987年に隔年開催で始まったイギリス犯罪学会（BSC）は現在毎年開催され、会員数1,000名、学会参加者数は約500

名を数える。そして、近年、イギリス人犯罪学者の2000年創設のヨーロッパ犯罪学会（ESC）への参加や発表が目立つ。その議論の中心は、刑事司法機関の機能に関するものであり、従来の中心であった犯罪者問題から、あるいは理論中心から実務問題へ大きく転換している。このような動向は、しばしば揶揄を込めて「行政犯罪学（administrative criminology）」と呼ばれている。

2　研究機関・研究者

イギリスの犯罪学研究機関、とくに大学はそれぞれ大きな特徴がみられる。また、イギリスの犯罪学の大きな特徴は、女性研究者が多いこと（とくに、ケンブリッジ、オックスフォードの研究所では所長を女性が務めるなど女性の活躍が目立つ）、政府系研究機関が充実していることである。前述のとおり、内務省、司法省には省内研究機関があり、とくに前者において1980年代に研究開発企画課（research development and planning unit）が設置され、発足時には50名の研究官が採用され、これは当時大学の犯罪学専攻教員よりも多かったともいわれる。ここからイギリス独自の状況的犯罪予防論が生まれたことはよく知られる。これらの政府系研究機関では、一時期1,000名ほどが従事していたとも言われ、それぞれに専門分野を抱え、各種プロジェクトを実施し、おびただしい報告書を刊行している。

イギリス犯罪学の教育機関として著名なのが、1961年創設のケンブリッジ大学犯罪学研究所である。ここでは、世界中から参集し、研究所で博士課程を修了した多くの有用な人材を輩出している。初代所長ラジノビッツはもとより、その後の所長職を継いだウォーカー（Nigel Walker, 刑罰理論）、ウェスト（Donald West, 発達心理学）、ボトムズ（地域刑・場所の犯罪学）、さらにはアメリカからトンリー（Michael Tonry, 刑事司法制度）やドイツからローゼル（Friedrich Lösel, コーホート研究）、アメリカのシャーマン（Lawrence Sherman, 警察研究）らの歴代所長は、イギリス国内にとどまらずアメリカでも評価の高い研究者である。そのほか、ファーリントン（David Farrington）も心理学分野で、現在所長を務めるゲルスソープ（Loraine Gelsthorpe）は地域刑や女性犯罪の分野で圧倒的な支持を得ている。

このほか、大学別では、オックスフォード大学犯罪学研究センター、シェフィールド大学、キール大学、ポーツマス大学、エディンバラ大学、ロンドン大学のユニバーシティ・カレッジ校（環境犯罪学研究の拠点）やキングス・カレッジ校などは特徴的な研究成果を挙げている。個別の研究者をみると、上記ケンブリッジ大学以外では、エディンバラ大学からアメリカに移ったガーランド（David Garland, 刑罰社会史）は別として、若手のローダー（Ian Loader, 発達犯罪学）、スパークス（Richard Sparks, マスコミ論）、中堅のニューバーン（Tim Newburn, 警察研究）、レビ（Michael Levi, 企業犯罪・組織犯罪）、クロフォード（Adam Crowford, 地域予防論）、ロバーツ（Julian Roberts, 犯罪政策と世論）、シニアクラスでは、アッシュワース（Andrew Ashworth, 法政策）、コーエン（Stanley Cohen, モラル・パニック論）らがイギリス犯罪学界を支える。

参考文献

・守山　正「イギリス犯罪学の成立と展開～三人の大陸系巨匠の貢献」慶応義塾大学法学研究会編『法学研究』80 巻 12 号 291～318 頁（2007 年）
・守山　正『イギリス犯罪学研究 I』（成文堂、2011 年）
・Tim Newburn（2012）, Criminology 2nd ed.
・Lucia Zedner and Andrew Ashworth（2005）, The Ciminological Foundations of Penal Policy：Essays in Honour of Roger Hood.
・守山　正「イギリスにおける犯罪学・刑事司法教育と法曹養成」日本犯罪学会編『犯罪学雑誌』81 巻 6 号 174～180 頁（2015 年）

Ⅲ　北欧の犯罪学

キーワード

短期刑／アルコール／犯罪防止委員会

ある地域の犯罪学について説明するには、その地域の特徴に触れざるをえない。それを踏まえて、その国や地域の犯罪と犯罪学についての理解が深められる。

自然と社会的な環境によって生活のしかたが大きく異なることに留意する必要がある。北欧の人々は地球上でもっとも北極に近い地域に住んでいるといってもよい。その自然環境、地理的環境は人々の生活のしかたに影響を与え、犯罪の起こりかた、犯罪への対処のしかたにも変化を与える。

まだ通貨統合が行われていないが、EU の影響はスウェーデンをはじめとする北欧の人々の生活に対して非常に顕著である。歴史とともに現代の変動も見逃しえない。そのことは日本語では「北欧」という一語に翻訳されても、現地で「ノルディック（Nordic）」と言ったときと「スカンジナヴィア（Scandinavia）」と言ったときでは、それに属する国が微妙に異なることにも象徴されている。北欧の犯罪学についてその特徴を説明するにあたっては、一つのカテゴリーにまとめることができるように見えても、よく見ると異なるそれらの国々の特徴について触れざるをえない。以上のように、現在をも含めた歴史的変動、国によって異なる社会的特徴さらに自然地理的な違いという 3 点に留意しながら本稿では北欧の犯罪学について考察していきたい。

1　ノルウェー

北欧の犯罪学には、世界的に最も大きな影響力を与えているアメリカ合衆国の犯罪学やその影響を直接的に受ける傾向が強い英国などのヨーロッパ諸国の犯罪学に安易に同調しないラディカルな思想の伝統を持つところがある。ノルウェーの犯罪学では「廃止論者（abolitionist）」は死刑の廃止どころではない、刑務所の廃止論を意味した。この考えを早くから唱えていたのがニルス・クリスティ（Nils Christie）であった。クリスティは英国、アメリカ合衆国、フランス等で導入された民間刑務所に関して、その著 ‘Crime Control as Industry’ で矯正が営利目的の企業活動として行われることを激しく指弾した（原典 Nils Christie, *Kriminalltetskontrol som industrriä: På vej mod GULAG, vestig stil?* 1996, 寺澤比奈子訳『司法改革への警鐘―刑務所がビジネスに』2002年）。クリスティが活躍した素地は現在に至るもふくいくと伝わっているように思われる。なお、そうした独自性を持ちうる背景としてはノルウェーが北海油田を持ち、EUに加わる必要がないほどの財政的豊かさ、資源を持っていることも関係しているのではないかと思われる。ただし、ノルウェーといえども犯罪問題においては例外ではなく、ヨーロッパ大陸部と共通した犯罪に見舞われている。

❍コラム8　ノルウェー乱射事件

2011年7月世界を驚かせる事件がノルウェーで起きた。官庁街が車にしかけられた爆弾で爆破され、郊外で開催されていた政権党の若者の大会で銃が乱射され80名近い死亡者が出た。事件当初イスラム過激派の犯行とするニュースが流されたが、実は犯人はノルウェーの白人で、イスラム教を信仰する移民が増加し、旧来の伝統的なノルウェーの文化と特徴が損なわれていることに慷慨し、そうした政策を促進させてきた政府と政党に打撃を与えようとしたのだった（この事件は、のちに『ウトヤ島7月22日』というタイトルで映画化されている）。北欧諸国は短期刑を多用し、長期刑は緩やかであるところに特徴があるが、この者にはノルウェーの現行法で最高刑である21年の自由刑の判決が下りた。ターゲットと人数は異なるが、スウェーデンでも南部の主要都市マルメで移民や外国人労働者に対する連続狙撃事件が2009年10月からほぼ1年間にわたって起きた。

この事件が示すように、移民労働者に対して手厚い融和策を取ることが多い北欧諸国――後に述べるようにそうした国がすべてではないし、さらに過去と比較すれば言語を学習する機会にせよ住宅を供給される便宜にせよ優遇

的な措置は削減されたものになっている——にとって、人種的あるいは民族的な憎悪に基づく犯罪の発生を防止することは重大な政策的課題であり、それはとりもなおさず犯罪学の重要なテーマでもある。

2 フィンランド

フィンランドは「ノルディック（Nordic）」という意味で北欧に含めることができるが、一般に北欧とみなされている「スカンジナヴィア」には属さない。フィンランド人の多くは肌の色が白く背が高いため外見上は見分けがつかないが、言語に顕著にその特徴が残っているようにアジア系の民族である。共産主義国と資本主義国が対立していた約20年前までは、国境を接するソビエト連邦の影響を強く受け、東欧と西欧との間の緩衝地帯という位置を占めていた。そのため犯罪への対応の分野においても、現在に至るも精神医療を含めて医療的な対応が取られることが多いように思われる。東西の冷戦時代の1960年代には人口10万人当たり150人程度いた受刑者は減少し、現在は50人台になり、むしろすべての北欧諸国の平均値である60人～70人台よりも低くなっている。これはハイテク産業の隆盛に見られたように、フィンランド社会が成熟の域に達したことも示しているといえよう。

北欧の犯罪学においては自然環境地理的な影響を無視することができないが、そのことはフィンランドの犯罪学に最も顕著である。すなわち冬の気候が厳しいこともあり、アルコールと犯罪との関係に関する研究が盛んなことである。こうした研究はスウェーデンの故ライフ・レンケ（Leif Lenke）教授等によっても行われてきたが、とりわけフィンランドで特徴的である（Leif Lenke, *Alcohol and criminal violence — Time series analyses in a comparative perspective*, Almqvist and Wiksell, Stockholm: Sweden, 1990.）。

フィンランドには国連の犯罪防止機関がある。略してHEUNI（European Institute for Crime Prevention and Control, affiliated with the United Nations, Helsinki, Finland）と呼ばれるこの機関は、国連が世界の地域別に持っている機関の一つで、コスタリカ等とともに日本にも置かれている国連アジア極東犯罪防止研修所（UNAFEI、通称「アジ研」）と同様の機関である。ヨーロッパにおける法執行、刑事司法、被拘留者や犯罪者の処遇に携わるハイレベルの担当者を対象に研修を行ったり、北欧をはじめとしてヨーロッパ諸国における犯罪や犯罪者に関する調査を行ったりしている。HEUNIでは、とりわけヨーロッパ全体の犯罪統計を整理してまとめたものや、人権に関する報告など有意義な成果が公表されている。

3　スウェーデン

犯罪学と関係したスウェーデンの重要な前提を理解してもらうには、2010年に世界中の話題をさらった事件に言及するのが最も好ましいように思われる。それは、アメリカ合衆国をはじめ多くの国々の政府を「恐怖」に陥れたとされる「ウィキリークス事件」である。アメリカ合衆国政府と在外公館や他国の政府要人との「秘密文書」や「通信文」等がインターネット上で公開されたが、ウィキリークスの創始者がアップロードしたのはスウェーデンのコンピュータであった。結局彼はこの件でスウェーデンにおいて罪に問われることはなく、性行為に関してスウェーデン警察から国際指名手配された。

スウェーデンは世界で最も言論の自由が尊重されている国の一つである。他方で、重大な事件でない限り、私人である容疑者そして被告人が第1審で有罪判決を受けるまでは、その氏名がテレビや新聞などの主要なメディアで報道されることはない。それはメディアが自主的倫理網領を定め、プレスカウンシルやプレスオンブズマンという組織によって行っているのであって、国家が法律によって強制したり介入したりしていることによるものではない。

スウェーデンはフェミニズムの国でもある。国会議員の約半数が女性、内閣の大臣に占める女性の割合も約半数に及ぶ。犯罪被害者である女性の権利を保障したり支援したりする制度が発達している。実は意外ではあるが、スウェーデンの強姦の「発生率」は高い。これは、スウェーデンの性犯罪の構成要件が他国と比較して緩やかなことと、被害女性に警察へ通報することを躊躇させる要因が少ないことによる。こうしたことは法執行機関の公式統計の認知件数に基づく研究ばかりではなく、犯罪被害者調査の重要性とその国際比較研究の有意義性を確認させてくれるものといえよう。

スウェーデンでは国民の社会保障と社会福祉の水準を維持するために、消費税率は約25%であり、所得税の累進税率も高い。脱税は国家の存立を危険にさらす重大な犯罪とみなされていることもあり、脱税の取り締まり、処罰及びその防止に関する研究も重要なテーマとなっており、国立の機関である犯罪防止委員会（National Council for Crime Prevention, Brå）などで取り組まれている。なお、以前は犯罪防止委員会でも大規模な基礎的な調査が行われていたが、そうした調査は大学などに委ねられることとなり、実際的あるいは実践的な調査研究や、とりわけ処遇プログラムや制度等の効果測定の研究がさかんに行われるようになった。こうした国立の犯罪防止委員会が各国に設けられ、熱心に犯罪と犯罪防止に関する調査研究を行っているのも北欧の犯罪学の特徴である。

スウェーデンで唯一犯罪学部が設けられているのがストックホルム大学である。その他の大学では社会学部やソーシャルワーク学部等に所属する学者によって犯罪研究が行われている。ノルウェー出身のスヴェリ（Sveri, K.）教授によって基礎が作られたストックホルム大学犯罪学科は15年ほど前までは1講座であったが、現在は4人の正教授による4講座になった。研究体制としては充実したことになるが、社会全体の視点から見た場合、犯罪が社会的注目を集め犯罪研究の需要が高まったり、犯罪者の処遇などに携わる職業の要請が高まったということは、社会がけっして好ましい状態にはないことを意味している。スウェーデン政府は2006年にストックホルム犯罪学賞を設けた。国際的に犯罪学の発展に重要な貢献を行った者に与えられる栄誉で、いわばノーベル賞の犯罪学版を目指すものといっていいのかもしれない。

なお、移民や外国人労働者やその子どもたちの犯罪や少年非行が社会問題化する一方で、ストックホルム大学犯罪学部における複数の教授のポストが移民や外国の出自を持つイェルジー・サルネッキ（Jerzy Sarnecki）やハンス・ホファー（Hanns von Hofer）教授によって担われてきたことはスウェーデン社会の開放性を示す一つの証左といってもよいであろう（Hanns von Hofer, Brott och straff i Sverige: Historisk kriminalstatsik 1750−2005, Kriminologiska

Institutionen, Stockholms Universitet: Sweden, 2008)。

4　デンマークおよびアイスランド

デンマークとアイスランドについては簡潔に触れることとしたい。

スウェーデンとデンマークは橋のかかった狭い海峡を隔てているだけにもかかわらず、薬物犯罪対策と移民政策が大きく異なっていた。デンマークでは、スウェーデンと対照的に厳しい移民政策が継続されていたところ、同化政策が進められつつあり、薬物への対応も変動しつつある。スウェーデンが薬物犯に対して刑事罰で臨むのに対して、デンマークはオランダ等の影響を受けて大麻などのソフトドラッグの個人使用や個人使用目的のための売買には比較的寛容であった。コペンハーゲンにはそうしたことを許容する地域があったが、これが閉鎖され、そのことによって犯罪状況が悪化する結果を招いたという研究が発表されたりもした。

人口約32万人の島国であるアイスランドを含めて、北欧諸国の犯罪学は北欧犯罪学研究協議会（Nordisk Samarbejdsråd for Kriminologi）という組織を結成している。大会も各国持ち回りで行われ、研究成果の交流が行われている。北欧各国の犯罪防止委員会において実際的な研究が進められる一方で、大学の犯罪学者には、例えばHenrik Thamストックホルム大学名誉教授のようにどのように犯罪が政治問題として作り出されているのかといった、批判的視点から研究が行われていたりするのも一つの特徴といえよう。

参考文献

・鮎川　潤「オンブズマン」岡澤憲芙監修、日瑞150年委員会編『日本・スウェーデン交流150年　足跡と今、そしてこれから』彩流社、2018年

・Michael Tonry, and Tapio Lappi–Seppälä（eds）(2011). *Crime and Justice in Scandinavia*, Michael Tonry（ed.), Crime and Justice, vol. 40, The University Press of Chicago.

・坂田　仁「M. トンリィ及びT. ラピ–セペレ編『犯罪と司法第40巻――北欧における犯罪と司法』」（紹介と批評）『法学研究』86巻11号（2013年）

・矢野恵美「スウェーデンにおけるジェンダーの視点から見た受刑者処遇」『犯罪と非行』176号（2013年）

Ⅳ　日　本

キーワード

犯罪原因論／犯罪社会学／日本犯罪学会／日本犯罪社会学会

1　わが国の状況の概観

本節では、犯罪原因論の分野に対象を限定する「最狭義の犯罪学」の日本における研究動向の特色を概観することにする。しかしながら、日本の犯罪学研究の方法論的基礎は、この学問の成り立ちからみても、社会学、心理学、精神医学、法律学その他の関連諸科学の分野に分散しており、かつ研究成果の発表の場も多様であるために、実際上その全体をみわたすことは容易ではない。さらに、わが国では、伝統的に犯罪学の研究者の関心は、戦前戦後を通して、大部分外国の研究に向けられ、わが国の研究に対する関心は必ずしも高くはない。その結果として、理論構築型および理論検証型の研究業績の蓄積という面において、今日犯罪学の先進国といわれるアメリカの研究動向と比較した場合、依然として国際的な水準において見るべき成果をあげているとは言い難い状況にある。それゆえ、国際学会・会議などにおける自国の研究成果の国際的発信力という点においても脆弱な状況にある。

しかし、このような制約条件はあるものの、理論的および実証的な研究業績の積み重ねが、社会学、心理学、精神医学などの行動科学的アプローチによる犯罪・非行研究においては、比較的最近になってそれなりの見るべき成果をあげはじめている。とくに、第二次世界大戦後において、日本の犯罪学研究は、社会学的アプローチを主流とするアメリカの社会学的犯罪学ないしは犯罪社会学の圧倒的な影響を受けて展開されているので、本節では戦後日本における社会学的犯罪学ないしは犯罪社会学の研究動向を中心に、その特色を可能なかぎり分析・検討することにする。なお、戦前の研究動向については、戦後の研究動向の特色との対比において必要な限りで概観するにとどめることとする。

2　戦前における犯罪学研究の動向

戦前の犯罪学研究状況を知る手段は限られているが、若干の文献からある程度の動きを知ることはできる（辻本、1982）。

1　明治期

明治初期においては、西欧法制の輸入を通じて、犯罪統計学がもたらされ、たとえば1875（明治8）年には司法省が初めて「刑事綜計表」を発表し、統計研究に拍車をかけた。つまり、時の犯罪現象を統計で分析しようという科学が確立する機会が与えられた。そして翌1876（明治9）年には早くもロンブローゾの「犯罪人」が訳出され、その他ガロファロ、リストなどの当時のとりわけ実証学派系の刑事学者の思想などが紹介されている。これらの動きは、さらに個別の犯罪原因論、たとえば飲酒や教育と犯罪の関係へと結びつき、精神医学的視点から、その種の犯罪に対する刑罰のあり方も論じられた。

明治中期に至ると、日清戦争後において産業資本の確立とともに都市や農村において貧富の差が拡大し、政府への反動として社会問題が噴出し、社会運動を活発化させた。そのような時期、東京帝国大学では監獄学が講じられ、他方で犯罪学から刑事政策論が派生した。すなわち、国家政策に直接言及する刑事政策論と実証主義理論に基づく犯罪学研究が主流であった。さらに、この時期特徴的なことは、医学者の犯罪学への参入である。つまり、精神病・精神障害と犯罪の関係が盛んに論じられた。

2　大正期

精神医学的犯罪原因論の動きはその後も依然盛んであった。さらに特徴的なことは、大正期における少年犯罪ないし少年司法に対するアプローチであろう。まさしく大正少年法の濫觴（らんしょう）を想起させる研究動向がみられた。諸外国の少年法制の紹介はもとより、少年犯罪の激増とも相まって、不良少年に対するさまざまな視角から実証的な研究が行われ、これらはわが国固有の少年法制定の基礎となった。この時期、川越少年刑務所などで業務に携わる実務家の研究が先導した。

大正末期には、東京帝国大学法学部において近代学派の牧野英一が担当する「刑事学講座」が開設され、これに呼応するように、犯罪社会学研究が目立ち、フェリやタルドの研究紹介がみられた。

3　昭和前期

昭和初期の犯罪学成果の目玉は、1929（昭和 4）年から 1930 年にかけて刊行された『近代犯罪科学全集（全 15 巻別巻 1 巻）』であろう。これらは大正期以降、蓄積された種々の研究をまとめたものであり、その状況を知るのに有用な資料である。また、この時期、犯罪者の処遇の泰斗が現れた時期でもあり、その代表は正木亮（まさきあきら）であった。正木は牧野の教育刑主義を実践し、監獄改良運動を展開した。そして、これに連動して精神医学者の吉益脩夫は、刑務所などの現場において不良凶悪犯、累犯の研究に従事した。このような行刑の科学化といもいうべき状況において、大正末期に吉益が創設した「金沢犯罪学会」が機関誌を発行し、1929（昭和 4）年に『犯罪学雑誌』と改め、現在に至っている。1934（昭和 9）年には日本犯罪学会を母体に『犯罪学研究』が創刊されている。そのような中、内務省を起源とする断種論が大きな反響を呼び、少年犯罪者をめぐる素質論とその保護論が厳しく対立した。当然ながら、断種をテーマとする論稿がおびただしく発表されている。

❍コラム 9　吉益脩夫の犯罪生物学的研究

吉益脩夫（よしますしゅうふ）（1899～1974）は、わが国の犯罪学研究のパイオニアであると評される。1924（大正 13）年東大医学部卒業。東京大学法学部で「刑事学」を担当し、東京大学教授、東京医科歯科大学教授を歴任した。吉益は、遺伝生物学的見地から、犯罪双生児の研究を我が国で初めて本格的に実施し、遺伝的負因の重要性を実証した。また、累犯者の犯罪経過を類型化するため「犯罪生活曲線」による分類法を提唱したことで国際的にも知られている。その後、1970 年代の保安処分論争の影響を受けるなどして、わが国ではそれ以降このような研究は途絶えてしまった。彼の研究業績の概要は、代表的著作の一つである『犯罪学概論』（有斐閣、1951年）によって知ることができる。

第二次大戦の突入直前、戦中において、昭和初期から発展してきた刑事政策論は黄金期を迎え、次第に犯罪学研究から刑事政策研究へと推移したが、ただ、戦時体制を支える翼賛科学としての色合いが強かったことはいうまでもない。また、この時期、すでにアメリカでは興隆期を迎えていたシカゴ学派の研究動向が伝えられていないという戦争の影響も看取できよう。

3　戦後日本における犯罪学の研究動向

1　各種の研究動向

戦後日本における犯罪学の研究動向を調査研究した先行例としては、戦後から1960年代までの時期についてはいえば、橋本重三郎（1969）の研究、そして比較的最近、つまり1990年代までの20世紀の研究動向を整理した論考としては星野周弘（2009）が大変有益な研究文献情報を伝えている。橋本の論考では、犯罪学研究の動向それ自体というよりは、犯罪学研究を推進するにあずかって力のあった背景的諸事情、すなわち、法律・制度の改変、各種研究機関の活動、学会・研究会の動向などに関し、その概略を展望している。一方、星野は、社会学者による社会学的な研究に限定して、わが国の犯罪学研究の動向をとくに主要な研究者およびその研究業績に焦点を当てながら詳細に概観している。その際に、「実証的研究とそれを支える理論的研究を対象として、研究動向の把握を試みて」いる点で、極めて有益な分析の視点を提供している。他方、筆者は、学会誌に掲載された論文を対象に内容分析を行い、わが国の犯罪学研究動向を探っている（朴, 2017）。

（1）　犯罪社会学の動向

星野（2009）は、戦後日本の犯罪社会学研究の動向を5段階の時期に区分してその特徴を分析している。先ずは、第1段階は、戦争直後の1945年から54年までの時期で、都市社会学のシカゴ学派の影響によって特徴づけられる段階である。いわゆるショウとマッケイ（Shaw and McKay）の研究に基づき、わが国でもマクロ・レベルのデータを利用して、都市地域と犯罪との関係について、いくつかの先駆的な生態学的調査研究が行われた。この種の研究は、今日の地理情報システム（GIS）を用いた「地域特性と犯罪」に関する生態学的研究や疫学的研究に引き継がれ、犯罪防止に活用されている。

第2段階は、1955年から64年までの時期で、実証的研究の開化期である。理論的には社会構造論から社会過程論のパースペクティブまでさまざまな理論的関心とより洗練された調査方法による実証的研究が行われるようになったことに、その特色があるとされる。第3段階は、1965年から74年までの時期で、非行化過程、累犯過程、社会変動と犯罪の変化との関係などについての実証的な調査研究が盛んになり、それに関連して調査方法において新たな手法の導入が試みられた時期である。たとえば、コーホートの追跡研究、多変量解析による地域の犯罪発生率の予測研究などがその例である。なお、1974年に日本犯罪社会学会が設立されたことも特筆すべき新たな動きであった。犯罪学（刑事学、刑事政策）を研究する法学者と犯罪・非行問題に関心をもつ社会学者との研究の交流の場として、わが国の犯罪社会学研究のその後の発展に中心的・指導的な役割を果たしている。

第4段階は、1975年から84年までの時期で、60年代後半から70年代初期のアメリカにおいて隆盛となったラベリング理論（社会的反作用論）やニュー・クリミノロジーの影響を受けて、犯罪化、公式・非公式の犯罪統制に関する研究が行われるようになるなど、新たな視点からの研究が開始された時期でもあった。ただし、これらの視点に立つ研究の大部分は理論的研究であり、実証的研究は極めて少ないという限界があった。もっとも、計量的研究ではなく、事例調査法、社会史研究、直接観察法など定性的分析手法を用いた優れた調査研究も誕生するようになった。

最後の第5段階は、1985年以降の時期に行われた調査研究に関するものである。この時期の犯罪社会学研究の特徴は、研究者の理論的関心が前段階において主流であったラベリング理論から社会統制（コントロール）理論へと変化したということである。1985年以降はわが国でもアメリカ同様に社会統制理論の枠組を用いた実証的研究が多くなってきている。また、方法論的には高度な統計的手法が広く普及してきた時期でもある。因子分析、パス解析、時系列的回帰分析、ログ・リニアモデル、構造方程式モデリング、生存分析モデル、イヴェント・アナリシスなどの分析手法を取り入れたり、コーホート追跡調査、ライフコース論に立つ発達犯罪学（developmental criminology）の調査手法などを用いた研究が広くみられるようになった。

結論として、理論的パースペクティブの動向に関して、次のように要約している。すなわち、1945年から64年までの研究は、おおよそ社会構造論（社会解体理論と緊張理論）の視点をとっているが、1950年代の後半から60年代の初めにかけて、社会過程論（文化学習理論）の視点をとる研究も生じてきている。そして、1975年から84年にかけては、ラベリング論の系譜に連なる構築主義的な性質をもった研究が登場するものの、この時代の実証的研究の多くは文化学習理論ないしは文化的逸脱理論を主流とする社会過程論の視点に立つものである。さらに、行為者に焦点を合わせた社会統制理論の視点にたつ実証的研究が1985年以降盛んになっている。なお、葛藤（コンフリクト）理論による実証研究例はわが国ではほとんどなく、ラベリング（社会反作用）論の視点からなされた実証的研究も少ない、とされる（星野周弘、2009年）。

(2)『犯罪社会学研究』の内容分析

筆者は、星野ほど詳細かつ包括的な文献調査にもとづく動向分析を展開していないが、日本犯罪社会学会の機関誌『犯罪社会学研究』の創刊号（1976）から第35号（2010）までの35年間を対象として、その期間中に掲載された全自由論文（研究ノートを含む）141本について「内容分析」（content analysis）を試みている。その分析の目的は、日本の犯罪社会学研究の主要な研究テーマ、理論的パースペクティブ、そして方法論の特色を明らかにすることにある（朴, 2017）。

それを要約すると、第1に、研究テーマ（主題）については、過去35年間において論文寄稿者による問題関心は多種多様であり有意味な一定の傾向性を見出すことはできなかった。全体として、少年非行、ラベリング論、そして社会統制理論がそれなりに目立つ程度であった。

第2に、研究方法に関しては、日本の犯罪社会学には顕著な特色を見ることができた。掲載論文の約半数（46.1％）は、「文献の検討」タイプの調査研究であった。さらに論文の4分の1は、公式データや非公式データの記述分析に基づくものであった。定性的分析手法の利用については、ごくわずかの事例調査研究（5.7％）があるだけであった。一方、定量的分析手法による研究ついては、全体の20.6％（141本内、29本）であった。最近においては、多変量解析（分散分析，相関分析、要因分析）および重回帰分析、ログリニア—分析、共分散構造分析）などの高度な統計的分析手法を用いた実証的研究が掲載されるようになっている。

第3に、理論的パースペクティブに関しては、ラベリング論が1976年から1985年までの期間、研究者間において人気を獲得していた。しかし、その後はラベリング論の人気は急激に衰え、その代わりに、ハーシー（T. Hirschi）の社会統制理論が1986年以降着実に人気を獲得しているということであった。この点では星野の調査結果とほぼ一致した結論となった。

以上の分析結果を総合して、日本の犯罪社会学研究の特徴を次のように結論できる。すなわち、その理論的動向に即してみると、戦後一貫してアメリカの社会学的犯罪学理論の強い影響を受けており、とくに76年以降でいえば、アノミー理論ないしは緊張理論をはじめとするマクロレベルの社会構造諸理論やミクロレベルのラベリング理論および構築主義的アプローチなどの紹介、最近ではハーシーの社会的統制理論などアメリカ犯罪学においてもその理論的に関心の高いものを日本で積極的に紹介、レビューするタイプの研究が多いということである。そして、方法論的には、「文献の検討」タイプと記述分析を含む定性的調査研究が圧倒的であり、定量的調査研究は依然として稀少であるということである。

それではなぜ日本犯罪社会学研究がこのような特徴をもつようになったのであろうか。いくつかの理由が考えられる（朴, 2017, 190−192頁）。第1には、日本犯罪社会学会の会員の半数以上は法学部や法科大学院に所属する刑事法研究者であり、かれらの多くは犯罪学の本格的な教育や訓練を受けていないために、実証的な犯罪学的調査研究を行うことが苦手である。よって、刑事法学者による犯罪学的研究の内実は、諸外国の研究動向を精力的に翻訳・紹介する「文献の検討」または、方法論的にはきわめて素朴な記述的分析が中心であって、犯罪原因に関する理論検証型の説明的調査研究が行われることはほとんどない。第2に、一方で、学会構成員のもう一つの主流である社会学の専門家（70年代当時の大学院生または若手社会学者）たちの間においても、学会創設期において70年代初期のアメリカのラベリング論およびニュー・クリミノロジーの運動の強い影響を受け、既成の実証的科学主義に対する批判に親和性を示していたために、地道な実証的調査研究を推進しようとする動機づけが生じにくかったという事情もある。第3には、欧米諸国と異なり、日本には独立した犯罪学部ないしは刑事司法学部が存在していないということも遠因として関係している。犯罪学の理論と調査方法論を専門的に研究教育する体制がないことのデメリットは、日本の犯罪社会学研究の発展にとって極めて大きなハードルとなっている。

4　研究機関および学会などにおける研究動向と今後の展望

上述した分析・検討は、あくまでも犯罪社会学の分野およびその学術的基盤となる日本犯罪社会学会についての研究動向の分析であった。そこで、ここでは日本に存在する他の犯罪学関連の研究機関および学会組織などについて、橋本（1969）の研究を補足して紹介することにする。

（1）　研究機関

戦後の日本で、犯罪学研究を主たる目的あるいは、これと深い関係を持つ公的研究機関として法務省の法務総合研究所と警察庁の科学警察研究所が設置された。両機関は、実証的な犯罪学研究の中心的な活動拠点としてそれぞれ積極的な研究活動を展開して今日に至っている。

①法務総合研究所　法務総合研究所は、1959年4月、従来の法務研修所が改組され、刑事政策に関する総合的な調査研究を担当する研究部門が加わって、新たに「法務総合研究所」として発足したものであり、研究部門には約20名の法律学、心理学、社会学、統計学等の各専門家が共通のテーマをもとに研究している。その研究の成果を、毎年、「研究部紀要」として発表していたが、1997（平成9）年から研究部紀要を廃止し、これに代えて「研究部報告」という名称で、実証調査研究の成果を必要に応じて随時報告してい

る（詳しくは、http://moj.go.jp/housouken/houso_index.html を参照。）。またこの研究部では、1960年以来、毎年『犯罪白書』を編集・公刊しており、刑事司法諸機関による公式データを利用する調査研究にとって不可欠な資料を提供している。

②科学警察研究所　科学警察研究所は、同じく1959年4月に、犯罪科学に関する総合的な研究機関として発足し、心理学、社会学、法医学、化学、薬学、工学等の専門技官約100人を擁している。犯罪学研究に深い関連を持つ部門としては、犯罪行動科学部が配置されている（組織の詳細については、http://wwwnpa.go.jp/nrips/jp/oorganization.html を参照）。この部門では、心理学、社会学、精神医学などの行動科学の視点から犯罪者の行動や犯罪現象を究明するための研究および実験を行っている。主な研究領域は、少年非行の要因や非行防止対策に関する研究、犯罪の防止対策の立案や評価に関する研究及び犯罪の捜査や犯罪者の心理に関する研究である。科学警察研究所の研究の成果は、『科学警察研究所報告』（科学捜査編、防犯少年編および交通編）ならびに『科学警察研究所資料』として公刊されている。同研究所の研究内容は、どちらかといえば、きわめて現実的、実用的な方向へ傾斜しているが、戦後、日本の犯罪学研究推進の重要な一翼を担っていることに間違いはない。

(2)　犯罪学関連の学術研究団体

犯罪学研究の推進にあたっては、関連する諸科学分野における学会などの活動も重要な役割を果たしている。ここでは、犯罪学（刑事政策を含む）プロパーの研究目的を持ついくつかの主要な学術研究団体を紹介する。なお、わが国における犯罪学研究の動向を調べる上で、犯罪学に関する関連学会のホームページが参考になる。学会の設立年度順に紹介すると、以下のとおりである。

①日本犯罪学会（1913年設立）　本学会は「わが国唯一の犯罪学の総合的学術団体」であることを標榜している。会員は、精神医学、法医学、法学、社会学、心理学など、多彩な専門分野に及んでいる（正会員数　342名、2018年4月現在）。2013年に設立百周年を迎えた伝統ある学会である。もっとも現在の学会活動は、主に精神医学や法医学の研究者が中心となっており、機

関誌は『犯罪学雑誌』（年6回刊行）である。日本の犯罪精神医学、法医学、矯正医学などの代表的研究のほとんどが、この機関誌上に発表されているといっても過言ではない。

②日本犯罪心理学会（1963年設立）　本学会は、法務省、最高裁判所（家庭裁判所）、厚労省（児童相談所、児童自立支援施設）などで犯罪者、非行少年などの鑑別、判定、処遇などに従事している専門技官および科学警察研究所や科学捜査研究所などの実務研究者並びに大学、研究所などに所属する犯罪・非行問題に関心をもつ心理学者が中心となって組織されている（会員数　1,409名、2018年3月現在）。機関誌は『犯罪心理学研究』（年2回刊行）である。

③日本犯罪社会学会（1974年設立）　本学会は、大学で刑事法を専門とする法学者と犯罪・非行問題に関心をもつ社会学者が中心となって設立されたが、裁判所、法務省、警察、教育機関などに勤務する実務家および実務研究者も幅広く参加している（一般会員数　452人、2019年4月現在）。日本における社会学的犯罪学ないしは犯罪社会学研究を主導している学術研究団体。機関誌は『犯罪社会学研究』（年1回刊行）である。

④日本社会病理学会（1985年設立）　本学会は、犯罪・非行を含む社会病理現象や社会問題を研究する日本の代表的な学会。会員は大学、研究所に所属する社会病理学または犯罪社会学を専門とする研究者と刑事司法機関、福祉機関、教育機関などで勤務する実務家によって組織されている（会員数179人、2018年12月現在）。なお、当学会の会員の多くは、日本犯罪社会学会の会員でもある。機関誌は『現代の社会病理』（年1回刊行）である。

⑤日本被害者学会（1990年設立）　本学会は、被害者問題に特化して学際的かつ総合的な研究を推進することを目的として設置された。会員は法律学、社会学、精神医学、心理学などの分野の専門家および被害者問題に関心をもつ実務家によって組織されている（会員数　238名、2019年6月現在）。機関誌は『被害者学研究』（年1回刊行）である。

⑥日本司法福祉学会（2000年設立）　本学会は、「司法を通じて福祉課題の解決の道を探る学会」として発足。会員は、家裁調査官出身の大学教員、家裁調査官、ほか更生保護、矯正、児童福祉等の実務家などが中心となって構成されている（正会員数　404名、2018年11月現在）。機関誌は『司法福祉

学研究』（年1回刊行）である。

⑦日本更生保護学会（2012年設立）　保護観察官、保護司など実務家を中心に、更生保護に特化し専門的に研究する学会組織であり、関連諸学会のなかでは最も新しい学会組織である（正会員数　787名、2016年12月現在）。機関誌は『更生保護学研究』（年間2回刊行、うち1回は大会抄録号）である。

最後に、上記で紹介した犯罪学関連の学術研究団体の近年における学会活動の動向で注目すべきことは、国際的な学会などとの連携を推進、強化する傾向にあるということである。この背景には、日本の犯罪学研究の実証的研究の成果や実践的な取り組みを世界に向けて発信していきたいという強い期待が込められている。そのような国際的な研究交流と相互の発展を図る機会として、2011年に国際犯罪学会第16回世界大会が神戸において、また2014年にはアジア犯罪学会第6回年次大会が大阪において相次いで開催された。国際学会の日本招請・開催は、日本の犯罪学研究の水準を国際的な水準にまで向上させる絶好の機会であるとともに、今後の日本の犯罪学研究の国際化へとつながる重要な契機になると思われる。

❍コラム10　国際犯罪学会

国際犯罪学会（International Society for Criminology：ISC）は、1938年に創設された非政府組織で、世界82か国・地域の研究者や裁判官・弁護士などの実務家により構成されており、会員数は、1,000名を超える。世界大会は3〜5年ごとに開催。2011年8月5日〜9日、神戸国際会議場において、国際犯罪学会第16回世界大会が日本で初めて実施された。犯罪学の分野で最も重要な国際会議である国際犯罪学会世界大会を日本国内の犯罪学、刑事政策、刑事司法等に関連する学会が協力して開催したことは、わが国の犯罪学研究の水準を国際社会に発信することを可能にしたという意味で大きな意義をもった大会であった。詳しくは、hansha.daishodai.ac.jp/wcon2011/congress/program.html を参照。

❍コラム11　アジア犯罪学会

アジア犯罪学会（Asian Criminological Society：ASC））は、アジア全域における犯罪学と刑事司法の研究を推進すること、アジアと世界の犯罪学者と刑事司法実務家のコミュニケーションを奨励することなどを目的に、2009年に結成された比較的新しい国際学会である。2014年には、わが国で第6回年次大会が開催され、全体テーマとして「アジアからの犯罪学理論・刑事政策理論の展開」が扱われ、アジアのデータを利用して欧米の犯罪学諸理論の経験的一般化を検証することの学術的・実務的な意義は大きい。なお、2018年の第10回年次大会（マレーシア、ペナン市開催）の総会において、宮澤節生（カリフォルニア大学ヘイスティングス・ロースクール教授、神戸大学名誉教授）が日本人として初めて会長（任期2019-2021年）に選出された。第12回年次大会（2020年10月2日～10月5日）は、6年ぶり2度目の日本開催で、京都・龍谷大学において開催される予定である。詳しくは、同学会のホームページ（http://www.acs001.com）参照。

参考文献

・橋本重三郎「戦後日本における犯罪学研究の展開――実証的研究推進の背景的事情」岩井弘融その他編『日本の犯罪学Ⅰ　原因Ⅰ』11-21頁（東京大学出版会、1969年）
・辻本義男「戦前の日本における犯罪・非行の研究」西村春夫・菊田幸一編『犯罪・非行と人間社会』71-80頁（評論社、1982年）
・星野周弘「20世紀における犯罪社会学の発展系譜」犯罪学雑誌75巻5号133-145頁（2009年）
・朴　元奎「第4章　日本における社会学的犯罪学の特色」（『比較犯罪学研究序説』173頁以下）（成文堂、2017年）

第 4 講◆伝統的な犯罪学

キーワード

犯罪生物学／シカゴ学派／ショー＝マッケイ／異質的接触理論／サザランド／アノミー理論／マートン／コーエン／クロワード＝オーリン

本講は、「伝統的犯罪学」として一般的に取り上げられることの多い、19世紀後半にヨーロッパで生成した「実証主義犯罪学」ないしは「実証学派」と評される思考学派、それを起点として主に欧米諸国において1960年代までの間に発展してきた生物学的、心理学的・精神医学的、社会学的アプローチに基づく犯罪原因の理論的説明の特色・問題点、さらにはそれぞれの理論的アプローチが今日までどのように継承・発展してきたかをみる（それ以前の状況については、第2講「犯罪学の歴史」参照）。

実証主義にもとづく伝統的犯罪学は、犯罪行動の原因とその他の行動の原因とは異なること、犯罪者は非犯罪者とは基本的に異なることを原因究明の前提としている。これらの相違を解明することによって、「なぜ人は犯罪者になるのか、他方で他の人は犯罪者にならないのか」を説明しようとするのが、伝統的な犯罪原因論の目的である。この目的を達成する手段として、自然科学において発達した実証科学的方法を利用して、犯罪原因の確定とその経験的妥当性を実証しようとした。そして、犯罪原因を確定する試みにおいて、人間の行動は少なくともある程度まで、個人の統制を超えた諸力によって決定されているという前提（いわゆる決定論）に立ち、生物学的特徴、心理学的・精神医学的特徴、社会学的特徴によって、つまり、個人の素質と環境のいずれかまたはその両方によって行動が決定されるとみなした。

「近代犯罪学の父」と呼ばれるイタリア実証学派（または犯罪人類学派とも呼ばれる）のチェザーレ・ロンブローゾ（Cesare Lombroso）は、犯罪の原因として、主に犯罪者個人の身体的・生物学的特徴に着目したが、一方、その後の実証学派に属する研究者たち（ロンブローゾも含む）は心理学的・精神医学的特徴および社会学的特徴へとその分析の視座を拡大していき、様々な理論的観点から犯罪原因を分析・説明して今日に至っている。現在、犯罪の原因を生物学的要因、心理学的・精神医学的要因、社会学的要因のいずれか一つですべての犯罪を説明しようとする見解はほとんどなく、むしろ、今日の伝統的な犯罪原因論のあり方としては、それぞれの研究アプローチには固有の目的・特色があることを認め、理論的アプローチの要素を相互に補足し合い、あるいはそれらの相互作用の結果であると理解する多元的ないしは複合的な立場が主流となっている。以下では、こうした視点から、実証主義犯罪学のパラダイムに位置づけられる伝統的な生物学的、心理学的・精神医学的、社会学的原因の理論的説明について順次考察する。

1　生物学的原因の説明

1　ロンブローゾ以降の犯罪生物学的研究

19世紀後半に始まるロンブローゾらの実証学派による生物学的要因を重視する考え方は、20世紀に入ると、主にドイツやアメリカなどにおいて「犯罪生物学」として継承され、実証主義的、科学的な装いを施しながら、さまざまな形で主張され続けている。ロンブローソ以後の犯罪の生物学的要因に対する研究は、①犯罪者の体型の研究、②家系研究、③双生児研究、④養子研究、⑤性染色体異常の研究、へと発展をとげてきた。

(1)　犯罪者の体型の研究

ロンブローソの生来性犯罪者説は今日では完全に否定されているが、犯罪者の身体的・生物学的特徴を解明するための試みは、ドイツのクレッチマー（Erust Kretschmer）、アメリカのフートン（Earnest A. Hooton）やシェルドン（William H. Sheldon）らによって繰り返し行われてきた。彼らは、性格（personality）のパターンとそれに対応する体型に関する類型論を展開しながら、体型（体格）と性格（とくに犯罪傾性）との直接的な相関を実証しようと試みた。たとえば、クレッチマーの有名な性格類型論は人の性格と体型が相関するというものだが、肥満型は躁鬱気質、細身型は分裂気質、闘士型は粘着性気質の性格傾向があるとされる。たとえば、闘士型には暴力犯罪、肥満型には詐欺が多いとした。そして、体型と性格の相関という考えをより詳細に論じたシェルドンの類型理論（内胚葉型、中胚葉型、外胚葉型の3類型）は、少年非行研究にも応用され、体格（とくに中胚葉型）を気質、知能そして少年非行と関連づけた。しかし、明確な証拠を見出すには至らず、ロンブローゾの説と同様、今日の犯罪学者の間では、体型と犯罪との関連は疑問視されている。現在、この種の体型・性格研究は、日本を含め諸外国でもあまり行われていない。これはやはり、犯罪生物学的研究が遺伝的宿命論に傾斜し、優生学的思想につながりやすいという批判の声が大きかったからである（小田晋「犯罪の精神医学的研究――その歴史と現状」松下正明総編集『司法精神医学3　犯罪と犯罪者の精神医学』6頁（2005年））。

(2)　家系研究

犯罪の生物学的原因の説明の中で、とくに遺伝学の知識を利用しながら犯罪者の遺伝的要因を重視する調査研究も様々な形で試みられてきた。これらは、犯罪性は遺伝するという生来性犯罪者説の基本テーゼを発展させたものである。その主な研究方法の一つが犯罪者の家系研究である。これは、犯罪者が多く出ている家系を調べ、家系図によって遺伝と犯罪の関係を明らかにしようとする研究である。犯罪者家系の代表的な研究としては、『ジューク家（The Juke）』（1877）と『カリカック家（The Kallikak Family）』（1912）などが有名である。しかし、これらの家系研究は方法論的に大変大雑把なものであり、高度な比較的統計学は用いられていないなど、多くの批判が提起され、犯罪者家系の研究は支持を失っていった。19世紀末から20世紀初頭にかけてピークを迎えた家系研究も第二次世界大戦後にはほとんどみるべき業績はなくなった（大渕憲一『心理学の世界　専門編4　犯罪心理学：犯罪の原因をどこに求めるのか』108頁（2006年））。

(3)　双生児研究

家系研究の欠点を補おうとしたのが、双生児研究であった。犯罪者家系の研究では、犯罪者の犯罪性が遺伝の影響なのか、共有する生活環境を反映したものなのか、見きわめがつかない。そこで遺伝学の成果をふまえて一卵性（MZ）と二卵性（DZ）の双生児の比較によって、犯罪と遺伝の関係を明らかにしようとしたのが、双生児研究である。犯罪性が遺伝するのであれば、両方が犯罪を行う可能性は全く同じ遺伝子を持つ一卵性双生児の方が、異なる遺伝子をもつ二卵性双生児よりも高いと考えられるからである。多くの研究者が、犯罪における遺伝の役割を明確にするためにこのアプローチを用いてきた。

初期の有名な双生児研究として、ドイツのヨハネス・ランゲ（Johannes Lange）『運命としての犯罪』（1929年）がある。彼は、双生児の一方に刑務所収容歴がある場合、もう一方も収容歴があるのは、一卵性双生児で77％、二卵性双生児で12％ということを示し、遺伝素質が犯罪性に決定的重要性をもつと主張した。日本でも吉益が1930年代、双生児研究に取り組み、25歳以前の早発犯罪と25歳以降の遅発犯罪に分けて検討した（吉益脩夫『犯罪学概論』227–237頁（有斐閣、1951年））。わが国の双生児の犯罪一致率（双生児のうち一方が犯罪を行えば、他方も犯罪を行う割合）は、諸外国に比べて低いものの、「早発性累犯においては、遺伝素質が重要な役割を果たす」との知見を示し、これを支持する見解も見られた。その後、より詳細で大規模な研究がデンマークのカール・クリスチャンセン（Karl Christiansen）によって行われた。1881〜1910年の間にデンマークで生まれた双生児約6000組が調査された。その結果、男子の一卵性双生児の犯罪一致率は35.5％、男子の二卵性双生児の一致率は12.3％となった。彼の研究は、統計的には有意な結果であったが、ランゲなどの双生児研究よりも遺伝の影響（DZの一致率）がかなり弱かったことを示した。その理由は、一卵性の場合は兄弟間の外見的類似性が高いために、周囲の人たちが同じような扱いをする傾向があるからであり、結果として類似した社会的環境で彼らの行動面での類似性が増幅する可能性があるとしている。それゆえ、その一卵性の一致率の高さは、むしろ養育環境の共通性によるもので、遺伝要因が極めて優勢な役割を果たしていると解釈することはできないと主張された。このようにして、従来の双生児研究では、双生児の多くは通常同一の生活環境の中で育てられている場合がほとんどであり、厳密に犯罪行動への遺伝的影響を推定することは不可能である、という方法論的限界が認識されるようになった。

(4)　養子研究

双生児研究の弱点（遺伝要因と環境要因との識別困難性）を補うために、遺伝的要因をより厳格にコントロールするために考え出されたのが、養子研究である。この研究法は、比較的幼いうちに養子縁組をした者を対象にして、その者の犯罪性が実父母（生物学的親）に影響をうけたものか、それとも養父母に影響を受けたものかを比較検討するというものである。この検討によって実父母と養子の犯罪性に相関関係が認められれば、犯罪と遺伝との間の相関関係も認めることができると考えられるし、一方、育ての親の犯罪傾向と関連していれば、環境の影響が大きいと判断することができる。

最初の養子研究は、1970年代にアメリカのレイモンド・クロウ（Raymond Crowe）によって行われたが、本格的な養子研究は、デンマークのハッチングスとメドニック（Barry Hutchings and Sarnoff A. Mednick）によって実施され、公表されたものが有名である。その研究（1977年）ではコペンハーゲン近郊の住民を調査対象とし、その結果、養子となった子どもに犯罪歴があったのは、「実父、養父ともに犯罪歴のある」場合は36.2%、「実父に犯罪歴があり、養父にない」場合は21.5%、「実父に犯罪歴がなく、養父にある」場合は11.5%、「実父、養父ともに犯罪がない」場合は10.5%ということが明らかにされた。

この結果は、犯罪歴の影響は実父の方が養父よりも大きいことを示しており、犯罪が環境によるものであるというよりは、遺伝などの生まれつきの要因と関係していることを示唆している。加えて、重要な点は、遺伝要因、環境要因とも単独では犯罪を引き起こす力は小さいこと、両者が組み合わされたとき影響力が最大になることを示した。つまり遺伝と環境の相互作用を示唆しているということである。同様の結果はスウェーデンのデータを利用したボーマン（Michael Bohman）、デンマークのメドニックらによる最も大規模で精度の高い養子研究などでも確認されている（D. C. ロウ（津富宏訳）『犯罪の生物学――遺伝・進化・環境・倫理』32–34頁（2009年））。要するに、これらの養子研究の結果は、アメリカ、デンマーク、そしてスウェーデンなどいろいろな国のデータを利用しながら、環境要因と同様、遺伝的要因が犯罪発生に一定の影響を与えるという仮説をある程度支持する一方で、遺伝と環境の相互作用の重要性を双生児研究以上に実証したといえるであろう。

(5) 性染色体異常の研究

双生児研究や養子研究は、親から受け継いだ遺伝特性と犯罪が関係しているかどうかを調査するものであった。しかし、これらとは別の方法で、受精時の突然変異などによる遺伝特性との関連性を調べたのが、1960年代に登場してきた性染色体異常の研究である。

人間は通常23組46本の染色体をもち、そのうち44本の染色体が体つきや体内の構造を決定し、2本（性染色体）が性別を決定する。女性の性染色体は通常、同じ大きさであることから、XX染色体と呼ばれている。これに対して、男性の性染色体は通常、2本のうち1本が小さいことからXY染色体と呼ばれている。犯罪学上問題となったのは、主に正常の男性よりY染色体が1つ多くなっているXYY型という性染色体の異常である。XYY型の男性の特徴は、男性を決定するY染色体が一つ多いことから「超男性」であり、攻撃的で、犯罪傾向があるといわれる。XYY染色体と犯罪との関係では、暴力的犯罪者の中にXYY染色体を有する者が多いとされる。例えば、精神病者と受刑者の中でXYY染色体保有者の比率は、人口一般の比率よりも高いとの調査結果がある。また、一般の犯罪者よりも年齢的に早い段階で犯罪を行うとする指摘もみられた。しかも、XYY型と診断された人々によって引き起こされ世間の注目をあびた多数の事件によって、この見解は強化されたのである（G.B. ヴォルド／T.J. バーナード（平野龍一／岩井弘融監訳）『犯罪学―理論的考察［原書第3版］』102−105頁（1990年））。

しかしながら1970年代以降の研究では、XYY染色体保有者のすべてが犯罪者であるわけではなく、犯罪者の大部分はXYY染色体の保有者ではなく、XYY染色体を有する者と正常の性染色体の犯罪者を比較しても際立った有意性は見出せないとする研究が少なくない。むしろ、今日ではY染色体の多いことを犯罪や異常性格と結びつけることに対しては懐疑的な考えが主流を占め、そのため、1970年代後半からXYY染色体の研究は急速に下火となり、「今後も染色体異常者を発見しようとする試みは意味のないこと」だとさえいわれている。

2　犯罪生物学的研究の新たな展開

家系、双生児、養子、XYY 染色体と続いた犯罪の生物学的要因を探る研究は、1960 年代から 70 年代にかけて急速に衰えた。しかし 1980 年代初頭には、欧米の犯罪生物学的アプローチは、それまで優勢であった社会学的アプローチが犯罪の増加に有効な対応ができなかったことの反動として、他方で脳の画像研究、遺伝子研究、神経科学的研究などの発展を契機として、新しい装いを施し、再び脚光を浴び始めた。そこには 1970 年代後半に「社会生物学」（sociobiology）の主張が注目を集め、犯罪学にも少なからぬ影響を及ぼしたことが背景にはある。今日、活発に研究されている犯罪要因の生物学的アプローチとしては、神経生理学および生化学の手法を用いたものが主流となっている。

(1)　神経生理学と犯罪

神経生理学のうち、犯罪との関連で注目されるのは異常脳波の研究と脳障害の研究である。脳波研究では、脳波計（EEG）と呼ばれる装置によって、大脳における電気化学的プロセスを記録することができる。記録された異常な脳波パターンは、個人の各種の異常行動パターンと関連があると考えられ、従来から活発な研究が行われてきた。しかしながら、これまでの脳波研究から、脳波異常と犯罪との関連を報告する研究もあれば、それを否定する研究も少なくないという相矛盾した結果となっている。さらに、これまでの脳波研究の調査方法では、サンプル数が少ないうえに、サンプルの偏りや適切な比較対照群の欠如、脳波異常性の判断基準が主観的であるという種々の方法論的問題点が指摘されている。

その結果、異常脳波に代わって注目を集めているのが脳障害の研究である。近年では科学技術の進歩によって脳の状態を観察するための手段が多数開発されている。たとえば、MRI（磁気共鳴映像法）、CT（コンピューター断層撮影）などを利用した医学的検査により、各種形態の脳損傷、脳機能障害を調べることができる。受刑者と暴力的な患者には、特に前頭葉および側頭葉部位の脳障害が著しいことが各種の研究によって発見されている。特に常習犯罪者には微細な脳損傷があり、これが反社会性の一因であると主張する研究もある（大渕・前掲 103 頁）。

しかしながら、全体としてみると、脳障害については、これが犯罪行動をもたらしているという明確な証拠は得られておらず、その影響は種々の状況証拠から推論されているにすぎない。現在までのところでは仮説の域を脱していないといってよいであろう。ただし、そうとはいえ、犯罪者が示す行動特徴、心理学的・神経学的テストにおける反応などから、今日でも、医学・生理学分野では、脳機能に変異があると推測する研究者は少なくない。大脳生理学や神経生理学は技術の進展によって新知見が得られる可能性の大きな分野なので、脳障害と犯罪との関係については、今後も検討作業は進められるものと思われる（この問題について、渡邉泰洋「脳損傷と刑事政策」犯罪と非行 176 号 177 頁以下（2013 年）が新しい動きを伝えている)。

(2)　生化学的研究と犯罪

近年の生化学的研究は、犯罪行動に影響する生体物質を発見することが中心となっている。これまでの研究では、主として性ホルモンと神経伝達物質に着目したものが代表的なものである。第 1 に、犯罪との関連が議論されることの多いホルモンとして、男性の性ホルモンであるテストステロン（testosterone）がある。このテストステロンの量が多いと人は攻撃的になるのではないかとして、多数の研究が行った調査で暴力的な男性がテストステロンを多く体内にもつことを明らかにしている。テストステロンの相違は、男女間の犯罪率の相違もうまく説明できると考えられている。しかしながら、これまでのところ性ホルモンが犯罪に影響を及ぼすメカニズムは十分に明らかにされていない。また、性ホルモンの異常が犯罪を「直接」惹起するかどうかも証明されていない。つまり、テストステロンの濃度と攻撃性や非行・犯罪の間の関係はかなり複雑であり、一概にテストステロンの濃度によって人は攻撃的になるという結論をだすことは困難であるとされている。これらの関連について一貫性はなく、エビデンスは確立されていないことを考えると、テストステロンを一般的攻撃性と関連づけるのは、現時点では難しいといえよう（福井裕輝「ホルモンと犯罪の関係」越智啓太・藤田政博・渡辺和美編『法と心理学の事典――犯罪・裁判・矯正』127 頁（朝倉書店、2011 年))。なお、女性のホルモン不均衡と犯罪との関係に関して、「月経前症候群」（premenstrual syndrome: PMS)、「産後抑うつ症候群」（postpartum depression syndrome）との関連を示唆する研究もある。両者の関連はなお十分には解明されておらず、さらなる調査研究を進めていくことが必要であろう。

第2に、神経伝達物質のなかでも犯罪と暴力との関係で注目されているのは、セロトニン（serotonin）と呼ばれている物質である。セロトニンは、高タンパク食に含まれるアミノ酸から生成され、中枢神経系の情報伝達を安定化させる機能を持つと考えられる神経伝達物質である。そこで、高タンパク食の不適切な摂取から、このセロトニンがうまく働かないことによって、攻撃性が増加するのではないかと考えられている。セロトニンと暴力犯罪との関連性を実証しようとしたこれまでの研究によれば、「一般的に、セロトニンの活性を高めると攻撃性は下がり、活性を弱めると攻撃性は上がること、行為障害や反抗挑戦性障害、攻撃的パーソナリティ障害ではセロトニン濃度が低いこと」が示されている（福井裕輝「神経伝達物質と犯罪の関係」越智啓太・藤田政博・渡辺和美編『法と心理学の事典――犯罪・裁判・矯正』132頁(2011年))。しかし、そうとはいえ、セロトニンの問題も因果関係やその効果の発現メカニズムにはわかっていないことが多く、現在、精力的に研究が進められている。

最後に、近年の生化学的研究は、不適切な食事に起因する低血糖症、ビタミン欠乏症、食物アレルギー、鉛・カドミウム曝露の問題と犯罪行動との関連性についても調査対象を拡大している。現時点では一貫した明確な結論を出すところまでは至っていないが、これらの研究成果についても、一定のエビデンスを蓄積していくことが期待されている。

(3)　犯罪生物学的研究の政策的含意と展望

1980年代以降、犯罪生物学が新しく展開するにつれ、その政策的帰結が懸念されるようになっている。すなわち、従来の犯罪生物学においては、不良な子孫の排出を防ぐという優生学的思想と結びついて、「欠陥ある者」の収容、不妊手術、ロボトミー（前頭葉切断術）などの精神外科手術が行われたことはよく知られている。それゆえ、犯罪者と「それ以外の我々」は生物学的・遺伝的に異なることを示す研究には、科学的手法の濫用可能性がある点に注意しなければならない。なぜなら、抑圧的に人を区別し、物として扱い、弾圧するという帰結を導くからである。そのような危険性を回避するためには、科学的根拠に基づいた政策を実施する前に、犯罪生物学的研究の妥当性や重要性が十分評価されなければならない。

犯罪の生物学的要因に関する理論と研究の現状から理解されることは、「生物学的理論は、犯罪行動に関する『多因子』的アプローチとしてとらえられねばならない。つまりこれらの生物学的要因の存在は、人が犯罪行動を行うようになる可能性を高めるだけで、それを絶対的に決定するものではない。これらの要因は、それが心理学的、社会的要因と相互に関連したとき、犯罪行動を生み出す」ことである（ヴォルド＝バーナード・前掲115頁）。この立場からすれば、生物学的要因だけでは、犯罪などの反社会的行動を改善することはできないと考えられる。

犯罪生物学理論が個人の素質と環境との相互作用を考えることで機能するとすれば、「社会生物学的理論」（biosocial theory）と呼ぶ方が適切である。それは、犯罪に関連する環境的要因と生物学的・遺伝的要因の双方に関心をもち、それらを学際的視点から統合しようとする試みだからである。この視点に基づいて、近年注目を集めている「社会生物学的犯罪学」（biosocial criminology）は、21世紀のパラダイムの主流として着実な地位を築きつつある。そこでは、次のような新たな検討課題に取り組むことが期待されている。すなわち、従来の生物学的研究では独立変数として犯罪や反社会的行動の可能性を高める生物学的危険因子の分析に集中していたが、そのような問題行動に対して防御することに役立つ可能性がある生物学的防御因子に関する研究も同時に進めることである。さらには、この種の研究の従属変数となる犯罪行動に関しては、これまではいわゆる伝統的な「路上犯罪」に限定されていたが、「企業犯罪」ないしは「ホワイトカラー犯罪」などの現代型犯罪に対しても適用可能であるかを検討することである。ただし、その際に重要なことは、一つの理論であらゆるタイプの犯罪を説明しようとすることではなくて、最も適切に説明可能な犯罪は何であるのかを見極めることである。その意味で、比較的特定の行動カテゴリーに焦点を絞ることが方法論的には望ましい（J. ロバート・リリー、フランシス・T. カレン、リチャード・A. ボール（影山任佐監訳）『犯罪学—理論的背景と帰結［第5版］』371–389頁（2013年））。

2　心理学的・精神医学的原因の説明

前述した犯罪生物学的研究の多くは、心理学者や精神医学者によって行われていたものであり、この意味では犯罪心理学的あるいは精神医学的理論の一部であり、両者を厳密に理論的に区別することは難しい。以下では、犯罪行動が生物学的な要因や環境的要因からではなく、主に犯罪者の性格および性格形成から生ずるとする心理学的、精神医学的理論に焦点を絞り考察する。

20世紀を通して、犯罪者・犯罪行動の心理学的特性に犯罪原因を求める犯罪心理学的理論は、犯罪者の性格特性に重点を置く心理学的説明と精神分析に重点を置く精神医学的説明の二つの異なるアプローチで発展してきた。ロンブローゾなどの生物学的実証主義に重点をおいた犯罪者の「身体的・体質的異常」論が強い批判にあい、後退したのちも、心理的異常性に関する指摘、すなわち、道徳的感情の欠如、衝動性、残酷性、知能の低下、怠惰、感覚の鈍麻などの研究は精神医学者や心理学者によって継承され、心理学的アプローチないしは精神医学的アプローチの隆盛をもたらした。これまでに行われてきた犯罪の心理学的・精神医学的原因の説明は、大別して、①「知能と犯罪」研究、②「性格と犯罪」研究、③精神分析学的研究の3つに分けることができる。

1　知能と犯罪

個人の心理的要因のなかで最もよく取り上げられるのは知能の問題である。20世紀初頭にフランスの心理学者アルフレッド・ビネー（Alfred Binet）と彼の助手テイオドール・シモン（Theodore Simon）によって開発された知能検査がアメリカなどに紹介されると、知能と犯罪の関係について調査研究する関心が高まった。アメリカでは、ヘンリー・H・ゴダード（Henry H. Goddard）が少年院などの矯正施設に収容された犯罪少年の知能指数（IQ）を検査したところ、平均して犯罪少年の過半数が精神薄弱（低い知能）であったと報告した。この調査結果から、ゴダードは、ほとんどの犯罪者は精神薄弱であり、知能が低ければ善悪の判断ができずに犯罪・非行に走りやすくなるという仮説を提唱した。そして、知能は遺伝するとして犯罪防止のための断種の制度化を提唱したことでも知られている。

しかしながら、以後の研究では、犯罪者と非犯罪者との間で知能指数に有意な差はないとする研究が相次いで発表され、一時的に、犯罪性と低知能との間に関連があるとする仮説は、ほとんど注目されることはなくなった。同様の傾向は、日本でも見られ、かつては一般的に知能水準が低い者は犯罪・非行に走りやすいと考えられてきたが、今日では、知能水準と犯罪・非行を直接結びつける見解は少数である（瀬川晃『犯罪学』238頁（成文堂、1998年））。

ところが、1977年に発表されたハーシーとヒンデラングの「知能と非行〜修正論的検討」と題する論文（Travis Hirschi and Michael J. Hindelang, 1977, Intelligence and delinquency: A revisionist review, American Sociological Review 42: 571–587）において、彼らがIQと非行との関連性を支持する見解を提示したことを契機に、「知能と犯罪」研究を巡る論争が再熱するようになった。ハーシーとヒンデラングは、「低いIQは、少なくとも社会階層や人種と同じくらい、公式に記録される非行を予測するために重要であり、自己報告非行を予測するためにはさらに重要であること」を見出した。つまり、同じ人種内あるいは同じ社会階層内では、非行性は低いIQと常に関連しており、たとえば下流階層の非行少年は、同じ下流階層の無非行少年よりも低いIQを示しているということを見出したのである。そして、彼らは、知能の低い者は少年時代に学校生活にうまく適応できないために落第や退学の可能性が高く、こうした学校生活への不適応に非行や成人後の犯罪と高い関連性がみられるとも主張した。要するに、彼らの研究成果の理論的含意は、低い知能と犯罪との関連性は認められるが、それはあくまでも犯罪の間接的な要因の一つにすぎず、むしろ両者を関連づけているのは、学校での不適応という別の要因であるということを明らかにしたことにある。

80年代に入ると彼らの見解は、多くの研究成果によって支持を得るようになった。その結果、現時点では、低い知能は学校不適応という環境要因を媒介にして間接的に犯罪・非行に関係していると理解されるようになっている。よって、初期のゴダードの研究のように、低い知能が犯罪の直接的な原因であり、遺伝的な影響によるものと説明する研究はほとんど存在せず、環境要因を媒介することが「知能と犯罪」の初期の研究と近時の研究の重要な差異となっている。

2　性格特性の研究

心理学的な性格研究では、通常、犯罪者は性格尺度や性格目録によって検査され、彼らの性格が非犯罪者とどのように異なるかを、テスト得点や標準化された数量的尺度によって比較されてきた。

(1)　アイゼンクの研究

犯罪学の立場から、「性格と犯罪」に関する最も有名な研究例は、ハンス・J・アイゼンク（Hans J. Eysenck）によるものである。アイゼンクは、1964年に出版された『犯罪とパーソナリティ』（Crime and Personality, 1964）をはじめとして数多くの調査研究を行い、性格特性の犯罪行動に及ぼす影響について論じた。彼は一連の実証的研究と因子分析法に基づき、犯罪行動に関連した性格特性として外向性、神経症的傾向、精神病質的傾向の三つの次元の因子を見出し、いくつかの自己評定質問紙および性格尺度を開発、使用してこれらの性格変数を測定した。彼によれば、典型的な外向性者は、社交的、衝動的、楽観的で刺激への欲求が強く、そして攻撃的である。神経症的傾向（情動性ともいう）が高い者は、不快または苦痛な刺激に対して激しく反応し、気分屋で神経過敏で不安な行動を示すことが多い。精神病質的傾向の者は、行動的には、冷淡で残酷、社会に対する無感覚、非感情的、危険を顧みない行動、問題行動、他者に対する嫌悪、異常を好むことなどによって特徴づけられる、とされる（C. S. バートル、A. M. バートル（羽生和紀他訳）『犯罪心理学——行動科学のアプローチ』103–111頁（2006年））。

さらに、アイゼンクは、これらの三種の性格特性は、それらの要因だけでは犯罪行動を出現させることはできないと主張し、パブロフの古典的条件づけ理論を援用して、道徳的、社会的な条件づけが不十分な場合、その相乗作用の結果として犯罪行動が発生することを理論化した。彼によれば、われわれが犯罪を行わないのは、社会の規則ないしは「良心」というものを幼年期に古典的条件づけ（条件反射）で学習したためであるという。換言すれば、犯罪・非行などの反社会的行動はなんらかの理由でこの条件づけプロセスが有効に働かない場合に発生するということである。そして、この不十分な条件づけはアイゼンクの性格の二つの次元に関連していえば、外向性の者は、内向性の者よりも生来的に低レベルの皮質覚醒反応を有しているので、条件反応が成立しにくいということである。神経症的傾向の高い者は、生来的に自律神経系（交換神経系）の覚醒水準が高いために情動的であり、以前に学習された習慣の影響を受けやすい。もし情動性の高い者が反社会的な習慣を習得した場合には、この習慣的行動傾向を強化しながら衝動的に行動するので、犯罪者となりやすいと仮定する。そして、二つの次元からなる性格特性の組み合わせから、「神経症的外向性者」が最も犯罪行動に関与しそうな性格特性であるとした。一方、アイゼンクは、精神病質的傾向はまた、その行動特性から、外向性と神経症的傾向と同様に、犯罪者群の顕著な特徴であろうと仮定している。彼は、精神病質的傾向は常習的暴力犯罪者においてとくに顕著であると示唆している。全体として、アイゼンクの理論の核心は、犯罪行動が性格の相違と道徳的・社会的な条件づけ（良心や適切な躾）の関数であり、これらの不十分な条件づけのプロセスにおいて遺伝的要因が強く影響していることを示している。

(2)　アイゼンク理論の問題点と影響

アイゼンクの理論の経験的妥当性について、多くの研究は否定している。さらに、理論的にも方法論的にも一定の限界ないしは弱点が指摘されている。よって、現時点では、アイゼンクの理論は犯罪非行を説明するのにはほとんど役立っていないというのが、犯罪学者たちの間での共通理解となっている（ヴォルド＝バーナード・前掲 134 頁）。

ただそうとはいえ、アイゼンクの理論はその後の性格研究に対して一定の影響力を及ぼしていることもまた事実である。たとえば、最近では、アイゼンクのように性格全般を測定しようとする包括的な性格検査と犯罪の関係ではなく、より限定された性格の個人差特性と犯罪、攻撃性、暴力の関連についての研究がおこなわれるようになってきている。たとえば、その典型的な例として、アイゼンク理論の追試を試みた一連の性格研究の影響を受けながら、ウィルソンとハーンスタイン（James Q. Wilson and Richard Hernstein）は、1985 年の著書『犯罪と人間の本性』（Crime and Human Nature）において、衝動性と犯罪との関係に焦点をあてた犯罪学理論を提唱した。さらに、この研究と理論に触発されて、ゴットフレッドソンとハーシー（Michael Gottfredson and Travis Hirschi）は、現在最も注目を集める犯罪学理論の一つ、自己統制（self–control）理論を提唱しているが、自己統制変数の先行要因として衝動的性格をその理論の前提として位置づけている。その限りで、この理論も、アイゼンクの性格特性理論を発展的に継承したものといえよう（自己統制理論については、第5講Ⅱ「コントロール理論」参照）。

3　精神分析学的研究

(1)　フロイトの理論

犯罪・非行の精神分析学的研究は、犯罪分析学の創始者であるジグムント・フロイト（Sigmund Freud）の理論に基礎をおき、犯罪・非行の原因を、人間のパーソナリティ構造を構成する三つの要素であるイド、自我、超自我の力動的関係の障害とみなしてしている。フロイトに代表される精神分析的アプローチは、無意識的で原始的な衝動欲求の一つである性欲の発達段階に即して、人間のパーソナリティの形成・発達プロセスを口唇期（誕生～1歳半）、肛門期（1歳半～3・4歳）、男根期（3・4歳～5・6歳）、そして潜伏期（5・6歳～思春期）の段階に区分して、これらの段階を通過してはじめてパーソナリティの発達を完了すると仮定している。

フロイトの精神分析理論によると、パーソナリティ構造の中で、イドは「快楽原則」のみに従って人を欲望のままに行動させるようと機能する。イドの中で最も強力で支配的なのが性欲である。超自我は「道徳性」や「良心」とよばれる機能で、幼少期の両親のしつけなど社会的、道徳的な規範によって形成される。この中間にあるのが意識的な自我で、「現実原則」に従って、現実社会に適応しようと盲目的な欲動（イド）をコントロールするとともに、超自我の検閲作用をうける。そして、この超自我はいわゆる「エディプス・コンプレックス」（男根期における無意識的な性的葛藤）を解決することで形成される。フロイトなどの精神分析学派は、このエディプス・コンプレックスに大きな意義を認め、その正しい処理が健全なパーソナリティの形成になくてはならないと説き、犯罪者の多くは、潜伏期におけるこの心理的葛藤の処理に障害をきたし、適応過程で失敗したものであると考えた。すなわち、エディプス・コンプレックスの解決に失敗すると、良心の発達が損なわれ、ある者はエディプス・コンプレックスから生まれた罪悪感（罪の意識）が未解決のまま成長し、この罪悪感をまぬがれるために、または自分が罪人であるという内面の意識を実現するために、処罰願望から、無意識の力に駆られて犯罪にはしる。精神分析学では、このようなタイプの者を「神経症的犯罪者」と呼んでいる。また、ある者は、超自我が犯罪的なものとなり、パーソナリティ全体が非行集団の規範や職業犯人のモラルなどに同一化する。このタイプの者は、ゆがんだパーソナリティをもち、本能の持つ攻撃性や性的衝動を抑制できなくなる。このようにして犯罪者に特徴的なパーソナリティが形成されることにより犯罪を行う者を「正常な犯罪者」と呼んでいる。いずれにせよ、犯罪者自身にも意識されない意識下の心理機制を仮定して、行動の起源を説明している点が精神分析学的理論の最大の特色といえる（法務省法務総合研究所編『わが国における犯罪とその対策――犯罪白書――昭和35年度版』80-81頁（1960年））。

(2)　フロイト系弟子の理論

フロイトやその弟子たちは、上記のような精神分析理論を定式化した時に、犯罪行動だけについて詳しく議論したわけではない。むしろ臨床医としての体験にもとづき人間行動全般について解明を試みながら、精神疾患と神経症の理解とその治療法を開発することに主眼に置いた。そうした中で、フロイトの理論に基づいて、非行の精神分析学的説明を最初に提唱したのは、オーストリアの精神科医であるアウグスト・アイヒホルン（August Aichhorn）である。彼によれば、少年が非行に至るには、社会的なストレスに加え、反社会的な行為を準備させる心理的な素質も必要とされる。アイヒホルンは、少年がこのような心理的な素質をもった状態を「非行の潜伏」（latent delinquency）と呼んだ。すなわち、犯罪・非行性は第一に統制されていないイドの表現であり、非行少年の親は欠けているか、愛情不足であって、それゆえ非行少年は超自我の適切な発達に必要な深い愛着を形成し得なかったのである（ヴォルド＝バーナード・前掲129頁）。

アイヒホルンの理論と研究以降、犯罪・非行に関する精神分析的見解が数多く提示されるようになった。たとえば、ウィリアム・ヒーリー（William Healy）の「情緒障害理論」はその代表的な例である。ヒーリーは、非行少年の事例研究において非行少年群と無非行少年群との比較の結果、前者に顕著な情動障害者が多いことを見いだしたことを論拠として、深層分析的な立場から非行を個人の内的、外的な圧力に対する一種の反応型であり、一種の自己表現型式とみた。この内的、外的な圧力とは、愛情関係が満たされない、あるいは愛情の妨げとなっている人間関係からくるものであって、少年非行の場合には、主として家族間の人間関係の障害からきていると仮定した。これらの圧力は、自我感情や愛情の充足における不満、不全感、喪失感、不適当感、劣等感、罪責感、抑圧、心的葛藤などの深刻な体験として感じられ、代償的充足を求める衝動や欲求にかられ、犯罪や非行という表現形式をとると考えられている（法務省法務総合研究所編・前掲 79–80 頁）。要するに、ヒーリーの情緒障害理論は、非行の原因を幼少期の親子関係をはじめとした愛情関係の欠如に起因する情緒障害に求めたものであり、基本的にはアイヒホルンのあげた非行少年の類型と共通しているといえよう。

(3)　精神分析学理論への批判

フロイトが示した精神分析による犯罪原因の説明は犯罪学にも強い影響を及ぼしており、その後、精神分析学的アプローチは犯罪学においても一定の位置を占めることとなった。しかしながら、一方で、精神分析学理論に対しては基本的な批判が常に向けられている。その主要な一つは、理論が検証不可能であることである。ある特定個人の行動に関する精神分析学的解釈は、特に主観的であり、客観的な測定方法をとり得ないと考えられるからである。とりわけ、超自我、イド、無意識的葛藤のような概念は、その性質から、直接観察することができない。「隠れた」動機の推論は、しばしば夢分析、催眠術、ロールシャッハ・テストのような主観的な技法であるが、これらの技法はかなり主観的であり、解釈上大きな見解の相違を生じやすい。この意味で精神分析学は、実証科学的な方法論において認められた枠組からはほど遠いものといえよう。

もう一つの重要な批判は、無意識の葛藤、抑圧された経験と非行の関係は同語反復ないしは循環論法である点である。精神分析学的概念と非行との関係を論証する文献の多くは、二、三のケースヒストリーに関する詳細な検討に基づいている。これらの分析において問題となるのは、ひとつの推定された結果（非行）から出発し、当該行為の特質と原因について、逸話的証拠（anecdotal evidence）を利用して入念な説明を展開しているということである。その際に、しばしば当該結果（非行）が推定された原因（無意識的なパーソナリティの葛藤）の証拠とされていることが多い。つまり、本来説明されるべき事柄がそれを説明する原因的要素として利用されるという一種の同語反復ないしは循環論法に陥っているとの論理的批判である。

これらの批判の他にも、精神分析学的アプローチは、行動の説明において現在の状況よりむしろ幼少期の経験を過度に強調していると批判されている。もちろん、精神分析学的研究においてもパーソナリティに対する環境的要因の影響を認めていないわけではないが、その主要な分析の焦点はあくまでも幼少期において影響を受け、発達する精神の内心的機制にある。精神分析学的研究と理論は、それ自体、犯罪学的な観点からみれば、真にパーソナリティの問題をもっているごく少数の犯罪者および非行少年に適切に適用されることに一定の役割が期待されるにすぎない。犯罪の原因として深層心理的な要因が強調される点で、犯罪・非行原因論における精神分析的立場の有用性は、いささか疑問視されよう。

4　心理学的・精神医学的理論の意義

心理学的・精神医学的アプローチからの犯罪原因論では、研究者は一般に犯罪者には固有の心理的特徴があるという立場をとる。これは伝統的な実証主義犯罪学のパラダイムにおける人間観に基づいている以上、ある意味当然のことといえる。この立場を堅持しつつ、今後の研究課題として期待されているのは、常習犯罪者の研究であろう。すべての犯罪者の中でごく少数の割合で見い出される常習犯罪者は、大多数の常習性のない初犯者と比べて、あきらかに異なる価値観、生活スタイル、あるいはパーソナリティを推測することができる。それゆえ、常習犯罪者には特有の特徴があるといえる。よって、常習犯罪者の個人的属性を明らかにし、これに焦点をあてて、その行動を改善することに心理学的・精神医学的アプローチの今後の研究の意義が見出されるであろう。

3　社会学的原因の説明

20世紀の犯罪学の主流は、アメリカ社会を前提として理論化されてきた実証主義的な社会学的犯罪学に他ならない。1930年代の「シカゴ学派」（the Chicago School）の都市社会学研究を契機として、その後様々な社会学的原因の説明理論が派生し、展開されている。1960年代までの伝統的な社会学的理論は、便宜的に以下の二つの系統に分けることができる。

第1の系統は、1930年代のシカゴ学派を代表するショウとマッケイ（Clifford R. Shaw and Henry D. McKay）の非行研究およびそれから生まれた「社会解体理論」（social disorganization theory）、「文化伝播理論」（cultural transmission theory）であり、これらを出発点としてとりあげる。そして、シカゴ学派の系統および伝統の中で、それを批判に継承発展させたエドウィン・H・サザランド（Edwin H. Sutherland）の「異質的接触理論（differential association theory）」（「分化的接触理論」という訳語もある）について概説する。第2の系統は、1930年代後半に、アメリカ社会全体の社会構造の病理性に原因を求めたロバート・K・マートン（Robert K. Merton）の「アノミー理論」（anomie theory）（「緊張理論」とも呼ばれる）であり、そのアノミー理論を基礎としながらサザランドの異質的接触理論の着想を取り入れて、両者を理論的に統合しようとしたアルバート・コーエン（Albert K. Cohen）の「非行副次文化理論」（theory of delinquent subcultures）、クロワードとオーリン（Richard Cloward and Lloyd Ohlin）の「異質的機会理論」（theory of differential opportunity）である。

1　シカゴ学派の犯罪学

シカゴ大学社会学部（1892年創設）に関係するさまざまな学者の集団を総称して、「シカゴ学派」（the Chicago School）と呼んでいる。アメリカ犯罪学における最初の大規模な調査研究は、1920年代に主にロバート・パーク（Robert Park）とアーネスト・バージェス（Ernest Burgess）の指導の下に、シカゴ大学社会学部において発展した。シカゴ学派は、また犯罪・非行を含む都市問題を生態学的視点から分析した点に理論的・方法論的特色をもつことから、「生態学派（Ecological School）、「人間生態学派」（School of Human Ecology）とも呼ばれている。

シカゴ学派の指導的研究者の一人として、パークは、動植物の生態学から導きだされた諸概念を用いて都市地域の特色（例えば、共生、自然地域）や都市地域の変化の過程（侵入、支配および自然遷移の過程）を記述・説明しようとした。そして、パークによる都市の生態学的研究を利用して、バージェスは、都市をその中心部（シカゴのループ地区）から放射状に広がる同心円（図表 4–1）として捉える都市の成長モデルを提示した。

図表 4–1　バージェスのシカゴ・ゾーンモデル

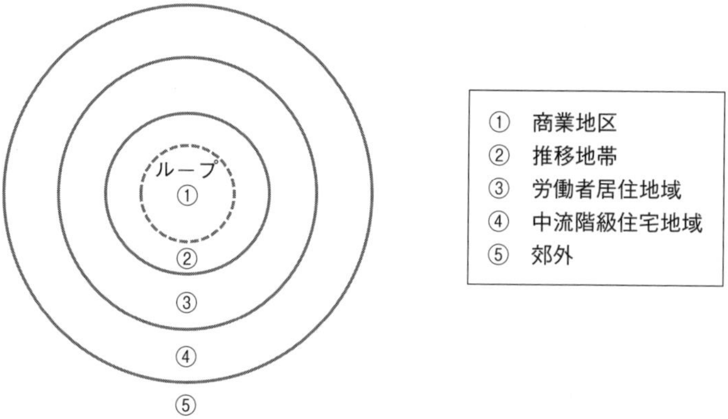

ループ
①
②
③
④
⑤

① 商業地区
② 推移地帯
③ 労働者居住地域
④ 中流階級住宅地域
⑤ 郊外

このモデルでは、都市地域を五つの地帯に分類している。すなわち、①商業地区、②推移地帯（zone of transition）、③低級な労働者居住地域、④比較的良質な中流階級の住宅地域、⑤郊外（都市周辺通勤者地帯）である。これらの 5 つの地帯は成長しながら、動植物の生態と同様に、侵入、支配、自然遷移の過程をたどりつつ、次の地帯へと、次第に外側へ移動していく一方で、同心円上のそれぞれの地帯では、地域に特徴的な土地の利用法があるという一般的な理論を示した。

パークやバージェスらの生態学的理論の大きな特色の一つは、人間行動はその人の置かれた社会的・物理的環境の影響によって発達し、変化するということを理論的前提にしていることである。すなわち、人間行動に最も強い影響を与えるのはコミュニティであると捉える。とりわけ、生態学的視点を犯罪・非行現象の分析に応用する場合にあっては、犯罪・非行の環境的要因を強調しており、1930年代以前のアメリカの犯罪学研究において支配的であった「新ロンブローゾ主義」(the New Lombrosianism) と呼ばれる犯罪生物学的・心理学的学派へのアンチテーゼを示すものであった。このように、パークとバージェスの生態学的アプローチは、その後の社会学的犯罪学の調査研究と理論に対して大きな影響を及ぼした。

(1)　ショウとマッケイの研究

(a)　理論内容　ショウとマッケイの二人は、バージェスの直弟子であり、パークとバージェスの生態学的理論をはじめて非行現象の分析に応用したことで有名である。その著『少年非行と都市地域』(Juvenile Delinquency and Urban Areas, 1942) において、バージェスの同心円理論 (図表4-1) にもとづき、1900年から1940年までに公式統計に表れた約5万6千人以上もの非行少年の住所地 (居住地) をシカゴの市街地図の上にドット・マップ (スポット・マップ) と呼ばれる資料作成法を使って記録し、非行多発地域を明示することを試みた。一方で、当該非行少年たちがどのようにその環境と関わっているのかを正確に解明するために、個々の非行少年たちから広範囲にわたる「生活史」(life history) を聴取した。

その結果、彼らの調査研究は、社会的疾病 (結核、乳児死亡率、種々の病気、非行・犯罪など) が五つの帯状地帯で顕著な相違があり、とくに犯罪・非行の発生率 (10～16歳少年人口の中で少年裁判所に送致された者の比率) が同心円の中心部に位置する商業地区 (ループ) から離れると、同じようなパターンで次第に減少していくことを見出した。すなわち、必ずしもすべての都市地域が等しく、犯罪、アルコール中毒、精神病などの問題で悩んでいるわけではなく、実際にシカゴの同心円地帯では、都市中心部にある「人口密集地帯」(concentric zones) から離れるにつれて、次第に社会問題が見られなくなっていくパターンを初めて実証したのであった。そして、高い非行率が、①住宅事情の劣悪さ、②激しい人口移動、③学校怠学者の多いこと、④成人犯罪者や外国人（移民）の多いこと、⑤精神病者が多いこと、⑥高い失業率など、社会病理的要因と関連性をもつことを明らかにした。そして、彼らは、時間の経過に伴う地域住民の民族・人種構成の変化にも関わらず、都市部における非行多発地域の非行率が一定に保たれているという事実をもまた明らかにした。

これらから導きだれる理論的含意は「社会解体（social disorganization）論」として知られ、次の内容を示唆する。

第 1 に、非行多発地帯と種々の社会病理的要因との関連から、都市の人口密集地帯および推移地帯において相対的に高い少年非行率の問題に「社会解体」の影響を強調した。これは、シカゴ学派の先達であるトーマスとズナニエッキ（William I. Thomas and Florian Znaniecki）の「社会解体」概念に着目し、非行は主として社会解体、すなわち地域社会に基礎をおく因習的制度的な統制力の崩壊の結果であるという理論仮説を提唱した。この理論では、高い非行率を抱える推移地帯は、自然発生的であり、生態学的原則（共生、競争、侵入、支配、自然遷移の過程）に密接に対応している、とされている。それゆえ、「社会解体」概念は、生態学的理論のキー・コンセプトとなっている。また、社会解体理論は、犯罪・非行の主要な原因は近隣社会の崩壊とそれに伴う劣悪な生活条件にあるとみているので、究極的には社会解体的近隣自体の社会構造的要因に原因を求める理論であるといえる。

第 2 に、推移地帯においては住民の民族・人種構成の変化とは関係なく、常に高い非行率を維持しているとの研究結果から、社会解体状態にある推移地帯では、犯罪・非行が社会的・文化的伝統の中核的部分を構成しているとみなした。そこから、犯罪・非行は、言葉やその他の習慣と同様に、当該近隣住民たちの間で、世代から世代へと受け継がれるとして、「文化伝播理論」として提示している。つまり、こうした非行多発地域には、非行を生む固有の文化があり、その非行文化が当該地域において伝播されていくという社会過程に重点をおいた理論である。

第 3 に、生活史研究からの知見にもとづいて、非行少年がパーソナリティ、知能、身体的条件の観点から、正常な少年と異なることころはないということを見い出した。それゆえ、犯罪は個人的要因の所産というよりは、むしろ環境の関数とみなしたのである。よって、ショウとマッケイは、犯罪現象の理解のためには、個人レベルを超えた社会的・環境的要因に重点をおくべきであると主張した。この意味で、犯罪者が生物学的、知能的、精神的障害のある個人であるという1930年代以前のアメリカにおいて支配的であった犯罪生物学・心理学的見解を否定するものであった。同じような理由から、犯罪・非行がある一定の少数民族または人種の所産であるという仮説をも否定したことは言うまでもない。

ショウとマッケイの研究と理論は、方法論的にはマクロレベルの公式データ（犯罪統計、国勢調査、住宅・福祉記録）の使用、ミクロレベルの事例研究（生活史調査、都市エスノグラフィー・フィールドワーク）などの手法による「実証的な調査研究方法」を確立したこと、理論的に生態学的アプローチから犯罪・非行現象を分析し、そこから社会解体理論や文化伝播理論を生み出し、今日の社会学的犯罪学の土台を築いたものとして高く評価されている。

(b)　ショウとマッケイ理論への批判　ショウとマッケイの理論には、次のような批判および問題点が指摘されている。第1に、多くの批判は、非行少年や非行率を確認するために公式統計に依存していたことを問題にした。非公式データ（自己報告データ、被害者化データなど）を使えば、異なるパターンが得られたのではないかとの疑問である。第2に、その理論仮説において、一方で社会「解体」を指摘しながら、他方で文化「伝播」を強調するところに理論的矛盾があるとの批判である。すなわち、「非行多発地域とは、社会解体の最も進んだ地域である」との仮説に内在する問題は、犯罪的な生活・行動様式の生成・伝播に関する素因として、共同体感情や共同体活動が当該地域の全体構造において存在することを前提としている点である。これらの共同体的統制力が解体しているからこそ犯罪が生ずるという説明であるが、一方、当該社会で解体しているはずの共通の文化・規範が「伝播」するということは論理的矛盾があるとする。第3は、「解体」とは社会階層のある側面（中流階級の価値観）からみた場合にあてはまることで、別の観点（労働者階級、犯罪者集団、非行集団）からすれば、むしろ「崩壊」どころか組織化され秩序だっているともいえる、というイデオロギー的批判である。

(c)　ショウとマッケイ理論の政策的含意　政策的含意として、犯罪問題の解決は犯罪者の個別処遇によるのではなく、社会解体した近隣地域（推移地帯）が安定するように再組織化することにある。その具体的な実践例として、1932 年から 1957 年まで、ショウの主導により三つの非行多発地域で行われた「シカゴ地域プロジェクト」（Chicago Area Project: CAP）が有名である。このプログラムは、犯罪・非行の主要原因が近隣の崩壊と都市スラムの生活条件にあるとするショウとマッケイの理論を拠りどころに、ショウ自らが非行多発地域における非行予防と非行少年の更生を効果的に行うことを目的として創設した。CAP の特徴は、民族、人種、宗教、経済階層などによる住み分けが生じていたコミュニティの特性に適した地域社会の再組織化を目指した点にあり、住民主導で地域社会の人的資源（教会、学校、労働組合、企業など）を活用しながら様々な活動プログラム（スポーツ・娯楽活動、課外活動、サマー・キャンプなど）の支援を行ったところにある。CAP の非行予防活動は、好意的な評価を得て、ショウの死後（1957 年）も継続され、イリノイ州全体および全米の各都市にまで拡大し、今日においても非行予防プログラムのモデルとなっている。

(2)　サザランドの異質的接触理論

(a)　異質的接触理論の内容　サザランドは、犯罪学をもっぱら社会学的観点から一つの科学的研究分野として体系化しようと試み、最初の犯罪学教科書『犯罪学』（Criminology）を 1924 年に出版した。その後改訂された第 3 版（1939 年。書名は 第 2 版から第 8 版まで『犯罪学原論』（Principles of Criminology）に変更）においてはじめて「異質的接触（differential association）理論」を提示した。ここでは、「組織的な犯罪行動」（たとえば、窃盗犯人、詐欺師の犯罪）の説明に限定され、理論の一般化という点では消極的な姿勢がみられたが、1947 年の第 4 版ではあらゆるタイプの犯罪行動の原因を説明するグランド・セオリーとして完成させた。

サザランドの異質的接触理論に影響を与えたのは、先ずシカゴ大学時代の恩師であるトーマスであり、その指導の下で「状況の定義」という概念を学んだこと、また同大学でミード（George Herbert Mead）の象徴的相互作用主義の影響を受けたこと、ショウとマッケイの生態学的研究からは社会解体理論や文化伝播理論を学んだこと、さらに1930年代後半に活躍したペンシルベニア大学のセリン（Thorsten Sellin）との交流から「文化葛藤理論」（cultural conflict theory）を参考にしたことなどがあげられる。サザランドはこれらの考え方を結びあわせながら、いわばシカゴ学派の業績の到達点を示すものとして「異質的接触理論」を提唱したといえる。サザランドはこの理論で、社会学的犯罪学を発展させた功績により「アメリカ犯罪学の父」、20世紀随一の犯罪学者とみなされている。

❍コラム12　エドウィン・H・サザランドの学問的功績

エドウィン・H・サザランド（Edwin H. Sutherland, 1883-1950）は、「アメリカ犯罪学の父」といわれている。1913年にシカゴ大学で社会学博士号を取得し、イリノイ大学（1919-1926）とミネソタ大学（1926-29）などで教鞭をとった後に、1930年にシカゴ大学の正教授のポストに就いた。そして、1935年にはインディアナ大学社会学部長に就任した。彼は、犯罪学を社会学の中に定着させることに多大な貢献を果たした。犯罪学理論の主要理論である「異質的接触理論」を提唱し、「ホワイトカラー犯罪」研究のパイオニアとしても知られる（その邦訳として、E. H. サザーランド（平野竜一、井口浩二訳）『ホワイト・カラーの犯罪：独占資本と犯罪』（岩波書店、1955年）がある）。彼の教え子の中からG・B・ヴォルド、A・K・コーエン、L・E・オーリン、D・クレッシーなど多くの著名な犯罪学者が輩出している。

(b)　異質的接触理論の命題　　サザランドの異質的接触理論は、以下の9つの命題から成り立っている（藤本哲也『犯罪学原論』65-66頁（日本加除出版、2003年））。

第1「犯罪行動は学習される。」

第2「犯罪行動は、コミュニケーションの過程において、他の人々との相互作用の中で学習される」。

第3「犯罪行動の学習の主要な部分は、親密な私的集団において生じる。」

第4「犯罪行動が学習されるとき、その学習の内容は、(a)時には非常に複雑であり、また、時には非常に単純である犯罪遂行の技術であり、(b)動機、衝動、合理化、態度等の特定の方向づけをも包含する。」

第5「動機および衝動に関する特定の方向づけは、法規範の定義を好ましいものと考えるか、あるいは好ましくないものと考えるかによって、異なって学習される。」

第6「人は法の違反を好ましいとする定義が、法の違反を好ましくないとする定義を超過した場合に犯罪者となる。」

第7「異質的接触は、頻度、期間、順位、強度の点においてさまざまである。」

第8「犯罪的行動型および非犯罪的行動型との接触による犯罪行動学習の過程は他のあらゆる学習に含まれるメカニズムのすべてを含んでいる。」

第9「犯罪行動は、一般的な欲求や価値の表現であるが、非犯罪行動もまた同じ欲求や価値の表現であるから、犯罪行動はそれらの一般的欲求や価値によっては説明することができない。」

これらの命題が示すのは、犯罪行動は遺伝ではないことを明言し、生物学的理論を否定し、他の学習行動（作文、絵画、読書など）と同じく学習されるということである。その学習も、犯罪への教師役、案内役を務める者との相互作用中に生じるという。他者、つまり最も親密な社会的仲間（家族、友人、仲間）との個人的接触が逸脱的な行動や態度の発達に最大の影響を及ぼすことになる。例えば、非行少年は、彼らの仲間から万引の手口や麻薬の入手・使用法を学習する。また、初期段階の非行少年は、自らの行為を弁解し、合理化し、良心の呵責を示すなど、逮捕されたときの適切な対応の仕方も学習する。第5，第6の命題は、社会的ルールや法律に対する反作用は一貫せず、遵法的態度を支持する者とそれに反対する犯罪的な者との対立を示唆している。決定的なことは、自分にとって重要な人の犯罪的な態度または遵法的な態度と接触するかどうかであり、これが個人の態度形成に大きな影響を与える。このように、社会的態度や法規範の評価をめぐる文化的葛藤・対立が「異質的接触」概念の基礎であり、基本原理である。これは犯罪行動が「状況の定義」によることを強調している。すなわち、同じ状況に直面した人々の間において、犯罪に走る人と走らない人がいるのは、その状況に対して犯罪を正当化する考えが犯罪を禁止する考え（良心）を上回ったどうかによるという。つまり、個人が違法的態度を学習するかどうかは、社会的相互作用の質によって影響される。そして、第7命題によると、頻発的そして長期的な接触の方が散発的、短期的な接触よりも影響力が大きい。また、「三つ子の魂百まで」というように、幼児期における接触がその後の接触よりも重要であり、たとえば、両親、信頼する友人、先生の影響がより社会的に縁の遠い人物の影響よりも上回るということを意味している。

第8、第9の命題は、一般的な学習原則と関係している。犯罪行動は、他の行動と同じ方法で学習されること、犯罪行動も遵法行動も同じようなニーズ、価値の所産であることを強調している。つまり、犯罪（例えば、窃盗）の原因を高収入を得たいという欲求に求めることが無意味であるとする。なぜならば多くの遵法的市民もまた高収入を志向しているからである。よって、犯罪行動の動機は、論理的には因襲的な行動と同じではありえない。サザランドにとって、唯一違法行動をもたらすのは、犯罪行為を好ましいとする定義が好ましくないとする定義を上回る人との接触を通して逸脱的規範を学習することにある。

(c) 異質的接触理論の特色　異質的接触理論の主な特色は、第1に、犯罪原因の探究において、ミクロ・レベルにおける対人的相互作用過程に焦点をあてた社会過程理論であるということである。各個人にとって有意味な集団内で体験する社会過程を通して同調または逸脱のいずれかの価値を学習することを重視する。

第2に、シカゴ学派の伝統が継承されていることであり、たとえば、ショウとマッケイの「社会解体」概念を修正して「異質的社会組織化」（differential social organization）の概念を提示し、支配的文化に同調的な行動様式と逸脱的行動様式は、職業、階層、人種、生活様式の相違に応じて差異的に組織化されていると分析した。この考え方の中には、シカゴ学派の生活史的事例研究の集積によってみいだされた文化的多様性ないしは文化的多元主義、また、文化的多様性によって特徴づけられる社会において、逸脱行動がその人間の所属する下位文化と支配的文化との価値葛藤の所産であるとのセリンの文化葛藤理論の影響がある。さらに、逸脱者がその逸脱的価値を支持または助長する下位文化に同調するかというプロセスに重点をおく、一種の社会心理的な文化伝播理論の系譜を継承している。

第 3 は、異質的接触とは、接触による学習という原理の論理的帰結であって、「朱に交われば赤くなる」という格言を言い換えたもので、この理論は別名「悪友理論」（bad company theory）ともいわれる由縁である。

第 4 は、非行多発地域でも非行に走らない少年たちがいるという事実を「異質的接触」ということで説明することができるという長所をもっている。

最後に、サザランドは、社会上層の人たちによるいわゆる「ホワイトカラー犯罪」の概念を創造し、ホワイトカラー犯罪研究のパイオニアとしても有名であるが、なぜホワイトカラー層の人々は物質的に満たされているにも関わらず、業務上横領、不正価格操作、インサイダー取引などの犯罪を行うのかの説明に適用可能としたのである。よって、異質的接触理論は、あらゆる種類の犯罪に適用できる一般理論とみなすことができる。

(d)　異質的接触理論に対する批判および問題点　批判には、以下のものがある。第 1 に、異質的接触理論は、そもそもなぜ人がこのような接触をするに至ったかを説明しておらず、それに関連して、たとえばホワイトカラー犯罪が他から学習したことを認めるとしても、人から人へと伝達される逸脱的な態度、価値の起源の説明もないとの批判がある。

第 2 は、異質的接触理論の実証性に対する批判である。本理論の核心部分である第 6 命題の定量化が極めて困難であり、そもそも検証不能ではないかという批判である。異質的接触理論の実証研究の試みもあるが、「法の違反を好ましいとする定義の超過」、「接触」、「定義」、「超過」などの鍵となる変数の扱いは各論者によってまちまちであり、明確に一致したものとはなっていないし、その研究結果も相矛盾している。

第 3 に、異質的接触理論は、他者との接触が本人の行動パターンに影響もたらすと仮定する。しかし、その逆の因果モデルも考えられるという指摘である。「類は友を呼ぶ」というように、人は、犯罪の価値や活動に適応するために他者と接触する。先に犯罪行動があり、その後に接触がある。つまり、接触と行動の関係は、現実には相互作用的（双方向的）であるとみるべきであり、時に両者が影響し合っていると仮定して、理論化すべきとする。

第4は、人間行動に関する心理学的アプローチからする批判である。異質的接触理論は、第1命題「犯罪行動は学習される」の基本原理から学習理論であると評されることが多い。そこで、心理学的学習理論の立場から、サザランドの学習理論はあまりに単純かつ曖昧すぎるとの批判がみられる。この批判から、異質的接触理論を修正発展させる動きがいくつか登場した。その代表的な例としては、行動主義的学習理論として異質的接触理論を修正発展させたC・レイ・ジェフリーの「異質的強化理論」やバージェスとエーカーズ（Robert L. Burges and Ronald L. Akers）の「異質的接触・強化理論（A differential association–reinforcement theory of criminal behavior）」がある。

第5は、犯罪性と接触する者が皆犯罪的なパターンを採用したり、それに従ったりするわけではない、という批判もある。これに応えて、ダニエル・グレーザ（Daniel Glaser）は、異質的接触理論を修正する試みにおいて、社会学的な「準拠集団理論」に基づく「異質的同一化理論」を提唱した。グレーザによれば、文化に接触することと、それに同一化することは別のことであり、同一化概念をとりいれることによって犯罪文化に接触しながらも犯罪を行わない人々のいることを説明できるとした。

(e)　理論の政策的含意　サザランド自身は、異質的接触理論の政策的含意について明確な議論を展開していない。しかし、この理論の基本原理を考慮すれば、論理的には常習犯人よりもむしろまだ犯罪傾向の進んでいない受刑者の処遇プログラムの場面において有意義であると思われる。すなわち、犯罪者の矯正処遇において、受刑者の悪風感染防止を目的に、犯罪傾向の進んでいない者と犯罪傾向の進んでいる者との接触を妨げることが重要である。この意味で、受刑者の分類制度は、常習犯罪者の望ましくない行動パターンを学習する機会を制限するために、重要な役割を果たす。一方、施設内処遇であれ社会内処遇であれ、社会復帰の各種治療プログラムを通して、とりわけ犯罪傾向の進んでいない若年犯罪者に遵法的な行動パターンを学習する機会を設け、合法的活動から満足感を得られる環境を整えることが推奨される。

2　アノミー理論（緊張理論）の系統

(1)　マートンのアノミー理論

(a)　基本仮説　ロバート・K・マートンは、1938年に「社会構造とアノミー」と題する論文（R. K. Merton, Social Structure and Anomie, American Sociological Review, Vol. 3, 1938, 672–682）を発表し、逸脱（犯罪・非行を含む）に関する最も純粋なマクロレベルの社会学的説明を展開した。これが「アノミー理論」であり、犯罪原因の探究において1930年代に流行した生物学的な個人属性を重視する研究を拒絶した点ではシカゴ学派と同じ立場に立っている。しかし、シカゴ学派の文化伝播理論と異質的接触理論がミクロレベルで、個人が犯罪者になる社会的相互作用の過程に焦点を当てていたのに対し、マートンは、もっぱらマクロなレベルで社会構造の病理、すなわち社会が不公平に構造化される方法とその構造が犯罪を生み出す方法に焦点を当てた点に両者の違いがある。さらに、シカゴ学派の社会解体理論も同じマクロ理論であるといえるが、アノミー理論は、犯罪原因を都市レベルではなく、アメリカ社会全体レベルで広範な社会の構造的諸条件の役割を強調している点で、両者には相違点を見出すことができる。

このようにシカゴ学派犯罪学とは一線を画しながら、マートンの問題関心は、なぜ逸脱行動の頻度が社会構造によって異なるのか、逸脱の仕方がその社会構造によって種類や形式を異にするのかという点にあった。そこで、彼が着目したのは、アメリカ社会を特徴づける「アメリカン・ドリーム（経済的成功の達成）」という文化的価値・目標とその目標達成の機会・手段が、現実には社会内において公平に配分されていないという事実であった。フランスの社会学者デュルケーム（Emile Durkheim）によって展開された「社会の無規範状態」という意味のアノミー概念を換骨奪胎して、マートンは、それを社会的・文化的構造の特質を指すものとして「社会の文化的目標とその達成のための制度的手段との不一致」と再定義し、逸脱行動の理論の中心概念として展開した。

アノミー理論の基本仮説によると、逸脱行動は文化的に規定された目標（アメリカン・ドリーム）とその目的達成のために社会構造的な制度的手段とが乖離した場合に生ずるという。この理論の核心は、アメリカの競争社会では、金銭的・経済的成功があらゆる階層に広範に浸透しているが、特定の階層、特に下層階級に属する人々は社会構造上不利な立場に置かれており、目的達成のための合法的な機会・手段の利用可能性が制限されているために、欲求不満、怒り、憤りから、非合法的な逸脱（犯罪非行）活動に従事するように動機づけられているとする。要するに、文化的に規定された成功目標に到達するための合法的機会が社会構造上限られている者は、非合法的な犯罪非行という手段によって目標を達成しようとする。このように、アノミー理論は、社会のアノミー状態（文化的目標とその合法的手段の不一致）が、いかに下層階層の人々に緊張を生み出しているか、いかに彼らが逸脱に動機づけられているかを説明する理論である。それゆえ、アノミー理論は下層階級間の構造的緊張に力点を置いているところから、しばしば「緊張理論」とも呼ばれている。

(b)　アノミー状態に対する個人的適応様式　マートンは、社会構成員がアノミー状態に置かれた場合に、緊張を解消する方法を類型的に提示している。これが「個人的適応様式」（individual modes of adaptation）と呼ばれるものである。マートンによれば、適応の様式は、目標や手段に対する受容、拒否、代用（一般に行われている価値の拒否と新しい価値の代替）の組み合わせによって論理的に可能な五つの類型（同調、革新、儀礼主義、退行、反抗）に区別される（藤本・前掲 106–110 頁）。

第 1 の適応様式は、同調（conformity）である。手段が制限されている現実に直面しても、社会的に認められた目標と手段の双方を「受容」する場合、その行動形態は同調と呼ばれる。同調は犯罪ではなく、社会的には好ましい適応形態であり、これによって社会の安定が確保される。マートンの理論が、共通の文化的目標は中産階級の人々に広く受け入れられていると仮定している理由もここにある。

アノミーに対する他の四つの適応様式は、なんらかの意味で逸脱とみなされているものである。逸脱行動の第 1 の適応様式は「革新（innovation）」である。目標を受容しながら、それを成し遂げる手段を拒否する場合であり、革新と呼ばれる。つまり、文化目標は正当であるが、目標を達成するための制度的手段が適法ではない場合であり、非合法的な手段によって目標を達成しようとする適応様式である。通常、犯罪非行などの逸脱行動様式の大部分はこの類型に属する。アノミー理論では、経済的成功目標達成の合法的な機会の利用が閉ざされている下層階級の人々の犯罪を説明するのに最もふさわしい適応様式といえる。

逸脱行動の第2の適応様式は、儀礼主義（ritualism）である。これは、「革新」とは全く逆の適応様式であり、目標は達成できないと拒絶する一方、規範への忠誠を保持するなど、いわゆる用心深い人などにみられ、儀礼主義と呼ばれる。たとえば、「銀行の窓口で働く小心な従業員、同調に熱狂的な官僚主義者」がこれにあたる。このタイプには、犯罪・非行行動の明確な例はない。ただし、マートンの適応様式の目的は、逸脱の一般理論を概略することにあったので、儀礼主義を基本的な反応として類型化したという。

逸脱行動の第3の適応様式は、退行（retreatism）（「逃避主義」とも訳されている）であり、目標と手段の双方を否定する場合をいう。「同調者」とは対照的に、このタイプの適応様式は最も稀である。また、「革新者」と違って文化的成功目標に価値を認めない。さらに、制度的慣行に同調する「儀礼主義者」とは反対に、制度的手段をほとんど考慮しない。要するに、退行（逃避主義）者とは、「革新」しようとせず、人生における大切な目標に向かって前進する試みをやめてしまう者である。この類型は、社会の「落伍者」に最も多く見られ、その例としては、浮浪者、アルコール中毒者、麻薬常習者などが挙げられる。

逸脱行動の第4の適応様式は、反抗（rebellion）である。反抗とは文化的目標も制度的手段も拒否することによって、既存の価値とちがった新しい価値を作り出そうとする適応様式である。現存の社会的文化的構造を変革することを目標とし、新しい目標や新しい手段を設定して、他の社会構成員とも共有しようとする。この適応類型に属するのは、革命家や政治犯・確信犯といわれる者である。

犯罪学的観点から、マートンによる五つの個人的適応様式を整理すると、同調者と儀礼主義者はほとんど犯罪非行と関連しない。むしろ、革新者、退行者、反抗者がそれぞれの逸脱的適応様式の特質に応じた法違反的行動に出る可能性が高く、犯罪学研究にとって重要な焦点となる。

マートンの理論の特色は、文化目標達成の機会に階層的差別があること、個人の社会的地位によって成功目標を達成する合法的手段が異なることを指摘した点である。それゆえ、この理論は、階層化された社会において最も社会経済的に不利益を被っている下層階級の犯罪・非行を説明するのに最も適切な理論の一つである。そのことは、FBI『統一犯罪報告書』など公式犯罪統計が明らかにしているように、圧倒的多数の犯罪が若年の、貧しい、黒人、男性によるという統計的事実によっても支持されている。

(c)　アノミー理論の問題点　アノミー理論は、1950年代、60年代を通して最も影響力のある犯罪非行理論として評価され支持されているが、他方で、問題点についてもいくつか指摘されている。第1に、この理論は、アノミーという社会的状況が社会全体の犯罪・逸脱にどのような影響を与えているかに関心がありながら、個人的適応の差異を問題にしており、分析レベルが異なるのではないかとの批判である。要するに、マクロレベルの社会構造を問題としながらミクロレベルの個人の適応行動を論じていることは、論理的に明確ではないとされる。第2に、人々の適応において犯罪の相違を説明していないとする批判である。たとえば、同じアノミー状態に直面した者が強盗犯人になり、他者は麻薬売人になる、ということを理論的に説明できないとする。第3に、アノミー理論は、集合的レベルにおける犯罪行動の発生率の変動を説明するが、同じアノミー状態にあるのに、少年が成人になると犯罪を中止するのかを説明していない点である。第4に、すべての人々が同一の「成功目標」を共有していることを前提にしているが、この前提仮説が虚偽ではないかというイデオロギー批判である。

マートンのアノミー理論が主張された1930年代のアメリカ社会ではアメリカン・ドリームは確かにひとつの共通した価値観であったと考えられるが、時代の経過とともにアメリカ社会が直面する社会的不平等、人種差別それに関連した貧富の格差の拡大と固定化が進行している、といった構造的な問題を考慮すると、アメリカン・ドリームの理念と現実とのギャップが顕在化しつつあるという批判にもそれなりの説得力があるように思える。これに対しては、アノミー理論のアメリカン・ドリームという「文化目標」の考え方をより批判的に継承し、発展させたものとして、ロバート・アグニュー

（Robert Agnew）の「一般的緊張理論（general strain theory）」とメスナーとローゼンフェルド（S. F. Messner and R. Rosenfeld）の「制度的アノミー理論（institutional anomie theory）」が今日有力に提唱されている（リリー＝カレン＝ボール・前掲　88–99頁）。

アノミー理論の政策的含意について、マートン自身はとくに明確な議論を展開していない。しかし、彼の理論から論理的に導きだされることは、もし人々が成功目標を達成する手段をもたないことで欲求不満・社会的緊張が高まるとすれば、そうした感情に対処するために、社会において下層階級の人々に、社会的不公正を是正し、成功のための合法的機会を拡大することが重要な政策課題となることは間違いない。アノミー理論からする具体的な政策的含意の議論については、後述のクロワードとオーリンのところで紹介する。

(2)　コーエンの非行副次文化理論

コーエンは、1955年に著書『非行少年：ギャングの文化』（A. K. Cohen, Delinquent Boys: The Culture of the Gang, 1955）を発表し、少年ギャングの非行を説明するためにサザランドの異質的接触理論とマートンのアノミー理論とを統合させた「非行副次文化理論」を提唱した。コーエンの少年ギャング研究は、その後の少年ギャング理論の基礎を提供し少年非行研究の分野において大きな影響を及ぼした。

(a)　内　容　　コーエンの問題意識の端緒は、マートンのアノミー理論では特定タイプの逸脱行動、すなわち、都会の下層階級男子のギャングの少年非行を適切に説明できないという疑念であった。コーエンの理論では、少年非行は圧倒的に労働者階級の男子に見られる現象であるとし、アメリカ社会の階級構造に関連していると仮定した。少年非行が下層階級の現象であるという見方はマートンのアノミー理論と同じであるが、コーエンは、なぜ多くのギャング非行がはっきりとした目的や利益をもたず、むしろ非功利的で、悪意のある、否定的なものであるかという点を問題とした点において、異なる立場にたっている。なぜならば、マートンの「革新」的適応様式では、犯罪非行に走るのは、個人の成功目標達成のために合理的かつ功利的な動機に基づいていると仮定しているからである。そこで、コーエンは「非行副次文化（delinquent sub–culture）」という概念を作出して、少年ギャング非行の非功利的・破壊的・悪意的な性質を説明し、少年ギャングの非行理論の分析概念として展開したのである。

コーエンの非行副次文化理論の基本仮説は、労働者階級の少年は当初は中流階級の少年と同様に、支配的中流階級の文化の規範、価値、成功目標によって影響されているということである。すなわち、労働階級の少年は「中流階級のものさし」(middle class measuring rod)(たとえば、大望、個人責任、学業成績、時間的厳格さ、清潔さ、非暴力的行動など)から見たまともな地位を達成しようと努力する。しかし、コーエンが注目したのは、マートンのアノミー理論と同様に、下層階級の少年は因襲的制度(たとえば、学校制度)における地位を占めるための努力において成功するには不利な立場におかれているということである。とくに中産階級の価値観を体現している学校では、労働者階級の少年は、中流階級の少年と同じ規準によって判断されるが、中流階級の少年と有効に競争するのに必要な早期の社会化や物質的資源を欠いている。よって、下層階級の少年は、学校では学業成績が振るわず学校生活の失敗を体験し、すぐに学校教師からの社会的承認を得たいという望みが満たされないことを知るようになる。この時点で下層階級の少年は自尊心を喪失し、支配的な因襲的社会での地位から拒絶されたという「不満感」を増大させることになる。

このような文化目標とそれを達成するための因襲的手段との葛藤から生ずる下層階級の少年の不満感を解消する方法として、コーエンが考え出したのが、マートンのようにアノミー状態に対する個人的適応に焦点を当てるのではなく、そのような状況に対する順応プロセスにおいて重要な役割を果たす「非行副次文化」という社会学的概念である。労働者階級の少年は、非行副次文化を形成しそれに順応することによって、順応の問題に対する「個人的な」解決ではなく「集合的」解決を図ろうとする、とコーエンは述べている。

非行副次文化理論の核心は、非行は中流階級の価値観に対する下層階級の反動であり、下層階級の少年は、非行副次文化を社会で中流階級の支配する価値体系に反動する一つの手段として形成しており、その副次文化を共有する集団としてギャング団が生まれる、という点にある。すなわち、下層階級の少年は自らの地位的欲求不満から反動形成された非行副次文化に同調・順応することによって、そのギャング集団の中で非功利的、否定的、悪意ある非行行動を通して肯定的な自己像ないしは自らの地位を獲得するのである。

それでは、「非行副次文化」とはどのような内容、特色をもったものなのであろうか。非行副次文化の内容について、コーエンは、労働者階級少年の非行活動の特徴に着目しながら、非功利性、意地の悪さ、否定主義、移り気、短絡的享楽主義、集団自律性の強調の六つの特色をあげている（藤本・前掲 114–118 頁）。第 1 に、「非功利性」（non–utilitarian）とは、少年ギャングが窃盗を働くのは、なんらかのニーズまたは欲求から物を盗むということではなくて、盗むことそれ自体が「面白い」ことを意味する。第 2 に、「意地の悪さ」（malice）とは、少年ギャング団の非行行為には他人の当惑を楽しみ、タブーに反抗すること自体を楽しむという一種の悪意さえも見られる。第 3 に、「否定主義」（negativistic）とは、全体社会の規範を否定し真っ向から対立するものである。一般に非行少年の行動は、その副次文化の基準からすれば正しい。つまり、その行動が全体文化の規範では悪いとされるが故に、正しいことになる。第 4 に、「移り気」（versatility）とは、多様な形態の非行に従事することを意味する。代表的な非行形態である窃盗は、その他の悪意あるいたずら、バンダリズム、無断欠席と同時進行で行われる。第 5 に、短絡的享楽主義（short–run hedonism）とは、主に未来ではなく現在にのみ関心をもつことである。非行少年は長期的な目標や行動計画を立てることや練習、熟慮、研究を通して獲得される知識や技術を必要とする活動にはほとんど興味を示さない。彼らは気短で、衝動的で、愉快に過ごすことのみに専念し、将来の利益や損失をほとんど考慮しない。ギャングのメンバーは、特別な目的をもたず街角にたむろする。最後に、「集団自律性」（group autonomy）とは、強固な結束を保ち、親密な関係を重視する傾向であり、ギャングの仲間集団内の特有な傾向であって、ギャングが他の集団とは冷淡で敵対的で反抗的な傾向であるのとは対照的である。

(b)　特　色　コーエンの非行副次文化理論の特色は、下層階級の少年非行を説明するために、マートンのアノミー理論とサザランドの異質的接触理論をフロイトの精神分析概念である「反動形成（reaction formation）」という概念を介在させて巧みに結合させた点にある。すでに述べたように、コーエンは、マートンと同様に、アメリカ社会において支配的な文化目標とその目標を達成のための制度的機会・手段が下層階級の人々に不公平に配分されており、その結果下層階級の間において欲求不満や社会的緊張が生ずるというアノミー状況を研究の出発点として共有している。コーエンの「中流階級のものさし」という概念は、まさにマートンが指摘したアメリカ社会において支配的な文化目標をコーエン流に表現したものに他ならない。しかしながら、アノミー状況に対する解消方法では、逸脱行動に導く動機形成のメカニズムに対する理解の仕方においてコーエンとマートンとの間には大きな違いが存在する。すなわち、マートンはアノミー状況が個人に直接影響を与え、革新的な個人的適応という様式で逸脱行動に走るというプロセスに焦点を当てたが、コーエンの理論枠組では、マートン流の個人的適応という説明概念ではなく、「非行副次文化」の形成と伝播という概念に代替させていることである。コーエンによれば、文化目標を達成できない下層階級の少年は、その地位的欲求不満を解消するために、フロイトの精神分析概念である「反動形成」を援用して、中流階級の価値観に対する反動として非行副次文化が形成されると仮定している。その結果、同じような境遇に置かれた下層階級の少年たちは、仲間同士の対人的関係の中で接触し合い、非行副次文化の価値、規範を共有するギャング集団を形成し、集団内における相互作用過程を通して、その副次文化が他の少年たちに伝播し、よって逸脱行動が動機づけられる。サザランドの異質的接触理論では、人が犯罪者になるのは、大部分、その人の置かれている環境において犯罪的副次文化にさらされ、それを学習し、受け入れることによってであると説明されている。その限りでは、コーエンの理論は、サザランドの異質的理論、より広くはシカゴ学派による文化伝播理論につながる考え方の影響を受けているといってよい。

最後に、非行副次文化理論の政策的含意についてコーエンの意図するところは不明であるが、とくに学校教育制度に関連して展開されているところを勘案すれば、下層階級の少年たちに向けた早期の就学援助プログラムや学習支援プログラムなど学校教育制度の改善に向けた何らかの取り組みが重要な論点になると思われる。

(c)　批　判　　コーエンの非行副次文化理論に対しては、いくつかの批判および問題点が指摘されている（藤本・前掲119頁）。第1に、コーエンの説明は、下層階級の非行を強調しすぎているのではないかということである。中流階級出身の非行少年たちによるギャングの副次文化も、下層階級の少年たちのギャングの副次文化とほぼ同質的なものであり、両者の形成過程をどのように説明するのかが今後の課題になる。第2に、下層階級の少年は中流階級の価値観に関心をもっているという仮説について、下層階級の少年のすべてが地位向上を志向しているとは限らないのではないかという疑問がある。第3に、コーエンの理論では、ギャング集団の構成員である少年の娯楽的（遊び）側面や緊張の発生を説明する民族的・人種的、家庭的要因などを取り上げていないという批判がある。第4に、多くの少年非行活動の非功利的性質を強調しすぎており、少年犯罪活動の合理的、利益志向的性質を軽視しているのではないとの疑問である。この点については、マートンや後述するクロワードとオーリンの理論との見解と対立するところである。

これらの批判に対して、コーエンの理論は、少年非行の一般理論を志向するものではなく、もっぱら下層階級の少年非行ギャングの原因を説明することだけに限定した理論として、その理論的意義が認められるべきであるのかもしれない。

(3)　クロワードとオーリンの異質的機会理論

(a)　内　容　クロワードとオーリンは、1960年に『非行と機会：非行ギャングの理論』（Richard Cloward and Lloyd E. Ohlin, Delinquency and Opportunity: A Theory of Delinquent Gangs, 1960）を発表し、少年ギャングの非行を説明するために、コーエンの非行副次文化理論において試みられたマートンのアノミー理論とサザランドの異質的接触理論を統合する理論的試みをさらに深化させた。

クロワードとオーリンの理論は、少年ギャング、非行副次文化が典型的には大都市の下層階級地域の若者に集中的に見られる現象であると認識している点では基本的にはコーエンの理論と同じ前提に立っている。しかしながら、下層階級の少年非行の性質については、コーエンが非行活動の非功利的、非合理的な悪意ある性質を強調していたのに対しては、彼らは、マートンと同様に、非行少年が功利的、合理的であると主張している。すなわち、成功目標への合法的機会・手段が下層階級の少年たちに閉ざされている場合に、少年たちはあくまでも非合法的手段に訴えてでも成功目標を達成しようとする革新的個人的適応を示す可能性が高いとする。さらに、少年ギャング集団において形成され、共有される非行副次文化については、コーエンが非行副次文化を単一的、一面的なものとしたのに対して、クロワードとオーリンは、コーエンの非行副次文化概念を拡大発展させて、後述するように3種類のタイプ（犯罪副次文化、逃走的副次文化、逃避的副次文化）に分類している。

クロワードとオーリンは、また、コーエンとは異なる仕方でアノミー理論と異質的接触理論とを統合した点でも、優れた業績をあげた。彼らの異質的機会理論は、個人を原則として合法的機会構造の観点より考察するアノミー理論と、非合法的機会に重点を置き、合法的機会へのアクセスを等閑視する異質的接触理論を統合した理論であるといえる。クロワードとオーリンの統合理論においてとくに重要な焦点は、「非合法的機会構造」（illegitimate opportunity structure）という分析概念を導入したことである。彼らは、先ず、アノミー理論では、成功目標を達成するための合法的機会・手段へのアクセスが社会構造上異なる点は議論していながら、非合法的機会・手段の利用可能性についてはほとんど論じていない点を問題にした。つまり、非合法的手段でさえもすべての人に利用可能ではなく、個々人の社会的立場、階層などによって異なる点をアノミー理論は考慮していないと批判している。この点のアノミー理論批判と「非合法的機会構造」の存在と利用可能性は、クロワードの1959年に発表された論文「非合法的手段、アノミー、そして逸脱行動」（R.A. Cloward, Illegitimate Means, Anomie, and Deviant Behavior, American Sociological Review, Vol. 24, 1959, 164–176）が示唆する。

一方で、サザランドの異質的接触理論は、逆に、非合法的手段の側面に重点を置き、合法的手段の利用可能性について考慮していないこと、すなわち、異質的接触理論は、アノミー理論とは反対に、犯罪的文化に接触しても、合法的な手段を利用し得る人々の脱犯罪化の説明ができないと批判する。こうした二つの主要な理論のもつ欠点を考慮し、合法と非合法という二つの機会構造との関係において逸脱行動を理解すべきだと主張したのがクロワード＝オーリンの異質的機会理論である。

この理論では、個人は合法的な機会構造と非合法的な機会構造の両者にまたがる地位を占めると仮定している。そして、個人が成功目標を達成しようとするとき、合法的手段をとるか非合法的な手段をとるかの相違は、社会構造との関係において、どちらの手段をとり得る地位にその人が置かれているかに依存しているとする。かくて、異質的機会理論の核心は、確固とした犯罪的な構造が存在しない限り、下層階級の少年たちにとって、成功する機会は、犯罪的手段を用いる場合でも、通常の合法的手段によって成功する機会と同程度に限られたものになるということである。その場合には、少年たちが犯罪非行の方法について学習する適当な機会もなく、当然のこととして非行ギャングになることもできないのである。このように非合法的な機会でさえも社会において構造化されているということを指摘したことが、彼らの理論の基本となっている。

異質的機会理論を特徴づけているもう一つの重要な論点は、地域社会の組織化の程度と非合法的手段の利用可能性の有無に応じて、3 種類の異なる非行副次文化が形成され、異なった非行が遂行されうるとした点である。すなわち、第 1 に、経済的立場を改善する合法的機会がなく、非合法的機会が存在する比較的安定したスラム地域では、少年たちは収入を生み出すことを目的とする「犯罪副次文化」(criminal subculture) を発達させ、「犯罪的ギャング」(criminal gang) を形成する。これはマートンの革新者と同じで、そこでの主要関心は、非合法的な手段でお金や地位を得ることを可能とする犯罪非行活動であり、暴力はあまり多く用いられない。第 2 に、経済的立場を改善する合法的機会がなく、非合法的機会も利用できず、また社会的に崩壊しているスラム地域では、少年たちは「闘争的副次文化」(conflict culture) を発達させ、闘争的ギャング (conflict gang) を形成する。このような地域では、少年たちの挫折感や不満が高まるので、彼らは怒りの表出のための暴力やバンダリズムなどの行動を示しやすい。アメリカ映画『ウエスト・サイド物語』(West Side Story, 1961) などは、50 年代から 60 年代当時のニューヨークを舞台に闘争的ギャングの対立を描いたものとして興味深い。第 3 に、合法的機会、非合法的機会のいずれもがあっても、その両者に自らを適応させることに失敗した少年たちは、経済的立場の改善をあきらめ、「逃避的副次文化」

(retreatist subculture) を発達させ、「逃避的ギャング」(retreatist gang) を形成する。逃避的ギャングは、「二重の失敗者」(double failures) であり、合法的手段では成功を得ることができないし、また積極的に非合法的な手段でそうすることをしない者である。その結果、彼らはもっぱら現実逃避を図ろうとして、薬物を求めるようになる。ギャングとしての活動も薬物を入手するための資金を得ようとするものが中心となる。

異質的機会理論は、既発の各種緊張理論や学習理論の欠陥を補足し、融合した点で高く評価される一方で、批判もいくつか指摘されている（リリー＝カレン＝ボール・前掲 86–87 頁）。第 1 に、この理論はもっぱら下層級出身の非行ギャングおよび非行少年に焦点をあてていて、たとえば、中流階級の非行副次文化を無視しているとの批判がある。第 2 に、緊張に対する反応のなかで発展していく非行副次文化が彼らが確認した 3 類型だけに分類されるというのは疑わしい、との批判である。むしろ実際には、これらの類型の何か一つに限定するというよりは、非行少年はこれらの副次文化類型を混在させているように見えると批判されている。第 3 に、非行ギャングの方向性や専門化は、アメリカ社会に限定したとしても、実際はさらに複雑であり、多様なものであると批判されている。

(b)　異質的機会理論の政策的含意　クロワードとオーリンの異質的機会理論を具体的な犯罪非行対策として実践した例として、最も有名なプログラムは「青少年動員計画」(Mobilization for youth, MFY) である。1961 年に当時のケネディ政権（1961–1963）の下で設置された「少年非行および青少年犯罪に関する大統領諮問委員会」(the President's Committee on Juvenile Delinquency and Youth Crime) の副委員長にオーリンが任命され、彼の主導により新しい非行対策の事業モデルが計画立案された。その結果が、1960 年代前半の連邦政府の非行対策モデルとして、ニューヨーク市のマンハッタン・ローウワー・イースト・サイド (Manhattan's Lower East Side) において実施された MFY プログラムである。MFY は、1962 年に 1,250 万ドルの基金を受け、クロワードが MFY の研究責任者に選任された。このように MFY は、クロワードとオーリンの二人がともに深く関わり、彼らの異質機会理論に依拠して、青少年の教育と雇用支援、下層コミュニティの組織化、青少年やその家族に対する特別支援を強化するプログラムを作成、実施した。しかし、MFYは、青少年に教育と職業訓練を与えることに重点をおいた政策から移行して、スラム地区住民の力を増大させて、機会の不平等を維持している政治構造の改革を図ろうというより広範な政治運動になった。その結果、MFYのスタッフは、地元ニューヨーク市の学校、福祉局、警察などの職員と政治的に対立をするようになり、それが激化する中で、MFY内部の不適切な基金運営の疑いも生じ、政治的過激主義だと非難され、地元の協力者も失った。結局、1960年代の終わりまでには、そのプログラムの大半が破棄されることとなってしまったのである。この間、巨額の予算が全米レベルで反貧困プログラムに投入されたが、非行対策としては、オーリンの意図した「合法的機会」の拡大には至らず、この壮大な社会的実験は失敗に終わった。

MFYが完全にとん挫し、それに関連して連邦政府のいわゆる「貧困との戦い」も結局は失敗に終わったことによって、これらの理論的支柱であったクロワードとオーリンの理論およびそれが依拠する伝統的な社会学的犯罪学理論のパラダイムに対する不満ないしは異議申立てが、とりわけ若い世代の研究者の間において強まった。その結果、伝統的理論に代替しうる新しい理論的パースペクティブとして1960年代前半に台頭してきたのが、ラベリング理論である（詳しくは、本書第5講Ⅳを参照）。

参考文献

・岡邉健編『犯罪・非行の社会学――常識をとらえなおす視座』95-146頁（有斐閣、2014年）
・E. H. サザランド、D. R. クレッシー（高沢幸子、所一彦訳）『新版　犯罪の原因（犯罪学Ⅰ）』（有信堂、1974年）
・瀬川　晃「犯罪生物学の新たな展開」同志社法学48巻4号1-40頁（1996年）
・松下武志、米川茂信、宝月誠編『社会病理学講座　第1巻　社会病理学の基礎理論』119-175頁（学文社、2004年）
・松浦直己『非行・犯罪心理学――学際的視座からの犯罪理解』57-110頁（明石書店、2015年）
・藤岡淳子編『犯罪・非行の心理学』28-86頁（有斐閣、2007年）
・矢島正見、丸　秀康、山本　功編『よくわかる犯罪社会学入門［改訂版］』107-171頁（学陽書房、2009年）

第 5 講◆近年の犯罪学の展開

I　再統合的羞恥理論

キーワード

恥の付与／相互依存性／共同体的一体性／修復的司法

1　恥の付与

1　再統合的恥の付与と排他的恥の付与

再統合的羞恥理論は、ジョン・ブレイスウエイト（John Braithwaite）が1989年に著した『犯罪、恥、再統合』（Crime, Shame and Reintegration）で提示した理論である。犯罪に対する社会の反応の観点から犯罪現象を理論化したものである。

この理論において最も重要な概念は、恥の付与（shaming）である。恥の付与とは、恥（shame）という感情を起こさせる働きかけのことである。ブレイスウエイトは 2 種類の恥の付与の仕方があるとしている。

その一つは、再統合的恥の付与（reintegrative shaming）である。ある者が逸脱行為をした場合、コミュニティはその行為自体に対しては非難するものの、その者がその行為について謝ったり償ったりすれば、コミュニティはその者を赦してやり、そのコミュニティから追放せずに受け入れる、すなわち再統合するという恥の付与の仕方である。

もう一つは、統合的ではない排他的恥の付与（disintegrative shaming）である。ある者が逸脱行為をした場合、コミュニティはその者に逸脱者とのスティグマを貼り、そのコミュニティから追放してしまう恥の付与の仕方である。

犯罪者とみなされることが犯罪を促進するとするラベリング理論は、排他的恥の付与を行った場合の現象を説明したものであるとブレイスウエイトはとらえている（ラベリング理論については、本講Ⅳ参照）。つまり、排除されることで遵法的好機から遠のき、また、その者自身、犯罪者としての自己概念を形成してしまうので、さらなる問題を生むことになる。

一方、再統合的恥の付与を行った場合、すなわち、逸脱した者に対してもその内在的価値を認め、ケアと関心という尊敬の絆を維持しながら逸脱した行為に対してのみ非難が表明され、その者の人格にではなく、その行為に限定して恥を付与する場合には、その者に本当の後悔を生み出すこととなり、逸脱を抑止するのに効果的である、と主張している。

2　恥の付与の仕方についての実証研究

ブレイスウエイトは、老人ホームの査察における査察官の反応の仕方によって、査察後の老人ホームの規則遵守の程度が異なったとの実証研究（Makkai & Braithwaite, 1994）を提示し、恥の付与の仕方と逸脱行為との関連を明らかにしている。すなわち、査察官が老人ホームの経営者や職員のことを信用しているとしながら、規則遵守していないことについては厳しく否定する再統合的恥の付与を行った査察の場合、その後の遵守の程度が増したのに対して、排他的恥の付与を行った場合には、査察後の規則遵守の程度が悪化したとの結果が得られ、さらに、経営者や職員に理解を示して彼らの逸脱行為について非難しなかった査察の場合にも、排他的恥の付与の場合ほどではないものの、遵守の程度が悪化したとの結果が得られたとしている。

排他的恥を付与された場合、防衛的に反応して、かえって自らを被害者とみなしてしまうこともある。しかし、逸脱した行為を悪いと気づかせるためには、恥の付与自体は必要なのであって、それはその行動を改善させていく手始めになることをこの研究は示している。

2　理論の概略

図表5-1は、ブレイスウエイトが提唱する理論の概略図である。図の左上はコントロール理論、右は異質機会構造理論、中ほどと右下は犯罪副次文化

図表 5-1　再統合的羞恥理論の要約

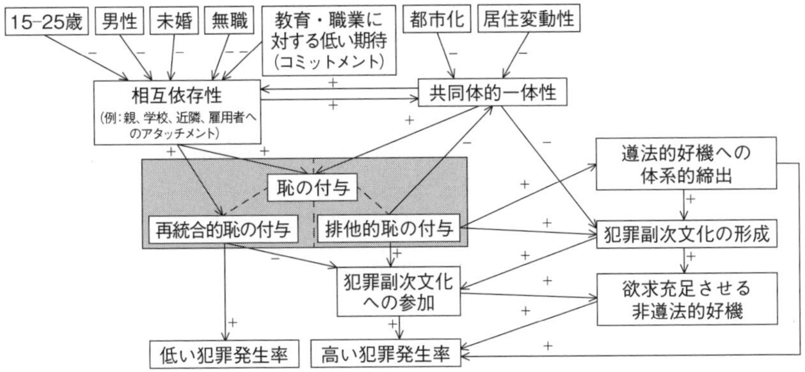

出典：Braithwaite, 1989, p. 99

理論、下（特に左下）は異質的接触理論を含む学習理論、中央の箱で囲まれた部分の右側はラベリング理論に相当し、恥の付与という概念を導入することで、これらの既存の理論を統合できるとしている。

再統合的恥の付与は遵法的アイデンティティを学ぶことにつながる。一方、烙印付けを本質とする屈辱的手続きである排他的恥の付与は、怒りや敵意を生み出し、排斥した人々を逆に排斥する対抗的価値を有するようになり、犯罪を強化するように作用する犯罪副次文化内で犯罪者のアイデンティティを学び、犯罪者集団に参加したり不法の好機を魅力的と感じたりすることで、より遵法的好機から遠のくことになる。すなわち、恥の付与の仕方次第で、学習するものが異なってくる、としている。

ブレスウェイトは、犯罪全般を説明する理論ならば、次の点を説明しなければならないとする。すなわち、①女性よりも男性の犯罪発生率が高い、②他の年齢層よりも 15～25 歳の者の犯罪発生率が高い、③既婚者よりも未婚者の犯罪発生率が高い、④地方よりも大都市の居住者の犯罪発生率が高い、⑤居住変動が少ない地域よりも多い地域の居住者の犯罪発生率が高い、⑥学校への愛着が強い者ほど犯罪をしにくい、⑦教育ないし職業への期待が高い者ほど犯罪をしにくい、⑧学業成績が悪い者ほど犯罪をしやすい、⑨親への愛着が強い者ほど犯罪をしにくい、⑩犯罪をする友人をもつ者ほど犯罪をしやすい、⑪法を重視する者ほど犯罪をしにくい、⑫下層階級の者ほど犯罪をしやすい、⑬第二次世界大戦後犯罪発生率が増加傾向にある国が多い中で、日本は減少傾向にあること、などである。この点、再統合的羞恥理論はこれらの事象すべてを説明できるとしている。

◯コラム 13　恥の付与と日本社会

ブレイスウエイトは、日本の犯罪発生率の低さについて、部下の不祥事の責任をとるために上司が辞職することや犯罪に走った子どもの親が自殺することを例に挙げて、日本は相互依存的で共同体的一体性を多分に有する社会であり、逸脱することで恥が付与されるのはその個人にとどまらず、個人が所属する集団にまで及ぶため、集団の成員同士が圧力を掛け合って犯罪発生率が低く抑えられると解釈している。

なお、再統合的恥の付与が効果的に作用する条件として、個人レベルのものとしては相互依存性が強いこと、社会レベルのものとしては共同体的一体性が強いことを挙げている。

3　理論の意義

刑事司法の分野では世界的にみて、1980 代から、修復的司法（restorative justice）の試みが始まっている。伝統的司法は応報的見地から犯罪に応じた刑罰を科すのに対して、修復的司法は、それに代えて、犯罪による加害者・被害者の関係悪化を修復するととらえており、ブレイスウエイトの理論は、この修復的司法の主たる機動力になっている。

修復的司法では、カンファレンスと呼ばれる手続において、加害者の行動がそのコミュニティの中で赦されないことを加害者に明確に示し、加害者と被害者を仲介し、回復、補償、賠償を含む何らかの形態の償いを通じて被害者に生じた害を加害者が償うことで両者の関係の修復を追求する。その際、カンファレンス参加者は加害者に対してもその尊厳には敬意を払いつつ、その行為は赦されないと働きかけることで、そのコミュニティとの関係を重要かつ有意義とみなし、自らの行為に対する責任を引き受ける等そのコミュニティの成員であることに伴う義務の感覚も生じるとされる。これこそがブレイスウエイトの主張する再統合的恥の付与なのである。

ローレンス・シャーマン（Lawrence W. Sherman）は、処罰することが犯罪の増加を招く場合があるとしている。すなわち、警察や裁判所から失礼で公平でない扱いを受けた、あるいは不適切に遇されたと犯罪者が感じると、彼らは挑発的になり、社会に対抗して法律を破り再犯するようになるとの挑発理論（defiance theory）を提示しているが、修復的司法に参加した加害者は、従来の司法手続きよりも、その扱いが公正で満足のいくものであると受け止める傾向にある。加えて、罰することで責任をとらせる処罰的介入（従来の刑事手続）の場合、加害者は受動的役割にとどまるのに対し、加害者に償いを求める修復的司法では、より能動的役割が期待され、それは加害者の改善更生にもつながる、としている。さらに、被害者側も、従来の司法手続きに比べて修復的司法に参加した場合、その手続きに満足し、恐れが軽減し、感情的に回復したと感じる傾向があるとしている。

なお、ブレイスウエイトは、司法すべてを修復的司法で行うべきであると主張しているわけではない。まず、修復的司法を試み、それがうまくいかない場合は抑止的働きかけを行い、それでもうまくいかない場合に限って施設への収容措置を行うのが望ましいとしている。

修復的司法については批判もみられる。今日の社会に相互依存性や共同体的一体性を求めること自体無理なのではないか、被害者のごく一部しか参加していない現状にどのように対処していくのか、修復的司法に参加することで被害者の再被害の恐れが高まる危険は皆無なのか、適正手続にのっとって実施できるのか、社会的正義ではなく優勢集団の意見が横行する危険はないのか、などの懸念が提示されているが、ブレイスウエイトは、対処策はあると言及している。

❍コラム 14　修復的司法の効果

修復的司法介入の効果については共通見解を得るまでに至っていないが、近年のメタ・アナリシス研究（Bonta et al., 2006）では、①相対的に小さい効果ではあるものの、統計的に有意である、②裁判所命令として行われた場合の再犯率に対する効果はない、③高危険率の犯罪者よりも低危険率の犯罪者の方が効果的である、としている。

参考文献

・Bonta, J., Jesseman, R., Rugge, T., & Cormier, R. Restorative Justice and Recidivism：Promises made, promises kept? In Sullivan, D. & Tifft, L.（eds.）*Handbook of Restorative Justice*. New York：Routledge.（2008）

・Braithwaite, J. *Crime, shame and reintegration*. Cambridge：Cambridge University Press.（1989）

・Braithwaite, J. *Restorative justice and responsive regulation*. New York：Oxford University Press.（2002）

・ブレイスウェイト・ジョン（細井洋子、染田　惠、前原宏一、鴨志田康弘共訳）「修復的司法の世界」成文堂（2008年）

・小林京子「犯罪、恥、再統合」犯罪と非行97号（1993年）

・Makkai, T. & Braithwaite, J. 'Reintegrative shaming and compliance with regulatory standards' *Criminology*, 32：361–385.（1994）

・Sherman, L. W. 'Defiance, deterrence, and irrelevance：A theory of the criminal sanction' *Journal of Research in Crime and Delinquency*, 30：445–473.（1993）

Ⅱ コントロール理論

キーワード

コントロール理論／社会的絆／ハーシ／自己統制理論／ゴットフレッドソン=ハーシ

1 コントロール理論の系統

シカゴ学派やアノミー理論の系統が基本的には「なぜ人間が犯罪を行うのか」という問題に答えるものであるのに対して、コントロール理論は、人間性に関する性悪説の立場から、「犯罪行動へと人間を駆り立てる動機は人間性の一部であり、すべての人々は、もし意のままに振舞うことを許されれば、当然、犯罪をするであろう」ということを前提としている。それゆえ、研究の主たる関心としては、性悪な人間でいながら、「なぜたいていの人々は犯罪をしないのか」を解明しようとすることに重点が置かれることとなる。コントロール理論は、「逸脱」ではなく、「同調」を問題とすることに、その理論的特色がある。つまり、犯罪行動を説明する理論というよりは、むしろ遵法行動（同調行動）を説明する理論であるといえる。人間の同調行動をもたらす要因は何かを明らかにし、これをすべての人々に培養すれば犯罪の予防は可能になると見る。そのためには、犯罪者と同じような状況下に位置づけられても、犯罪をしない人々の特徴をまず分析し、同調を明らかにする。

このようなコントロール理論は、アノミー理論の代替物として1950年以降発展してきた。1950年代を代表するコントロール理論としては、アルバート・リース（Albert Reiss）の「個人的統制と社会的統制（personal and social controls）」概念、ウォルター・レックレス（Walter Reckless）等の「自己観念（self–concept）理論」や「非行抑制（containment）理論」、サイクスとマッツァの「非行中和技術（techniques of neutralization）理論」、ディビッド・マッツァ

(David Matza)「非行漂流（drift）理論」、そしてアイバン・ナイ（Ivan Nye）の「内面化された統制（internalized control)」概念などをあげることができる。これらの初期のコントロール理論の特色としては、心理学的・精神力動学的概念を援用しながら、個人のパーソナリティ内部に由来する内面的・個人的統制を強調したり、社会解体による地域社会の統制弱体化にもとづく社会規範の内面化、すなわち社会化の不全という考え方に基づいていたということである。

それに対して、1970年代半ば頃から注目を集めることになったトラヴィス・ハーシ（Travis Hirschi）の社会統制理論は個人の外部由来の統制に重点を置きながら、ハーシ自身が「社会的絆（social bond)」(「社会的紐帯」という訳語もある）と名づけた持続的社会的関係によって支えられている「社会的」統制を強調する社会学的なコントロール理論を展開している。以下では、社会的絆の弱体化の観点から、一般的な社会学的変数（家族、教育、仲間集団など）によって犯罪非行を説明しようとしたハーシの社会統制理論およびその後ハーシの長年の友人であり同僚でもあるマイケル・ゴットフレッドソン（Michael Gottfredson）との共同研究の成果であり、1990年代の代表的な理論となった「自己統制理論」について概説することにする。

2　ハーシのコントロール理論

1　ハーシの「社会統制理論」

ハーシは、1969年に著書『非行の原因』(Travis Hirschi, Causes of Delinquency, 1969. その邦訳として、T. ハーシ著（森田洋司・清水新二監訳）『非行の原因―家庭・学校・社会へのつながりを求めて』2010年）を発表し、犯罪非行の動機づけに分析の重点を置く当時人気のあったアノミー理論とは対照的に、同調行動を促し、犯罪行動を抑制する統制要因に分析の焦点をあてた社会統制理論を提唱した。ハーシは、人の日常生活への結びつきや社会的関係の中から生まれるさまざまな種類の外部的抑制要因を「社会的絆」と名づけ、それを彼の社会統制理論の中心概念として展開した。よって、彼自身は自らの理論を「社会的絆理論」と呼んでいる。

ハーシの理論の基本的仮説は、「個人と社会を結び付けている社会的絆が弱くなったり、又は、欠如した時に、非行は発生する」というものである。すなわち、なぜある人が非行者となり、また、なぜある人が非行者とならないのかの差異を生み出しているものは、個人の社会への結び付き、すなわち「社会的絆」の有無・強弱にある、とハーシは主張した。そして、彼は、社会的紐帯を次の4つの要素に区分している。すなわち、「愛着」(attachment)、「コミットメント」(commitment)、「忙殺」(involvement)、そして「信念」(belief) である (J. ロバート・リリー、フランシス・T. カレン、リチャード・A. ボール (影山任佐監訳)『犯罪学—理論的背景と帰結 [第5版]』127–131頁2013年)。

第1に、「愛着」とは、両親、教師、友人など子どもにとって大切な他者対する情緒的親密さを意味する。とくに、親と親密であれば子どもは親の意見を尊重し、親を失望させまいとする。逸脱や犯罪は大切な人たちを失望させたり、悲しませたりする行為であり、また、親密な人間関係から排斥されたり拒否される危険をもつ行為でもある。親密な親子関係に対して愛着をもつ子どもは、こうしたリスクを犯すことはないと考えられる。それゆえ、愛着の絆は、犯罪非行に対する抑制要因として働くとみなすことができる。

第2に、「コミットメント」(「投資」、「上昇志向」、「関与」などの訳語もある) とは、人が遵法的生活でこれまで費やしてきた投資のことである。この投資には、教育、良い評判、会社の設立など様々な形態がある。遵法的生活を維持するために人々は多くの時間と活力を費やしている。このように多くの投資を行う理由は、それが現在の報酬 (富、地位、安全、快適さなど) を支え、将来の大きな報酬に結びついていると信じるからである。しかし、もしも犯罪に手を染め、合法的生活領域から排斥されてしまうのであれば、こうした報酬はもはや失われてしまい、それまで費やしてきた投資は水泡に帰してしまうであろう。遵法的生活の維持によって得ている報酬を失う恐れから、人々は逸脱を自制する、とハーシは主張している。

第3に、「忙殺」(「包絡」という訳語もある) とは、順法的行動に費やされる時間、活力などの程度を意味している。順法的行動によって費やされる時間が多ければ、それだけ逸脱に費やす時間は少なくなる。「小人閑居して不善をなす」の故事にもあるように、多忙な生活をしている人には、悪いことを企んだり実行する時間も余裕もないということである。人々は、日常生活の様々な活動（仕事、学業、部活、趣味、家庭生活など）に参加することによって、社会や集団とのつながりを持つことが重要であるという「忙殺」の概念を提示することにより、ハーシは、そのことが必然的に非行防止につながっていると考えている。

第4に、「信念」とは、社会の規則が道徳的に公正であると納得・承認すること、すなわち、人々が社会の規則や規準に敬意を表し、それらに従うべきであるとの信念を意味する。人々が法の威信や正当性を信じる度合いが少なければ少ないほど、彼らが犯罪非行を行う可能性は高いということになる。ハーシによれば、「信念」の社会的絆は、深く内面化された個人的確信（creeds）ではなく、むしろ、常時、社会的な強化によって影響を受ける印象や見解とみなされている。この意味で、「信念」という用語は心理学的というよりもはるかに社会学的な概念であるということである。

これらの4つの要素の中で、ハーシが最も重視するのは「愛着」で、彼はこれが個人の合法的領域にひきとどめる絆の中核をなすとみなしている。この意味で、彼は、おそらく他のどの非行理論家よりも、家族、とりわけ家族関係を重要視した研究者といえよう。ハーシの理論は、結局は、犯罪原因を個人と家族との絆の問題に還元しようとしている点で、60年代から70年代にかけて多くの犯罪学者によって無視ないしは軽視されていた家族的要因（家族の構造と機能）の理論的重要性を再認識させることとなった。この点に、その妥当性は別としても、ハーシの理論の一定の理論的貢献を見い出すことができるであろう。そして、ハーシの理論は、70年代におけるリベラルな社会改革に対する反動として、80年代以降のアメリカ社会の政治的保守化の流れにうまく合致するものであった。それゆえ、ハーシの理論は、80年代以降のアメリカ犯罪学理論で最も支配的な理論であるといわれている。

ハーシの理論は、また、犯罪学において最も検証された理論であるともいわれている。その背景には、ハーシ自身が1969年の著書において自らの理論を検証し、それを支持する相当の証拠を提示したこと、および、彼が理論検証のために開発した自己報告データにもとづく調査研究方法のデザイン

(理論構築、変数の概念化と操作化、統計的分析の利用など）が、今日の実証的調査研究の一つのモデルと評されるほど、他の研究者にとって大変わかりやすく、利用しやすいものであったという事情が影響していると思われる。

これまでにハーシの社会統制理論を検証した実証研究の多くは、社会統制理論が経験的データによって支持されたと結論づけている。ただ、全体として、社会統制理論は、実証研究からある程度の支持をえているが、証明された社会的絆と犯罪非行との関係の程度はせいぜい中程度か低い範囲にとどまる。高い相関関係にあることを示す研究例は、この理論に関しては余り見られない、というのが現状である。

2　ハーシの「社会統制理論」への批判

ハーシの社会統制理論に対しては、次のような批判および問題点が指摘されている。第1に、自己報告データに基づく実証研究の多くが、本質的には非行少年ではない若者の、比較的ささいな違法行為に焦点をあてたものであり、凶悪な犯罪を説明する原理としては有効ではないという批判がある（藤本哲也『犯罪学原論』290頁、2003年)。第2に、社会的絆の4つの要素間の関係が不明確である。たとえば、四つの要素のいずれかが弱まれば、逸脱行動をする自由は増大するとしても、ある要素が弱まったり、なくなったりした場合、他の要素にどの程度影響を及ぼすかということについては、彼の理論モデルにおいては検討されていない。絆の要素同士の関係については、ハーシ自身は、実証段階で明らかにされるであろうと述べるに止まっている。第3に、非行集団に参加し、非行仲間に愛着を形成している青少年の場合(または暴力団のメンバーの場合)、「愛着」がむしろ逸脱を促進するのではないか、との疑問である。この疑問に対して、ハーシは、1964年、カリフォルニアの公立中学・高校生を対象に行われたリッチモンド青少年プロジェクトのデータを分析し、非行仲間どうしの結びつきは、この年代の健全な友人どうしの結びつきに比べて弱いもので、その影響力は非行副次文化理論や異質的接触理論などでいわれているほどではないと反論している。その上で、愛着を形成する能力には個人差があるが、愛着は基本的には逸脱を抑制する方向に働くと主張している（大渕憲一『犯罪心理学：犯罪の原因をどこに求めるのか』81-82頁、2006年)。

3 ゴットフレッドソンとハーシの自己統制理論

1 自己統制理論の内容

ハーシの社会統制理論は今でもなお有名な理論であるが、前述したように多くの批判に直面している。くわえて、ハーシの理論の経験的妥当性に対する支持も時間の経過とともに弱くなっている。そうした状況の中、1969年に発表された『非行の原因』から24年経た時に、ハーシは、かつてカリフォルニア大学デービス校での教え子であり、それ以来長年の友人であり同僚でもあるゴットフレッドソンと共に、彼の社会統制理論と関連はするが、一つの異なった統制理論、つまり自己統制理論を提唱した。彼らは、1990年に著書『犯罪の一般理論』(Michael Gottfredson and Travis Hirschi (1990), A General Theory of Crime)(その邦訳として、M. R. ゴットフレドソン＝T. ハーシ著((大渕憲一訳)『犯罪の一般理論 低自己統制シンドローム』(2018年)) を発表し、「すべての犯罪をいつでも説明しよう」と試みた。彼らは、先ず、人間行動に関する古典主義的考えを採用し、「すべての人間行動は快楽を利己的に追求し、苦痛を回避するものとして理解しうる」と論じた。この理論的前提に立って、犯罪の原因は、「低い自己統制力」にあるとの主張を展開した。この理論的主張を彼らは、「自己統制理論」と呼んでいる。

ゴットフレッドソンとハーシは、「自己統制力の高い者は、実質的に人生のあらゆる時期において犯罪に従事する可能性は少ない。一方、自己統制力の低い者は犯罪を行う可能性が高い」と主張する。彼らの理論の中心概念である「自己統制(力)」とは、「その時々の誘惑に対する脆弱性の程度」であり、したがって低い自己統制とは「長期的な結果に対して最小の報償で即時的かつ安易な満足を得ようとする個人の性向」を意味する。そして、低い自己統制力は、家庭における不適切な子育てやしつけの欠如によって8歳頃までの幼少期に決定され、その後のライフコースにわたって一定不変なものとなる。さらに、自己統制力を欠く者は、「衝動的、鈍感、(精神的に対して)身体的、リスク・テーキング、近視眼的、非言語的な傾向にある」と主張している。彼らは、近年の社会生物学的理論に依拠しながら、低い自己統制力に関連した衝動的なパーソナリティ特性や犯罪を行う個人的性向（criminality）は、幼少期における個人の不適切な養育環境によって発達するだけではなく、生得的な遺伝的因子の影響をうけている可能性もあることを認めている。しかしながら、一方で、犯罪の発生頻度に大きな個人的差異があることを承認する。自己統制力は一生を通して一定不変なので、彼らの理論では、この個人的差異は、個人の自己統制力の変化によってでは説明できないことになる。そこで、彼らは犯罪行動における個人差は犯罪機会（ギャング仲間、適切な標的、監視人の不在など）の有無という状況的要因の差異によって説明することができると、主張している。たとえば、窃盗など財産犯罪のための機会（適切な標的）のほとんどない地域では、低い自己統制力をもった者であっても窃盗を犯すことはほとんどないであろう。しかし、その代わりに、他の種類の利己的行動に走ることになる。

このように、自己統制理論の理論的特色は、「低い自己統制力」に影響を及ぼす個人的特性（衝動的人格）や社会的絆（とりわけ家族の愛着）の弱体化を先行要因としながら、「犯罪機会」を媒介変数として「低い自己統制力」が犯罪行動に間接的に影響を及ぼしているという因果モデルを構築していることである。それゆえ、その理論構造の観点から言えば、ハーシの社会統制理論の「社会的絆」概念に社会生物学的・心理学的理論、そして日常活動理論ないしは犯罪機会理論並びに合理的選択理論を組み合わせた一種の統合理論的枠組を提供する。すなわち、自己統制力の低さを示す個人特性については社会生物学的および心理学的理論に基づきライフコースにおいて一定不変なものと説明し、社会統制理論における社会的絆は自己統制力の程度に影響を及ぼすとともに、自己統制力の程度によって社会的絆も影響をうけるという相互作用的関係に立っている、と見ている。そして、すべての自己統制力の低い者ないしは生得的に犯罪性向を持った者が犯罪行動に必ずしも従事するわけではないことを、日常活動理論における「犯罪機会」の差異で説明している。これらを総合すると、犯罪行動は、犯罪機会に遭遇した自己統制力の低い者が自らの利益追求行動を合理的に選択したことの結果として説明されうる。

2 自己統制理論と社会統制理論の関係

問題となるのは、自己統制理論と社会統制理論との関係についてである。ゴットフレッドソンとハーシは、自己統制理論とハーシの社会統制理論がどのように関係しているのか、あるいは、他のコントロール理論とどうなのか明示していない。また、ハーシ自身、なぜ自らの社会統制理論の立場を変更したのか、そして今なぜ「自己統制力」を犯罪行動の統制のための一般的メカニズムとして取り扱うのかについてなんの説明も与えていない。そこで、とくにハーシの二つのコントロール理論の違いについて理解することが重要である。これまでのところ両理論の違いとしては、次のような点が一般的に指摘されている（リリー＝カレン＝ボール・前掲 137–138)。すなわち、第 1 に、1969 年のハーシの理論では複合的な社会統制（愛着、コミットメント、忙殺、信念）であるのに対して、自己統制理論は単一の統制概念である。第 2 に、自己統制は、初期のコントロール理論と同様に、個人に対して内面的な統制に由来するものであり、一生を通じて一定不変であるといわれている。一方、社会統制は、広く外在的な社会環境に依存しており、個人の社会関係に応じて変化することを前提としている。第 3 に、自己統制理論は、犯罪や非行が現出するよりも以前に生じた、幼児期の出来事に焦点を当てているが、対照的にハーシの社会統制理論は非行と同時に生ずる出来事やプロセスに焦点を合わせている。第 4 に、社会統制理論では「社会的絆」が犯罪行動に直接影響を及ぼすと仮定しているが、自己統制理論では、「自己統制」がキー変数であって、社会的絆要素は自己統制に対して及ぼす影響を通じて間接的にしか犯罪に影響を及ぼさないものと仮定されている。

ところが、1990 年の自己統制理論の提唱以来沈黙を続けていたが、2004 年にハーシは、自己統制理論における「自己統制」概念を修正することによって、自らの社会統制理論の修正版といえるものを提示した（Travis Hirschi (2004), Self–Control and Crime. in Roy F. Baumeister and Kathleen D. Vohs (eds.), Handbook of Self–Regulation: Research, Theory, and Application, pp. 537–552)。この社会統制理論の修正版において、ハーシは、自己統制を「一つの特定の行為に伴う代価のあらゆる可能性を考慮する傾向」として再定義している。つまり、ある人びとは犯罪やこれと類似の逸脱行動を自制するが、それはそのような行為がもたらすであろう種々の結果を彼らは見通すことができるからである。ハーシの考えでは、多くの場合において彼らがそうするのは、何か失うべきものを持っているからである。社会的絆とは彼らが考慮する代価であり、これが犯罪行動を阻止している。すなわち、ハーシは社会的絆の4つの要素すべてを自己統制の新しい概念と同等なものとみなし、自己統制概念の下にそれらを包摂したといえる。この意味で、ハーシは、「社会統制と自己統制は同じものである」と主張している。そして、社会統制論と自己統制論をひとつに収斂させた結果、ハーシは、理論的困難に直面した。そこで社会的絆がライフ・コースを通して変化し、個人の社会制度に対する関係に基づいているという彼の社会統制理論の前提についても変説し、この不安定説を拒否して、社会的絆は、自己統制と同様安定しているという主張をしたのである（リリー＝カレン＝ボール・前掲138–139頁）。

3　ハーシ理論への批判

社会統制理論の修正版におけるハーシの見解については、厳しい批判や重大な疑問が投げかけられている（リリー＝カレン＝ボール・前掲140頁）。たとえば、社会的絆と自己統制という二つの別個の概念は理論上は同じものではありえないし、せっかく別個に提示したことの存在理由がなくなってしまうとの批判や、社会的絆と自己統制を区別することを支持する実証研究も出ており、自己統制と社会統制が同義ではないことが示唆されている（藤野京子「セルフコントロール概念をめぐって―― Gottfredson & Hirschi の Self–Control についての心理学的視点からの検討」早稲田大学大学院文学研究科紀要・第一分冊 Vol. 58，28–29頁、2013年）。

ところで、自己統制理論のもう一つの理論的特色は、自己統制理論が単にすべてのタイプの犯罪を説明するだけではなく、喫煙、飲酒、賭博などのように犯罪的ではないが類似した逸脱行為を説明することができるということであり、その関係性は人種、性別、文化を超えて適用されるということである。彼らの著書のタイトルが『犯罪の一般理論』と名づけられているのも、自己統制理論の一般理論としての指向性を端的に表現するものである。サザランドの異質的接触理論以来、自覚的に犯罪の一般理論を構築しようと企てた例は、ほとんど皆無といってよかった。その代わりに、むしろマートンの指向した「中範囲の理論」の観点から、理論と経験的データの一致する範囲でのより限定的な理論化を試みるのが犯罪学研究の主流であったといえよう。そのような研究パラダイムが今日においても支配的であるのに対して、ゴットフレッドソンとハーシが、ことの当否は別として、意欲的に犯罪の一般理論を構築しようとした努力は高く評価されるであろう。

しかしながら、自己統制理論に対する批判としては、次のような点が指摘されている。すなわち、第1に、自己統制理論の最大の問題は、低い自己統制が犯罪の原因であると仮定しながら、ゴットフレッドソンとハーシは、自己統制と犯罪行動とを別個に定義せず、自己統制を犯罪行動ないしその類似の行動で説明しようとしている。これは低い自己統制と犯罪行動を同一視しているもので、同語反復（トートロジー）以外の何ものでもない、との批判である。第2に、自己統制理論による犯罪の定義が狭すぎるのではないかということである。ゴットフレッドソンとハーシは、犯罪を「自己の利益を追求する中で企てられた暴力と不正手段を使用した行為である」と定義している。この定義は法的定義よりは広いといえるが、あきらかに過失犯、偶発犯のような犯罪をとらえることはできない。第3に、自己統制は、個人の人生経路を通して安定した（不変の）特徴をもつといわれているが、この点は必ずしも確定的ではない。少なくとも社会的絆の発達は幼児期に限定されていないこと、そして、むしろ、どの年齢にあっても強く形成されるということを支持する見解がサンプソンとラウブ（Robert Sampson and John Laub）のライフ・コース理論ないしは発達犯罪学（詳しくは、本講IIIを参照）によって有力に主張されている。第4に、自己統制理論は、「一般理論」なので、すべての犯罪を説明することになっている。しかし、ホワイトカラー犯罪は、やはり他の犯罪者、とりわけ街路犯罪者とは違うのではないかと主張し、自己統制理論の説明力を批判する研究もある。

4　コントロール理論の政策的含意と展望

犯罪非行防止策に対する社会統制理論および自己統制理論を含むコントロ

ール理論の政策的含意は、一般的には、個人の社会に対する絆を強化する方法を見つけ出すことが必要になるということである。そして、その一つの方法は、人々を社会化し、そして人生行路を通して行動を規制し続ける社会諸制度（家族、学校、職場、近隣など）を強化することである。社会統制理論であれ、自己統制理論であれ、親子の愛着および幼児期における適切な子育てが人々の同調行動を促し、犯罪非行の抑制因子として機能することが強調されている。よって、犯罪非行の予防に関しては、家族的機能の強化、とくに有効な育児に関してのプログラム、とくに育児支援のための早期介入プログラムが重要な焦点となる。この点に関して、ハーシは、子育て教育の徹底、両親のそろった家庭や少子家庭（せいぜい子どもは3人まで）が望まれると主張している（Travis Hirschi (1995), The Family. In James Q. Wilson and Joan Petersilia (eds), Crime, pp. 121-140）。また、学校に重点を置いたプログラムも支持されている。学校プログラムの目的は、学業上の挫折や教育上の向上心の欠如のリスクが高い若者の学校への絆を強化することによって非行を減らそうということにある。アメリカの中高校で実施されているが、ある程度の成果が報告されている（リリー＝カレン＝ボール・前掲146-147頁）。さらに、コントロール理論は近隣に重点を置いた政策もいくつか提案している。たとえば、成人を安定した雇用と地域社会活動の社会的ネットワークに組み入れる方策や犯罪イベントへの誘因性を減ずるための方法の一つとして「環境設計による犯罪予防（CPTED）」をも支持している。しかしながら、コントロール理論は総じて有益かつ妥当な理論であると評価されているにもかかわらず、犯罪非行防止策の実践に対しては限定的な影響力しかもっていないといわれている 。その理由としては、コントロール理論に基づく政策提言が、過度にパターナリスティックなものであり、リベラルな犯罪学の立場と相いれないものであったこと、それにくわえて、1980年代以降のアメリカで支配的である厳罰主義的刑事司法政策の方向性とコントロール理論の根底にある基本的考え方とが一致していなかったためである。つまり、刑罰による公式の法的介入（抑止や隔離）よりも非公式的な社会化を通した予防に重点を置くコントロール理論は、現代の厳罰主義を基調とする即時的な目に見える効果を期待する政治家および政策的意思決定者の考え方からは最もほど遠いところにあったからである。

最後に、コントロール理論の今後の展望について検討する。ハーシは、彼の社会統制理論をゴッドフレッドソンと共に自己統制理論へと発展させたが、「犯罪の一般理論」として確立していくためには、まだ多くの課題を抱えている。今後の研究の方向性としては、研究対象としてこれまでのように自己報告データにもとづく比較的軽微な少年非行だけではなく、むしろ成人の職業犯罪、組織犯罪、企業犯罪とホワイトカラー犯罪などの原因と対策についても同じように経験的データによって実証していくことが望まれるであろう。

また、ハーシ等のコントロール理論の系統に属し、独自の観点から「統制」概念を再構成し複雑な統制メカニズムを理論的に解明しようとする研究と理論が最近有力に台頭している。たとえば、ジョン・ヘイゲン（John Hagan）の「パワー・コントロール（power–control theory）理論」は、ジェンダーに基づく社会の力関係がいかにして親による統制に、そして究極的に男女の非行率の差異に影響を与えるのかを説明しようとしている。また、チャールズ・ティトル（Charles R. Tittle）の「統制均衡（control–balance）理論」は、犯罪・逸脱行動における統制メカニズムを細分化し、個人が他者から統制を受ける場合の統制量と自らが他者に対して統制を行使しうる場合の統制量とのバランスの上に統制は作用しているとの考え方から、個人に作用する二つの統制量の比率を「統制均衡」と定義し、統制の均衡は同調に、統制の欠如または統制の過剰による統制の不均衡は犯罪・逸脱行動と関係するという理論仮説を提唱している。さらに、マーク・コルビン（Mark Colvin）の「異質的強制（differential coercion）理論」は、常習犯罪を説明するために、「異質的強制」概念を採用して、「強制」（恐怖を通じて規範順守を形成することを目的とする力の脅迫と威嚇）による統制が、一貫した非強制的な統制よりも一貫しない形で個人に加えられる場合に、個人の不公正感と怒り（一般緊張理論）、弱い社会的絆（社会統制理論）、強制的モデリング（社会的学習理論）、そして低い自己統制（自己統制理論）などの結果として、その者の常習的犯罪性を形成する可能性を高めるとする統合理論的見解を提示している。これらの理論は、統制がその質、量、それが適用される文脈に応じて異なる作用を持つ複雑な現象であることを明らかにした点において一定の理論的貢献を果たしている。今後のコントロール理論の研究の方向性を示唆するものとして、注目に値するであろう。

参考文献

・森田洋司「犯罪社会学における実証主義的思潮とボンド・セオリー」大阪市立大学文学部紀要・人文研究38巻11分冊671–702頁（1986年）
・森田洋司「アメリカの犯罪原因論における新たな動向：コントロール理論を中心として」犯罪と非行72巻38–63頁（1987年）
・森田洋司「コントロール理論の系譜と近年の動向」日本社会病理学会編『現代の社会病理Ⅳ』44–80頁（垣内出版、1984年）

Ⅲ　発達犯罪学とライフ・コース理論

キーワード

年齢‐犯罪曲線／犯罪経歴／リスク要因／デジスタンス

人は誕生に始まり、人生の各段階を経て死亡に至るまでに、その行動は種々の内因的外因的な影響を受ける。その内因的影響に着目するのが発達心理学であり、それを犯罪原因として捉えるのが犯罪心理学である。そのうち、時とともに個人内部の要因で犯行が変化する様子を分析し、犯罪のリスク要因を明らかにするのが発達犯罪学（developmental criminology）である。発達犯罪学ではとくに児童期、青少年期における犯行に注目するが、それは多くの犯罪が10代の若者によって行われているという事実による。

さらに近年、発達犯罪学から派生したライフ・コース（life course）理論が注目されている。発達犯罪学の知見を利用し、幼児期・少年期に経験する種々の社会的イベントの集積的効果を人生全般にわたって分析するのが、ライフ・コース理論である。もともと犯罪学に特化した議論ではないが、近年、犯罪学の中で大いに注目され、この20年間で最も活発で有力な研究領域の一つとなっている。

発達犯罪学もライフ・コース理論も、個々人の犯罪行動における年齢ベースを明らかにしようとするものであるが、研究の焦点とする年齢層は、当然ながら前者が主として青少年期を問題とするのに対して、後者が人生全体を考察するという相異がある。もっとも、研究手法は共通し、その性質上、いわゆる長期的追跡調査（コーホート研究など。コラム7参照）が活用される。近年では、年齢の各段階・人生の転換期などにおける犯罪の開始（initiation）、継続（persistence）、さらには停止（desistance）などを分析して政策的含意を強める傾向がみられる（デジスタンス、つまり「犯罪からの離脱」については第9講参照）。

1　発達犯罪学

1　定義と展開

前述のように、発達犯罪学とは、時間の経過とともに個人の内部あるいはその社会的状況の影響を受けて変化する犯罪を明らかにする学問領域である。言い換えれば、年齢ごとに犯罪の性質やパターンがどのように変化するのかを研究するが、通常は、幼児期や青少年期の行動に焦点が当てられる。図表 5(3)–1 の年齢・犯罪曲線（age–crime curve）から理解されるように、犯行者の年齢的なピークが児童の発達期、つまり 10 歳代に訪れるからである。後述するが、このような傾向はどの国、社会にもみられるなど比較的普遍性があるとされる。年齢と犯罪の指摘は、すでに 19 世紀中葉、フランスの統計学者ケトレーが行っており、「犯罪傾性の発達、あるいはその削減に影響する全ての原因の中で、年齢は疑いもなく最も強力である。事実、人間の物理的パワーや感情が発達するのは年齢を通じてであり、このエネルギーは年齢を重ねるとともに減退する」と述べている。もっとも、当時の犯罪のピークは 25 歳から 30 歳の間とされた。このように、発達犯罪学は、年齢を重ねる過程の中で犯罪の開始・停止（離脱）、犯罪パターンなどの行動の継続と変化の問題を研究対象として扱う。

2　発達犯罪学の理論

基本的に共通する理念は、犯罪・非行の根源は幼児期・児童期にあるということである。つまり、その頃に生じた犯罪・非行の萌芽、リスク要因がその後、犯罪や非行に結びつき、いかに発達するか。これが明らかになれば、早期に介入して、刑罰を使用しないで犯罪・非行を予防できるという政策的意義がもたらされることになる。このような理論的背景から、発達犯罪学の諸研究は進展した。

(1)　発達犯罪学の展開

発達犯罪学の起源は主流の犯罪学のうち実証学派の研究にあり、生物的、心理的、社会的な要因と犯罪の関係を人生の過程で考察してきた。基本的な仮説としては、過去から内包されてきた問題、たとえば児童虐待などの幼児体験が現在の行動態様に継続的に影響を与えていると考える。このように、発達犯罪学は、伝統的犯罪学が強調する集団間の相異ではなく、個人内部の行動の変化に着目する。そして、研究手法としては、量的観察法が採用され、個人の発達過程と犯罪との関係が測定される。そのうち、よく知られる手法は、コーホートを含む長期追跡調査であり、虐待、貧困などのリスク要因とその後の犯行の相関を決定するため反復して測定される。この例としては、アメリカのピッツバーグ青少年研究（Pittsburg Youth Study）やイギリスのケンブリッジ非行発達研究（Cambridge Study in Delinquent Development）などがある。

初期の研究では、イギリスのシリル・バート（Cyril Burt）が1920年代に行った青少年研究が知られ、それ以来、犯罪学者の児童発達過程への関心が強まり、発達犯罪学は進展した。アメリカでは、後述するように、1930年代のグリュック夫妻（Sheldon and Eleanor Glueck）のボストン調査がある。この調査では、1,000人の少年の体型、精神、社会環境を軸に長期追跡を行い、非行の早期開始は成人後の犯罪を強く予測させると結論づけた。しかしながら、グリュック夫妻の研究はIQ、精神障害、体型なども考慮されたため、一般に発達犯罪学そのものとはみなされていない。児童の発達過程を意識した発達犯罪学は1970年代のマーヴィン・ウルフギャング（Marvin Wolfgang）のバース・コーホート研究に遡る。これによると、ごく一部の若年者が大半の犯罪を行っていることが強調された。この調査の影響を受けて、1980年代では、大規模な長期追跡調査が計画され、年齢と犯罪の関係に注目して、一般に、年齢は人を成熟させ、年齢が上がるごとに犯罪への関与は弱まるという主張が支持されるようになった（図表5(3)–1参照）。もっとも、一部の犯罪者は人生の全過程で犯罪傾性が普遍的に継続しており、その理由として、人生最初の数年間における家庭の社会化が失敗して、セルフ・コントロールを行う十分な能力が育成されなかったからだとされた。

(2)　種々の理論

トラビス・ハーシ（Travis Hirschi）とマイケル・ゴットフレッドソン（Michael Gottfredson）も『犯罪の一般理論（A General Theory of Crime）』（1990年）にお

図表 5(3)-1　年齢犯罪曲線

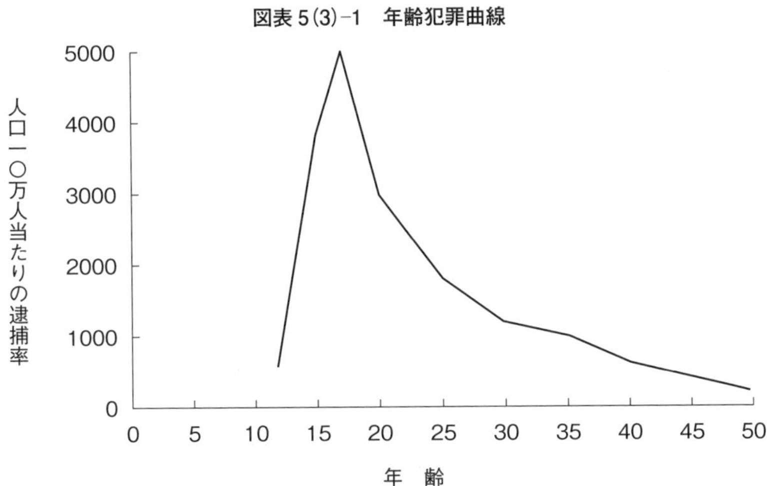

※ 1980 年アメリカ FBI 指標犯罪における人口 10 万人当たりの年齢別逮捕率を示す。

出典：Terrie Moffitt, Adolescence–limited and Life–Course–Persistent Anti–social Behavior, Psychological Review, 1993, vol. 100, no. 4, pp. 674–701.

いて、10 歳代に犯行のピークを迎えるという年齢と犯罪の関係はどの時代、どの社会でも普遍的であると主張した。彼らはセルフ・コントロールとの関係から、幼児期におけるセルフ・コントールの発達が個々人の犯罪傾性を最小化するうえで基本であり、年齢が上がると成熟過程で反社会的行動との結合がみられるとし、一定の年齢であること自体を犯罪原因と考えたのである（ハーシの理論については本講Ⅱ参照）。

他方、後述のロバート・サンプソン（Robert Sampson）とジョン・ラウブ（John Laub）は、非公的な社会統制の視座から、人は児童期には家庭や学校から強い社会的紐帯ゆえの統制を受けているが、青年期になると、自律心や独立心から、その紐帯を失い秩序違反行為や犯罪に関与する可能性が高くなると説明している。逆に成人になると、慣習的に配偶者、子ども、雇用者、友人などと社会的に結合し、社会的統制を受けるから、犯罪を控えるようになる。その結果、青年期に犯罪・非行がピークを迎えるというのである（R. Sampson and J. Laub（1992）, Crime and Deviance in the Life Course, Annual Review of Sociology, vol. 18, pp. 63–84）。

もっとも、歴史的には、年齢層と犯罪・非行の関係には若干のずれがみられた。たとえば、20世紀初頭においては、若年者は12歳で学校を離れ、その後、多様な年齢層と同じ職場で労働に従事した。その数年後には性的成熟、経済的自律、所帯持ちといった事態が発生するが、この時代、いずれにせよ、若年者はかなり早期から成人とともに過ごす時間が長く、成人との相互関係を強いられたのである。それが20世紀後半になると、教育期間が延長され、それに伴い就業年齢も繰り上げられた。このような時代になると、若者の地位の曖昧な期間が長くなり、歴史上初めて人生の細分化された期間を過ごさざるを得なくなったのである。その結果、青年期では、10代の若者は大半の時間を仲間と過ごすようになり、成人や成人の機関・組織とは疎遠となった。1950年から80年にかけて犯罪が激増した事実は、若者の因襲的な社会的結合が弱体化した時期と重なり、仲間との関係が拡大したことが一因であるとされる。

このような社会統制による説明に対して、テリー・モフィット（Terrie Moffit）は、青年期に犯罪や非行に従事するのは、若年者特有の移行期にみられる自律との闘いの結果であり、彼らは自分が成熟したところを示す必要があり、そのため禁じられている行為を自由に選択し、それを示そうとするのだという。このような現象は典型的な非行少年に限らず、普通の青少年も、一時的に早期に非行を開始した常習犯罪者の真似をするが、現実に成熟が認められると、もはや自律の態度を示す必要がなくなり、非行を止める。つまり、生涯の常習犯罪者と青年期に限定された非行少年の間の相異は社会統制の強弱ではないと説明する（後述。T. Moffit, 1993）。

(2)　リスク要因

1990年代に入ると、リスク要因に加え、リスク要因を緩和する防御要因パラダイムが展開された。リスク要因が負の結果と結合するのに対して、防御要因はリスク要因の影響を抑え、逆境から回復させる機能があると指摘される。このアプローチは、もともと喫煙・肥満・運動不足などが心臓発作リスク要因であるとする公衆衛生領域の発想であるが、発達犯罪学研究者の中にはこれを利用して、問題行動の開始とその後の犯行の関係を説明しようとする。通常、個々人の人生の経路は複雑で、将来の行動の予測は困難であるが、他方で、長期追跡調査によると、多重のリスク要因を抱える児童・若年者が将来犯罪を行う可能性はきわめて高いとする知見が見いだされた。これによって、防御要因への重要性が強く認識されたのである。

2　ライフ・コース理論

1　定　義

ライフ・コースとは、社会に根ざした年齢ごとの一連のイベントや契機のことで、これらは人生の各段階と結びついている。ライフ・コース理論は、すでに1960年代に人生の構造的、社会的、文化的文脈の分析を試みるアプローチがみられた。要するに、人生初期のイベントがその後の人生の行動にどのような影響を与えたかというように、個人史を探り、その原因を求めようとするものである。社会学者グレン・エドラー（Glen H. Edler）はライフ・コースの概念を「文化的に定義された年齢段階の役割及び経時的に成立した社会的推移の連鎖を含む生存期間を通じた経路」と定義した（G. H. Edler (1985), Life Course Dynamics）。

犯罪学に根ざすライフ・コース理論が発達犯罪学と異なる点は、後者は社会的文脈に関係なく発生する種々の役割（児童期、若年成人期などにおける）の連鎖を明らかにするものとして、人生サイクルの特定時期を研究する。つまり、発達犯罪学が一定の年齢期に固有のリスク要因を犯罪や非行と結びつけて考察し、比較的、犯罪・非行現象を固定的にみるのに対して、ライフ・コース理論は、人々の犯罪関与行動が継続的に活発になったり、変化したり、停止したりする契機を分析する。それは、異なった情況において異なった人々が環境と接触することによって常に変化しうると考えるのである。

このように、犯罪学でいうライフ・コース理論は、人生において遭遇したイベントや事件、つまり推移と軌跡、さらには、それらが犯罪関与の安定的時期と変動的時期との関連を明らかにする。すなわち、以下の点がライフ・コース理論の主要な内容である。

①　歴史的な時間と場所の原理：個々人の人生はその人がその間に経験した歴史的な時間と場所に埋め込まれ、それらによって形成されている。

② 人生の各段階におけるタイミングの原理：イベントが個々人の発達に与える影響はそのイベントの発生時期に依存する。

③ 結合した人生の原理：社会的・歴史的影響は、個々人の相互依存の関係のネットワークを通じて表示される。

④ 人為的作用の原理：社会的・歴史的環境によって出現した機会や制約との関係でなされる選択を通じて、他人はライフ・コースの決定の手助けになる。

2　各種の研究と理論

(1)　サンプソンとラウブの研究

サンプソンとラウブの最初の研究は、1930年代から60年代にかけてシェルドン、エレノアのグリュック夫妻（Sheldon and Eleanor Glueck）が収集したデータを再分析したものである。グリュック夫妻は、当時、大恐慌時代にボストン市で生まれ、マサチューセッツ州の矯正施設に収容された男子500人とボストン市内の学校に通う男子500人のライフ・コースに関する調査を行い、その後の人生において25歳、32歳のそれぞれの時点の状況を調査した。そこで、サンプソンとラウブは、この調査データ（いわゆるグリュック・アーカイブ）に基づき、1993年『犯罪の生成（Crime in the Making)』を公刊した。この書は、アメリカ犯罪学会、刑事司法学アカデミー、アメリカ社会学犯罪・法・逸脱部門でも高く評価され、それぞれの賞を受賞している。それに引き続き、質的（インタビュー）調査と量的（アンケート）調査を統合して犯罪前歴者の追跡調査を行い、それが第2の著『初めは同じ、人生は分岐～少年から70歳まで（Shared Beginnings , Divergent Lives)』（2003年）に結実した。この調査では、彼らが自ら「非公的社会統制の齢階理論（age-graded theory of informal social control)」と呼んだように、グリュック夫妻の調査から70年後の元犯罪者の人生を追い、そのライフ・コースの軌跡を分析した。これによると、基本的に、次の3つをテーマとしている。すなわち、①非公的な家庭・学校の社会統制が仲介する構造的文脈が児童期、成人期の非行を説明すること、②多様な人生局面で児童期から成人期を通じて反社会的行動の継続がみられること、③成人期における家庭や職場との非公的な社会的紐帯（social bond）は児童期初期の犯罪傾性にも関わらず、人生のスパンでは犯罪性に変化がみられること、である。

さらに彼らのその後の研究では、社会的紐帯が青少年期の非行と成人後の犯罪との関係を理解する鍵であるとし、人生初期に社会的紐帯が弱いと非行との親和性が強くなり、後の犯罪・逸脱の予測因子となるという。成人期においても弱い社会的紐帯ゆえに犯罪を開始する現象もみられ、逆に、成人期の強い社会的紐帯は、犯罪性の低下、デジスタンス（犯罪からの離脱）に導くとする。したがって、人生で偶発的に出現するイベントはそれほど決定的ではなく、むしろサンプソンらの示唆において社会的紐帯と非公的な社会統制が重要であることが理解される。加えて、人生の歴史的転機や地理的な場所が犯罪性の変化をもたらすことも主張する。これらは、当然ながら、人生の出来事を別個分離して検討するのではなく、まとまりをもって検討することがライフ・コースの犯罪性の変化を理解するうえで重要であることを示している。

❍コラム15　グリュック・アーカイブ

多くの研究者は調査終了後、関連データを他の雑多な資料やがらくたと共に放置するものであるが、グリュック夫妻も1940年代に実施した非行少年研究の膨大な資料を勤務先のハーバード大学法学部図書館の片隅に放置した。その後、サンプソンとラウブは、グリュック夫妻の研究から30数年を経過した1980年代に、同大図書館の汚くて薄暗い地下室の中から彼らの資料を発見し、毎日のように通ってそれらの資料を丁寧に整理し、読み解いて、最初の書『犯罪の生成』を執筆したのである。この書名が、グリュック夫妻の著『非行少年の生成（Delinquents in Making, 1952)』に因んだのは言うまでもない。そして、グリュック夫妻が調査対象とした犯罪者を数十年後に一人一人探し出し、そのインタビューから犯罪デジスタンスを分析したのが、前述の『初めは同じ、人生は分岐』である。このように、サンプソンらの研究意欲はものすごく旺盛であり、長期にわたる膨大なプロジェクトを完遂した。いずれにせよ、このように発達犯罪学、ライフ・コース研究はかなり長期の研究意欲と時間、さらには膨大な費用を必要とする。

---

(2) モフィットの犯罪類型理論

一般に、犯罪学の文献上には、一部少数の犯罪者（常習犯罪者、累犯者、慢性犯罪者）がかなりの部分の犯罪に関与しているというデータ（しばしば「80–20 ルール」と呼ばれる。コラム 20 を参照）がみられる。モフィットは、この自明の理に基づき、少年期に犯罪を開始した犯罪者のうち、①青少年期のみ犯罪を行った（adolescence–limited）者、②生涯犯罪を継続した（life–course persistent）者を区別した（いわゆる二重分類理論）。モフィットは、両者は青年期の時点において識別するのは困難であるが、成人期においては明瞭な相異を示すと指摘する（モフィットの理論は第 11 講でも扱う）。この理論は、発達犯罪学の主要な難問、つまり、一方で、生涯、犯罪を継続する者が存在する事実をどう説明するかという問いへの対応である。成人期に犯罪を行うかどうかの最良の予測因子は児童期の非行であるとされるが、他方で、青年期で犯罪を止める者が多数存在することも事実である。これは上記の年齢・犯罪曲線をみれば、青年期を過ぎると急激に犯罪が減少している点からも明らかである（第 9 講図表 9–1 も参照）。モフィットは発達犯罪学の立場を修正し、生涯犯罪を継続する犯罪者の存在を強調した（T. E. Moffitt, 1993）。

しかしながら、社会犯罪学の立場から、生涯にわたる常習犯罪者の説明では、たんに初期の家庭リスク要因や認知障害だけでなく、神経系異常や遺伝的要因なども含まれるとして、モフィットの主張は批判に晒された。そこで、モフィットは常習犯罪者に深刻な遺伝性の要素の存在をみとめ、とくに児童期における暴力などがこれに該当し、このレベルの犯罪者には改善法は存在しないとした（T. E. Moffitt and A. Caspi (2006), Evidence from Behavioral Genetics for Environmental Contributions to Antisocial Behavior）。

3　ライフ・コース理論と発達犯罪学の評価

1　ライフ・コース理論の評価

犯罪に関するライフ・コース理論は、これまで複雑で挑戦的な研究を行ってきており、多くの犯罪関連の社会学理論や心理学理論を統合する試みとしては、きわめて有用に思われる。人間の成長・発達とその各段階における人生経験を全体的に視野に入れ、社会的・歴史的な文脈の中で犯罪への関与やデジスタンスを分析したことは、これまでの犯罪学に欠如した分野であり、その意味では大いに意義がある。

しかしながら、ライフ・コース理論の欠点は、依然として研究自体が少ないことに加え、大半が犯罪と予測の相関を重視するあまり、犯罪説明が手薄なことである。要するに、ライフ・コース理論ではもともと人生自体がかなり複雑な構造をしているうえに、人生上、どの要素・変数が犯罪の継続・停止に決定的に影響を与えたかを明らかにするのが困難である。しかも、同じイベントであっても、それに遭遇した個々人によって影響度は変わる可能性がある。つまり、個々人の人格・性格、過去の体験や軌跡、社会的・歴史的な環境（家庭・学校・地域・職場・仲間など）のうち、犯罪の継続・停止に与えた原因はどれか、何が決定要素であるかの判断は難しい。

さらに、ライフ・コース理論の限界として、様々な種類の人々や人生の経路をカテゴリー化するのに使用される分類法の問題が指摘されている。犯罪者の分類では種々の人々の犯罪に対する種々の原因を示唆するが、軌跡の分析のために行為者性、機会や人々と社会情況の相互作用を説明しようとして典型固定的な経路を人工的に生み出している。このため、分類的アプローチは、人々や社会的経路といった複雑で無限に変化する研究対象を単純化する傾向がみられる。しかし、犯罪学で重要なことは、すべての犯罪行動に一つの説明が可能かどうか（つまり一般理論）、あるいは異なった種類の犯罪者・犯罪行動は異なった説明が必要であるか、という問題に答えることである。あるいは、すべての犯罪行動は同じ因果過程で説明されるが、異なった内容を反映するという説明の枠組みを支持するかどうかである。

これらのうち、ライフ・コース理論の最も必須の側面は、犯罪の説明において人々と社会的文脈の相互作用の認識であろう。これまでの大半の理論は、人か環境のいずれかに焦点をおいてきたが、それは両者の相互作用について適切に取り組むことは困難だからである。しかし、ライフ・コース理論は相互作用を分析的アプローチの中心に据えている。そこで、個人の人生の各段階にわたってこの相互作用を研究するには、多重レベルで長期追跡データが求められるし、そのようなデータを獲得するには困難で費用もかかる欠点がある。もっとも、それが可能になれば、犯罪者がどのように犯罪に関わり始め、どのようにして犯罪を継続し、あるいは犯罪を停止したかに関する豊富な実証データを提供できるであろう。

2　発達犯罪学の評価

発達犯罪学は学問的には一定の成果を生み出し、犯罪学内部でもある程度の地位を確立した。しかも、人生初期における社会化への介入によって、刑事司法機関や刑罰を使用しないで将来の犯罪を防止できる利点がある。しかし、実際には、政策的な含意には恵まれず、政策や実務に反映する場面は限られ、政策論としては周縁的地位に甘んじてきた。1980年代以降、英米における犯罪予防領域では、発達犯罪学ないし社会的犯罪予防論よりも環境犯罪学ないし状況的犯罪予防論に傾斜したからである。その理由としては、後者には犯罪予防の即効性と目にみえる成果の可視性の利点があったからだと思われる。

発達犯罪学への理論的な批判としては、犯罪の軌跡（trajectory）・経路（pathway）、つまり犯罪経歴（criminal career）は、このような単純なモデルでは説明できず、非常に多様であり、犯罪開始年齢、関与レベル、頻度、継続期間、停止（デジスタンス）などを考察するモデルが必要であるとして、人生の局面や犯罪経歴の各段階では異なった影響を受けることを認識すべきという指摘がある（たとえば、A. France and R. Homel（ed.）(2007), Pathways and Crime Preveution）。人生初期以降の社会的・心理的影響として、仲間の影響、両親の態度などが考えられ、単なるセルフ・コントロール欠如を唯一のリスク要因とすることはできないとするのである。

他方、近年、社会的犯罪予防が状況的犯罪予防と並列的に必要であるという認識があり、貧困や家庭崩壊といった事情が犯罪の説明に重要であって、その根本である家庭や地域の犯罪統制力を強化することが犯罪予防に繋がるという理解が進んでいる。とくに統合レベルでは、児童期から青年期にかけて反社会的行動（anti–social behaviour）の継続がみられ、これはリスクのある個人、家庭の生活への初期の段階で介入の必要性を意味しており、実際、イギリスの調査でも8歳の段階で反社会的行動がみられる児童の約半分は17

歳でも反社会的と判断されるという。この調査結果が示唆することは、年齢初期の反社会的傾向とその後の問題行動との統計的相関を示していることであるが、一般に、犯罪学者は反社会的行動ではなく処罰可能な犯罪のレベルの継続を測定する傾向にあり、しばしば問題行動や反社会的行動など犯罪レベルには達していない行動が見逃されるおそれがある。しかも、これらは世界規模の経済不況による失業、地域荒廃などの外部的事情が関与している場合がみられ、従来、発達犯罪学が家庭や仲間といった個人的事情の影響を重視しすぎている点も問題があるとされる。

但し、モフィットの主張にあるように、生涯にわたって犯罪を継続する常習犯罪者の問題性は大きく、青春期の介入策では解決困難な問題も少なくない。したがって、今後はライフ・コース理論に道を譲り、人生全般のスパンで犯罪の変化を考察し、犯罪の停止（desistance）を含む、その対応を検討する方向が強まるように思われる。とりわけ、わが国で多くみられるように、高齢になって初めて犯罪を開始する状況などでは発達犯罪学の限界は容易に理解できるであろう。

4　リスクに根ざした予防

発達犯罪学ないしライフ・コース理論で明らかにされた各年齢段階のリスク要因に対して、政策的にはそのリスクを低下、削減する方策が求められる。これについては近年、リスク要因予防パラダイムが提唱されている。

1　リスク要因研究

個々人の人生において初犯・再犯、あるいは犯罪関連行動（薬物使用、反社会的行動）のリスクを増大させる種々の要因、情況、経験を実証的に特定しようとするのがリスク要因研究（risk factor research）である。そして、その際、逆にリスクに直面した結果を軽減、緩和、絶縁する防御要因（protective factors）も特定する研究もみられる。これらの調査研究により獲得された知見は、種々の介入策に反映される。そのうち、とくに着目されているのが、先述のリスク要因予防パラダイムである。

もともとリスク要因研究は前述のように、公衆衛生モデルに範をとり、疾病のリスク研究を真似たものである。20世紀初頭には精神医学の領域でウィリアム・ヒーリーの研究が知られるが、前述のグリュック夫妻の研究もリスク要因研究のカテゴリーに含まれ、彼らの研究は刑事司法機関の実務に反映した。これも前述したが、1960年代ではイギリスのケンブリッジ研究がドナルド・ウェスト（Donald West）、後にディビッド・ファーリントン（David Farrington）によって実施され、グリュック研究よりもリスク要因の分析では、さらに精緻であると評されている。それは、まず回顧的な調査に加え展望的な長期的要素を導入し、質問紙や心理テストのほか、公式統計・記録分析、面接調査も加味したからである。なかでも自己報告で明らかになったリスク有りの少年も対象とし、公式記録上の犯罪者に限定しなかったことが注目される。そして、リスク要因を軽減緩和する防御要因の潜在力も調査している。

2　リスク要因に根ざした予防

このように1990年代初めに、リスク要因予防（risk–focused prevention）パラダイムが注目を集めるようになったが、これは犯罪予防の実務的目標と合致するようにリスク要因研究の成果を利用する機運がみられたためである。以下の図表に示されたように、多くの試みがある。

(1)　家庭対象プログラム

これは、とくに新生児をもつ母親などを支援し、育児助言をするプログラムであり、いわば両親の管理訓練である。この領域で最もよく知られるのは1977年に開始されたアメリカのエルマイラ研究（Elmira Study）で、ディビッド・オールズ（David Olds）に主導された（D. Olds et al（1986), Preventing Child Abuse and Neglect, Pediatrics vol. 78(1), pp.65–78. 図表5(3)–2参照）。それによると、出産前後に家庭を看護師が集中的に訪問し、妊娠・出産の過程で家庭環境を改善し、母親が育児をうまく乗り切り、母親の人格的な発達を支援することを目的とした。この調査では、400人の母親を実験群として選抜した後、彼らに対してランダムに介入策を振り分ける一方で、対照群も設定した。その結果、出産後2年間では実験群の児童虐待・ネグレクトが対照群よ

図表5(3)-2　リスク要因に根差した予防策の実例

リスク要因	戦略	プログラムの例
・問題行動への早期介入 ・監督不良の両親への介入と躾 ・家庭紛争と問題行動の経緯 ・問題行動に寛容な両親の態度 ・家庭の低収入 ・貧困者向け住宅	**家族** ・出生前 ・家庭訪問を利用した家族支援 ・育児情報、育児支援	・Oregon Study（1982） ・Universal Parent Management（2003） ・Triple P Programme（2000） ・Functional Family Therapy（2003） ・Elmira Study（1986） ・Montreal Study（1995）
・小学校における低成績 ・いじめを含む攻撃的行動 ・怠学を含む学校への無関心 ・学校崩壊	**学校・就学前** ・就学前教育 ・家庭内識字訓練 ・論理的思考・読書教育 ・学校組織的改革 ・怠学・退学防止 ・反抗的学生に対する継続教育	・High/Scope Perry Pre-school Project（1980） ・Child-Parent Centre Programme（2001） ・Seattle Social Development Project（1991） ・Promote Alternative Thinking Strategies（1995）
・問題行動の友人 ・社会的孤立・社会的関与の欠如	**青少年** ・放課後クラブ活動 ・相談相手 ・教育付き雇用 ・若年者就労プラグラム	・Multi-Systemic Therapy（1992） ・Children at Risk（1999） ・Participate and Learn Skill（1989） ・Job Corps（2008）
・貧困地域 ・地域解体・地域への無関心 ・高移動率・近隣社会への関与低下	**地域** ・地域動員 ・仲間主導プログラム	・Communities that Care（2003）

出典：L. McAra and S. McVie, Critical Debate in Developmental and Life–Course Criminology, 212, p. 552.

りも非常に低い水準を保ち、その後15年間の追跡調査でも実験群の児童には有意に逮捕率が低い結果がもたらされた（実験群20%、対照群45%）。同様の結果は他の多くの研究でも示されており、躾の確立、一貫した育児ルールの維持、非処罰的な躾の実行などを含む効果的な育児技術の推進が子どもの将来の非行防止に役立つことを証明している。

(2)　学校対象プログラム

学校対象ないし入学前の戦略としては、教育・学業の達成度だけでなく、児童の学校への愛着を促進するプログラムが含まれる。このプログラムの前提として、学校の組織運営や考え方自体が洗練される必要がある。この著名な例としては、これもアメリカで実施されたペリー・プロジェクト（High/Scope Perry Pre–school Project）がある。この対象は少数民族の家庭的・経済的に恵まれない少年たちで実験群と対象群に分けられ、実験群の少年には毎日入学前のプログラムを実施し、毎週の家庭訪問も行ない、それを2年間継続した。このプロジェクトの目的は、知的水準を高め、論理的思考を改善し、学業成績を向上させるものであった。さらに、調査対象少年は長期追跡調査が実施され、19歳と40歳の際に再び調査された。その結果、教育効果の向上、就業率の高さ、逮捕率の低さなどの観点で、対照群に比較して有意な成果が得られたとされる。

学校をベースにした介入策では、もう一つ、シアトル社会発達プロジェクト（Seattle Social Developement Project）がある。これは多重の構成要素を含み、種々のリスクをさまざまなレベルで扱うもので、両親育児技術、教員研修、対象となる若年者のスキル訓練などが結びついている。500人の6歳児童（1年生）が実験群と対照群に割り当てられ、12歳まで、さらには18歳まで追跡調査された。その結果、12歳時では低所得家庭の実験群少年は統制群と比較し、有意に非行に関与する可能性が低く、同様に同じ環境下の少女では薬物乱用の可能性が低かった。また、18歳時では、実験群において暴力や飲酒に関与する可能性が低いなど、このプロジェクトの有効性が示された。

(3)　地域対象プログラム、多重対象プログラム

地域を対象としたプログラムとしては、若年者の犯罪リスクを予防するための地域全体の改善をめざすものが少なくない。その例として、もとはアメリカで開発された地域ケア・プログラム（The Communities that Care）がある。このプログラムでは、学校、青少年支援組織、法執行機関、公衆衛生、産業界、宗教団体、住民などから成る団体が連携し、地域の予防ニーズを確認し、これまでに試行され検証されたプログラムから選択した予防活動を協働

して行う。この連携組織はプログラムの実行とプログラムに関与した犯罪者の監視と対処に責任をもつ。初期の評価ではきわめて有効な成果が見いだされ、とくに非行と飲酒では有意な減少がみられた。

他方、個人、家庭、学校、地域を組み合わせたマルチなプログラムも存在する。アメリカやイギリスで実施されたもので、対象者は重大な犯罪を行った若年者である。この中核となる考えは、若年犯罪者が直面する諸問題の内部関連性である。活動を行うのは訓練を受けたセラピストであり、家庭・学校の結びつきを改善する一方で、若年犯罪者の認知スキルを向上させるため集中的な活動が行われる。対象者 84 人に対して行った検証では好ましい結果がみられ、2 年間の介入策と追跡調査では、対照群に比較し、逮捕率が低下し、非行の通報も減り、家庭の機能が回復したとされる。この種の大規模実験でも、好結果が報告されるなど、成功例が多い。

参考文献

・J. ロバート・リリー他著（影山任佐監訳）『犯罪学―理論的背景と帰結［第 5 版］』（金剛出版、2013 年）
・Lesley McAra and Susan McVie (2012), Critical Debate in Developmental and Life–Course Criminology, M. Maguire et al (eds.), The Oxford Handbook of Criminology 5th ed., pp. 531.
・Sheldon Glueck and Eleanor Glueck (1950), Unraveling Juvenile Delinquency.
・John H. Laub and Robert J. Sampson (2003), Shared Begginings and Divergent Lives: Delinquent Boys to Age 70.
・Robert J. Sampson and John. H. Laub (1993), Crime in the Making.
・Terrie E. Moffitt (1993), Adolescence–Limited and Life–Course–Persistent Antisocial Behavior: A Developmental Taxonomy, Psychological Review, vol. 100, no. 4, pp. 674–701.

Ⅳ　ラベリング理論

キーワード

象徴的相互作用主義／犯罪の相対主義的定義／ベッカー／第2次的逸脱／4D政策

1　はじめに

1960年代前半に登場した「ラベリング理論」(labeling theory) は、従来の伝統的、実証主義犯罪学に対する批判を通して新しい理論的視座と研究領域を切り拓いたという点で極めて重要な役割を演じている。そして、それはまた、1970年代以降の犯罪学研究の動向にも大きな影響を与えており、特にラベリング理論の批判的視点をより一層敷衍したとされる「批判的犯罪学」(critical criminology) の出現を促したことはよく知られている。ところが、ラベリング理論それ自体は、1970年代になると一方ではその中心的な批判対象であった伝統的犯罪学の陣営から、他方では新しい批判的犯罪学の立場からも激しく批判され、その結果として70年代後半以降急速に支持基盤を失い、かつてほどの注目を集めることはなくなったといわれている。しかしながら、多少の波乱はあっても、ラベリング理論は、犯罪学の中で無視できない理論的視座と固有の研究領域を依然確保しており、それらを発展させる努力が現在でも続けられているといってよい。とくに21世紀初頭に入り、アメリカの刑事司法が直面している刑務所人口における「過剰拘禁」、「大量拘禁」問題を解決するために、1980年代以降の厳罰主義的対応策からより合理的な政策への転換が保守およびリベラルの両陣営から叫ばれているときに、ラベリング理論の基本的主張が改めて再評価されていることは、注目に値する。

2　ラベリング理論の基本的主張とその特色

ラベリング理論は、社会的反作用（社会的反動）理論または相互作用主義パースペクティブとも呼ばれているが、その犯罪学理論上の意味内容については、各論者の間では必ずしも一致していない。しかし、その理論的基盤が、主として1930年代のジョージ・H・ミード（George H. Mead）を始祖とする「象徴的相互作用主義」（symbolic interactionism）に基づくものであることにはほとんど争いはない。象徴的相互作用主義によれば、個人は主に他者の反作用を通して自己の行為の意味を理解し、その意味に基づいて行為するものと考えられている。この考え方に依拠しながら、ラベリング論者は、次の三つの問題局面で理論的な主張を行っている。すなわち、①逸脱（犯罪）の定義、②ラベリング・プロセスの解明、③ラベリングの効果に関する問題である。

1　逸脱（犯罪）の相対主義的定義

伝統的な実証主義犯罪学の共通点の一つは、犯罪の規範的定義と呼ばれる立場から、犯罪を「社会構成員によって共有されている社会規範の侵害」と定義しているということである。これに反して、ラベリング論者達は、相対主義的定義ないし反作用的定義と呼ばれる逸脱（犯罪）の定義論を展開した。反作用的定義によれば、逸脱（犯罪）行動は、それに対する他の人々の反作用によってのみ定義される。その最も代表的な例としては、ハワード・ベッカーによる次の言辞は、あまりに有名である。すなわち、「逸脱とは人間の行為の性質ではなくして、むしろ、他者によってこの規則と制裁とが『違反者』に適用された結果なのである。逸脱者とは首尾よくこのレッテルを貼られた人間のことであり、また、逸脱行動とは人びとによってこのレッテルを貼られた行動のことである」と（H. S. ベッカー（村上直之訳）『〔完訳〕アウトサイダーズ――ラベリング理論再考』8頁（現代人文社、2011年））。

このように逸脱（犯罪）概念規定を規範違反からではなく社会的反作用の観点から把握することによって、ラベリング理論は、犯罪学における新しい研究課題の設定という点で極めて重要な役割を果たした。つまり、規範的定義に基づく伝統的犯罪学の研究対象がもっぱら規範違反（犯罪）を犯した行為者の個人的属性や社会的・文化的属性の分析であったのに対して、ラベリング理論においては、これまで比較的等閑視されてきた社会的反作用のプロセスに焦点を合わせ、どのように、そしてなぜ行為者が逸脱（犯罪）者と定義され、逸脱（犯罪）者として取り扱われてゆくのかの一連の過程と、ラベル付けをする側（主として法執行機関）が行為者にいかなる効果を及ぼすのかという問題を重要な研究対象としたのであった。かくて、ラベリング理論は、逸脱（犯罪）の定義の問題を通して、従来の伝統的犯罪原因論のように犯罪者と非犯罪者を区別し、犯罪者に固有の素質と環境的要因を分析することを排斥し、むしろ研究対象としては逸脱（犯罪）者としてのラベルを貼る者と貼られる者との相互作用を重視し、逸脱（犯罪）行動の出現メカニズムを社会統制機関による反作用によって説明しようとしたのである。

2　ラベリング・プロセスの解明（従属変数としてのラベリング）

逸脱現象の本質を相互作用としてのラベリングに見る立場を強調すると、それは「逸脱のラベルはこれを貼られる人の行動ないしは行為とは関係なく（もしくは独立して）適用される」という極端な見解をもたらしている。この見解の論理に従えば、逸脱行為への社会的反作用過程自体の解明がその中心的な課題となる一方で、逸脱行為の発生原因の研究は論理的に不可能かつ無意味なものとして否定されることにある。そして、相互作用過程の解明に関連して、行為（者）に適用されるべき逸脱ラベル、つまり規則（法規範）そのものの成立過程をも問題領域の中に取り入れることとなる。要するに、従来の逸脱研究が規則の存在を所与のものとみなしていたのに対して、ラベリング理論においては、逸脱の規定それ自体を従属変数として分析の対象とするのである。この点に関して、ラベリング理論は、規則の内容および規則違反行為が相対的であること、つまり社会的文脈や状況の文脈に応じて規範の形式や内容は変化するという事実に注目する（たとえば、同じく他人を殺害する行為であっても、平和時には殺人（homicide）とみなされるものが、戦争で敵を殺害することについては自国の英雄的行為と評価される場合など。）。この規則内容の相対性という主張は、規範違反行為には固有の性質が存在するということを前提としている従来の伝統的犯罪学理論の逸脱定義を否定することにつながっているのである。

さらに、この主張は、規則の形成過程にみられる政治的性格の問題を明示したという点で意義がある。すなわち、規則は社会的合意を反映するものであるという伝統的犯罪学理論の前提を否定し、その代わりに、規則はラベリングする側・権力者側の価値を反映していることを示唆したからである。ラベリング理論家は、このような規則制定・執行に関わる人々を「道徳企業家」(moral entrepreneur) として言及している（ベッカー、1978年)。また、規則の適用過程の場面でも、警察活動を中心とする公的機関等による意思決定過程におけるラベリングの恣意性（選択的制裁発動）の問題を指摘し、「人が逸脱者というラベルを貼られるのは、逸脱行為のゆえにというよりも、社会的マジョリティによって定められた同調・逸脱に関するルールが恣意的に適用されたためである。したがって、このラベルは、とりわけ社会的弱者に対して適用されやすい」というのがラベリング理論の主張である。この差別的法執行の問題は、最近のアメリカ社会においては、「人種的プロファイリング」(racial profiling) をめぐる論議として再熱している。「黒人が自動車を運転しているということ」(driving while black: DWBと略される。) だけで、警察官側の個人的な人種的偏見又は警察の組織的慣行のいずれかによって「相当な理由」の有無とは関係なく、自動車の停止を命じられ、所持品検査や身体検査を受けたり、逮捕されたり、警官によって有形力を行使される事例が全米各地で頻発している（J. ロバート・リリー、フランシス・T. カレン、リチャード・A. ボール（影山任佐監訳）『犯罪学—理論的背景と帰結［第5版］』138頁（金剛出版、2013年))。いずれにせよ、この問題は、公式犯罪統計における「暗数」の問題を喚起させ、公式統計のもつ意味に関してラベリング論による独自の解釈を展開させたという点で方法論的にも大きな意義を有している。

3　独立変数としてのラベリング

ラベリング理論の主張内容として最も一般的に言及されているのが、ラベリングの効果の問題である。すなわち、ラベリング過程は、行為者に自分自身を逸脱者と思いこませる自己観念（逸脱的アイデンティティ）を生じさせるので、社会統制機関による烙印押しは、逸脱（犯罪）行動を生み出す（もしくは固定ないしは増幅する）という問題である。ここでは、ラベリング理論の有害的（犯罪促進的）効果の問題がその主たる問題関心であるが、理論構造的には従来の伝統的理論と同様に、逸脱（犯罪）行動の発生原因に対する説明原理として構成されている。ただし、伝統的理論とは異なり、犯罪原因論としてのラベリング理論の特色は、犯罪原因の焦点を行為・行為者の側から社会統制機関によるラベリング・プロセスの側へと180度方向転換させたということであり、法執行機関の態度如何が犯罪を決定する要因として重要であることを指摘した点にあるといえる。

犯罪原因論としてのラベリング理論の着想自体は、すでに1938年にフランク・タンネンバウム（Frank Tannenbaum）によって概念化された「悪のドラマ化」（dramatization of evil）という見解の中に見出すことができる。彼はこの概念を使って、犯罪を生みだす要因としての烙印押しの重要性に言及していた。そして、さらに1951年にはエドウィン・レマート（Edwin Lemert）が、「第二次的逸脱」（secondary deviance）という概念を使って、社会的反作用による逸脱の増幅作用の問題をすでに理論化していた。レマートは、「第一次的逸脱」（primary deviance）と「第二次的逸脱」を区別しながら、伝統的理論と同じように行為者の身体的条件や内面的な衝動によって特定の逸脱行動をとる場合を第一次的逸脱と呼び、まわりがこれに反応して不承認などのようなレッテル貼り的な反作用をし、このような社会的反作用によって作られる明示的、黙示的な諸状況に対して、さらに行為者自身が防御、攻撃、適応などの手段としてとる逸脱行動を第二次的逸脱と名付けた。彼は、個人の逸脱的役割、地位の形成・強化における否定的な社会的反作用の働きに着目することによって、逸脱行動の理解のためには、第一次的逸脱よりも第二次的逸脱に重きを置くことが大切であることを指摘したのである。「逸脱が社会統制を導き出すのではなくて、逆に社会統制が逸脱を導き出す」というレマートの言葉は、古い逸脱の社会学的構想に対して、彼のラベリング論的発想を端的に表明したものとして有名である。

要するに、ラベリング理論の原因論的主張は、タンネンバウムやレマートの議論に見られるように、独立変数としてのラベリングが逸脱（犯罪）発生に及ぼす効果を説明するものであり、いずれも逸脱（犯罪）要因の一つとして、他者による逸脱者としてのラベリングを重視した上で、それが逸脱的アイデンティティないしは逸脱的生活スタイルの形成を媒介として逸脱を増幅し、反復的な逸脱行為（再犯）の可能性を高めるものとして理解されている。このような原因論的主張は、その後ベッカーによる「逸脱経歴」の形成過程に関する「継時モデル」において発展的に受け継がれている（ベッカー、前掲17–36頁）。また、それはアービング・ゴッフマン（Erving Goffman）の「傷つけられたアイデンティティ」あるいは「スティグマ」の仮説やシェフ（Thomas J. Scheff）の精神障害についての理論の中においてより明確な形で定式化されている。

3　ラベリング理論の批判

1　ラベリング理論への批判

ラベリング理論は、伝統的犯罪学理論に対する批判的側面とともに、その内容的な多義性ゆえに、伝統的な実証主義的立場やマルクス主義的な批判的犯罪学の立場などから激しく批判されている。

(1)　ラベリング理論による逸脱の反作用的定義の主張は、必ずしも首尾一貫したものとはなっていないという点である。たとえば、ベッカーの「隠れた逸脱」（secret deviance）概念は、まだラベル付けされていない行為を逸脱カテゴリーの一つとしている点で、明らかに反作用的定義と矛盾している。この概念は、むしろ逸脱が規則違反行為であることを前提として成り立つものであり、この限りで、やはりラベルではなく規範が逸脱研究の焦点にならざるをえないということである。同じような批判は、レマートの「第一次的逸脱」と「第2次逸脱」の分類についてもいえる。この分類においても、逸脱の規範的定義と反作用的定義の混在を見ることができる。レマートは、その後の議論において、犯罪の原因論よりもむしろ社会的反作用の、それも特に社会統制についての分析に着手する必要性を強調して、原因論との関わりを回避するようになっている。

(2)　ラベリング理論が果たして実証科学的な意味における「理論」と言えるのかどうかということである。ラベル理論は、理論研究および科学方法論としても、経験的検証に耐え得るような厳密な理論的命題も経験的一般化もまだ完全に確立していないと批判されている。この批判に対して、ラベリング論者達の間には二通りの反応がある。一つは、ラベリング理論の目的を限定的に理解して、ラベリング・パースペティブはそもそも「理論」構築を目指したものではなく、むしろ研究全体の方向を示唆する一般的指針、ないし対象の把握を鋭いものにする「感受概念」(sensitizing concept) として機能することに主眼があると反論するものである。もう一つは、実証科学的批判を受け入れて、ラベリング理論を検証可能な理論的命題として精密化し、それを高度に洗練された統計的技法を用いて検証しようとする実証研究の試みが、1980年代後半から今日まで着実にあらわれてきている。

(3)　主としてラベリング効果の問題について、経験的データによって、ラベリング理論には実証的裏付けがない、あるいは、実証的データは、ラベリング理論に反対であるという批判である。ラベリング効果の経験的妥当性を検証する調査研究は、現在でも継続されており、相当数の実証研究の蓄積が存在する。その経験的証拠の評価に関しては、従来は支持・不支持相半ばして、その評価は定まっていなかったのが実情であったが、近年のラベリング理論に対する関心の復活とともに、実証的な支持が増加しているといわれている。

(4)　ラベリング理論は、ミクロレベルでの相互作用プロセスの分析に重点を置くものであるとされ、権力構造や政治経済的事情など、より大きな社会の全体的状況をマクロなレベルで分析するものではないとして、マルクス主義的な批判的犯罪学から批判されている。もちろん、ベッカーのように「負け犬 (underdog)」的視点から、法的規則の制定とその執行プロセスを政治的・経済的な権力の問題として捉える者もいるが、実際には、ベッカー流の立場は、社会統制機関における中低位の官僚（たとえば、第一線の警察官や刑務官など）による差別的執行の批判に止まっており、それは結果として政策的意思決定に責任を持つ真の上位者たる勝ち犬（上級官僚や権力者）側の秩序固め、正当化に貢献していると批判されている。つまり、ラベリング理論に対しては、その体制擁護的側面を脱皮できていないとの痛烈なイデオロギー批判がなされているのである。

2　ラベリング論者からの反批判

このような権力構造的批判に答えて、ラベリング論者の中には、ミクロレベルのラベリング過程の研究を超えて、よりマクロな観点から全体社会の権力・支配構造の問題に力点を置くべきであると主張するものも登場し、そのような主張は、1970年代半ば以降、批判的犯罪学と呼ばれる、より急進的な立場へ発展的に継承されている。

4　ラベリング理論の政策的含意と今後の展望

ラベリング理論は、論理的には、犯行者に対するラベル付与の回避・除去のために、公式の統制機関ができる限り干渉しないで放任すべきであるとする不介入主義の方針と結び付き、いわゆる4D政策、すなわち非犯罪化（decriminalization）、ダイバージョン（diversion）、デュープロセス（due process）、非施設化（deinstitutionalization）を提唱する。これらの四つの政策はそれぞれ実施された規模は異なり、得られた結果も一様ではなかったが、過剰拘禁や大量拘禁問題に直面している今日のアメリカ社会においては、改めて刑事司法政策が取るべき方向性について重要なビジョンを提供している。先ず第1に、非犯罪化政策の焦点となっているのは、いわゆる「被害者なき犯罪」（薬物使用、賭博、ポルノグラフィー、売春、同性愛、堕胎など）と呼ばれるタイプの犯罪を刑法のカタログから除去すべきであると、ラベリング論者は主張する。しかしながら、ラベリング理論の主張とは反対に、1980年代前半以降から現在まで、厳罰主義的風潮が支配的であったアメリカ社会では、薬物犯罪に対する法規制が強化された結果、薬物犯罪の激増、それに伴う薬物事犯の刑務所収容の爆発的増加という問題がもたらされた。その結果、現在では、刑務所の大量拘禁を回避するための一つの合理的な方策として、連邦および州レベルにおいて、ラベリング理論の政策提言と一致する方向で、軽微な薬物犯罪の非犯罪化（少量のマリファナ所持の合法化ないしは不起訴政策）に向けての動きが着実に全米で拡大しつつある。

第2に、ダイバージョン政策について、ラベリング論者は、「犯罪者」という公的烙印押しを回避する手段として、刑事司法手続の管轄から犯罪者や非行少年を外し、その代わりに非刑罰的な治療的処遇プログラムに移すことを主張する。ただし、1970年代から80年代にかけて一時期全米で広がったダイバージョン・プログラムは、皮肉なことに、結果としては、従前であれば警察段階で釈放され、罰金を受けるか、おそらく判決を猶予されていた者たちをダイバージョン・プログラムに取り込むことで、むしろ統制の網を拡大させた、との批判がなされるようになった。ただし、今日では、刑務所人口の増加を抑制する方法として、少なくとも非暴力的犯罪者、薬物犯罪者及び触法精神障害者に対しては、可能なかぎり原則として公判前ダイバージョンに付し、社会内で社会復帰支援プログラム、薬物治療プログラムおよび精神医療的治療プログラムなどを受けさせることを優先する方法が導入されつつある。

第3に、刑事司法機関による差別的な恣意的裁量措置の問題に対応するために、ラベリング論者は1960年代に高まっていたデュープロセス運動に歩調を合わせて、犯罪者に対する法的保護（たとえば、弁護人依頼権や不法な逮捕、抑留、拘禁からの自由など）の拡大を主張した。警察、裁判段階はもとより、行刑段階にまでデュープロセスを徹底する趣旨から、処遇の個別化を基調とする社会復帰理念を否定し、その代わりに公正（justice）モデルを支持するようになった。その結果、刑事司法機関による裁量権の濫用を抑制するための措置として、定期刑制度の導入、量刑ガイドラインの導入、仮釈放制度の廃止などが提唱された。デュープロセスは、刑事司法機関の裁量権の濫用に対して必要な保護を犯罪者にもたらした反面、刑の長期化に伴う刑務所人口の過剰拘禁問題という弊害をもたらすこととなった。そのために、刑務所人口の増加を抑制する方策として、量刑ガイドラインの緩和、仮釈放制度の復活、いわゆる善時制度を活用して受刑者の早期釈放を促す運用などが全米レベルで行われているのが実情である。

第4に、ラベリング論者は、「刑務所帰り」とのレッテル貼りがしばしば受刑者の社会復帰を妨げ、再犯の可能性を高めるとの考えから、非施設化政策を主張する。この主張は、1980年代以降の刑事司法における厳罰主義（抑止と隔離）政策への方針転換のために、ほとんど無視されていた。しかしながら、大量拘禁問題に直面している今日のアメリカでは、ラベリング理論の非施設化政策が改めて見直されることになった。そして、刑務所人口を減らす効果的な政策として地域社会に基礎を置く処遇プログラムが再び注目を集めるようになっている。拘禁刑の使用は、犯罪リスクの高い重罪犯罪者を選別隔離するなど必要最小限度にとどめて、それ以外の犯罪者、とりわけ犯罪リスクの低い非暴力的犯罪者に対しては、拘禁刑の代替的制裁として地域社会内での処遇（プロベーションまたはパロール）ないしは中間的制裁としての電子監視付在宅拘禁、集中監督プロベーションなどを積極的に活用するようになっている。

最後に、ラベリング理論の今後の研究動向を展望すると、ラベリング理論の主張内容の趣旨をさらに発展させようとする試みが着実に行われていくことが推察される。たとえば、逸脱研究における象徴的相互作用主義の重要性を再認識し、ラベリング理論の「反作用的過程」という概念の認識論上の含みを正当に継承しているものとして、キツセとスペクター（John I. Kitsuse and Malcom B. Spector）の「構築主義（constructionist）」社会問題論がある（J. I. キツセ＝スペクター（村上直之ほか訳）『社会問題の構築――ラベリング理論を超えて』（マルジュ社、1990年））。また、ラベリング理論の影響によって、警察・刑事司法過程の研究が、1970年代以降着実に蓄積されており、特に行為者間の主観的な意味の構築活動に関心をもつ現象学的社会学およびエスノメソドロジー（ethnomethodology）の理論に基づいた警察・刑事司法活動の事例研究が、注目されている（中河伸俊「アメリカでのコンストラクショニスト・アプローチによる犯罪・刑事司法過程・社会問題研究」犯罪社会学研究16号152–157頁（1991年））。

ラベリング理論の原因論的課題の今後については、社会統制理論の立場（統制の弛緩が逸脱を生むという説）からラベリングの否定的（犯罪誘発）効果を「プラス統制説」（逸脱の強化が逸脱を生むという説）として捉えたり、また、ラベリングの肯定的（犯罪抑止）効果にも着目することによって、抑止理論と結びつけてモデル化しようとしてみたり、要するにラベリングを伝統的犯罪学理論と組み合わせて、統合的モデルを構築しようとする動きが近年目立っている。この点に関して、近年注目を集めているのは、「恥付け(shaming)」概念を使って再統合的な恥付けによる犯罪抑止効果を理論化したブレスウエイト（John Braithwaite）の「再統合的恥付け（reintegrative shaning）理論」である（詳しくは本講Ⅰを参照)。彼によれば、日本の低犯罪率は、再統合的恥づけが機能していることによってもたらされたと主張しているが、日本および欧米諸国のデータを含めて、果たして彼の主張が実証的に正しいかどうかは、今後厳密に検証されていかなければならないであろう。

参考文献

・藤本哲也・朴　元奎「ラベリング理論とその後」宮澤浩一・藤本哲也・加藤久雄編『犯罪学』124–138頁（青林書院、1995年）

・吉岡一男『ラベリング理論の諸相と犯罪学の課題』(成文堂、1991年)

第 6 講◆環境犯罪学

I　環境犯罪学の意義

キーワード

CPTED／犯罪機会／状況的犯罪予防

1　環境犯罪学とは何か～伝統的犯罪学との違い

1　環境犯罪学と伝統的犯罪学

環境犯罪学とは、物理的な環境を操作・改善して、犯罪機会を除去し、よって犯罪予防を果たすという新しい犯罪学の領域である。世界的にみて1970年代から急速に、その支持を集めてきた。これは、ちょうどアメリカの刑事司法制度に対する懐疑論、いわゆる 'Nothing Works'（不機能）論が盛んになった時期と軌を一にする。要するに、第二次大戦後、欧米諸国は経済力が増大し、生活条件も向上したが、それが犯罪を減らすことにはならず、逆に犯罪激増を招いたために、刑事司法機関、とくに刑務所の犯罪者社会復帰的役割に対して「機能していない」という批判が強まったのである。この現象は、「刑罰悲観主義（penal pessimism）」とも呼ばれた。そして、それに代わり、刑事司法の領域では抑止論と正義論が台頭し、他方で、かなり直接的で実務的な犯罪抑止策がとられたが、その基本となったのが環境犯罪学であった。すなわち、人間（犯罪者）に対する介入（いわゆる改善）ではなく、物理的な犯罪発生環境（つまり、物）に対する介入であった。また、それは犯罪が行われる前の事前介入を基本としたのである。こうして、事後（reactive）予防から事前（proactive）予防の流れが生まれた。

環境犯罪学の主唱者であるロナルド・クラーク（Ronald Clarke）は、伝統的犯罪学を批判して、次のように述べている（“Situational” Crime Prevention: Theory and Proctice, British Journal of Criminology, vol. 20, No. 2, 1980）。

「若干の例外はあるが、犯罪学理論はこれまで状況的犯罪要素に関心をほとんど示さなかった。それよりも、これらの理論の主要な対象は、生物学的、心理学的、社会学的な傾向のいずれであっても、犯罪者がどのように常習的な犯罪行動を行う傾性（dispositiou）を持って生まれ、それを獲得してきたかにあった。これらの理論の傾性的偏見は、『実証主義犯罪学』の決定的特性として認識され、さらには実証主義の不適切さに対応して発展した犯罪の相互作用論や逸脱理論にも見いだされたのである。逸脱の社会的定義や法執行機関の役割への関心から発現した初期の相互作用論の最もよく知られた教義は、犯罪者とラベルされた者はそれゆえ非行行動を行い続ける傾向がある、というものである。事実、犯罪傾性的偏見（dispositional bias）は社会科学全体に広まっている。」（ibid., p. 136）要するに、伝統的犯罪学は「なぜ一部の者は犯罪を行い、一部の者は犯罪を行わないか」というテーマに専心してきたが、環境犯罪学の使命は犯罪発生の現場のメカニズムを解明し、それに基づいて犯罪を予防することにある。

さらに、現代犯罪学が直面する理論的困難を避けることができるのは、犯罪を傾性的ではないとする認識ではなく、犯行者によってなされた直接の選択や決定の結果と認識することである。これはまた、予防的選択肢にさまざまな光を当てた結果である。このような思考傾向から、状況的アプローチは犯罪機会や包含されるリスクに焦点を当てる。これがいわゆる合理的選択理論（theory of rational choice）である。したがって、状況的アプローチは、環境つまり状況を操作することだけでなく、現実の、あるいは潜在的な犯行者に影響を与えることをめざす。

2　環境犯罪学理念の利用例

犯罪が物理的に行いにくい環境づくりという環境犯罪学の理念に根ざす予防策としては、その理念を意識して実施される場合と意識されない（または、他の目的で実施される）場合がある。前者は当然ながら、環境犯罪学やCPTED（Crime Prevention Through Environmental Design）（後述。なお第14講も参照）や類似の概念（たとえば「割れ窓」理論など）を学習した者により実施されるプロジェクトの例にみられる。これらは以下のように、一般に大規模なケースが多い。

① 住宅街で自動車が高速で通り抜けるのを防止するために、道路の一部にこぶ（ハンプ、ランプ）の形状をつける。

② ハイジャック防止のために金属探知機の設置など手荷物検査を行う。

② 住宅街の路上強盗を防ぐために、道路に細工を施し、行き止まりや狭小の道幅を多く作り、犯行者の逃走を困難にする（アメリカ・コネチカット州アサイラム・ヒルの例）。

③ 空港で航空機から降りた客が他の航空機に手続なしに無断で搭乗できないように、搭乗と降機のコースを分離する（わが国のハイジャック事件後の対応）。

④ エレベーター内の強盗や性犯罪を防ぐために、各階止まりで運行する。

⑤ 他人のクレジットカードを利用できないように、暗証番号・指紋認証・顔写真認証などのシステムを導入する。

⑥ 車内痴漢防止のため、電車の乗客用に女性専用車両を導入する。

しかしながら、これらの例を改めて考えるまでもなく、社会内には実は環境犯罪学の理念と合致する多くの例があり、しかもその実施者はそれを意識していないか、他の目的で実施しながら、環境犯罪学的効果を生み出していることが少なくない。その例は次のとおりである。

① 鉄道駅の自動改札機の設置により、キセル乗車を防止している。

② サッカーの試合において、敵対するチームのファンが接触しないようにする。

③ 万引されやすい小型の商品は、レジ付近に陳列するか、空箱のみを陳列する。

クラークは、一般社会ではこのように環境犯罪学の理念を実践して犯罪予防に貢献する企業や組織が少なくなく、環境犯罪学をあえて主張するまでもなく、かなり古くから実践され、今日も拡大傾向にあるという（守山　正「ストックホルム犯罪学賞と環境犯罪学」犯罪と非行 180 号（2015 年）108 頁以下）。

2　類似の概念

1　CPTED（環境設計による犯罪予防）

物理的環境を改善・設計して犯罪機会を減らすという発想は、偶然にも同じ時期に、二人のアメリカ人学者によってもたらされた。一人が犯罪学者レイ・ジェフリー（C. Ray Jeffery）であり、もう一人が建築学者オスカー・ニューマン（Oscar Newman）であった。

ジェフリーは犯罪心理学を専攻しており、もとは学習理論の主唱者であり、その影響もあり、行動主義的アプローチによりCPTED理論を構築したといえる。その背景には、当時アメリカで蔓延していた先述の‘Nothing Works’論から、あらたな犯罪統制モデルの構築を痛感した事情がみられる。しかも、その犯罪統制も事後的ではなく、公衆衛生の疾病予防にならい犯罪発生前の事前的な対応策であった。さらには、『アメリカ大都市の死と生』（1961年）を著わし、都市の荒廃を告発したジェーン・ジェイコブズ（Jane Jacobs）の影響も見逃せない。このような都市問題を背景に、ジェフリーは1971年の著『環境設計による犯罪予防（Crime Prevention Through Environmental Design）』（頭文字をとってCPTED、「セプテッド」と略称される）で、まさしくCPTED、つまり建築構造などの都市における物理的特質とインフォーマルな社会統制などの社会的特質が犯罪発生に影響を与えることを論じた。その根底には、そのような環境下の人間行動、つまり物理的環境が犯罪者の快楽原則にどのような影響を与えるか、という考察がある。いみじくも、この考察には合理的選択理論と通底する考えが横たわる。しかしながら、同著の1977年版では遺伝学・脳科学などに依拠する生物学的行動主義、社会生物学的学習理論が強められた結果、個人の犯罪傾性を重視する旧犯罪学理論との識別が困難となり、次第に、他の環境犯罪学グループとの波長と乖離するようになった。1990年の『犯罪学』ではその傾向がいっそう決定的となり、物理的環境に対する脳の働きを重視するあまり、犯罪者の遺伝的要因を捨て去ることができなかったのである（朴　元奎「CPTED理論の進展と変容」2002年）。こんにち、ジェフリーの理論がこんにち環境犯罪学、CPTEDの系譜の中でほとんど触れられないのは、まさしくこのような理論の変遷にあるといえるだろう。

他方、同様にCPTEDを主張したニューマンは、その著『防御しうる空間（Defensible Space)』（1972年）で、その後のCPTED理論の展開に大きな功績を残した。「防御しうる空間」の意味については、同書で次のように述べている。すなわち、「自衛のための社会構造を物理的に表現することにより犯罪を阻止する居住環境のモデルである。防御しうる空間とは、現実的で象徴的なバリア、影響を及ぼす強力に限定された領域、監視のための機会の改善など一定範囲のメカニズムを示す代理的用語で、これらが結びついて、ある環境を住民の統制下に置くのである」(p. 3)。ニューマンが安全にとって重要であると強調したのは、空間の所有感であり、誰れもが利用する公共空間は社会統制が機能するように可視的に利用できなければならないとした。そこで、犯罪予防の空間設計として鍵となるのは、次の4要素であるという。つまり、①領域性（territory)、②監視性（surveillance)、③イメージ（image)、④環境（environment）である。

2　状況的犯罪予防

状況的犯罪予防（situational crime prevention）とは、その主唱者であるロナルド・クラークによると、「できる限り犯罪機会を削減し、広範囲の犯行者によって認識されるリスクを増大させるために、体系的恒久的な方法で直近の環境を管理、設計、操作して、きわめて個別化された犯罪に向けられた諸手段から構成される。」この用語自体、1970年代にイギリス内務省の研究部門（Research and Planning Unit, 研究開発課）で行われた一連の調査研究から生まれたことから、比較的イギリスでよく用いられる。

その契機となったのは、当時研究開発課の主任研究員を務めたクラークが、それ以前の4年間非行少年訓練施設（borstal）に調査研修職員として勤務したときのことである。この施設では、しばしば少年の逃走事件が発生し、職員を悩ませていた。そこで、クラークが調査したところ、特定の棟（場所）で特定の時間に発生していることが判明した。つまり、職員の監視の緩い棟で、勤務する職員数が少ない週末に多発していたのである。要するに、逃走は、その機会の多い場所、時間に発生し、個別の少年の傾性とは無関係であることが明らかになった。これが状況的犯罪予防の発想の起源となったという。その後、クラークは、研究開発課の他の同僚とともに、『機会としての犯罪（Crime as Opportunity)』(1975年）を刊行し、時を経て、状況的犯罪予防と呼ばれるようになったのである。

状況的犯罪予防は、アメリカで用いられる「環境犯罪学」や‘CPTED’の語とほぼ同様であるが、より実践的意味合いが強い。当時、イギリスの内務省研究部門では、社会学的研究手法に対する幻滅感が漂い、犯罪の原因とされる社会構造的な諸条件の研究に対する懐疑論がみられた。実際、内務省では1983年に状況的犯罪予防を基盤とする「犯罪予防課」が設置されたが、これに影響を与えたのが、上述のニューマンと「問題解決型地域安全活動」を提唱したアメリカのハーマン・ゴールドシュタイン（Herman Goldstein）の見解であった。

❍コラム16　問題解決型の地域安全活動（コミュニティ・ポリシング）

英語の‘problem-oriented community policing’を訳したもので、POPと略称される。この考え方は、もともとハーマン・ゴールドシュタインによるもので、従来のいわゆる事後対応型の活動ではなく、地域に固有の問題に焦点を当てて事前に対応することが重要であるとする。というのも犯罪が発生するのは地域がそれ以前に固有の問題を抱えているからであり（たとえば、浮浪者が多いとか薬物売人がたむろしているとか)、しかも、特定の地域・時間に集中していることが少なくないからである。そこで、地域で犯罪を減らすには、これらの問題を解決することが重要であり、犯罪が発生したのちに警察が犯人の検挙を繰り返しても根本的な解決にはならないと考えるのである。このようにして、問題解決型地域安全活動は、従来の犯人検挙に重点をおく警察活動のあり方に反省を加え、警察資源の有効活用も狙った、根本的転換を図った手法である。

上述のように、状況的犯罪予防の中核は、「犯罪機会論（Crime Opportunity Theory)」である。合理的選択理論にせよ、日常活動理論にせよ、さらには

CPTED、「防御しうる空間」にせよ、その目指すところは犯罪機会をいかに減らすかという問題に帰結する。しかも、それを科学的な思考に従って構想するところに特徴がある。近年、状況的犯罪予防論を標榜する研究者グループが「犯罪科学（Crime Science）」と呼称するのは、このことを物語る。

状況的犯罪予防が科学的と言われる所以は、次のような連続した段階を得て目標を達しようとする点にある。これはしばしばその頭文字をとって‘SARA（サラ）’モデルと呼ばれる。すなわち、① Scan（S）；問題把握。特定の犯罪問題の性質や状況についてデータを収集すること、② Analysis（A）；分析。当該犯罪の実行を許容し、あるいは推進する状況的諸条件を分析すること、③ Response（R）；対応。コスト分析などを行いつつ、最も有望で実現可能性があり、経済的な手段によって対応すること、④ Assessment（A）；評価。それらの成果・結果を検証しながら、最終的に評価を行うこと、である。いわばこれらが螺旋的に継続する形になって、より良い対策が講じられるのに役立つことになる。

状況的犯罪予防論では、標的（車、商店、ATM 機など）、被害者（一人行動の女性、酔っ払い、よそ者など）、犯罪促進の事物（銃器・車などの道具、酒や薬物などの抑制不能な物）が重要となる。標的の性質と供給は一般的には物理的な環境と人々の生活様式、日常活動に左右される。また、これらの要素は有能な監視者の存在・数・効率と関連する。促進要素は、物理的環境によって影響を受けることになる。このように、伝統的な犯罪原因論が扱った社会的経済的な要因を状況的犯罪予防は重視しないが、全く否定するものでもない。現に、クラークは、物理的環境、生活様式、日常活動いずれも、広義では人口構成、地理、都市化、工業化、保健衛生、教育、法制度などの社会経済構造の影響を受けているし、また潜在的犯行者の数や動機も部分的には多くのメカニズムを通じて同種の要因の影響を受けることは承認している。ただこれらを前面に示さないのが状況的犯罪予防論の特徴である。クラークはこのような遠因よりも個別具体的な近因を重視して、状況的犯罪予防に関する「25 の技法」を提示している（図表 6(1)−1 参照）。

しかしながら、この状況的犯罪予防論に対して根強い批判がみられる。

①　あまりに実践的で、政府や行政機関のみに役立つ行政犯罪学に成り下

図表 6(1)-1 「25 の技法」

活動強化	リスク増大	見返り削減	挑発削減	釈明排除
1 犯行対象の強化 ・ステアリングコラムロックおよびイグニッションイモビライザ ・盗難防止スクリーン ・不正開封防止包装	*6 保護の拡大* ・夜間は集団で外出する ・在宅の兆候を残す ・携帯電話の携行	*11 標的の隠匿* ・表通りから離れた駐車場 ・男女の区別のない電話帳 ・無印の現金輸送車	*16 フラストレーションやストレスの削減* ・効率のよい行列 ・丁寧なサービス ・座席の増設 ・心地よい音楽／落ち着いた照明	*21 ルールの制定* ・賃貸契約 ・ハラスメント防止条例 ・ホテルの登録
2 施設へのアクセス制御 ・玄関口のインターホン ・電子カードアクセス ・手荷物検査	*7 自然な監視の補助* ・街灯の改良 ・防御可能な空間設計 ・内部告発者の支援	*12 犯行対象の排除* ・脱着可能なカーステレオ ・女性用シェルター ・プリペイド式電話用のプリペイドカード	*17 紛争の回避* ・サッカーのライバルチームのファンの席を分離する ・バーの過密を削減する ・タクシー料金を固定化する	*22 指示の掲示* ・「駐車禁止」 ・「私有地」 ・「キャンプファイヤーの消化確認」
3 退出時検査 ・退出に必要なチケット ・輸出文書 ・電子商品タグ	*8 匿名性の削減* ・タクシー運転手の身分証明書 ・「私の運転はいかがですか？」と書いたシール ・学校の制服	*13 所有物の特定* ・所有物に印をつける ・自動車のナンバープレートや部品のマーキング ・牛の焼印	*18 誘惑や興奮の低減* ・暴力的ポルノの規制 ・サッカー場での善良な行動の遵守 ・人種的中傷の禁止	*23 良心の喚起* ・路側の速度表示板 ・税関申告書名 ・「万引きは泥棒」
4 犯罪者をそらす ・街路封鎖 ・女性用トイレの分離 ・パブの分散	*9 場所管理者の活用* ・二階建てバス用CCTV ・コンビニエンスストアに店員を2名置く ・自警団に報いる	*14 市場の阻止* ・ポルノショップの監視 ・案内広告規制 ・露天商を許認可性にする	*19 仲間からの圧力の排除* ・「馬鹿が飲酒運転をする」 ・「No と言ってもOK」（断っても問題ない） ・学校でのトラブルメーカーの分散	*24 コンプライアンス支援* ・図書館のチェックアウトの簡略化 ・公衆トイレ ・ゴミ容器
5 道具／武器の統制 「スマートガン」（持ち主以外発砲できない銃） ・未成年者へのスプレー塗料販売規制 ・ビールグラスの強化	*10 形式的監視の強化* ・赤色発光カメラ ・住居侵入警報 ・警備員	*15 便益を与えない* ・商品タグに印を付ける ・落書きの消去 ・盗難携帯電話を使用不能にする	*20 模倣犯の阻止* ・破壊された公共物の迅速な補修 ・テレビのVチップ ・犯罪手口に関する詳細な検閲	*25 薬物およびアルコールの規制* ・バーでの飲酒検知器 ・給仕係介入プログラム ・アルコールを出さないイベント

※リチャード・ウォートレイほか（島田ほか監訳）『環境犯罪学と犯罪分析』（2010年）を参考に作成した。

がっている。

② 「人は泥棒と思え」という人間不信を社会に植え付ける恐れがある。

③ 被害を重視するあまり、被害者批判につながり易い。

④ 防犯カメラを推奨するなど、人々のプライバシーや倫理観に無頓着である。

⑤ 結果として、要塞社会を目指しており、人々を分断することになりかねない。

⑥ 一地域で犯罪を予防しても他の地域に犯罪が転移するだけで、犯罪の根本解決とはいえない。

これらに対して、当然ながら、状況的犯罪予防論者から詳細な反論がなされている。なお、日常活動理論、合理的選択理論、さらにはブランティンハムらの犯罪パターン理論は、総称して、しばしば「犯罪機会理論」とも呼ばれるが、さらに広く、状況的犯罪予防論、ライフ・コース被害理論などと併せて、冒頭の「環境犯罪学」と呼ばれている。

3　各種理論

1　合理的選択理論（rational choice theory）

合理的選択理論は、経済学でしばしば引用される「期待効用（expected utility）」、つまり個々人は利益を最大化し、損失を最小化することを基本として行動するという考えに根ざす。言い換えれば、犯罪動機という困難な問題を計算式として定型化し、コストと利益のバランスを人間行動の基本に据えるのである。この人間行動は、貧富、人種、宗教、男女の性に関わりなく、誰にも同じように顕現するものであり、したがって、合理的選択理論は人としての犯行者には格別関心を示さず、むしろ彼らが一定の環境下で行った意思決定を重視する。伝統的犯罪学が長年探求してきた犯罪者と非犯罪者を分化する試みを無意味とし、前述のトラビス・ハーシなどの他の統制論者が語るように、われわれ全てが可能的犯罪者であることを前提とする。このようなアプローチには、犯行者の動機に対する注意の欠如という欠点がみられる。獲得されるものは犯行者にとって利益であるという直線的な前提についても批判がある。それにもかかわらず、合理的選択に影響され、機会に焦点を当てた理論は、この 25 年間多大な影響を与えた。環境犯罪学の初期の理論は、犯罪予防的戦略としての環境操作にとくに焦点を当てている。

❍コラム 17　犯罪イベント

「'criminal justice（刑事司法）' から 'criminal event（犯罪イベント）' へ」という標語で示されるように、従来、刑事司法機関による事後的対応が犯罪予防の中心であったことを反省し、まさに犯罪が発生する状況・環境を検討しようというのがこの犯罪イベントの発想である。サッコとケネディは、文字通りその著『犯罪イベント』（V. F. Sacco and L. W. Kennedy, The Criminal Event; Perspectives in Space and Time, 2nd ed., 2002）でこの観点から犯罪学を論じた。要するに、刑事司法は犯罪行為そのものよりも犯罪行為者に着目し、その犯罪原因を求めて犯罪者を改善することにより犯罪予防をはかってきたが、犯罪イベントは犯罪の発生する状況（時間、場所）に着目し、そこでは犯行者の他に被害者、公衆・傍観者・警察官の存在があり、これらの人々による犯罪処理が行われる過程を考察した。

この研究の大半の知的起源は、18 世紀、19 世紀の古典派理論に遡ることができ、その代表としてはベッカリーアやベンサムがおり、より近年ではアメリカのノーベル賞受賞者で経済学者のベッカー（Gary Becker）がいる。ベッカーは、「期待効用（expected utility）」という言葉を用いて、個々人はある行動を行うことがプラスであれば犯罪を行うし、マイナスであれば犯罪をしないと論じた。この文脈で、期待効用は基本的に犯罪の利益がリスクや損失を上回れば犯罪を行うことを意味する。

犯罪説明に対する古典学派のアプローチは、個人がどのように行為を行うべきかについての決定をなす合理的存在であること、その決定を説明できる存在と位置づける。19 世紀後期に生まれ、20 世紀の 4 分の 3 を支配した実証主義犯罪学、つまり伝統的犯罪学は、そのような見解に対して異議を呈し、人間は合理的に行動するのではなく、逆に身体的、心理的、経済的、社会的な他の要因が人間の行動に影響し、実際に制約していると主張してきた。したがって、これらの理論によると、犯罪行動を説明するにはこれらの要因を説明する必要がある。

犯罪学の合理的選択理論は、クラークとコーニッシュ（Derek Cornish）によって提唱された（Modelling Offenders' Decisions, 1985)。つまり20世紀の後半は、「犯罪傾性者」ではなく「合理的行為者」に注目したのである。彼らの功績は合理的選択理論を犯罪学に応用したことであった。但し、その選択は単純、単発というよりも、一連の連続した選択行為つまり、準備、標的の選択、行為の実施、逃走、事後処理を意味し、これらの選択には社会的心理的な要因が多く影響しているとした。つまり、個々人が犯罪環境に持ち込む種々の要因である。これらの要因は、まさしく「犯罪動機」と理解され、多かれ少なかれ、犯罪に向かう個人を傾向づけるものである。これらの条件の下に、合理的選択理論は、なぜ特定の人々が特定の情況、特定の方法で行動する決定を行うのか、その理由を研究対象としたのである。

クラークとコーニッシュは、合理的選択理論の視点となる基礎を次のような主張にまとめている。

① 犯罪は目的的行動であり、犯行者に利する意図で行われる。

② 犯行者は、関連するリスク・不確実性を前提として、最善の決定を行おうとする。

③ 犯行者の意思決定は犯罪の性質によってかなり異なる。

④ 特定の犯罪に関与するという選択（関与選択）は、特定の犯罪行為の実行に関する選択（イベント選択）とは全く異なる。

この理論によると、犯罪は目的的であり、決して無意味な目的はないとする。犯行者にとって常に一定の予想される利益・意図が存在する。この利益には、物質的報酬はもちろん、興奮、矜持、娯楽、性的満足、他人に対する軽蔑や支配などが含まれる。たとえば、妻に対する暴力（DV）は、「妻を意のままに従わせること」、バンダリズム（器物損壊）は、「仲間内の地位向上」、暴走族は、「走行の快感、示威行為」が目的である。表面的には不合理にみえても、一定程度の合理性がある。たとえば、病的な妄想や強迫観念で行われた行為も、限界はあるものの、合理的である。犯行者は一般に、時間、資源、情報の限られた範囲で、最善を尽くそうとする。これが、犯行者の意思決定を合理的とする理由である。これによると、その前提となるのは、全ての犯行者は行為を行う前に考えるということであり、それは瞬間・直感であったり、長期的な計画の下であったりする。したがって、この合理性は完全とはいえず、いわゆる限定合理性であるとされる。

合理的選択理論によると、犯行を決定する諸条件は以下の通りである。

・犯行者が犯行のリスク、労力、報酬についての全ての事実を掌握していることは稀である。

・犯罪的選択は通常、迅速に行われ、その後、頻繁に変更される。

・犯罪を詳細に至るまで計画を立てるよりも、以前役だった一般的なアプローチに依存し、予期せぬ情況に出会うと変更される。

・ひとたび犯行に着手すると、犯罪者はリスクよりも報酬に焦点を当てる傾向がある。リスクを考慮する場合でも、即座に検挙される可能性に焦点を当て、受けるかも知れない処罰のことは考えないのである。

合理的選択理論のアプローチは、特定罪種に焦点を当てることを求める。犯罪者の選択は特定罪種、特定利益と結合しているからである。その際、重要なことは、前述のとおり、二種の犯行選択、つまり「関与」と「イベント」を区別することである。「イベント選択」は、特定標的（侵入する住宅）、リスク回避の方法についての決定であり、「関与選択」は次の 3 段階に分かれる。①欲しい物を獲得するために犯行を行う準備ができているか（開始）、②犯行を開始してどう継続するか（慣性）、③ある段階で犯行を止めるべきかどうか（離脱）である。

決定は様々な犯行継続の段階で行われるばかりでなく、種々の要因に影響を受ける。これらには、「背景要因」（人格、育ち）、「現在の生活環境」、「日常活動と生活様式」、「状況的変数」（ニーズ、動機、機会、誘因）が含まれる。開始段階では背景要因が最も重要であり、現在の生活環境は慣性と離脱の段階で重要である。しかしながら、「全段階を通じて」特定の犯罪を行うかどうかについての現実的は決定を引き起こすのは、ニーズ、機会、誘因などの状況的変数の直接的な影響である。これらが状況的犯罪予防に結びつく点であることは疑いがない。合理的選択理論の利点は、クラークとコーニッシュによると、犯罪者により犯行の変化しやすい随伴的性格を扱うことができる点にあるという。犯行は変化しないわけではなく、犯行者のニーズ、願望、欲望に従って、あるいは犯行者に提供された機会に従って、随時変化する。

合理的選択理論に対して批判も少なくない。最も一般的な批判は、その単純性にある。つまり、仮に人間の行動が選択的であったとしても、それほど単純なものではないとする批判である。

① 合理的選択理論が主張するように、人は合理的に行動するわけではない。
② 合理的選択では説明できない犯罪もある。
③ 合理的選択理論が対象とする犯罪は、軽微で社会的には必ずしも重大とはいえない。

2 日常活動理論（routine activity theory）

この理論は、1979年にイリノイ大学社会学部の同僚ローレンス・コーエン（Lawrence Cohen）とマーカス・フェルソン（Marcus Felson）が雑誌に掲載した論文（Social Change and Crime Rate Trends; a routine activity approach, American Sociology Review vol. 44, no. 4, 1979, pp. 385–405.）が元になっている。本論文は、マクロレベルでは、第二次大戦後のアメリカ社会における急激な犯罪率の上昇を説明している。すなわち、同時期、かつて存在しなかった種々の社会的文化的変化が犯罪機会を生み出したとし、犯罪標的の増加、その標的を監視する人々の減少が、とくに略奪犯（predatory crime）を増やしたとする。要するに、日常活動における生活様式の変化が犯罪の新しい機会を生み出し、アメリカの未曾有の犯罪激増をもたらしたというのである。その後、フェルソンがこの理論を敷衍して「日常生活の犯罪学」を構築した。日常活動理論は、統制理論の派生であり、ただ、その関心は犯行者ではなく、犯罪が発生する状況にある。

従来、アメリカ犯罪学は犯罪原因を貧困、教育の失敗、失業などの社会的要因に求めてきたが、戦後アメリカでは、社会発展の成果として、これらはすべて改善され、犯罪学の主張に従えば犯罪は減るはずであった。しかし、実際には激増した。それではなぜ、犯罪は減らずに増えたのか。コーエンとフェルソンは、エイモス・ホーリー（Amos H. Hawley）などの生態学者の研究

図表6(1)-2　日常活動理論

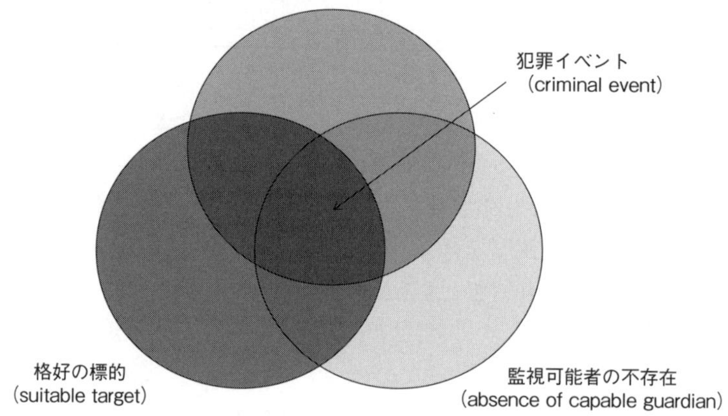

に鑑みながら、これを社会的・化学技術的パターンの変化で説明したのである。つまり、日常活動（routine activity）とは、人々の通勤・通学、買い物、社交、娯楽などの日々の活動を意味し、どこでもみられる反復行為である。犯罪はこのような日常生活の反復の中で発生すると主張した。そして、その日常生活のあり方が、女性の社会進出や娯楽・旅行の普及で大きく変化し、家庭を離れた活動が増えたのが1960年代アメリカ社会であり、この結果、不在家庭が目立ち犯罪が激増したという。このような見方は、当然ながら、特定の一部の犯罪傾向がある異常な者が犯罪を行うとする従来の犯罪学の観点とは大きく異なるのである。

他方で、ミクロレベルとして、日常活動理論は、犯罪発生は、次の3つの要素が時間的空間的に重なったときに起こると主張した。すなわち、①犯行の可能性のある者（likely offender）、②適当な標的（suitable target）、③監視可能な者の不存在（absence of capable gurdian）である（図表6(1)-2参照）。これらはまさしく、アメリカの戦後社会における日常現象を指摘するものであり、人々の家庭を離れた日常活動は、家庭の監視人が不在であることを意味し、さらに家庭で若者は監視する母親が不在であるためにその子どもが犯罪に関与するのを可能にし、母親の社会進出は家庭に家事を手伝う電化製品を普及させたが、これらは侵入盗の格好の標的となったのである。

日常活動理論の犯罪学的貢献の一つは、これらの三要素のいずれかを除去すれば犯罪は発生しないことを示した点である。たとえば、同じ車を駐車するとしても、盗難や損壊のリスクは場所や時間で異なってくる。自宅のガレージ内で駐車すれば安全であるが、公共の駐車場は危険である。しかし、それも昼間と夜間では異なる。あるいは、駐車場の土地利用の属性、駐車場利用者の属性によってもリスクは異なる。さらには、駐車場の監視人の存在、不存在もリスクに影響を与える。このような指摘は一見常識的に感じるが、犯罪学は従来、このような指摘を怠ってきたのである。

さらに、日常活動理論が描く犯行者のイメージもこれまでの議論と異なる。すなわち、犯罪実行の動機や傾向は自然で所与のものとされ、個人の犯罪傾向は格別意味を持たないとされる。それよりは、時間的空間的な役割が重視され、人間の行動に影響を与える環境的要因に着目するのである。したがって、犯行者の動機に対する働きかけを行わなくても犯罪の総量は増減する可能性があり、それは犯罪の総量がもっぱら犯罪機会の有無にかかわるからである。

日常活動理論は、初版以降数度の改訂を経て、基本的にはフェルソン独自の立場を表すようになった。そして社会学的基盤から離れて、いっそう生態学的色彩が濃厚となっている。これは他の理論、つまり合理的選択理論、犯罪パターン理論、状況的犯罪予防論などとの接近によるものと思われる。具体的には、犯行者の意思決定、犯行場所への移動、犯罪の地理的要素などのテーマを取り込んでいる。その結果、日常活動理論（社会レベル）、合理的選択理論（地域レベル）、犯罪パターン理論（個人レベル）は、ともに「犯罪機会理論」として総合モデルを構築している。とくに、合理的選択理論は、日常活動理論に対して、潜在的な犯行者の認識・視点を提供し、犯行者からみた標的や監視者を分析するうえで貢献した。すなわち、犯罪実行の機会がいかに犯罪動機に影響を与えるか、つまり、「個人の行動は、人格と状況との相互作用の産物である」ことを確認したのであり、従来の犯罪学が人格だけに焦点を当て、犯罪発生の環境や状況を無視したことを批判したのである。

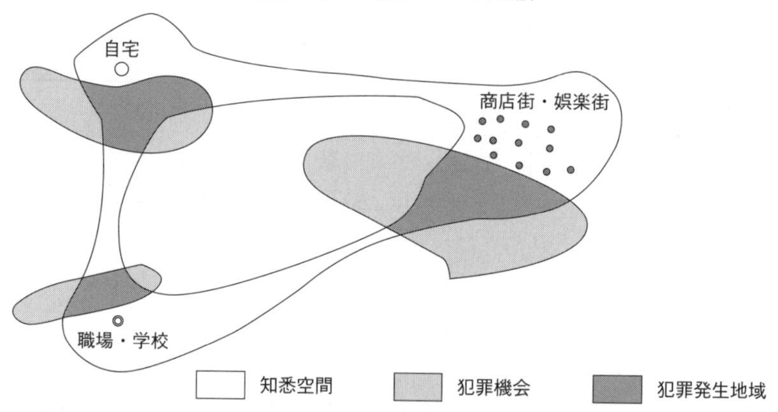

出典：Charles Newman, Paul Branthingham, and Patricia Branthingham, Patterns in Crimes, 1984.

3　犯罪パターン理論（crime patterns theory）

ブランティンハム夫妻（Paul Branthingham and Patricia Branthingham）によって提起された理論であり、いかに状況が犯罪機会を生み出すかを論じる。すなわち、人々は日常生活の中でさまざまな移動を行っているが、その移動によって一定の状況に人々が重なり合うとき、犯罪の地理的分布と活動の日々のリズムが生まれるという。鍵となるのは、活動の結節点（自宅、学校、職場、商店街、娯楽街など）、活動の結節点間の経路と末端である。つまり、犯罪パターン理論は、地域レベルにおける犯罪発生の文脈を説明する。簡単な例を挙げれば、中学高校の学生は鉄道などの最寄り駅を利用して学校に通学するが、その中途にコンビニエンス・ストアがあれば、この店は万引きに遭いやすい。この理論によれば、学校と駅は結節点であり、通学路は経路であり、潜在的な犯行者である学生に対してコンビニエンス・ストアは、学生が多く利用する通学路の一定状況において犯罪機会を提供しているのである。つまり、活動の結節点と、その結節点の内部、犯罪発生要素や発生促進要素になりうる一定の状況が重なり合うと犯罪が発生するというのである（図表6(1)-3参照）。

ブランティンハムのいう犯罪パターンは、犯罪イベントによって構成されるが、その犯罪イベントは、法律、犯行者の動機、標的（被害者・被害物）

の特性によって形成され、要するに環境的状況に配列されているという。これらの要素は、過去の経験と将来の意図、日常活動や生活のリズム、環境の制約によって形成される歴史的軌跡を有する。これは、なぜ一部の者だけが犯罪を行うのか、なぜ一部の者が多数の犯罪被害を受け、他の者がほとんど被害を受けないのか、ある場所には多数の犯罪が発生し、他の場所はほとんど発生しないのかに答えようとする。

4　環境犯罪学の評価と意義

1　批　判

環境犯罪学に対する批判も少なくない。もともと環境犯罪学は伝統的な主流犯罪学を批判して出現しただけに、逆に伝統的犯罪学からの反撃も厳しい。すなわち、伝統的犯罪学は「人」に対する研究であるのに対して、環境犯罪学は「物」に対する研究と言ってよい。もちろん、犯行者・被害者などの「人」に対する研究も行わないわけではないが、主眼は「物」にある。そこで、伝統的犯罪学からは「人」に対する研究の欠如、弱点を指定され、「人」、そしてその行動基準としての「規範」を語らない点が強く批判されてきたのである。つまり、犯罪の発生は多くの社会的要因を含んでおり、それほど単純な事象ではないという批判である。これらの根底にあるのは、環境犯罪学にはどことなく人間臭さや人間に対する温かさがなく、物理的な犯罪予防環境として索漠とした要塞社会の到来を招くという疑念が依然として根強い。この批判に対しては、環境犯罪学者であるリチャード・ウォートレイ（Richard Wortley）が、犯罪予防という点において刑務所などで「人」を改善することが容易ではないことは歴史的に明らかであり、その点、「物」を変えて犯罪を防ぐのは容易であり、合理的であると反論している（2012年2月「シンポジウム～持続可能な地域安全のための環境犯罪学的アプローチ」における発言）。

具体的な実践面の批判としては、従来から、いわゆる「犯罪の転移（displacement）」の問題が指摘されてきた。すなわち、一部の地域で犯罪予防策を講じ、その結果その地域では犯罪が減少しても、犯行者は移動して犯罪予防を行っていない地域で犯罪を行うだけであり、犯罪の総和は変わらないのではないかという指摘である。理念的には転移は、このような場所的転移のほかに、対策のとられた時間帯を避けて他の時間帯に行う時間的転移、窃盗から強盗に変わるような犯罪的転移などが考えられる。これに対して、クラークらは研究結果などを示しながら、転移が起こるのは非常に稀であるとし、むしろ、利益の拡散（diffusion of benefits）現象がみられるとする（Situational Crime Prevention, 2nd ed., 1997）。利益の拡散というのは、犯罪対策をとった地域だけでなく、その周辺地域、あるいはその時間帯前後においても対策の効果が及ぶことであり、労なくして成果が得られる現象をいう。たとえば、ある通りに防犯カメラを設置したところ、その通りだけでなく隣接する通りでも犯罪が減少する場合などである。このような効果が生まれるのは、潜在的犯罪者がその他の場所や時間でも予防活動が行われているかもしれないと用心するからである。また、公的機関などの広報活動などによっても利益の拡散が生じることもある。一定期間、一定場所で交通取り締まりの強化を広報すると、その期間外、あるいは場所以外でも、交通違反が減少する場合である。この場合も、交通運転者が交通規制の時間や場所に関する記憶が曖昧で、他でもやっていると考えるからである。

このほか、先に述べた要塞社会（fortress society）の招来とか倫理的な視点から市民的自由やプラバシーの侵害に対する批判も根深い。つまり、前者は環境犯罪学の主張をつきつめていくとゲイティッド・コミュニティなどの一部の裕福な者が他の住民との交流を閉ざしてしまうのではないかという懸念であり、後者は監視カメラ（CCTV）などを意識した批判である。

❍コラム 18　ゲイティッド・コミュニティ（gated community）

アメリカを中心に普及している住宅街の開発の手法であり、一定の住宅街全体を塀で囲み、その住民の出入りは一般には守衛が管理する門を通過する仕組みで、不審者や外部者の侵入を防ぎ、住宅街内部の安全を確保しようとするものである。全米で数万カ所存在すると言われ、起源は 1880 年代半ばとされるが、1980 年代犯罪の激増とともに急激に増加した。高級なゲイティッド・コミュニティ内部にはゴルフ場や映画館などの娯楽施設も併設され、一定の社会階層の人々が交流する場となっている。しかし、このようなコミュニティは排他的で他のコミュニティと交流することがないため、地域が分断されるとして、ゲイティッド・コミュニティの開発自体を条例で禁止する自治体もみられる。

---

2 政策的意義

環境犯罪学は、このような批判にさらされながらも、英米を中心に1980年代以降、着実な成果を挙げてきた。それは、未然予防の意義が認められたからに他ならない。従来主流であった事後予防は、多くの人的物的資源を必要とし、その効果も必ずしも明瞭ではなかった。現に犯罪処理を行う刑事司法機関は、一人の犯罪者に多くの税金を投入しており、費用対効果もはっきりしないとすれば、未然予防に傾くのは当然であろう。つまり、犯罪の未然予防によって、犯罪が発生しないことで被害者も生まれず、社会的トラブルが軽減でき、生活の質も向上する。

環境犯罪学は、研究者が警察機関と連携して各種プロジェクトに関与し、これに対して評価や検証を行うなど実証主義に基づくものである。しかも、これらのプロジェクトは、従来のようにどの地域でも同じような政策を画一的に実施するのではなく、一部の地域の固有問題を解決するために立案され実施されており、これこそ正しく問題指向型の解決法であろう。また、罪種や手口ごとに対応も異なる。環境犯罪学はこの点も強調する。もっとも、従来、防犯の領域では成果が見出しにくいとされてきた。なぜなら、犯罪が発生しなかったことを証明するのは困難と考えられてきたからである。しかし、現実には環境犯罪学の手法によって効果測定が可能となり、犯罪予防領域でも活動と成果の因果関係を見出すことができるようになった。しかも、環境犯罪学に根差す諸策には即効性があり、直ちに効果が現われるのもその特徴であろう。但し、その点が逆に、社会問題の根の部分にはアプローチしないとして、対症療法的であり根本的解決ではないと批判される点でもある。また、公的機関との接近は、「行政犯罪学」というレッテルを貼られる結果ともなっている。

つまるところ、環境犯罪学だけで社会全体の犯罪を予防することはできないし、他の手段も併用して行う必要がある。しばしば、状況的犯罪予防の対概念として、社会的犯罪予防が指摘される。これは子どもの社会化や発達犯罪学と通底する内容を有し、要するに、子どもの健全な育成を通じて非行を予防する方法である。状況的犯罪予防と社会的犯罪予防を対比的に説明するために、次のような事例が有用であろう。すなわち、「母親が自宅のテーブルの上に財布を放置しているために、子どもがしばしば財布からお金を盗む状況が見られるとしよう。そこで、それを防ぐ方法は二つある。一つは、財布を引き出しに入れて鍵をかけるのが状況的犯罪予防、もう一つは子どもを説教して財布からお金を抜かないようにするのが社会的犯罪予防である。」いずれにせよ、未然予防においても、環境犯罪学ないし状況的犯罪予防だけではなく、社会的犯罪予防その他の手段を必要に応じて併用することが重要である。

5　環境犯罪学の活用～犯罪予測

1　世界の動き

近年、世界各地の警察において、とりわけアメリカを中心にAIなどの電子的技法を用いた犯罪予測が実施されている。その理論的根拠となっているのが、一部では環境犯罪学の研究成果であるとされる。すなわち、犯罪は時間的空間的にランダムに発生するわけではないとする環境犯罪学的知見に基づき、犯罪発生が集中多発する空間、時間（ホット・スポット）をあらかじめ予測し、そこに警察資源を有効活用して、警察活動の効率化を図り犯罪を事前に抑止するという発想がみられる。

犯罪予測において、何を予測するのかという点では通常、次の 3 つが示されている。すなわち、①犯罪（行為）、②犯行者、③被害者である。一般的には、①の犯罪行為の予測が主流であり、②犯行者の予測については、市民的自由権やプライバシーの問題が強く意識されるために、連続犯行などの事件が多発する場合など例外的にしか行われていないし、一部では刑余者の予後のために再犯予測が行われているところもある。

犯罪予測の基盤となるのが、一つには反復被害（repeat victimisation）ないし近接反復被害（near repeat victimisation）の現象である（本講Ⅱを参照）。これは、被害者一度被害を受けると再び被害を受けやすくなるという現象であり、現にイギリスの調査では明瞭にその傾向を示している。あるいは、近接反復被害現象も確認されている。近隣で被害に最初にあった標的から時間的距離的に近接したところで同様の被害にあう現象である。これもまた多くの研究報告がみられる。このように、犯罪は必ず被害をもたらすから、犯罪を予測するということは裏を返せば被害を予測することになる。今日の犯罪予測の需要は、警察活動の科学化、効率化のほかに、犯罪不安感の解消を目指すこともその背景にある。

実際の警察活動では、犯罪予測に過去の膨大な被害データを利用し、これをコンピュータに入力し、AI（さらにはアルゴリズム）によって処理することにより、今後の犯罪発生の時間と場所を特定する試みがみられる。つまり、この試みでは「過去の犯罪被害は将来の被害リスクを予測する最良の因子」と考えられているのである。

わが国でも一部の警察本部で海外の事例を参考に犯罪を予測しようとする動きがあり、実際に稼働を開始した所もみられるが、世界のレベルに到達していないのが現状である。

2　犯罪予測の技法

以下にみるように、犯罪予測を行う手法は多数開発され適用されているが、論者によっては名称や分類が異なり、依然として複雑、多様である。グロフとラビーヌ（E. R. Groff and N. G. La Vigne）によると、犯罪予測技法として、上述の近接反復被害分析法、ホットスポット・マッピング分析法のほか、各種の単変量解析（Univariate Analysis）、先行指標法（Leading Indicators）、点過程モデル（Point Process Model）、人工神経回路網法（Artificial Neural Networks）、多角形格子・走査線 GIS 法 (Polygon Grid/Raster GIS) があるとされるが、内容は必ずしも明らかではない。また同様に、ペリーらの分類では、分析カテゴリーとして、①ホットスポット分析、②回帰分析、③データ・マイニング分析、④近接反復被害、⑤時空間分析、⑥リスク・テライン分析が提示されている（Forecasting the Future of Predictive Crime Mapping, Crime

図表6(1)-4　犯罪予測技法の分類

分析カテゴリー	適　用	主要な技法	特　徴
ホットスポット分析	場所	Grid Mapping, Kernel Density	最も汎用的な技法
回帰分析	場所	Linear Leading Indicator	単純なものから複雑なものまで多様
データ・マイング分析	場所	Clustering	
近接反復分析	場所・時間	Point Process ProMap	近年有力な技法 場所と時間を予測する
リスク地帯分析	場所	RTM	過去の犯罪データのほかに、デモグラフィック情報、犯罪者情報、地形データなどを考慮

出典：W. L. Perry et al (2013), Predictive Policing, NIJ, p. 19により作成した。

Prevention Studies 13, pp. 29–58, 2002)。

このように犯罪予測に関する分析モデルや技法の定義や分類においては定説がなく、やや混乱している感は否めない。その混乱の原因は、使用するデータが場所に関するのか、時期・時間に関するのか、あるいは犯罪データのみを使用するのか、リスクやデモグラフィックなデータも使用するのか、などの相違に基づく。ただ、実際に犯罪予測の技法としてこんにち有力なのは、ホットスポット分析（犯罪マッピング)、近接反復被害、リスク地帯モデリング（Risk Terrain Modeling、RTM）などであり、この中で最も高い頻度で実務に使用されているのが前二者である。ただ、いずれも犯罪は犯行の条件をそろった場所に集中するという考え方を採用する点では共通する。

3　犯罪予測の活動と成果

犯罪予測は実際にどのような成果をもたらすのか。これについては、先述のように、多くの活動例がみられるアメリカの各警察署の動きが参考になる。実際には、これらの活動は、専門の民間会社と提携して実施されており、警察だけの独自の活動は稀である。それは、AIやアルゴリズムなど使

図表 6(1)−5　全米の警察署における犯罪予測実施状況

管轄警察署	技　法	標　的	場　所	活動と成果
ワシントン DC	回帰モデル、ホットスポット分析	強盗	地下鉄駅と隣接ショッピングモール	地下鉄利用者に対する注意喚起カード配布
サクラメント(2012 年)	ホットスポット分析、コーパー・カーブ・ルール	殺人、加重暴行	特定のホットスポット（実験群）。対照群設定	ホットスポットの警察官滞在 12 分〜16 分、2 時間毎。前年比 25%減（対照群 27.3%増）。
チュラ・ビスタ	反復被害分析	商店強盗	特定街路の多重被害店	特定街路の商店に対する助言
シュレブポート	先行指標モデル	強盗、住宅侵入盗、自動車関連犯罪	特定ホットスポット	街頭での職務質問、被害経験住民への助言。対象ホットスポットの主要財産犯罪 40%減。
メンフィス(2010 年)	データ掘削モデル	ギャング銃器犯罪	特定場所・時間	ゼロトレランス戦略、車両検問、警察官配置。犯罪全体 31%減、粗暴犯 15.4%減。
ナッシュビル(2009 年)	データ駆動モデル	交通犯罪（飲酒運転）	事故多発地区	車両検問。5 年前と比較して死亡事故 15.6%減、負傷事故 30.8%減。
ボルティモア(2007 年)	ホットスポット・マッピング（カーネル密度推定）	交通犯罪および一般犯罪	交通違反多発地区	交通検問、可視的パトロール。強盗 13.6%減、交通事故 6%減、負傷事故 14.7%減。
ミネアポリス(2011 年)	データ駆動モデル	犯罪全体	ホットスポット	CCTV モニタリング、パトロール
シャーロット	GIS 分析	バンダリズム、空き家無断侵入	空き家	地域組織との協働、ウェブサイトによる危険箇所の提示

出典：W. L. Perry et al (2013), op. cit., pp. 57−80 を要約して作成した。

用して大量のデータ処理を行うために企業や大学研究機関の支援がないと実施できないからである。また、それぞれ対象とする犯罪も地域性が反映しており、対象となる場所も異なる。したがって、その成果の判断も一律の論じることはできないし、現在アメリカでも犯罪減少傾向が進んでおり、これらの犯罪予測活動と犯罪減少との因果関係を論じることも困難である。そうとはいえ、これらの活動が蓄積されていくことにより、予測精度が上昇し、成果をさらに挙げることは可能であろう。

犯罪予測で最も重要なことは、予測結果を実際の活動に生かして、犯罪を減少させ、あるいは住民の不安感を低減することである。その意味で、図表6(1)-5の犯罪予測「活動と成果」に対する評価をどのように行うかが鍵となる。これらを一覧すると、非常に綿密な活動を行い、成果を挙げているところと比較的大雑把な活動を行い成果という成果を挙げていないようにみえるところが混在する。アメリカ以外の例では、イギリスのロンドン市の活動をみると、提携する大学のAIがはじき出した予測結果を毎朝、当該警察署に配付され、それに基づき一定地区の警察パトロールの経路や時間を決定して活動を行っている例がみられる。ここでは前年比で一定比率の犯罪減少を記録したとされる。

4　犯罪予測の課題

犯罪予測にも今後解決ないし検討すべき種々の課題が横たわる。その一つは、犯罪予測活動の限界である。確かに予測結果に基づく警察パトロールは、当該活動の場所・時間には犯罪を減少させることができるが、その効果はどの程度継続するかという問題である。つまり、パトロール後の一定期間は効果が継続するとしても、それ以降に犯罪状況が元にもどれば意味をなさないからである。結果的に、一時的な効果をしか期待できないとしたら、住民の犯罪不安感を大幅に減少させることは困難である。別言すれば、地域の犯罪問題を根本的に解決しない限り、継続的な犯罪減少や不安感低減は期待できないのではないかということである。

そこで、犯罪予測と問題解決型ポリシングとの融合が議論となる。つまり、犯罪予測を行い、犯罪多発とされる地帯が抱える地域問題を解決するという考え方である。この考え方に根ざすのが上述のRTMである。RTMは、犯罪の空間的力学に着目する手法であり、地理的環境が犯行者の行動に影響を与える点に着目する。RTMの具体例を挙げると、アメリカ・ニュージャージー州のある町では、犯罪が多発するガソリンスタンド周辺の地区を確認したが、これは最寄りの高校の生徒が24時間営業のガソリンスタンドや隣接の酒屋で食糧、アルコール、タバコなどを購入し、近くの空き地や空きビルを溜まり場にしていることが明らかになった。その後の調査で、これらの若者が多く夜間に集まり、縄張り争いや暴力事件などを繰り返す犯罪パターンによるホットスポットを形成していると分析された。つまり、この地区では酒類を提供する店舗、あき地・空きビルがリスク要因となっていたのである（https://www.youtube.com/watch?time_continue=14&v=vKURJuaUqjE）。

これに対応して、地元自治体や警察が協力して、店舗や施設の責任者との協議により店舗の営業時間を短縮する指導を行ったり、空きビル・空き地を使用禁止にしたりする一方で、これらの若者へ新たなに組織したリクリエーション活動、就職用トレーニング活動への参加を呼びかけるなどして、町全体が抱える問題を解決するプログラムを実施することで解決に至ったとされる。

次に考えられる課題は、犯罪データに含まれる個人情報の扱いである。近年、犯罪問題の解決を望みながら、自分自身のプライバシーや情報の開示にはきわめてセンシティブな市民が少なくない。海外では、犯罪予測に伴い人種差別が発生するなどの報告がみられるが、わが国でも犯罪予測については、個人情報の漏洩、プラバシーの侵害を懸念する声が強い。そこで、わが国を含む多くの警察では犯罪予測におけるプライバシーや個人情報の扱いにはきわめて慎重であるが、さらに、犯罪予測の実施に当たってはこれらの扱いに関する基本指針を定めたり、あるいは弁護士など法律の専門家を含む運営委員会などを組織したりして対応を図るべきと思われる。

参考文献

・Ronald Clarke（1980）, Situational Crime Prevention; its theoretical basis and practical scope, Tonry and Morris（eds.）, Brtish Journal of Criminology, vol. 20, no. 2, pp 136–147.
・守山　正「犯罪予防における状況モデルと社会モデル」犯罪社会学研究19号（1994年）
・朴　元奎「CPTED理論の進展と変容～ジェフリーの研究活動25年」所　一彦編『犯罪の被害とその修復』（敬文堂、2002年）
・Marcus Felson, Everyday Life and Crime, 2005. なお、同書の翻訳として、守山　正監訳

『日常生活の犯罪学』（日本評論社、2005 年）
・R. Wortley and L. Mazerolle（eds.）, Environmental Criminology and Crime Analysis, 2008.
・クラーク、エック著（守山　正監訳）『犯罪分析ステップ 60』（成文堂、2015 年）
・山内宏太朗、守山　正、渡邉泰洋「商業強盗犯の視点による犯罪標的の心理的選択過程―累強盗犯行動の合理性」白百合女子大学研究紀要 42 号（2006 年）
・山内宏太朗、守山　正、渡邉泰洋「犯行者の視点による犯罪再被害化に関する一考察―標的選択基準に関する犯行者心理の分析」白百合女子大学研究紀要 41 号（2005 年）
・渡邉泰洋「再被害化の予防」犯罪と非行 135 号 68–88 頁（2003 年）
・Pease, K., and Farrel, G.（1993）Once Bitten, *Twice Bitten: Repeat Victimisation and Its Implications for Crime Prevention*, Home Office.
・Grove, L., and Farrell（2012）, G., Preventing Repeat Victimization：Where Do We Go from Here? Prepared for Brandon C. Welsh and David P. Farrington（Eds）. *The Oxford Handbook on Crime Prevention*.
・守山　正「犯罪予測技法の展開～近接反復被害分析を中心として」拓殖大学論集 20 巻 1 号 1 項以下（2017 年）

Ⅱ 反復被害

キーワード

反復被害／リスク偏在性／イベント依存性

近年、わが国の犯罪認知件数は急激に減少し、治安が急回復してきたといってよい。もともと、わが国は他の先進諸国と比較して治安が良好であり、その分、人々は犯罪被害に遭う機会も少ないといえる。それゆえ、被害者の中には、犯罪被害に遭うと「運が悪かった」とか「偶々被害に遭ったのだから、もう遭わないだろう」と考える者も少なくない。しかし、英米の研究では、犯罪被害者の中には複数回にわたって犯罪被害に遭う者がいることが明らかになっており、一度犯罪被害に遭った者はむしろ二度三度と犯罪被害に遭う可能性が有意に高く、このような特定の被害者に特別な犯罪予防策を講じることは犯罪件数全体を減らす意味で重要である。しばしば、80–20 ルールが指摘されるが、反復被害はまさにこのルールに適合する。

1 意　義

反復被害（repeat victimisation あるいは multiple victimisation）とは、同じ対象が一定期間内に複数回犯罪被害に遭うことを意味する。被害の対象は、人に限らず物や場所も含む。たとえば、侵入盗の被害を受けた家屋が、数日後に再び侵入盗の被害を受ける場合も反復被害である。ここでは、被害に遭う対象を「標的」と記す。この反復被害の概念は、標的の被害特性を明らかにし、再度の被害を予防する政策へ導くものである。さらに、反復被害は、殺人既遂を除く、他の大半の犯罪類型で発生しうる現象である点に特徴がある。

反復被害という用語は、1980 年代からイギリスでしばしば使用されるようになり、後述するイギリス犯罪調査（British Crime Survey, 現在は ‘Crime Survey for England and Wales（CSEW）’）で反復被害の実態が大規模かつ定期的に把握されるようになった。それに伴って、反復被害対策のプロジェクトが各地で計画・実施され、その効果が検証されたのである。そして、当時から反復被害研究に従事していたのがイギリスの犯罪学者ケン・ピース（Ken Pease）とグラハム・ファーレル（Graham Farrel）である。両者が執筆したイギリス内務省の報告書「一度噛まれると二度噛まれる（once bitten, twice bitten）」（1993年）は、その内容もさることながら、犯罪被害に関する誤解を改めさせ、反復被害問題の重要性を強調する象徴的なタイトルとして種々の反復被害研究で頻繁に引用されている。この研究の結果、一部の標的は被害経験後に何度も被害に遭うこと、すなわち一部の標的に被害が集中することが明らかになり、犯罪予防の分野において反復被害が重要問題として認識されるようになった。その結果、イギリス国内のみならず、現在では欧米諸国でも反復被害の調査研究や対策が実施されている。

一部の標的に犯罪被害の多くが集中するということは、「最初の被害化は、2度目以降の被害化の犯罪原因である」（M. Felson, 2005）と考えることもできる。したがって、反復被害のプロセスを分析しその要因を明らかにすることができれば、直接的で具体的な犯罪予防策を講じることが可能となる。従来、犯罪学で重視されてきた犯罪原因のグランド・セオリーは犯罪の遠因を指摘することが多く、それらに基づく犯罪予防策は、社会福祉政策のように大規模かつ広範で、犯罪予防効果の有無がはっきりしない恨みがあった。しかし、反復被害の犯罪予防策は、一度犯罪被害に遭った標的に施されるので、反復被害の発生の有無が、講じられた犯罪予防策の有効性を判定する具体的な資料となりうる。

さらに、被害に遭ったことがなくとも被害リスクが高まる場合がみられる。反復被害研究の結果によると、反復被害の亜種として近接反復被害（near repeat victimisation）という現象も指摘されている。近接反復被害とは、「被害に遭った標的と類似した特性を持つ標的が場所的・時間的に近接して犯罪被害に遭うこと」をいう。つまり被害経験がなくても、他の被害者・物と同様の特性を持つと、被害に遭いやすくなる場合がある。その意味では、近接反復被害の指摘は、一般的な被害防止に重要な意義がある。イギリスの研究によると、通りに面したセミ・デタッチ型住居（2軒が一棟の組になった間取りが左右対称の住居）で通りの片側のみが侵入盗の被害にあったと報告されている。わが国でも一時期にピッキングによる侵入盗が多発し、あるマンションの1フロアすべてが被害に遭ったことがある。これは、ピッキングに弱い構造を持つ錠前が標的となったのであり、被害に遭った標的と類似した特性を持つ標的が同一手口によって犯罪被害に遭ったことから、まさしく大規模な近接反復被害といえる。このように、被害に遭った標的自体が再度被害に遭うのではなく、その近くの同様の特徴を有する標的が被害に遭うことを実質的な反復被害として、近接反復被害も反復被害研究の対象に含まれる。

2 理　論

なぜ同一の標的が複数の犯罪被害に遭うのか。この疑問の回答として、前出の反復被害研究の第一人者ケン・ピースは、リスク偏在性とイベント依存性という2つの要因を指摘する。

1 リスク偏在性

リスク偏在性（risk heterogeneity）とは、最初の機会に絶好の標的として場所や人を際だたせる同じ属性が、次の機会にも同様に目立たせ続けることをいう。たとえば、通りに面した出窓に飾られたレースのカーテンや高価な置物は、そこを通行する人にその家屋の住人の富裕度、暮らしぶり、年齢、好みなどを推測させる。つまり、この家屋には他にも高価な財物がある可能性が高く、多くの潜在的犯行者にとって魅力的な住宅に映る。したがって、この家屋の犯罪被害リスクは高い。このような標的にはあたかも目印となる旗（flag）が立っているようなものなので、リスク偏在性はフラッグ要因（flag factor）とかフラッグ理論（flag theory）ともいう。犯罪利益の点で魅力的な標的、犯行の容易さや検挙リスクの低さから、脆弱な標的は、多くの潜在的犯行者を惹きつけ攻撃を受けやすくなる。たとえば、強盗であれば、銀行が閉鎖される週末で多額の売上金を抱えている店舗、長時間勤務後のタクシー運転手など、また性犯罪であれば高齢女性よりも若年女性、恐喝であれば、屈強そうな人よりもひ弱そうな人、侵入盗であれば、ドアの鍵が二つよりも一つの住宅が被害リスクが高いと言ってよい。したがって、リスク偏在性は、かつて「被害特性」と論じられたテーマに近似する。

2 イベント依存性

イベント依存性（event dependency）とは、最初の犯行の直接的な結果としてリスクが増大することである。つまり、犯行者やその仲間は、最初の犯行の際に獲得した情報を基に同じ対象の財物を将来の格好の標的として把握するのである。文字通り、イベント依存性とは、過去に生じたイベントに将来のイベントが依存することをいう。たとえば、侵入盗犯は、検挙リスクを避けるため、現金や貴金属などを速やかに盗み逃走を図る。その際、その侵入盗犯は、今回は断念せざるをえなかった他の物（たとえば、重量のある調度品やAV機器など）を確認する。そして、後日、入念な準備をしたうえで、再度同一家屋に侵入し、盗み残した物をトラックなどで運び出し、自己使用したり中古品市場で売却したりする。さらに、盗まれた物が生活必需品であれば、被害者が盗難保険を利用して新品を購入することが考えられるから潜在的犯行者は、一定期間後に同一家屋に侵入すれば買い換えた新品を獲得できるだろうと考え、再度侵入するのである。このように、最初の事件が次の事件を促進することから、ブースト要因（boost factor）、ブースト理論（boost theory）ともいう。イベント依存性による反復被害は、同じ犯行者、標的に関して情報提供を受けた別の者、あるいは、報道から情報を得た別の者などによって引き起こされる可能性がある。したがって、メディア報道のあり方も検討する必要がある。

同一犯が同一標的を狙うのは、他の標的よりもリスクが低く報酬が確実だからである。たとえば、同じ家屋であれば、侵入方法・逃走ルート、盗み残した財物があることを犯行者は知っており、他の住宅の新たな標的を選択するよりも逮捕リスクが低く、利益を確実にあげることができるので、同一の標的を選択しやすいのである。

反復被害において、リスク偏在性とイベント依存性は、部分的に重なり合う。というのも、フラッグ要因によって魅力的に映る潜在的標的が、実際に魅力的な標的であることが証明されれば、ブースト要因によって再び被害を受ける可能性が高まるからである（L.E. Grove and G. Farrel, 2011）。

3 実　態

わが国では、反復被害の実態を把握するための大規模な定期的調査は実施されていない。そこで、反復被害研究において最も進んでいるイギリスの例を参考にしたい。

1 イギリス犯罪調査

前述したイギリス犯罪調査（BCS, 現在の CSEW）は、イギリス国内の数万世帯を対象に過去 1 年間の犯罪被害について面接を行う犯罪被害調査であり、1982 年以降定期的に実施されている（近年はイングランドとウェールズのみ）。図表 6(2)-1 は、犯罪被害経験の有無、被害回数、そして、被害回数毎に全被害件数のなかで占める割合（被害占有率）かを示している。

これによると、回答者のうち 1 回の被害経験がある者の割合は 17.8％（1982 年）、19.9％（1988 年）、20.3％（1992 年）と年々増加傾向にある。そし

図表 6(2)-1　イギリス犯罪調査における反復被害率

被害回数	1982 年		1988 年		1992 年	
	回答者数（%）	被害占有率（%）	回答者数（%）	被害占有率（%）	回答者数（%）	被害占有率（%）
0 回	68.1	.0	59.3	.0	59.5	.0
1 回	17.8	29.1	19.9	18.5	20.3	18.7
2 回	6.2	20.3	9.1	16.8	9.0	16.5
3 回	3.1	15.2	4.2	11.6	4.5	12.4
4 回	1.8	11.8	2.5	9.1	2.4	8.8
5 回以上	2.9	23.7	5.0	43.9	4.3	43.5

出典：G. Farrell, Preventing Repeat Victimization, in M. Tonry and D. Farrington, *Building a Safer Society*, 1995, pp. 489–490 の表をもとに作成した。

て、被害回数が2回以上の者（反復被害者率）は、累計で14％（1982年）、20.8％（1988年）、20.2％（1992年）となっており、一定の割合で被害に何度も遭遇する者がいることを示している。他方、被害経験が2回以上の者が被害全体に占める被害占有率は、71％、81.4％、81.2％である。正しく、2割程度の者が被害の8割程度を占めており（いわゆる80-20ルール）、要するに、一部の被害者、とくに複数回の被害経験者に犯罪被害の大半が集中していることがこの統計からわかる。すなわち、反復被害が犯罪防止上、重要な問題であることが明らかである。

2　反復被害の経時変化

それでは、一部の標的に犯罪被害が集中するとして、反復被害はいつ起こるのか。ピースが「（最初の）被害化は、反復被害の最良の予測因子である」と述べたように、不幸にも犯罪被害に遭ったら、次の被害に備える必要性がある。それは、いつか。英米では、住宅侵入盗、家庭内暴力、近隣紛争、人種差別犯罪、商業侵入盗、クレジット・カード詐欺、自動車犯罪、わいせつ電話などに関して、いつ反復被害が発生しているかの研究が行われている。それが、反復被害の経時変化である。すなわち、最初の犯罪被害後、反復被害を受けるまでの間隔（月日）に関するデータを収集し分析したものである。図表6⑵-2は、2005年におけるアメリカのメリーランド州モンゴメリー郡の商業侵入盗の反復被害の経時変化を示している。このグラフによると、反復被害の発生時期は、最初の被害から1か月以内に60％の割合で集中し、2か月目で10％、3か月以降は数％で推移しており、最初の犯行時から比較的早期に次の犯行が生じていることが分かる。このような反復被害の経時変化は、他の罪種でも同様の傾向を示すことが明らかとなっている。すなわち、犯罪類型にかかわらず、反復被害の発生時期は、最初の被害直後の一定期間に最も高く、その後急激に減少する。このように被害直後に反復被害が発生する理由として、①被害者が新たな被害対策を採る以前に行うため、②被害物の代替物を購入している可能性があるため、などが指摘されている。したがって、反復被害の予防には、最初の被害を受けたあと、速やかに対策を講じることで反復被害のリスクを低減することができるとされる。

図表 6(2)-2　商業侵入盗の経時変化（メリーランド州モンゴメリー郡）

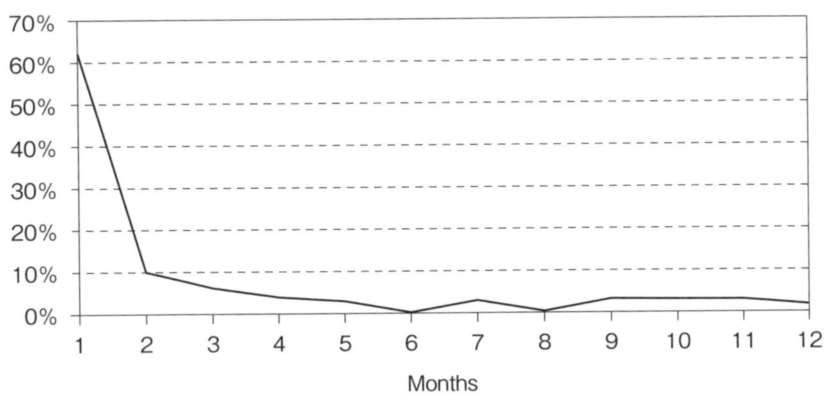

出典：D. L. Weisel, Analyzing Repeat Victimization, Problem–Oriented Guides for Police Problem Solving Tools Series No. 4, 2005, p. 10.

❍コラム 19　反復被害の測定方法（時間窓法と移動窓法）

反復被害の測定方法には 2 種類ある。一つは時間窓（time window）法である。時間窓法とは、ある一定期間内の出来事を測定する手法である。たとえば、2009 年 1 月 1 日から 12 月 31 日というように、同じ年度の一定期間を設定して、複数回の犯罪被害にあったかどうかを尋ねる場合である。しかし、この方法によると、2008 年 12 月 1 日に最初の被害を受け、次に 2009 年 1 月 12 日に 2 度目の被害を受けた場合、その回答者は実際には再被害を受けているのにもかかわらず、統計には計上されないことになる。もう 1 つの移動窓（moving window）法はこの問題を回避する。つまり、最初の被害を受けた日から 1 年以内に複数の被害を受けたことがあるかどうかを尋ねるので、時間窓の欠点を補うことができる。

3　近接反復被害の発生事例

先述のように近接反復とは「被害に遭った標的と類似した特性を持つ標的が場所的・時間的に近接して犯罪被害に遭うこと」である。犯行者からすれば、短時間に同じ手口で犯罪報酬を得ることができるなど合理的であるがゆえに、この現象が生じていると考えられる。したがって、最初の被害が発生した周辺では、同様に被害に遭うリスクを検討すべきである。これまでに、各種調査では住宅侵入盗、路上強盗、自動車犯罪、バイク窃盗などで近接反復が確認されている。

以下に、近接反復被害の代表的な事例をあげよう。まず海外では、ハバーマンとラトクリフ（Cory P. Haberman and Jerry H. Ratcliffe, 2012）が、アメリカのペンシルベニア州フィラデルフィア市で2009年に発生した武装路上強盗3,556件を対象にした研究において、「武装路上強盗は最初の強盗発生と同じ場所か近い場所で、最初の発生から早い期間内に集中的に発生すること」を確認した。つまり、「平均リスク期間は4.2日であり、事件連鎖の89.5％が7日以内に終了」するなど比較的短期間のうちに近接反復が発生することを明らかにしている。同様に、イギリスの近接反復被害を調査したシェーン・ジョンソンら（Shane D. Johnson et al., 2009）によると、住宅侵入盗に関して「最初の事件から6週間以内、距離にして400 m以内で近接反復被害が発生する」ことを見出している。また、わが国でも、樋野と雨宮（2017）は、福岡市内で2005年1月から2014年12月に集合住宅で発生した8,845件の侵入

図表6(2)-3　近接反復被害の状況

調査者	調査場所	対象犯罪	時間的範囲	場所的範囲
M. Townsley et al.（2003年）	クイーンズランド州（豪）	住宅侵入盗	2ヶ月	200メートル
S. Johnson and K. Bowers（2004年）	マージーサイド州（英）	住宅侵入盗	1ヶ月	100メートル
S. Johnson（2007年）	5ヵ国	住宅侵入盗	14日	100メートル
J. Ratcliff and D. Rengert（2008年）	フィラデルフィア市（米）	銃撃	14日	400フィート
C. Haberman and J. Ratcliff（2012年）	同上	路上強盗	7日	
樋野・雨宮（2017年）	福岡市	住宅侵入盗	70日	300メートル

出典：守山　正「犯罪予測技法の展開：近接反復被害を中心として」拓殖大学論集（政治・法律・経済編）20巻1号（2017年）19頁の表に加筆修正した。

窃盗を対象にした研究を行ったところ、近接反復現象を発見し、そのリスクが1％有意で300 m以内、70日以内で高いことを明らかにしている。これらの結果を簡易にまとめたのが図表6(2)–3である。

このように近接反復に関する研究知見が国内外で蓄積されつつあり、それらは犯罪予測の技法にも活用されつつある（守山、2017。第6講Ⅰ 5も参照)。

4　反復被害の対策事例と研究知見

それでは、どのような反復被害予防策を講じればよいのであろうか。ここでは、反復被害予防に関する事例と欧米の反復被害研究で得られた知見を概観する。

1　カークホルト侵入盗予防プロジェクト

カークホルト侵入盗予防プロジェクト（Kirkholt Burglary Prevention Project）

図表6(2)–4　カークホルト団地と対照群における侵入盗率の変化

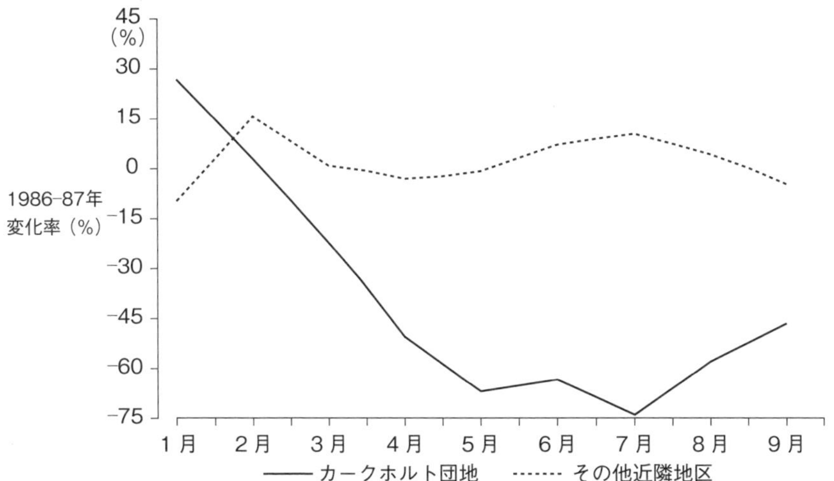

出典：D. Forrester, M. Chatterton and K. Pease（1988）The Kirkholt Burglary Prevention Project, Rochdale, Crime Prevention Unit Paper 13, London: Home Office, p. 20.

とは、1985年、イギリスのグレーター・マンチェスター郡の北部に位置するロッチデールのカークホルト団地で多発していた侵入盗の発生件数を削減するために立ち上げられ、イギリスでも反復被害予防を意識した最初のプロジェクトであることで著名である。このプロジェクトは、警察、保護観察、地方自治体の住宅局、ガス・電気事業者、被害者支援組織、雇用促進委員会など公私の機関が参画し、また内務省が資金援助した評価研究の対象にもなった。

カークホルト・プロジェクトでは、検挙された侵入盗犯、侵入盗の被害者、さらには近隣住民へのインタビュー調査および現場調査をもとに、次の対策が実施された。第1に、プリペイド方式の電気・ガスメーターを新方式のメーターに変更したこと（当時、団地では電気・ガスはコイン通貨を機械に投入して使用したため、これを破壊して小銭を窃盗する事件が頻発した）、第2に、各家庭の貴重品に郵便番号の記入を求めたこと（財物目印化、property marking. 犯行が心理的にしにくくなり、これによって被害回復が容易になる）、第3に、ドアや窓の施錠設備を防犯効果の高いものに変更させたこと、第4に、敷地の境界にフェンスを設置したこと（犯行後の逃走経路を遮断する）、第5に、コミュニティ支援チームを組織化したこと、第6に、被害者宅を近隣住民が警戒する「まゆ型」近隣警戒活動を組織化したこと（被害にあった住宅の再被害化を防ぐために近隣で囲む）、である。

このプロジェクトでは、問題の把握（Scanning）と分析（Analysis）、対策の立案・実施（Response）、実施策の検証（Assessment）という段階を経るSARAモデルのプロセスを採用し、侵入盗の反復被害を削減するという問題解決型のアプローチを実施している。また、実施された対策は、標的の除去、財物の目印化、標的の堅固化（target hardening）、領域性の明確化、監視の強化といった状況的犯罪予防やCPTEDの技法を多用している。

このように、カークホルト侵入盗予防プロジェクトでは、侵入盗の反復被害を効果的に予防した先駆的事例というだけでなく、近年、わが国でも注目されるようになった多機関協働体制や問題解決型活動の見本事例でもある。

2　反復被害の研究知見と対策

これまでに、欧米では、様々な罪種の反復被害研究が実施されてきた。それらの研究の知見から、以下のような意義・仮説が示されている（G. Farrel and K. Peace, 1993, L.E. Grove and G. Farrel, 2011）。

① 反復被害は、殺人既遂を除くあらゆる罪種で生じうる。研究の結果、住宅侵入盗、商業施設侵入盗、人種差別犯罪、学校関連犯罪（侵入盗、バンダリズム、いじめ）、自動車犯罪、近隣紛争、クレジット・カード詐欺、その他の商店犯罪で反復被害が確認されている。

② 全犯罪の被害の大半が一部の標的に集中している。繰り返し被害を受ける標的はスーパー・ターゲットと呼ばれ、いわゆる「一部の被害者が多くの被害を受ける」80–20 ルールが確認されている。

③ 反復被害率は犯罪多発地帯で高い。

④ 反復被害の回数が多くなればなるほど、被害の間隔は狭まる。たとえば、1 回目と 2 回目の間隔が 10 日、2 回目と 3 回目が 7 日、4 回目と 5 回目が 3 日というように。

⑤ 反復被害予防は、多方面からの検討と支援が必要で、多機関協働体制が有効である。

⑥ 反復被害の実態は、警察記録だけでは不十分であり各種の暗数調査を実施する必要がある。

⑦「一度被害に遭ったら二度と被害に遭わないだろう」という考えは誤りであり、「一度被害に遭ったらまた被害に遭い、しかも直後に遭う可能性が高い」という意識を持つ必要がある。

⑧ 類似の特性を持つ標的には、近接反復被害が生じやすい。

⑨ 近接反復被害は、最初の標的の周辺で発生するリスクが高い。

⑩ 反復被害・近接反復被害は、同一犯によって行われる可能性が高い。

⑪ 被害回数が増えれば増えるほど、反復被害の可能性が高まる。

⑫ 反復被害リスクは、被害直後が最も高い。

⑬ 転移は、ほとんど発生せず、生じたとしても少数である。

⑭ 反復被害は、しばしば同一の手口で行われる。

❍コラム 20　80-20 ルール

イタリアの経済学者ヴィルフレド・パレート（Vilfredo Pareto, 1848-1923）が唱えた法則。イタリア全体の富の 80%は人口の 20%の者が保有するという事実から、80%の結果は 20%の原因から生じるという法則を提唱した。これを犯罪学の領域に当てはめると、「全犯罪の 80%は犯罪発生場所の 20%で発生する」というように適用できる。もっとも、現実に厳密な意味で 80-20 の比率で生じる例は少なく、ごく一部の犯罪者、被害者、場所に犯罪、被害が集中することを象徴的に示す場合に使用される。しかし、政策に 80-20 ルールが示す意義は、一部の現象、人、場所を徹底的にコントロールすれば大半の犯罪や被害を防止できる可能性を示唆したことであり、この意味では注目すべき視点である。

5　課　題

反復被害に関する研究の大半は欧米で行われたものであり、わが国では反復被害研究そのものが不足している。そこで、下記の事項がわが国において今後の研究課題として考えられる。

・反復被害の実態を把握するために警察のデータ収集方法を検討すること。また、大規模かつ定期的な犯罪被害調査において反復被害のデータを収集すること。その際、国際的比較を可能にするために英米の調査項目を参照すること。

・欧米の反復被害研究で得られた知見がわが国でも妥当するのかを検証すること。

・警察は、被害者に反復被害予防のための助言や支援をしたり、適切な機関・組織に紹介したりすること。

・現場の警察官の経験則と科学的知見を統合的に運用できる犯罪分析官を養成し、警察署レベルで、反復被害の把握（S）・分析（A）・対応（R）・検証（A）に努めること（SARA モデル）。また、各警察署レベルでのデータを統合し、全国、都道府県、市町村レベルで分析可能にすること。

・反復被害と同時に近接反復被害についても検証し、類似の特性を持つ潜在的標的を守る手段を広報すること。

1990年代末葉から2000年初頭にかけて「安全神話の崩壊」ともいわれた犯罪認知件数の上昇期に、わが国の警察は、従来の捜査・検挙活動に加えて、犯罪予防にも注力してきた。当然のことであるが、犯罪を未然に防ぐことができれば、被害者も加害者も生じず、また刑事司法機関全体のコストを低く抑えることも可能である。しかし、警察資源（人員、装備、予算）は限定されており、全ての潜在的被害者・標的に均等に配置することは不可能であり、また非効率的でもある。したがって、限られた資源は、犯罪被害リスクの高い潜在的標的に重点的に配分することが合理的かつ効果的である。そこでは、より正確な犯罪発生予測が求められる（本講Ⅰ5参照）。

犯罪予防には、潜在的犯行者へのアプローチと潜在的被害者・標的へのアプローチの二種類がある。前者は、出所者情報の公開、電子監視、保安処分に代表されるように、常に人権侵害や社会的排除の問題を伴い、場合によっては、予防ではなく再犯を後押しすることになりかねない。しかし、後者には、このような問題が生じにくい。

前述ピースの指摘どおり、「被害化は、反復被害の最良の予測因子である」ことから、最初の被害化は、近接反復被害のチャンスである。それと同時に、被疑者の検挙可能性も高める。また、反復被害予防は、犯罪削減に寄与しうる。なぜなら、上述のように、一部の標的が犯罪被害の大半を引き受けており、理論上、反復被害を予防することができれば、大半の犯罪を予防することができるからである。

犯罪大国アメリカの警察官でさえ、「雷は2度と同じ場所には落ちない」という諺を引用して被害者を慰め、反復被害予防策をとっていなかったという。しかし、住民がピッキング被害を予防するために、玄関の鍵を取り替えたところ、再被害化に十分な効果が見られた。このように、再被害化、反復被害への予防の意識は一般住民の間にも広がりつつある。

参考文献

・守山　正「犯罪予測技法の展開：近接反復被害を中心として」拓殖大学論集（政治・法律・経済編）20 巻 1 号 1-31 頁（2017 年）

・樋野公宏、雨宮護「集合住宅における侵入窃盗の時間的近接：福岡県警察犯罪予防研究アドバイザー制度に基づく分析」都市計画報告集 No. 16、24-27 頁（2017 年）

・ロナルド・クラーク、ジョン・エック（守山　正監訳）『犯罪分析ステップ 60』（成文堂、2015 年）

・リチャード・ウォートレイ、ロレイン・メイズロール編著（島田貴仁、渡辺昭一監訳）『環境犯罪学と犯罪分析』129-139 頁（社会研究財団、2010 年）

・山内宏太朗、守山　正、渡邉泰洋「商業強盗犯の視点による犯罪標的の心理的選択過程～累強盗犯行動の合理性」白百合女子大学研究紀要 42 号（2006 年）

・山内宏太朗、守山　正、渡邉泰洋「犯行者の視点による犯罪再被害化に関する一考察─標的選択基準に関する犯行者心理の分析」白百合女子大学研究紀要 41 号（2005 年）

・渡邉泰洋「再被害化の実態および環境犯罪学的技法による再被害化予防に関する調査研究」（(財)社会安全研究財団、平成 14 年度研究助成論文）（2004 年）

・渡邉泰洋「再被害化の予防」犯罪と非行 135 号 68-88 頁（2003 年）

・グラハム・ファーレルほか（川崎友巳訳）「再被害者化と犯罪転移の予防」犯罪と非行 122 号 86-107 頁（1997 年）

・佐々木真一郎「英国における犯罪防止対策（下）」警察学論集 42 巻 6 号 115 頁以下（1989 年）

・Haberman C. P., and Ratcliffe J. H. (2012) The Predictive Policing Challenges of Near Repeat Armed Street Robberies, *Policing*, vol. 6, no. 2, pp. 151-166.

・Johnson J., Summers L., and Pease K. (2009) Offender as Forager? A Direct Tset of the Boost Accounts, *Journal of Quantitive Criminology*, vol. 45, no. 2, pp. 181-200.

・Pease, K., and Farrel, G. (1993) Once Bitten, Twice Bitten: Repeat Victimisation and Its Implications for Crime Prevention, Home Office.

・Grove, L., and Farrell, G. Preventing Repeat Victimization: Where Do We Go from Here? Prepared for Brandon C. Welsh and David P. Farrington (Eds). *The Oxford Handbook on Crime Prevention.*

・Forrester, D. Chatterton, M. and Pease, K. (1988) The Kirkholt Burglary Prevention Project, Rochdale, *Crime Prevention Unit*: Paper 13, London: Home Office.

第 7 講◆犯罪学調査の方法

I　量的研究

キーワード

実証研究／量的研究／質問表調査／事実の発見／仮説の検証

犯罪学で行われる実証研究には、一定数以上の人や地域を対象に行われる「量的研究（quantitative research）」と、限定的な数の人や地域を対象に行われる「質的研究（qualitative research）」があり、相互補完的に行われるべきである。以下では、最も一般的な調査研究の方法として、「量的研究」の質問表調査について、質問表の作り方に焦点をおいて解説する。

1　質問表調査のプロセス

質問表（「質問紙」あるいは「調査票」ともいう）を用いた調査の企画・実施に関わる一般的な手続きは、図表 7(1)-1 のようになる。まず、質問紙作成上の具体的な留意点を解説する前提として、この図に示した調査全体のプロセスについて概観しておきたい。

1　調査目的の明確化

まず、何を知りたくて調査をやるのか、すなわち、調査を行う上での問題意識を明確にする必要がある。調査で明らかにしたいことがはっきりしていないと、どのような調査対象にどのような質問表を作成して調査を行ったらよいのかについて明確な指針が立たない。また、概ね、質問表の記入に 30 分かかる程度が分量の限界であり、自ずと一回の調査で調査できる質問項目の量は決まってくる。したがって、あまり漠然とした大きなテーマでは、調査の焦点がぼやけてしまい、よい調査結果が得られなくなる。例えば、「非行少年の生活実態を明らかにする」というのではテーマが大きすぎるので、「非行少年の親子関係を明らかにする」というようにテーマを絞り込む必要がある。

図表7(1)-1　質問表調査のプロセス

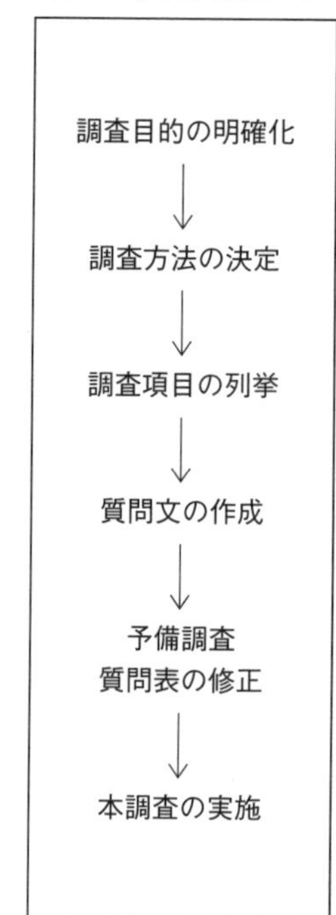

一般に、実証的な調査研究の目的は、「事実の発見」と「仮説の検証」に大別される。「事実の発見」を目的とする調査（事実発見型）では、新しい事象が発生したときにその実態を明らかにしようとする。新しい手口の悪質商法が多発し始めたときにその実態を明らかにするために行われる調査がこれに当たり、警察などの行政機関が行う調査の多くはこのタイプである。一方、「仮説の検証」を目的とする調査（仮説検証型）では、ある程度実態が分かっている事柄について、その発生機序の詳細を仮定し、その仮定が実際に正しいかどうかを検証しようとし、学術的な調査研究のいくらかはこれに当たる。もっとも、警察の行う調査でも、地域防犯活動の効果測定において、どのような活動がどのような効果をもたらすかというような見通しを持って行われる調査は、仮説検証型の調査と考えられる。実際には、全く実態のわかっていない事象を調査することは少なく、事象の発生に関わる要因についてある程度の見通しを持って調査に望むことが多いので、ほとんどの調査は、事実発見と仮説検証の両側面を備えていると考えてよい。

❍コラム21　質的研究

実証研究として、限定的な数の人や地域を対象に行われるのが、「質的研究」である。手法としては、聴取調査、会話分析、フィールドワーク、参与観察などが用いられる。

犯罪学の発展において、「質的研究」は大きな役割を果たしてきた。例を挙げると、1930 年代に、シカゴ学派のショウはある非行少年のライフヒストリー（「ジャック・ローラー――ある非行少年自身の物語」）を公刊し、サザーランドは著名な「職業的窃盗犯」のライフヒストリー（「詐欺師コンウェル」）を公刊した。

近年では、事象に関わる当事者の視点を重視する傾向が高まっていることを受けて、犯罪や非行から立ち直るプロセスを、当事者の語り（ナラティブ）を聴き取って分析する研究が注目を集めている。こうした研究の結果として、認知的転換（過去の不遇な境遇にもポジティブな意味を見出すこと）によって累犯者も更生し得ることが明らかとなっている。

2　調査方法の決定

調査の目的が明確に定まれば、その目的を達成するために、どのような調査対象、あるいは調査方法を用いたらよいかを決める必要がある。調査によって明らかにしようとする事柄と調査対象者の属性によって、選択すべき調査方法は異なってくる。さらに、選択した調査対象や調査方法によって、質問表作成の上で留意すべき点は異なってくる。たとえば、高齢者が警察の活動に対してどのような要望を持っているかを明らかにしたい場合、高齢になるほど一般に文書理解力が低下することに配慮して、質問文を平易にするように工夫したり、また調査員が直接質問する訪問面接調査法を利用することが望ましい。

もっとも、訪問面接調査法はコストがかかるために、その他の方法、例えば、留置（とめおき）調査法あるいは郵送調査法を使用せざるを得ないことが多い（近年ではインターネットを用いた調査も増えている）。留置調査法あるいは郵送調査法を選択した場合には、わからないことがあっても回答者はその場面で調査員に聞くことができないので、質問表が回答しやすくなるように万全の注意を払わなければならない。

3　質問項目の列挙

次に行うのが、質問表で調査する項目を列挙していくことである。すなわち、先に、明確にした調査目的を達成するために、具体的に、何を質問項目としてあげたらよいのかを決める必要がある。先に挙げた二つの調査タイプのうち、仮説検証型の場合は、仮説に関わる事柄について、もれなく調査する必要があり、調査すべき項目を挙げるのは比較的に容易である。一方、事実発見型の場合は調査すべき項目を挙げるのにより困難が伴う。なぜならば、全く新しい現象の場合、その実態がわからないので調査を行うからである。したがって、類似した現象の実態を参考にして調査すべき項目を挙げていかざるを得ない。例えば、新しい手口の悪質商法事案が発生し始めた場合には、これまであった悪質商法の実態をもとにして質問項目を作成するのである。結果として、新しい手口の悪質商法が既存の悪質商法とある程度似ていた場合には質問項目は妥当であるが、類似性が乏しい場合には既存の悪質商法に準拠した質問項目では不適切であったことがわかることもあるだろう。しかし、先述したように、多くの調査は事実発見と仮説検証の両側面を備えており、ある程度努力すれば、調査すべき項目を列挙することは可能である。

筆者自身の例をここで挙げると、筆者は同僚とともに、侵入盗被害者の調査研究を行ったことがある。その調査では、侵入盗被害者が被害によってどのような精神的インパクトを受けているか、また、警察の対応によって被害者が犯罪被害から受けるインパクトがどう異なるのかを明らかにすること等が目的になっていた。調査の企画の段階では、警察の対応によって被害者の適応が異なるのではないかという大まかな見通しはあったが、警察のどのような対応が被害者のどのような意識や行動に影響を及ぼすのかに関しては、事前に詳細な仮説は立てられなかった。しかしながら、欧米諸国では犯罪被害者に関する調査、より具体的に侵入盗被害者に関する調査もあり、それらを参考にして、どのような項目を調査すべきかを検討していった。その過程では、筆者は同僚とブレイン・ストーミングを行って、わが国における侵入盗の実態、侵入盗事案に対する警察の実務の現状についても話し合い、調査すべき項目の内容について自由に意見を出し合って、それらを分類し、まとめていった。図7表(1)–2は、結果としてまとまった質問項目である。

したがって、質問項目を列挙するに当たっては、その調査のテーマに関連して過去にどのような調査が行われていたかを調べて、関連する調査があった場合にはどのような項目が調査されたのかを参考にする必要がある。調査の目的に必要な質問項目がもれなくこの段階で列挙されていないと、取り返しのつかないことになるので、質問項目の決定は極めて慎重に行わなければならない。

図表7(1)–2　調査項目の例

侵入盗被害者調査の質問項目

1 調査対象者の人口学的特性等
（性、年齢、家族構成）
2 近隣関係
3 侵入盗被害の内容
・被害からの経過日時
・被害品およびその金額
・被害品の回復の有無
4 侵入盗被害に対する警察の対応
・対応した警察官の態度
・警察から被害者への援助の内容
・捜査経過の報告、防犯指導の有無
5 犯罪被害が被害者にもたらした影響
・精神的影響
・身体的不調
・日常的行動パターンの変化
・防犯行動の変化（被害前と被害後）
・警察活動に対する協力度
6 今回以外の犯罪被害の有無

4　質問文の作成

質問表の質問文の作成は、図表7(1)–2のように列挙された各質問項目を具体的な質問文にすることである。先の質問項目の決定に際して、過去の関連調査を調べて、関連する調査を見つけた場合、そこで使用されていた質問文の形式は、自分の調査の質問文の作成の上で大いに参考になる。専門家の意見などを参考にして、過去の調査の質問文がよいものであると判断されたなら、それを自分の調査に合うように加工したりして採用することも可能であろう。その場合、報告書において、どの調査の質問文を参考にしたのかを明示するのが望ましい。

また、過去の調査の質問文をそのまま使用したい場合には、質問文の出典を明示するだけでなく、元の質問表の作成者の了解を取る必要がある場合もあるだろう。それは、その質問に関して本来の作成者のオリジナリティが高い場合であり、了解を取らずに、自分の質問表の質問文として使用するのは、倫理的に大いに問題があるし、場合によっては著作権を侵害することになる。

なお、過去に使用された質問は、よいものばかりではないので、前に使われたことがあるという理由だけで盲目的に利用するのは控えた方がよい。

さて、筆者の場合はどうかというと、欧米の侵入盗被害者の調査の質問表をみて、よいと思われる質問文は翻訳したりするが、その場合、かなり、自分の目的に合うように改良を加えている。また、自分が過去に関わった調査の質問文の中から、使えると思われるものを部分的にもってきて、侵入盗被害者の警察に対する態度に関する質問文として使用している。この場合、過去の経験からどの質問文に信頼がおくことができるかがある程度わかっているし、過去の調査の結果との比較もできて有益な場合が少なくない。

そして、参考になる質問文が過去の関連調査にない場合には、自分の全くオリジナルの質問文を作ることになる。

5　予備調査、質問表の修正

一応、質問表が出来たら、本調査に入る前に、本調査の調査対象者に近い者を対象にして、その質問表で適切に調査が行えるかどうかを試す必要がある。これを予備調査（プリテスト）というが、調査を企画し、質問表を作成してきた者の間で注意深く検討したつもりでいても大事な点を見逃していることも多く、少ないサンプルでもよいから予備調査を行うべきである。その際、予備調査の回答者に対して、回答終了後に、「どこか回答しにくいところはなかったか」という様に尋ねてみるのがよいだろう。そして、予備調査の結果をもとに、質問表の修正を行えば、質問表は完成であり、本調査を実施することとなる。

2　質問表作成の留意点

今度は、質問表を作成する上で遭遇する具体的な問題点について述べる。取り上げる内容は、避けるべき質問、回答形式の選択、質問の配列等の技術的な問題である。

1　避けるべき質問

質問文を作成する上で一般的に留意すべきこととして、平易で簡潔な表現を用いることがあげられるが、具体的には以下のような質問は避けなければならない。

(1)　あいまいな表現を含む質問

例えば、「あなたは、ときどき、あなたの住まいの最寄りの交番へ行きますか」という質問文を考えたとすると、この質問文はあいまいな表現を含んでおり、回答者は回答に際して困るであろう。すなわち、「ときどき」がどの程度の頻度を表すのかがはっきりしないからである。したがって、この場合、「あなたは、一年間に大体、何回ぐらい、あなたの住まいの最寄りの交番へ行きますか」というように具体的な頻度を尋ねる質問文にした方がよい。

(2)　複雑な表現を含む質問

耳から一度聞くだけで理解できないような、複雑な表現は避けるべきで、その代表例が否定や反対が重複して用いられる質問文である。例を挙げると、「死刑制度絶対反対という意見がありますが、あなたはそれに賛成ですか、反対ですか」という質問が該当し、回答者の大部分が混乱して、適切な回答を出来ないだろうと予想できる。

以上のような質問文は、予備調査の実施などによって発見し、改善を図るようにしなければならない。

(3)　専門的な用語を含む質問

専門家が一般人を調査対象にして、質問文を考える場合に、専門家の社会では常識であるが一般社会では必ずしも常識でない用語が説明なしに使われることのないように注意しなければならない。人間誰しも無知であると思われたくないので、はっきりとわからないことがあってもわかった振りをして回答してしまうことになりがちである。したがって、一般住民のほとんどが知っていると仮定できない用語を用いる場合には、最初にそれが何を意味するのかを出来るだけ簡潔に説明する必要がある。

(4)　誘導的な質問

「識者の多くは、交番の警察官が、事件が起こったときにこれを処理するだけでなく、ふだんから、地域の行事などに参加して地域住民と関わり合い、地域にとけ込むようにすべきであると考えていますが、あなたはこの考えに賛成ですか」という質問があるとすると、これは誘導的な質問であり、避けなければならない。識者の多くによって支持されている考え方に賛成しないことに抵抗を感じるのが一般人の常であり、このような質問で得られた回答結果は社会的に信用されないであろう。誘導的な質問文は、特定の回答結果を得たいという意図をもって作成される場合もあるが、特定の社会集団に属するためにその集団の価値観が無意識に質問文の表現に反映することもありうる。したがって、質問文が価値的に中立な表現になっているかを確認しなければならない。

(5)　ダブルバーレル質問

ダブルバーレルとは、双胴銃のことであり、ライフルのように標的を一つに絞りきれないことを意味する。したがって、ダブルバーレル質問とは、一つの質問文の中に判断すべき内容が複数あって、回答しにくいものをいう。例えば、「交番の警察官が家庭内のことで住民から相談を受けたり、防犯上の助言を住民にすることをどう思いますか」という質問がダブルバーレル質問である。この場合、警察官が防犯上の助言をするのはよいが、家庭内のことで相談を受けるのはよくないと考えている回答者は、答えようがなく、いい加減な回答をしてしまうことになる。また、別の例としては、「制服の警察官のパトロールは犯罪を未然に防ぐ効果がないのでやめるべきだと思いますか」というように、評価の理由が併記してある質問があげられる。この場合、評価に対する賛否（制服の警察官によるパトロールをやめるべきか否か）と理由に対する賛否（パトロールが犯罪を未然に防ぐ効果があるか否か）が一致しない回答者は、回答することが困難になる。このようなダブルバーレル質問は、二つの質問に分けて尋ねるべきである。

2　回答形式の選択

質問表の作成に関して表現で留意すべき点は、回答文についてさらに、どのような回答形式を用いるのかを熟慮の上、決定しなければならないことである。回答形式は、あらかじめ調査票に回答を用意するか否か、すなわち、自由回答か選択肢提示かで大別され、さらに、選択肢提示の回答形式は選択肢の数などによって分類される。筆者が用いた侵入盗被害者の質問表から質問の一部を再構成し、図表7(1)–3に示したので、これを用いて、代表的な回答形式を順に紹介したい。

(1)　単一回答

質問に対して、いくつかの選択肢を提示し、その中から該当する回答を一つだけ選ばせるもので、図表7(1)–3の問21、同SQ1が該当する。単一回答の形式は、選択肢が互いに重なりを持たない場合や一番強い選択を知りたいときに用いられる。その場合、回答者が回答として選択する可能性のあるものが選択肢として網羅されていなければならない。この点に関して、100%の自信が持てない場合には、最後の選択肢として「その他」を加え、そこに若干の自由記述を行うスペースを設けておくのがよい。また、各回答選択肢にはアルファベットや片仮名でなく1、2、3というように番号を与え、そのままデータ入力が出来るようにするべきである。また、単一回答の場合は回答選択肢の数があまり多いと回答がしづらくなるので、回答選択肢は多くても10個前後に止め、普通は5個程度が適切である。

(2)　複数回答

質問に対して、いくつかの選択肢を提示し、その中から該当する回答をいくつでも選択させるもので、図表7(1)–3の問23がこれに当たる。複数回答は、回答選択肢の内容にいくらかの重なりがある場合や回答を一つに決めるのが困難であると考えられる場合に用いられる。

(3)　評定尺度

評定尺度は、賛成・反対、嗜好、評価などの強度を知りたい場合に用いられるもので、図表7(1)–3の問22が該当する。問22は4段階の選択肢が提示されており、四分尺度と呼ばれる。もし、問22の4段階に選択肢の中央に「どちらともいえない」を入れると五分尺度になる。評定尺度の段階はもっと多く取ることもできるが、四分尺度あるいは五分尺度がよく用いられる。一般的に、「どちらともいえない」を入れると、白黒をつけたがらない日本人の国民性のためか、この選択肢を選択する者が多くなるので、肯定か否定かどちらかの判断を求めたい場合には四分尺度の方が望ましい。もっとも、白か黒か判断のつけがたい内容が評価の内容である場合には、「どちら

図表7(1)-3　質問表の例（侵入盗被害者調査）

問21. 本件の被害家屋で、この種の侵入盗犯の被害が、再び発生する可能性はどの程度あると思いますか（一つに○）。

1. 非常に強くある　2. まあ、ある　3. ほとんどない
　　　　　　　　　　　　　　　　　　→問22へ進んで下さい

→SQ1. それは、どこに問題があるからだと思いますか（一つに○）。
1. 場所・建物に問題がある
2. 被害者に問題がある
3. その他

SQ2. 具体的には、どんな問題でしょう。自由に書いて下さい。

問22. 犯罪発生の防止、という点からみて、被害者宅のある地域を評価すると、以下のことは十分な状態にあると思いますか。以下のそれぞれの項目について、当てはまる番号に○をつけて下さい。

	非常に十分	まあ十分	あまり十分ではない	全く十分ではない
街の明るさ（街灯や防犯灯の明るさ）	1	2	3	4
視線の通りにくい道路脇の樹木・植栽の管理	1	2	3	4
不審者の潜みやすい公園の管理	1	2	3	4
個人の住宅や商店の建物の防犯管理体制	1	2	3	4
街の人の自主防犯活動	1	2	3	4
街をパトロールする警察官の数	1	2	3	4

問23. 被害者宅のある地域における、治安に係わる状況はどうでしょう。該当する番号にいくつでも○をつけて下さい。

1. 住民の防犯活動が比較的盛んな地域である
2. 警察と地域住民との連携が比較的とれている
3. 警察本部や警察署において防犯地区等の指定を受けている
4. 犯罪の発生に対する、住民の不安感が強い
5. 本件と同じような手口の事件が連続的に発生している
6. 凶悪事件が解決した後であり、住民に安心感がある

ともいえない」がないと、回答者がいい加減に回答することも考えられる。したがって、「どちらともいえない」等の中間点を選択肢に入れるかどうかについては、慎重に考慮する必要がある。

さらに、肯定、否定の両方向について対称的に同じ数の段階の回答選択肢が用意されていることが必要である。もし、肯定の方向の回答選択肢が3段階で、否定の方向の回答選択肢が一つであるならば、回答者に対して、肯定の回答が期待されているとの印象を与えることになり、回答に歪みが生じる。なお、評定尺度を用いて回答を求めるか、あるいは、単純に「はい・いいえ」の二肢選択で回答を求めるかによって、後の分析で利用出来る統計手法に違いが出てくるので、注意が必要である。

(4) その他の選択肢提示法

回答選択肢を予め用意した、その他の回答の形式としては、以下のものがある。

限定回答　用意した選択肢の中から、該当する回答をある限定する数だけ（例えば二つまで）で選ばせるもので、比較的強い選択を知りたいときに用いられる。

順序づけ回答　用意した選択肢の中から、該当する回答を何個か、1番目、2番目、というように順序をつけて選ばせるもので、各回答者について優先順位を知りたいときに用いられる。

甲乙対比　正反対の対称的な二つの意見、甲乙を示して、どちらに自分の意見が近いか（甲か乙か）の判断を求めるもので、状況を具体的に示すことで選択肢が長文になるときに用いられる。

(5) 自由回答

回答の選択肢を与えずに、回答者の思いつくままに回答を書いてもらうもので、図表7(1)−3の問21 SQ2が該当する。自由回答形式は、あらかじめどんな回答が得られるかの予想のつかない場合とか、個別で具体的な状況を把握したいときに用いられる。この回答形式の難点は、質問表を回収してから回答の内容を検討して適当な分類やコード番号の付与を行わなければならないことであり、分析の前処理に時間と労力がかかる。また、回答する者にとっても、負担が大きく、教育水準の低い者や高齢者は適切に回答しない傾向が指摘されている。したがって、一般に、自由回答形式の使用は必要最小限に止めた方がよいと考えられる。もっとも、質問表作成の過程で、自由回答の形式で予備調査を行い、その回答を分類して、本調査の回答選択肢を作成することは推奨できる。

以上のような質問の回答形式のなかから、各質問にもっともふさわしいものを選択しなければならない。

3　質問の配列等

各調査項目について質問文が完成したら、質問の順序を考えて配列し、さらに質問表全体のレイアウトを整える必要がある。

(1)　質問の配列

調査される質問を質問表の中でどのように並べるかを決定するに当たって、質問項目を領域別にまとめ、論理的に自然な順番で配列することが必要である。概ね、そうすることで、回答者にとっても質問が理解しやすくなると考えてよい。一般に、質問の配列の仕方は、調査テーマや調査者の思考によって、次の二つのパターンに大別される。

漏斗型　概括的な内容から具体的な内容へと配列するパターンである。漏斗型では、調査テーマが社会一般に知られていて説明を要しない場合に、まず「経験の有無」「好きか嫌いか」「関心の有無」等を大づかみに尋ね、次第に具体的な内容の質問に移っていくのが一般的である。

逆漏斗型　具体的な内容から概括的な意見へと配列するパターンである。逆漏斗型では、最初に具体的な行動や態度を尋ね、次第に抽象的な質問へ移っていって最後に概括的な意見を尋ねるのが一般的である。逆漏斗型の場合は、回答者が徐々に調査テーマについて考えをまとめられるということが利点であり、社会的になじみの薄いテーマについて調査する場合に有効である。

その他に質問項目を配列する上で考慮すべき点として以下のものが挙げられる。

時間的な流れ　調査テーマによっては、過去から未来へと物事の一連の推移に関して調査がなされる場合がある。この場合、同じ時点に関連する事柄をそれぞれまとめ、まとめた質問項目群を過去から未来へと時間軸に沿って配列した方が分かりやすくなる。例えば、筆者が以前に関わった侵入盗被害者の調査では、被害発生前の状況（過去の防犯への取り組みなど）、被害発生直後の状況（被害認知の経緯など）、被害発生から一定期間経過後の状況（今後の再被害防止に対する取り組みの姿勢など）というように、概ね3時点の事柄について調査している。この場合、3時点それぞれに属する質問項目をまとめ、被害発生前から現在の順に三つの質問群を並べた。

個人情報に関する質問　性別、年齢、学歴、職業、収入、婚姻形態など、個人の基本的な属性に関する質問項目（デモグラフィック項目）は、かつては、質問表の表紙に置かれたので、フェース・シート項目と呼ばれた。しかし、現在では、個人のプライバシーに関わる質問項目を最初に置くことで質問表全体について回答が拒否されることを懸念して、これらの質問項目は質問表の最後部に置かれることが一般的となった。

この他に、質問表の導入の質問としては、回答者の関心を引きつけるものが望ましい。

(2)　質問表全体のレイアウト

質問表の各質問が適正に配列されたならば、最後に質問表全体のレイアウトを整えて、全体的にまとまりがあり、回答者の答えやすいものに仕上げなければならない。

タイトルと導入部等　質問表の表紙の一番上には質問表のタイトルが必要である。ある程度調査の内容を反映する必要があるが、一般住民を対象にした質問表の場合には、あまり直接的に書いたのでは仰々しくなってしまう。ちなみに、私が作成した侵入盗被害者の質問表では、「侵入盗被害者の実態調査」などとせずに、「あなたのより安全な生活の確保のために」をタイトルとした。次に、質問表のタイトルの下に、調査が誰によってどういう目的で行われているか、回答者の参加が重要であること、回答者の匿名性が保証されていること（無記名で調査が行われ、回答は電算機で集合的に処理されること）などを分かりやすく説明する必要がある（別紙に印刷したものを用意して同意書に署名を求める場合もある）。

質問表の密度とページ数　なるべく質問表のページ数の少ない方が薄く、

コストもかからなくてよいが、行間をつめてあまり多くの質問を詰め込んだのでは、回答しづらくなってしまう。したがって、質問の間に適切なスペースを設けて回答しやすいよう配慮する必要がある。

スキップパターン　質問項目によっては、枝分かれの質問形式になっていて、調査対象者の一部の者が答える場合がある。図表 7(1)-3 の問 21 がそうであるが、この場合、問 21 で「3. ほとんどない」を選択した者は下の 2 つの補問に答えずに次の問 22 に答えることになっている。これをスキップパターンといい、このパターンを用いる必要のある箇所はもれなく記入しなければならない。もっとも、スキップパターンの多い質問表は一般に複雑で回答ミスが多くなる傾向があるので、多用しないように構成を考えてほしい。

謝辞と自由記入欄　質問表のおわりには、調査に協力を得たことに対して謝辞を忘れずに書くようにしたい。また、更にスペースがあれば、「この調査についてお感じになったことがあれば下のスペースに自由に書いて下さい」として、回答者が書きたいことを表現する機会を与えるのもよい。

質問表調査を行う上で、完ぺきな質問表を作成することは不可能であり、あまり難しく考えずに始めればよい。その際、どうしてもしてはいけない致命的なミスをしないように留意すべきである。なお、質問表調査を含めて実証研究の実施にあたっては、所属機関等で事前に倫理審査（研究の内容や方法が社会通念上あるいは関連学会の倫理基準に照らして適切かどうかの審査）を受けることが一般的となってきていることを申し添える。

質問表が回収されたら、集計・分析や報告書・論文の作成を行うことになるが、そのノウハウについては社会調査の解説書を参照するのが望ましい。

参考文献

・鈴木淳子『調査的面接の技法［第 2 版］』（ナカニシヤ出版、2005 年）
・鈴木淳子『質問紙デザインの技法［第 2 版］』（ナカニシヤ出版、2016 年）

Ⅱ　評価研究

キーワード

インパクト評価／プロセス評価／リアリスティック評価
実験計画法／メリーランド科学的方法尺度

1　評価研究の意義

評価研究（evaluation research）とは、一般に、一定の政策プログラムが実施された場合、その政策が成功したのか、失敗したのかを検証、確認する調査である。もっとも、研究者によって、多少のニュアンスの違いが見いだされる。「明確な目的のために実施される社会調査である」（R. Bachman and R. Shutt, 2007）、「活動が目標を達成できたかどうかを測定することである」（G. Berry, 2009）、「社会プログラムの働きと効果に関する情報の収集、分析、解釈、伝達を目指す社会科学的活動」など多様である。評価（evaluation）や検証（assessment）を行う意義は、多くの政策には公的資金（すなわち、税金）が投入され、人的物的資源が消費されるが、これらを効率良く利用し、無駄をなくし、しかも高い効果を上げることにある。最小の労力で最大の効果を上げるという合理性の要請に基づく。他方、公共政策の成否は国民の関心事項であり、また、政策を実施した関連機関にはこれについての説明責任がある。つまり、一定の政策の成否をチェックするのが評価研究の任務である。

もっとも、評価研究は公共政策の領域に限定されるものではなく、現実には自然科学の領域、とくに医学の分野で発展した。なぜなら、たとえば新薬の開発は患者の生命・身体に関わるがゆえに、その新薬の効果を検証し、それが患者に対してどのような影響を与えるのかを十分検討する必要があり、効果がないのであれば、当然この新薬の開発は中止し、他の新薬の開発が迫られることになる。その効果を探るのが評価である。

犯罪学の分野でも、諸外国では実際に行われた政策・対策の効果に関して、さまざまな検証や評価がなされ、評価研究は活発である。政策の立案段階から評価を組み入れ、政策の中途で（プロセス評価）、あるいは終了後、事後的に評価や検証が行われることによって（インパクト評価）、政策・対策の実施に関する人的物的な諸資源の投入や構成が果たして適切であったか、意図したとおりの成果を上げたかが判断され、それに基づいて、当該政策の見直しや他の政策への教訓、あるいはフィードバックが生まれる。したがって、評価研究は政策の妥当性、有効性、将来性などの観点から、犯罪学でも大きな意義がある。とくに近年、「エビデンスに基づく政策（evidence–based policy）」が強調されるようになって、評価研究の重要性は高まっている。

ところが、わが国では、一部にはあるものの、一般的には、この種の評価研究はほとんどなされておらず、また方法論自体も確立していない。とくに犯罪予防や刑事政策の分野では、必要性が認識されていながら、ほとんど実施されていないのが現状である。その理由は種々考えられるが、第 1 に、評価・検証に対する関心が薄いこと、第 2 に、評価検証のためのデータが獲得困難なこと（とくに公的機関から）、第 3 に評価方法が確立していないこと、第 4 に、刑事政策に精通した評価者が養成されていないこと、などを指摘できよう。

2　評価研究の歴史

1　初期の動き

評価研究は、主にアメリカを中心に発展してきた。特定の社会実験やプログラムの結果を評価する科学的研究手法の歴史は、1700 年代にまでさかのぼるといわれる。もっとも、アメリカ政府が政策決定に社会調査を活用し始めるようになったのは 1950 年代になってからである。この社会調査、つまり評価調査は、刑事政策に限らず、福祉、衛生、教育、住宅、財政など政府が実施するあらゆる公共政策全般を対象とした。とくに 1960 年代に入ると「評価の黄金時代」と形容されるほど、評価研究が多用された。犯罪対策の分野では、貧困と犯罪や非行などの種々の社会問題の関係が論じられ、貧困撲滅のために社会福祉を充実させることがアジェンダとされた。当然のことながら、積極的な福祉政策の展開とそれに伴う種々の社会プログラムの実施は、税金の大量投入につながり、それに呼応して納税意識が高いアメリカ市民から税金の使途について説明責任を求める声が強まった。それに応えるために政府は、評価研究を活用し政策が想定した効果を上げたこと、それが費用対効果（cost benefit）を有していたことを明らかにし、税金の使用方法の正当性を示そうとしたのである。この影響は、アメリカ国内だけにとどまらず、他国にも及んだ。たとえば、イギリスでは、このために内務省で1970年代に研究企画課（Research and Planning Unit）が組織され、犯罪予防分野の評価調査が盛んに行われた。

評価研究が政策転換に至った事例として、後に犯罪対策の分野で頻繁に引用されることになるのが、1961年のアメリカ、ニューヨークのヴェラ司法研究所（Vera Institute of Justice）のマンハッタン保釈プロジェクト（Manhattan Bail Project）である。このプロジェクトは、犯罪者の保釈に関し、保証金（bail bond）を支払う資力がない者でも地域社会との強力な結びつき（婚姻、安定的な職業）のある者は、保証金なしの保釈を認めても指定期日に出廷するはずであるという仮説を立て、実験計画法を用いて評価研究を行った。具体的には、犯罪者の中から地域社会との強力な結びつきを持つ者を無作為に抽出し、保証金なしの保釈が言い渡される集団（実験群）と保釈金ありの保釈が言い渡された集団（統制群）を比較した。その結果、実験群の99%が逃走することなく指定期日に出廷し、その割合は保証金によって保釈された者（すなわち統制群）よりも高い比率だったのである。これは、保証金による保釈よりも婚姻や雇用の状況などの情報に基づく保釈の方が効果的であることを示している。この評価研究の結果、保釈に関する政策転換が行われ、現在では、アメリカの多くの司法管轄で保釈金なしの自己誓約による保釈（Release on own Recognizance, ROR）が認められている。

しかしながら、1960年代、ケネディ大統領やジョンソン大統領のもとで実施されたさまざまな社会プログラムが、貧困問題やその結果と考えられた犯罪・非行などの社会問題の解決に役立っていないことが認識されるようになった。現に、それらの社会プログラムを検証した評価研究は、プログラムの成果の確たる証拠を示すことができなかったのである。当時、これらの研究で最も著名なのが、1974年のロバート・マーティンソン（Robert Martinson）らによる社会復帰プログラムの評価研究である。それは、後に知られるようになる、いわゆる「処遇不機能（nothing works）」論であり、その後犯罪者処遇の大きなパラダイム転換をもたらし、今日でも、この議論は刑事司法分野で常に意識されている。

2　近年の展開

1990年代に入ると、それまでの評価研究に関する3つの流れが新たに生じた。第1は、これまでの個々の評価研究で示された知見の検証と統合である。すなわち、同じプログラムに対する別々の評価研究であっても、そのプログラムの有効性について結論が異なる場合、どのように解釈すべきか、という疑問が生じる。そのような問題を解決するために、メタ・アナリシス（meta–analysis）法を使用した研究が行われるようになった。このような動きは、まず医療分野で生じ、他の領域に普及した。とくに、犯罪学においては、1990年のドナルド・アンドリューズほか（Donald Andrews et al）のメタ・アナリシス法を用いた研究は、犯罪者処遇の分野で長らく唱えられてきた犯罪者処遇不機能論を明確に否定するエビデンスを提出した。1997年には、ローレンス・W. シャーマン（Lawrence W. Sherman）らが犯罪対策の有効性を検証した『犯罪予防（Crime Prevention）』を発表した。さらに、2000年には、これらの研究者によってキャンベル共同計画が立ち上げられ、種々の犯罪対策の評価研究の系統的レビューが行われるようになった。いわゆる、「エビデンスに基づく政策（evidence–based policy）」の実現である。第2は、実験計画法による評価研究の欠点を指摘したレイ・ポーソンとニック・ティリー（Ray Pawson and Nick Tilley）の現実的評価（realistic evaluation）が主張されたことである（図表7(2)−1参照）。さらに第3は、マイケル・パットン（Michael Quinn Patton）の実用重視評価（utilization–focused evaluation）があり、これは、従来の評価研究の知見が評価結果の利用者にとって無用の長物であったことを批判し、評価の客観性や科学性よりも有用性を重視すべきとするものである。これらについては後述する。

図表7(2)-1 欧米の犯罪予防計画に対する評価研究の例

評価者（年度）	場 所	対 象	予測された結果	成功の理由
Armitage et al (1999)	イギリス・ランカシャー州	監視カメラ設置	自動車窃盗その他財産犯の減少	カメラ設置についての広報活動
Tilley and Hopkins (1998)	イギリス・レスター	警報装置その他防犯装置の設置	非侵入窃盗の減少	アン王女発言によるアナウンス効果
Squires (1998)	イギリス・サセックス州	監視カメラ	器物損壊、万引きその他犯罪	監視カメラ設置が視覚的に寄与万引き減少は他の要因
Barclay et al (1996)	カナダ バンクーバー市	バイクパトロール実施	自動車窃盗の減少	犯行者のバイクパトロール実施についての無知
Brown (1995)	イギリス・ニューカッスル市	監視カメラ設置	侵入窃盗、器物損壊・路上窃盗の減少	犯行者の初期設置カメラ作動の誤解
Poyner et al (1986)	イギリス・ロンドン市ピーパス団地	物理的改良と清掃	自動車窃盗と車上狙い	犯行者は団地の改良に対し犯行パターンを変更
Ross (1973)	イギリス	運転者に対する強制アルコール検査の実施	飲酒運転の減少、横ばい、減少	運転者は強制検査の議論時から飲酒運転を自重

出典：Nick Tilley (ed.), Analysis for Crime Prevention, 2002. から作成した。

3 犯罪予防活動の評価研究

1 犯罪予防活動の評価の前提

予防活動は、地域が抱える具体的な問題を解決するために実施されることが主流となっている。いわゆる「問題志向型アプローチ（problem–oriented approach)」である。というのも、予防活動に注ぐことのできる資源は、当然のことながら、無尽蔵ではなく、問題のないところに予防活動や予防措置を講ずることは非効率かつ無駄だからである。

ジョン・エックとウィリアム・スペルマン（John Eck and William Spelman）

が描く問題志向型アプローチは、SARA（サラ）モデルを通じて予防活動を計画、実施、修正するものである。SARA モデルとは、問題志向の予防活動を展開する際の基本的な考え方を示したモデルである。すなわち、'SARA' とは、Scanning（問題把握）、Analysis（分析）、Response（対応）、Assessment（評価）の頭文字である（ロナルド・クラーク、ジョン・エック『犯罪分析ステップ 60』、2015 年）。まず、対象地域を調査して問題の所在を明らかにして、それに関するデータを収集して問題を把握し（Scanning）、次に収集したデータを照合・分析し、地域が抱える犯罪問題を明らかにし（Analysis）、さらに問題把握・分析によって特定された問題を解決するのに適切だと思われる方法を用いて予防活動計画を策定し実行に移す（Response）。そして、実行した予防活動が適切に問題を解決したかどうかを評価（Assessment）し、問題が解決しない場合には計画を修正する。このモデルは、直線的ではなく循環的、螺旋的であり、予防活動が複雑で長期間にわたる場合、問題把握（S）、分析（A）、対応（R）、評価（A）が順次繰り返されることによって、改善が進む仕組みである。すなわち、予防活動に正答はなく、地域が抱える問題に応じた活動を展開し、順次修正していくことが重要である。そして、活動を修正するためには、活動を分析評価する必要が生じるのである。

このように、問題志向型の活動は、単に漠然と犯罪予防に効果がありそうな活動を展開するのではなく、特定の犯罪問題の解決を目指すものである。また、単に予防という漠然とした目標ではなく、個別具体的な目標を掲げなければならない。なぜなら、活動が具体的目標を提示しない場合、次のような問題が生じる可能性があるからである。すなわち、①活動が何を対象としたものなのか明確ではなくなる。②その活動に従事する人は何のために労力を費やしているのかを理解することができず士気が上がらない。③資源（人、物、予算、時間）が非効率的に使用される可能性がある。④活動を効率的に評価することが困難になる。そこで、活動が目標を掲げるにあたって、どのような目標を設定したらよいかが問題となる。その目標は、しばしばスマート（SMART）という語で示され（Geoff Berry, 2009）、特定的（Specific）、測定可能（Measurable）、達成可能（Achievable）、現実的（Realistic）、期限が定められた（Timebound）目標を意味する。たとえば、「A 地区の暴力犯罪を 12

ヶ月以内に10％削減する」といった目標を設定したとしよう。このような目標を設定することで、活動が目標を達成したか否かを具体的に評価することができる。もっとも、予防活動を実施する地域の犯罪発生件数が他地域と比較して少ない場合、「現状維持（増加させない）」を目標とすることもできる。あるいは、全国的に犯罪発生件数が年間10％の割合で増加傾向にある場合、「増加傾向を5％にとどめる」という設定の仕方も考えられる。また、必ずしも犯罪発生件数に拘泥する必要はない場合もある。たとえば、「A地区に現在10個所ある犯罪不安箇所を12か月以内に5ヵ所改善する」、「12カ月以内にA地区の住民の犯罪不安感の割合を10％削減する」なども考えられる。

2 評価の必要性

評価を必要とする理由として次の点が考えられる。

① 活動が何を達成したかが明らかになるからである。上記のように目標が設定されているのであれば、目標がどの程度達成されたのか、どのような事柄が達成され、あるいは達成されなかったのかを把握できる。

② 評価を通じて活動の教訓を得ることができるからである。問題解決のための対策が実際に効果的であったのかどうか。なかったとしたら何故なのか。これらの回答は、実施している活動自体の修正が必要となる。それに加えて、新たに別の地域で同種の予防活動を計画する者が同じ轍を踏まないためでもある。さらに、質の高い評価報告書は、他の予防活動の評価を検討する者にとって生きた指針や教科書となる。したがって、活動の評価結果は、活動に従事する者だけでなく広く一般に公開すべきであり、そのためにも評価報告書を集積しデータベース化すべきである。実際に、米英では、HPで種々の予防活動の評価結果を公開しており、簡単にアクセスすることができる。

③ なぜ当該活動が目標を達成できたのか。すなわち、活動がどのようなメカニズムで犯罪問題を解決したのかを解明することができるからである。

④ 活動によって生じた想定外の影響を把握することも重要である。活動

の主目的は特定犯罪の予防にあるとしても、その活動の効果が予防だけにとどまらない場合がある。想定外の影響には、当然ながらプラスの影響（例：利益の拡散）とマイナスの影響（例：犯罪の転移）の双方がありうる（これらの例については、第6講「環境犯罪学」参照）。

⑤　活動が資源や資金を適切に使用したかどうかを確認する必要があるからである。活動の主体が警察や役所などの公的機関である場合や、公的機関から資金援助を受けて実施されるタイプの予防活動である場合、とくに重要である。なぜなら、資源や資金（税金）を効率的かつ効果的に活用したことを示す説明責任がプログラム実施者に生じるからである。

⑥　評価対象が行政の実施する個別の政策プログラムの場合、評価は政策を推進するか否かの意思決定の資料になる。評価は、政策立案者の責任を追及するものではないが、評価に基づかない政策を展開することは、客観的で科学的な視点を欠き、根拠に乏しく、裁量的かつ恣意的な意思決定と批判される可能性がある。

このように評価の理由は多様である。それゆえ、評価者は、評価依頼者が何のために評価を求めているのかを明確に理解しなければならない。

4　評価の手続

1　評価者の選定条件

図表7(2)–1は評価手続の流れを示したものである。まず、評価を行うには、有能な評価者（evaluator）が必要であることは言うまでもない。そのために、まず、プログラムの評価者は、社会調査技術を備えた者でなければならない。また、予防活動の評価においては、犯罪学の理論にも精通している方が望ましいだろう。たとえば、英米においては、犯罪分析者を目指す者のために、犯罪分析マニュアルが公刊させており、わが国でも翻訳されている（R. クラーク、J. エック（守山正監訳）『犯罪分析ステップ60』、2015年）。

評価する者は、一般的には活動従事者以外の専門的知識を有する第三者が担当すべきである。評価においては専門的知識・技術が必要であるが、従事

図表 7(2)-2　評価手続フローチャート

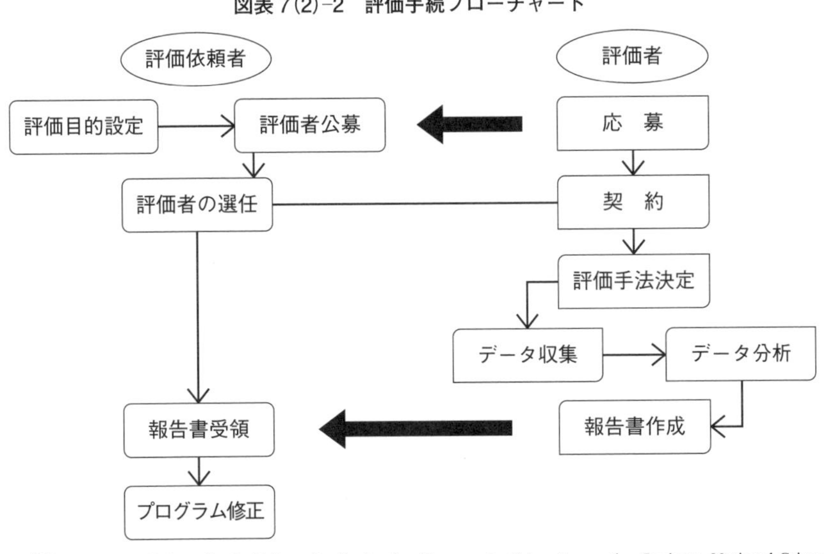

出典：Brian English et al., Guidelines for Evaluating Community Crime Prevention Projects, National Crime Prevention, An Australian Government Initiative, 2003 を参考に作成した。

者の大半は、それらを有していない場合が多い。もっとも、プログラム従事者が自ら評価する場合がないわけではない。その場合、厳密な評価手法を使うことや第三者を加えることで評価の客観性を担保することが求められる。ただし、この場合、活動組織が評価に割く人員があるかどうかが問題である。活動従事者の目的は、活動の実施であり、活動従事者が評価に労力を割くことは活動を手薄にする可能性がある。通常、活動に従事する者が自ら評価を行うと、デメリットを黙殺しメリットだけを強調し、自画自賛に陥る虞れがあり、最悪の場合、問題を隠蔽することもありうる。したがって、評価者には、中立的で客観的な視点から評価が期待できる第三者が含まれていることが望ましい。また、評価者の選定手続自体も適正でなければならない。政策レベルの評価の場合、諸外国では公募による入札制度に基づいて評価者を選出する（図表 7(2)-2 参照）。

前述のように、評価者は適切な技術や知識を有すものでなければならない。評価を実施する際に、社会調査や統計分析などの専門的技法を使用する場合、それらの技術や知識を身に付けた者が適切な実験デザインのもとで実施しなければ、評価の質が担保されない。たとえば、地域住民にアンケートを実施する場合、ただ単に聞きたいことを項目として羅列すればよいのではない。アンケート実施目的、分析方法などを勘案し、項目出しを行い、質問の順番や文言を調整するなどアンケートを合目的的かつ体系的に設計しなければならない（詳しくは本講I「量的研究」参照）。特に長期的に反復して行う評価の場合、アンケート設計の良し悪しがその後の評価の成否を左右することになりかねない。したがって、専門家は、アンケートをみれば専門的知識を有す者が作成したものかどうかを瞬時に判断することができるであろう。

犯罪予防活動の評価をする者としては、大学の研究者、大学院生、社会調査会社、評価専門コンサルタントなどがあげられる。それぞれ、期待できる評価内容の質は、その有している知識、技術、実績、評価にかかる資源（人、物、予算、期間）などの点で異なる。どのような者を評価者として選定するかは、評価依頼者がもつ評価依頼の理由や資源に依存する。

2　評価のモデル

図表7(2)-3は、ローレンス・マーティンとピーター・ケットナー（Lawrence L. Martin and Peter M. Kettner）が考案した評価研究のプロセス・モデルである。これによると、評価はインプット、プログラム・プロセス、アウトプット、アウトカムの順に手続きが進む。

インプットとは当該プログラムに投入される資源、原材料、対象者、スタッフを意味する。プログラム・プロセスとは、プログラムが提供する処遇やサービスである。アウトプットとは、プログラムによって提供されるサービスや新製品である。すなわち、プログラムの直接的な産物である。たとえば、サービスを受けた対象者数、訓練を受けたケース・マネージャーの数、逮捕者数などである。アウトカムとは、プログラム・プロセスの影響・結果である。通常、プログラムの目標に当たるのがアウトカムである。具体的には、テストの点数の改善、就業率の上昇、貧困率の低下などが挙げられる。プログラムは、多元的なアウトカムを有する可能性があり、ときに想定どお

図表7(2)-3　評価モデル

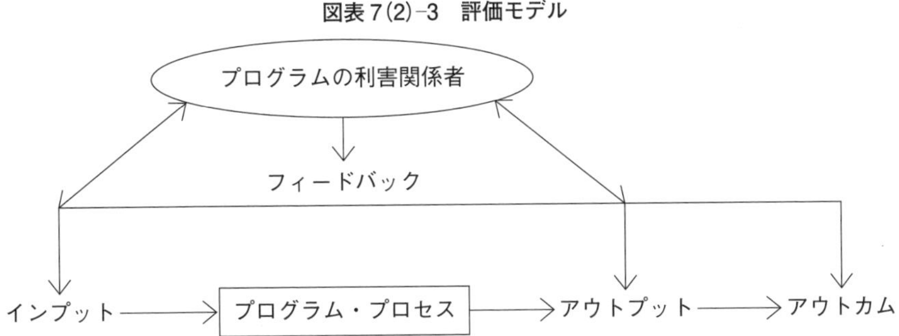

出典：Lawrence L. Martin and Peter M. Kettner ‘ Measuring the Performance of Human Service Programs ’ SGE. 1996.

りの、あるいは想定外のアウトカムであったり、あるいは、評価がプラスのもの、マイナスのものであったりする。フィードバックとは、プログラム・インプットを改善するためのアウトプットやアウトカム、プログラムの運用に関する情報である。アウトプットとアウトカム双方の変化は、フィードバック・プロセスを通じてインプットに影響を及ぼす。サービスの対象者の数が不十分であれば、対象者数を増加させる。

評価プロセスのなかでも、とくにフィードバック・プロセスは、プログラムの利害関係者の利益や視点に関連して理解される。利害関係者は、プログラムに関心を有する個人やグループ、つまりプログラムの対象者やスタッフ、マネージャー、資金援助者、公衆などである。プログラムや機関の委員会、プログラムの支出をモニターする監査人、議員などは、すべてプログラムの潜在的利害関係者である。ある者は評価研究に資金を提供し、ある者は調査データを提供し、ある者は調査報告書を検証する。プログラムの利害関係者がプログラムにおいて演じる役割は、調査にとって重要な結果をもたらす。

マーティンらのモデルは、プログラムに投入されたものは何か（インプット）、どのような活動を実施したか（アウトプット）、そして、どのような成果が得られたか（アウトカム）を分けることを推奨する。というのも、得てして、プログラム実施者はこれだけのことをしましたという形ばかりの活動結果を強調しがちだからである。プログラムは、単に実施することではなく、何らかの成果を上げることが目的である。パトロール回数、CCTV 設置数などは、単に実施した事項を示しているにすぎない（アウトプット）。そして、パトロール実施地区や CCTV 設置地点における犯罪発生件数や犯罪不安感が減少したり、検挙件数が増加したりすることはプログラムを実施したことで得られた成果である（アウトカム）。どれだけ活動しようとも成果を上げることができなければ、そのプログラムの有効性には疑問符がつくことになる。要するに、努力を強調しても意味がなく、努力した結果、得られたものを強調すべきである。評価者は、このようなモデルを使って、評価対象を分類・整理して理解する必要がある。

3　評価の時期

いつ評価を実施するかに決まりはなく、評価目的・手法、活動の規模や複雑性、収集すべきデータの種類、データ収集の容易性、評価に利用可能な資源などさまざまな要素を考慮して評価者が時期を決定すべきである。たとえば、当該プログラムが与えた影響を測定するのが評価目的の場合、活動終了後に評価を実施することになる。これに対して、評価目的が実施中のプログラムへのフィードバックである場合、活動継続中のある時点で、あるいは一定周期で評価を行い、活動に修正を加える必要があるか否かを検討するための資料を提供する必要がある。フィードバックを目的とする評価の時期は、経験則上、プログラムの 4 分の 1 が経過した後に実施すべきだという見解もみられる（G. Berry, 2009）。なぜなら、評価のタイミングが早すぎると活動の効果が実際に現れる前に測定することになるからである。

もっとも、評価研究に着手するのは、活動開始と同時でもよいが、可能であれば、活動の計画段階から関与することが望ましい。これによって、プロセス評価やモニタリングが可能になる。いずれにせよ、評価を実施する際に、その出発点を明確に把握すべきである。すなわち、活動開始前のありのままの状況について種々のデータを収集する必要がある。というのも、プログラム開始時点での状況を把握していなければ、活動実施後の変化を比較できないからである。

5　評価の類型

評価の類型は多種多様であり、分類法も完全に確立しているわけではない。ここでは、インパクト評価（impact evaluation）、プロセス評価（process evaluation）、現実的評価（realistic evaluation）について特徴を示す。

1　インパクト評価

インパクト評価とは、プログラムが効果を有していたかどうか、有していたとして、どの程度効果があったのかを最終的に分析することである。すなわち、プログラム終了後に評価を行い、これによって、プログラムによる介入とその影響の間の因果関係が明らかになる。上記のように、初期の評価研究は、プログラムが実際に効果があったのかどうかの検証に集中し、このインパクト評価が中心だった。

プログラムとその効果という因果関係を測定するのにはいくつかの手法がある。その際に、どのような手法を用いるかは評価研究にとって重要である。というのも、使用される手法によって評価結果への信頼度が異なるからである。主要な測定法として次のようなものがある。

(1) 実験計画法

インパクト評価で活用される手法の中で最も支持されているのが実験計画法である。実験計画法（experimental design）は、元来、医療分野、特に新しい治療方法や新薬の評価に関する領域で発展した手法であり、19 世紀後半にはその萌芽がみられ、20 世紀初頭に普及した。基本的に、科学性や客観性を重視する。

医療分野における新しい治療法の有効性を評価する場合、具体的には、次のような手順を踏む。第 1 に、サンプル（被験者）の適格性をチェックする。第 2 に、サンプルを無作為（性別、年齢、民族などに関係なく）に 2 つのグループ、すなわち、治療を受けるグループ（実験群）と治療を受けないグループ（統制群）に分類する。第 3 に、実験群に治療を施す。第 4 に、実験群と統制群の結果を比較する。サンプルを無作為に分類することで、実験群

図表7(2)-4　ブラガの無作為抽出実験計画法

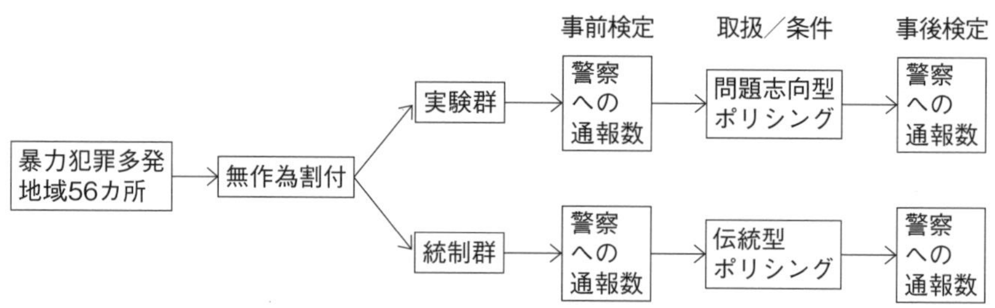

出典：Ronnet Bachman and Russel K. Schutt. The Practice of Research in Criminology and Criminal Justice, SAGE, 2007, p. 383.

と統制群を区別するものは治療の有無のみであり、他の要素では同等の集団であるという前提がとられる。したがって、実験の結果、実験群と統制群の間で生じる相違は、治療によるものとすることができ、治療と患者の予後（病気の治癒）の間の因果関係を説明することが可能となる。

犯罪学分野の無作為割付による実験計画法の例として、図表7(2)-4のようなアンソニー・ブラガら（Anthony A. Braga et al, 1997）の研究があげられる。この研究は、ニュージャージー州ジャージー市における路上暴力犯罪の削減に問題志向型ポリシングが有効かどうかを検証するために行われた。すなわち、ブラガらは、ジャージー市内で1993年に発生した全ての強盗および暴行の事件と市民の警察への通報を分析し、地図ソフトを使用してマッピングした。そして、暴力犯罪多発地域56カ所を選別後、28組のペアをマッチングした。その後、コインを投げてその裏表で実験群と統制群を無作為に割り付けた。実験群に割り付けられた地域では問題志向型ポリシングが実施され、統制群は通常のポリシング（警察活動）のみで問題志向型は行われなかった。ブラガらは、問題志向型ポリシングの実施前と実施後の犯罪・事件報告数、市民による緊急通報数、物理的観察による迷惑行為発生件数（空き地、ゴミくず、落書き、割れ窓などの物理的不品行（physical incivilities）、公然酩酊や浮浪（loitering）などの社会的迷惑行為（social incivilities））を比較した。その結果、実験群において犯罪事件数と市民の通報数がかなり減少し、観察データからは物理的・社会的不品行の割合が91％減少した。このことからブラガらは、実験群に施された問題志向型ポリシングが犯罪の統制・予防に成

図表 7(2)-5　科学的方法尺度

レベル 1	ある時点での予防プログラムと犯罪指標の相関を示す（例えば、「CCTV 設置地区は未設置地区より犯罪率が低い」）
レベル 2	比較可能な統制条件を用いずに、プログラム導入前後の犯罪指標を比較する（例えば、「ある地区に CCTV を設置した後、犯罪が減った」）
レベル 3	実験条件と比較可能な統制条件とにおけるプログラム導入前後の犯罪指標を比較する（例えば、「実験地区では CCTV を設置した後で犯罪が減ったが、統制地区では犯罪は減らなかった」）
レベル 4	犯罪に影響する他の変数を統制するために、複数の実験単位および統制単位を導入し、プログラム導入前後の犯罪指標を比較する（例えば、「被害に影響した場所の特徴を統制したら、CCTV 設置場所では未設置場所よりも被害は減少した」）
レベル 5	実験単位に、プログラム実施条件と統制条件を無作為に割り当てる（例えば、「無作為に CCTV 設置条件に割り当てられた場所では、統制条件に割り当てられた場所に比べて被害が減少した）

出典：ローレンス・W. シャーマンほか編著（津富　宏、小林寿一監訳）『エビデンスに基づく犯罪予防』社会安全研究財団 16–17 頁（2008 年）

功したとの結論を下した。

このように、プログラムの介入の影響を調査するインパクト評価において、評価研究の質を確保するために実験計画法を利用することが推奨されている。たとえば、ファーリントン、ゴットフレッドソン、シャーマン、ブランドン・ウェルシュ（Brandon Welsh）は、研究手法の観点から評価研究を 5 段階に分類するメリーランド科学的方法尺度を考案し（図表 7(2)–5 参照）、科学的評価研究に値するには、少なくともレベル 3 以上に該当することが最低限必要と主張する。

実験計画法は、評価研究の「黄金の基準（gold standard）」とまで言われるが、批判がないわけではない。たとえば、アン・オークリー（Ann Oakley, 1998, 2000）は、プログラム評価で実験計画法の利用について議論されてきた問題点を次の五つにまとめている。第 1 に、実験計画法はしばしば社会状況に適していない。第 2 に、実験計画法は、複雑で、多元的な地域環境などで行われる介入を査定するのに不適切である。第 3 に、統制群に「プログラムを施さないこと」は非倫理的である。第 4 に、実験計画法は費用や時間がかかりすぎ、政策作成プロセスから乖離しすぎる。第 5 に、実験計画法は、方法主導的（method–driven）で理論的基礎を持たない傾向がある。

（2）準実験計画法

先述の実験計画法がインパクト評価においては理想の手法とされるが、批判がみられたように現実問題として時間や費用がかかりすぎたり、無作為化への抵抗（資金提供者が倫理的な観点から実験計画法を認めない場合など）があったりするので、実験計画法を利用するのは実際には難しい。現に、評価研究の先進国である米英においても刑事司法分野の評価研究で実験計画法を用いているものは多くない。そこで、実験計画法を利用できない場合に使用するのが準実験計画法（quasi–experimental design）である。実験計画法と準実験計画法の根本的な相違は、無作為化されているか否かである。すなわち、実験計画法は、無作為に実験群と統制群が選定されるがゆえに、実験群と統制群の間に生じる差を介入プログラムの効果とみなすことが理論上保証されている。それに対して準実験計画法は、実験群の比較対照を評価者が意図的に選択することになるので、実験群と統制群の間に生じる差を介入プログラムの効果と純粋にみなすことができない。したがって、手法としては実験計画法に劣ると言わざるを得ない。

以下に代表的な準実験計画法をあげる。

①事前・事後比較モデル

プログラム実施前の一時点と実施後の一時点を比較し、その差を測定する手法であり、単純前後比較デザインともいう。たとえば、CCTV をある地域に設置するプログラムの場合、設置前と設置後に犯罪発生数を測定し比較をする場合である。最も単純な比較であるがゆえに、信頼性が低い。たとえば、CCTV 設置後に、犯罪発生数が 10% 減少していたとして、それが CCTV 設置の効果とはにわかには言い難い。というのも、設置前から当該地域で犯罪発生数が減少傾向にあった場合、CCTV が設置されなかったとしても同じく 10%減っていたかもしれないからである。

②時系列モデル

プログラムの実施前後の一定期間のデータを収集し比較する手法である。たとえば、CCTV 設置前後の 1 年間の犯罪発生数を測定比較する場合である。これにより、設置前1年間で犯罪発生数が10%減少していた場合、単純な予測では設置後の1年間でも10%減少するかもしれないと予想できる。そこで、設置後の測定値が20%減少していたとすると、予測よりも大幅に減少しているので、評価者によってはCCTV設置には有意性があると判定するかもしれない。

③マッチング・モデル

実験群と統制群を何らかの指標に基づいて選択し、2群間を等質化して比較する手法である。たとえば、CCTVの設置台数、設置場所、コントロール・センターの数、モニター数、監視者数など、なるべく類似したものを統制群として選定し、実験群と比較する。何らかの比較を行う際に、人々が無意識に行っている手法である。一例として、車を購入しようとする人は、予算、用途、デザイン、大きさ、セダンかワゴンかなどの観点から複数の自動車メーカーの車を比較し購入するだろう。

このように、介入プログラムのインパクト（影響）を測定する手法は多様であるが、評価者は評価目的と資源、状況に応じて各手法のいずれか、あるいは複数を組み合わせて評価を実施することになる。いずれにせよ重要なのは、評価者は評価結果が信頼される手法を選択することに大いに注意を払わねばならないことである。

2 プロセス評価

インパクト評価がプログラム終了後に、プログラムの改善効果があったかどうかを判断するのに対して、プロセス評価（process evaluation）は、当該プログラムが計画通りに行われているか、プログラムの効果はみられるかを確認する中間評価である。一般には、(1) 活動を修正するために活動実施中にその進捗状況を随時確認する場合が想定されるが、このほか、活動が計画通りに実施されたか否かを最終的に確認する手続きがあり、これには (2) インパクト評価の前提として行われる場合 (3) 資金提供者等への説明責任を果たすために行われる場合など主として3種がある。以下に、これらを説明しよう。

(1) 活動を修正するために行われるプロセス評価

プロジェクト終了後に行うインパクト評価では、プロジェクトが効果を持たなかったと判定した場合にプログラムを遡って修正することは不可能であるが、プロセス評価は可能である。通常、各種犯罪対策においては、社会条件の変化や実態把握の点から実際には計画通りに進まないことも多い。たとえば、予算削減の結果、予定していたCCTVの数を設置できないとか、重大事件の発生で警察官をプロジェクトに確保できない、などの事態の変化が生じる。このような場合、プロセス評価で計画の進捗状況を随時把握していれば、CCTVの設置範囲を狭めて設置密度を維持したり、パトロールに従事する警察官のシフトを組みなおしたりすることで実施中の対策を修正することも可能である。

(2) インパクト評価の前提として行われるプロセス評価

インパクト評価の前提として行われるプロセス評価の場合、両者の関係は図表7(2)-6のように示すことができる。たとえば、新薬投与プロジェクトを実施する場合、次の四つのシナリオが考えられる。プロジェクトが、①計画通りに実施され、病気が治った。この場合、新薬は「効果があった」と判定される。②計画通りに実施されたが、病気は治らなかった。この場合には、新薬は「効果がなかった」と判定される。③計画通りに実施されなかったが（たとえば、薬の投与量が多かったり少なかったりした場合）、病気が治った。この場合には、「計画とは異なる薬の投与量で効果があった」あるいは、「新薬とは別の要因で病気が治った」という二つの可能性が考えられる。④計画通りに実施されず、病気も治らなかった。この場合、計画に不備があったのか新薬に効果がなかったのかが不明なので「意義なし」と判定される。このように、ある活動の効果（インパクト評価）を検証するためには、その活動が計画通りに実施されたか否か（プロセス評価）を予め実施する必要がある。

(3) 資金提供者等への説明責任を果たすために行われるプロセス評価

欧米では、わが国とは異なり、納税者意識が高いことから、公的機関は政策実施に関して、政策の効果があったことだけではなく、政策実施の中途で税金が適切に使用されているかを納税者に対して明らかにする必要がある。また、民間の助成団体が犯罪対策活動に出資する場合も、活動従事者は助成

図表 7(2)-6　プロセス評価とインパクト評価の関係

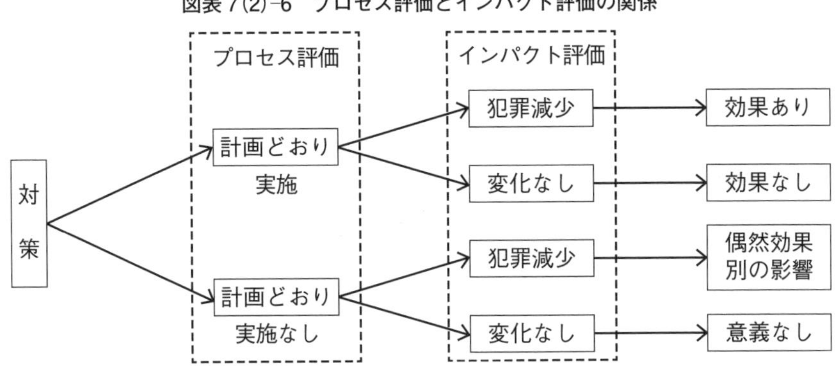

出典：Ronald V. Clark and John E. Eck, “ Crime Analysis for Problem Solvers in 60 Small Steps”, 2005, pp. 90–91 を参考に作成した。

資金の適切な使用状況を助成団体に対して報告する義務を負うのが一般的である。そこで、計画通りに資源が使用されたかどうかを把握し、納税者や助成機関などの資金提供者等に対して資源の適切な使用を随時明らかにする場合に、プロセス評価が実施されることもある。

3　現実的評価

伝統的には、評価研究、とくに因果関係を測定するインパクト評価の手法として実験計画法を採用することが絶対視される状況が長く続いてきた。その実験計画法を批判して考案されたのが現実的評価（realistic evaluation）である。すなわち、実験計画法を用いた評価では、介入と効果の間の因果関係を明らかにできても、その介入がどのようにして効果をもたらしたか、つまり原因と結果の間のメカニズム、言い換えると何が機能したかを説明できないという批判である。これは、イギリスで実験計画法を用いて警察主導の犯罪不安削減戦略の効果を測定したトレバー・ベネット（Trevor Bennett）の評価研究をポーソンとティリー（Ray Pawson and Nick Tilley）が批判したことに端を発し、後に、ポーソンらとデービット・ファーリントン（David Farrington）の間の論争へと発展した。1997 年に、ポーソンらは、その主張を 1 冊の本にまとめ、‘Realistic Evaluation’（1997）という表題で出版した。同書は学術書にしては珍しく 2008 年までに 11 回も増刷されており、評価研究の領域に

図表 7(2)-7　現実的評価モデル

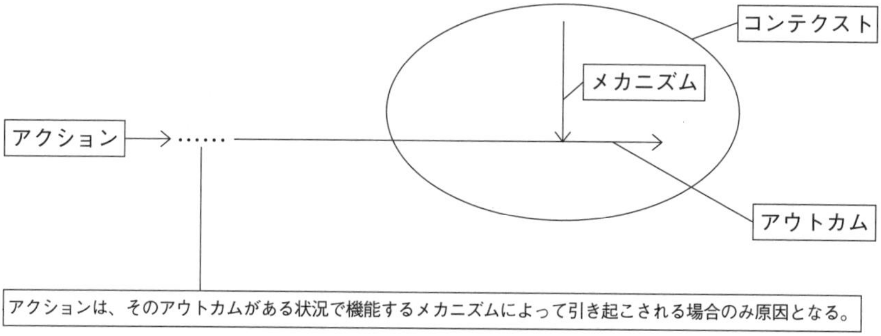

コンテクスト
メカニズム
アクション → ……
アウトカム

アクションは、そのアウトカムがある状況で機能するメカニズムによって引き起こされる場合のみ原因となる。

出典：Ray Pawson and Nick Tilley, Realistic Evaluation, SAGE, 1997, p. 54.

一石を投じたと言えよう。

この現実的評価は、理論主導評価の一種であり、次のような前提をとる。すべての社会プログラムは人間の想像の産物である。すなわち、社会プログラムは社会改善（social betterment）に関する仮説である。プログラムは理解されたコースを探索する。それによって、欠点が改良され、行動の欠陥が矯正され、条件の不平等性が緩和される。このように、プログラムは変化の展望によって形成される。それゆえ、プログラムは、展望の正確さによって成否が分かれる。現実的評価の立場では、評価とは、社会プログラムの根底にある理論を検証する作業を意味する。

現実的評価は、CMOC（Context Mechanism Outcome Configuration）理論に基づいて行われる。すなわち、図表 7(2)-7 のように、ある活動は、一定のコンテクスト（Context）で何らかのメカニズム（Mechanism）が働く場合にアウトカム（Outcome）に至ると仮定する。たとえば、ある地域の DV 被害警察通報率の低さを検証するとき、二つの可能性が考えられる。第 1 に、当然であるが、その地域で実際に DV 発生率が低い場合がある。第 2 に、その地域はデモグラフィックな特性としてミドルクラス以上の住民が住み、女性被害者に DV に対する恥意識が強く、外部にそれを漏らすことを躊躇したことで表面的には通報率が低い場合である。後者を現実的評価に当てはめると、女性の恥意識がメカニズム、上流社会の構成員がコンテクスト、通報の躊躇がアウトカムと位置づけられる。このように、現実的評価は実験計画法によるインパクト評価にとって代わるものではなく、補完するものである。

6 評価の方法

評価に用いる調査手法は、定量的手法（quantitative methods）と定性的手法（qualitative methods）の二つに分けられる。もともと、化学の領域で使用されていた用語が社会調査でも使用されるようになったという。たとえば、どのような成分が含まれているか不明な液体があったとする。そこで、この液体には成分A、B、Cが含まれているというように成分を特定するのが定性調査である。これに対して、この液体にはAという成分が10ml、Bが20ml、Cが15ml含まれているというように、その液体の中の成分の量を測定するのが定量調査である。

評価研究の手法としては、客観的に数値で測定されるものを定量的手法といい、主観的に言葉で収集されるものを定性的手法という。具体的には、定量的手法（量的調査）としてはアンケートの単純集計やそれに統計的手法を用い

図表 7(2)-8 定量的調査と定性的調査の特徴比較

定量的調査	定性的調査
数値	言葉
調査者の観点	参加者の観点
調査者の距離が遠い	調査者の距離が近い
理論検証	理論出現
統計	プロセス
構造化	非構造化
一般化	文脈理解
確固たる信頼可能なデータ	豊富で深いデータ
マクロ	ミクロ
行動	意味
人工的設定	自然な設定

出典：Tim Newburn (2007), Criminology, p. 899.

て分析したものがあげられる。他方、定性的手法（質的調査）には、参与観察（participant observation）や系統的観察（systematic observation）、インテンシブ面接（intensive interviewing）、フォーカス・グループ（focus group）などがある。たとえば、犯罪予防活動に関して住民にアンケートを実施したとしよう。すなわち、犯罪予防活動に関する住民の意識を調査するのだが、意識の中にどのような成分がどれくらい含まれているかわからない。そこで、アンケートの項目は、このような意識が住民の中にあるのではないかとアンケート設計者が想定した成分であるといえる。それらの成分は数値で集計される。すなわち、定量的調査である。それに対して、住民の意識の中にはアンケート設計者が想定していなかった成分も含まれているかもしれない。そこで、自由記述欄を設けたり、住民にインタビュー調査を実施したりして、想定外の意識を明らかにしようとする。これが定性的調査である。

このように、定量的手法と定性的手法は、元来、明らかにしようとしていることが異なり一長一短であるから、両者を組み合わせて互いの欠点を補うことが望ましいとされている。

7　わが国における評価研究の必要性

1990年代中葉から、わが国における社会科学の分野でも評価研究に焦点が当てられつつある。従来、医療や製品開発の分野では評価研究は当然のごとく行われてきたが、社会科学の分野では未熟であった。しかし、1995年の地方分権推進法、1997年の民主党による行政監視院法案提出（後に廃案）、1998年中央省庁等改革基本法などの流れが1999年の情報公開法、2001年の「行政機関が行う政策評価に関する法律」、いわゆる政策評価法の成立に至った。これは、わが国で評価研究を法的に後押しするものであるが、官庁などの政策評価は内部者による型どおりの評価に堕するおそれがあり、上述のような科学的手法を取り入れた第三者による評価作業が求められる。したがって、今後は欧米並みに、公的資金の有効な活用を目指して、評価研究を大いに活発化すべきである。

いずれにせよ、欧米諸国にはるかに遅れて評価研究に光があてられ始めている。評価研究は、活動の優劣を決定するためのものでも、また批判するものでもない。一般に、わが国の公的機関が外部からの評価を嫌うのは、彼ら自身が評価を批判や責任追及と捉えているからに他ならない。今後、わが国でも、あらゆるレベルの犯罪対策に評価を取り入れ、効果の検証とプログラム選択の意思決定に科学的知見に基づく確固たるデータを提供する必要があろう。欧米のように、わが国でもプロジェクト実施機関が広く評価者を公募して、自らのプロジェクトを評価させることが必要である。それこそが、エビデンスに基づく政策といえよう。

参考文献

・スティーブン・P. ラブ（渡辺昭一ほか共訳）『犯罪予防：方法、実践、評価』（社会安全研究財団、2006年）
・津富　宏「系統的レビューに基づく社会政策を目指して」日本評価研究3巻2号24頁（2003年）
・長尾眞文「実用重視評価の理論と課題」日本評価研究3巻2号（2003年）
・ピーター・H. ロッシほか（大島巌ほか監訳）『プログラム評価の理論と方法』（日本評論社、2005年）
・マイケル・クイン パットン（大森弥監集）『実用重視の事業評価入門』（清水弘文堂書房、2001年）
・守山　正「平成18年度版犯罪白書を読んで～特集部分について」法律のひろば2007年1月号23頁（2006年）
・佐々木亮（龍　慶昭監集）『政策評価トレーニング・ブック』（多賀出版、2003年）
・ローレンス・W. シャーマンほか、（小林寿一監訳）『エビデンスに基づく犯罪予防』16–17頁（社会安全研究財団、2008年）
・ロナルド・V. クラーク、ジョン・E. エック（守山正監訳）『犯罪分析ステップ60』（成文堂、2015年）
・山谷清志「わが国の政策評価」日本評価学会『日本評価研究』2巻2号3頁（2002年）
・渡邉泰洋「地域安全活動の評価方法」犯罪と非行162号106–135頁（2009年）
・Bachman, R. and Schutt, R. K.（2007）The Practice of Research in Criminology and Criminal Justice 3rd ed., p. 362.
・Bachman, R., and Schutt, R. K.（2008）Fundamentals of Research in Criminology and Criminal Justice, pp. 249–251.
・Berry, G.（2009）National Support Framework: Delivering Safer and Confident Communities:

Passport to Evaluation v. 2.0, Home Office.

・Braga, A. A. et al.（1999）Problem–Oriented Policing in Violent Crime Places: A Randomized Controlled Experiment, Criminology 37（4）, pp. 541−580.

・Clarke, R.V., and Eck, J.E.（2005）Crime Analysis for Problem Solvers in Small 60 Steps.

・Cohen, L. E., and Felson, M.（1979）Social Change and Crime Rate Trends; A Routine Activity Approach, American Sociological Review, vol. 44, pp. 588−608.

・English, B., et al.（2003）Guidelines for Evaluating Community Crime Prevention Projects, An Australian Government Initiative.

・Gill, M.（2003）CCTV, Perpetuity Press（2003）.

・Martin, L. L., and Kettner, P. M.（1996）'Measuring the Performance of Human Service Programs' SAGE.

・Newburn, T.（2007）Criminology, p. 919.

・Oakley, A.（1998）Public Policy Experimentation: Lessons from America, Policy Studies, vol. 19, Issue 2, pp. 93−114.

・Oakley, A.（2000）Experiments in Knowing: Gender and Method in the Social Sciences.

・Pawson, R., and Tilley, N.（1997）Realistic Evaluation,

第 8 講◆捜査支援技法

事件の捜査を支援するために、幅広い分野の科学技術が適用され、さまざまな捜査支援技術が開発・運用されている。本稿では、心理学を応用した捜査支援技法について、紹介する。心理学を応用した捜査支援技法の主なものとして、「捜査心理学」や「司法心理学」を学問的背景におく、犯罪者プロファイリング、取調べ、人質立てこもり事件の説得交渉についてとりあげる。

I　犯罪者プロファイリング

キーワード

事件リンク／犯人像推定／地理的プロファイリング

1　犯罪者プロファイリングとは

1　犯罪者プロファイリングの定義

犯罪者プロファイリングは、行動科学を捜査に応用する技術の一つであり、単にプロファイリングと略して呼ばれることも多い。FBI によれば、プロファイリングは、「犯行の分析に基づいて、被疑者の性格特徴や行動特性を特定する手法」（Douglas and Burdgess, 1986）と定義される。多くの研究者がこの FBI の定義に基づく定義を採用している。これは、初期の頃に多く行われていた主に臨床心理学的・精神医学的なアプローチに基づく犯人像推定を指す狭義のプロファイリングの定義である。現在この手法は、FBI において犯罪捜査分析として位置づけられている。

日本でプロファイリングと呼ぶ場合には、以下の定義が用いられており、被害者と犯人のつながりが薄い事件や、物証・目撃情報が乏しい事件のように、通常の捜査活動では解決困難な事件に対して有効であるとされている。

「犯行現場の状況、犯行の手段、被害者等に関する情報や資料を、統計データや心理学的手法等を用い、また情報分析支援システム等を活用して分析・評価することにより、犯行の連続性、犯人の年齢層、生活様式、職業、前歴、居住地等の推定や次回の犯行の予測を行うものである。(平成30年警察白書)」。

これはプロファイリングを犯人像推定に限らない広義の定義であり、より実証的なアプローチに基づくプロファイリングである（渡邉「犯罪プロファイリングの現状と課題」2011年)。図表8(1)-1に示すように、欧米では狭義のプロファイリングの適用例が裁判等で批判されたことから、その影響を避

図表8(1)-1　裁判等で犯罪者プロファイリングが取り上げられた例

裁判等	内　容
アメリカ 1989年 アメリカ下院軍事委員会の再調査 (Poythress, et. al., 1993)	【事件の概要】1989年の戦艦アイオワで爆発があり、47人の海兵隊員が死亡したもの。 【問題点】事件の再構成による心理学的評価として行われた死因分析（Equivocal death analysis）により導き出された結論「故意の行為」（砲兵隊員クレイトン・ハートウィグが自殺を遂行するために16インチの旋回砲塔を爆発させたもの）が論拠に乏しいと批判を受けたもの。特に、分析方法の信頼性と妥当性に関するプロファイラーの意識の低さが問題とされ、死因分析の結果として記述された内容が科学的技術の限界を超えたものであるとされた。
イギリス 1994年 レイチェル・ニッケル殺人事件の被告人コリン・スタッグの裁判 (Alison and Canter, 2005)	【事件の概要】1992年7月15日の朝に、ウィンブルドン・コモンで、犬の散歩をしていた23才の女性が、彼女の2才の子どもの目前で、性的暴行を受け、49箇所を刺されて殺害されたもの。 【問題点】おとり捜査の在り方とそこにプロファイラーが介入することの是非が問われた。大学の心理学教授ポール・ブリトンが、心理学的プロファイリングによって導き出した犯人像に合致する容疑者に対して、自身が主導する形でおとり捜査（Operational Edzell）を計画し、女性警察官を接近させて強引に自白を導き出そうとする手法をとったが、結果として曖昧な供述しか得られず、おとり捜査に入った女性警察官には大きな精神的負担を負わせる結果となったもの。このおとり捜査の手続きは、公正な手続きに従ったものとはいえないとされた。

け、異なる手法が混同されることのないようにするため、広義のプロファイリングの意味するところや関連する領域を investigative psychology（捜査心理学）や、behavioral investigative advice: BIA（行動科学による捜査助言）など、犯罪者プロファイリングとは別の呼称が用いられる国もある。犯罪者プロファイリングは心理学に基づく技術であり、科学的な手法の一つであるという位置づけからは、その手法は万能ではなく、手法の限界を超えた利用法は控えなければならない。映画やドラマのイメージとは異なり、プロファイラーがブラックボックスの思考過程をたどり、犯人の心の闇に潜り込み、犯人を逮捕するのではない。犯罪者プロファイリングはあくまで捜査対象地域や捜査対象者を絞り込むために活用する科学的な支援技法の一つなのである。

2　犯罪者プロファイリングの歴史

犯罪者プロファイリングの歴史は、FBI 以前、FBI が組織的な研究に取り組んだ 1970 年代、リヴァプール大学のディビッド・カンター（David Canter）教授がより実証的な手法を目指した 1980 年代以降の 3 つに区分することができる。現代は、第 4 期にあたる。

(1)　FBI 以前

FBI が組織的な研究に取り組む前の時代において、犯罪者プロファイリングが実施された最古の例は、1888 年のホワイトチャペル事件（英国）であると言われている。その後、アメリカではマッド・ボンバー事件（1940 年代–1950 年代）やボストン絞殺魔事件（1960 年代）で犯罪者プロファイリングが実施された。この頃は、主に法医学者や精神医学者による助言が個別に行われていた。

(2)　FBI の時代

FBI が組織的な研究に取り組みを開始し、その方法を確立していった時期である。1970 年には FBI アカデミーに応用犯罪学科が設置され、1972 年には行動科学課が設置された。精力的な研究が行われ、性的殺人（秩序型・無秩序型、Ressler, et. al., 1998）や強姦（力再確認型・力主張型・怒り報復型・怒り興奮型、Hazelwood, 2001）に関する犯人の動機に基づく事件類型が提唱された。FBI の方法論は、主に臨床心理学や精神医学的なアプローチに基づくものであり、捜査経験の豊富な捜査員が行動科学を学んで実施するものであった。この動機に基づく犯行類型を基礎に推定を行うFBIの手法をFBI方式と呼ぶ。この手法が確立されていく中で、州を超えて発生する事件が同一犯によるものかを分析するための詳細なデータベースが開発され、運用が開始された。アメリカFBIでは、ViCAP（Violent Criminal Apprehension Program：凶悪犯罪者逮捕プログラム）、カナダではViCLAS（Violent Crime Linkage Analysis System：凶悪事件リンク分析システム）が現在も運用を継続している。この後、北米では、キム・ロスモ（Kim Rossmo）（2000）が、犯罪地理学の視点から地理的プロファイリングを支援するためのシステムRigelを開発し、実務における支援を開始した。

(3)　ディビッド・カンターの時代

英国の環境心理学者であったカンターは、1980年代に鉄道強姦魔事件の捜査支援を行った経験（Canter, 1994）から、FBIの方法論を捜査員の経験を根拠に置く非科学的なものであると批判し、より科学的な手法を目指した方法論を確立した。カンターは、犯罪者が犯行中に示す行動の構造を理解するために、ルイス・ガットマン（Louis Guttman）によって提唱されたファセット理論（facet theory）を用いた。観察可能な行動の構造を視覚的、構造的に捉える統計手法を用い、同一犯による推定や、過去の類似事件の情報を活用した犯行主題分析（犯行テーマ分析とも呼ぶ）により犯人像推定を行った。この手法は、カンターが捜査心理学（Canter and Young, 2009）という新しい学問領域を創設したリヴァプール大学時代にちなみ、リヴァプール方式と呼ばれる。

(4)　FBI方式とリヴァプール方式の比較

田村（1998）は、FBI方式とリヴァプール方式を整理し（図表8(1)-2参照）、いずれの手法にも長所と短所があることを指摘した。FBI方式は分析の再現性に欠けるが、精神病理面が犯行に反映されていれば、初めてのタイプの事件でも分析が可能である。これに対し、リヴァプール方式は分析の再現性はあるものの、過去に類似事件がなければ分析が難しく、類似事件のデータの質が低ければ分析結果を適用する妥当性が低くなってしまう。これらを考慮し、日本においては、プロファイリングを科学的な手法とするために、分析の再現性を重視するリヴァプール方式を基礎とした手法として確立することを目指すと同時に、個別事件の事例性を重視した分析を実現するためにFBI方式を補助的に用いる形での手法の確立を目指している。

3 日本における犯罪者プロファイリング

犯罪者プロファイリングは、科学警察研究所で平成6年に研究が開始され、北海道に初めて犯罪者プロファイリングのためのユニットが作られた平成12年に捜査現場への応用がなされるようになった。平成15年には、科学警察研究所に捜査支援研究室が設置され、平成18年には警察庁の刑事企画課に情報分析支援室が設置され、そこでプロファイリングの所掌事務を持つようになり、全国に情報分析支援の係が設けられた。平成26年には捜査支援分析管理官が警察庁に設置され、現在では都道府県の多くで捜査現場への応用がなされている。心理学の専門家と捜査経験の豊富な警察官とが協働して取り組む場合、心理学の専門家が行う場合、研修を受けた警察官が行う場

図表8(1)-2 FBI方式とリヴァプール方式との比較

	FBI方式	リヴァプール方式
データ	事例	過去の類似事件データ
研究方法	インタビュー	多変量解析
分析主題	犯罪の動機	犯罪の主題（テーマ）
キーワード	Fantasy（空想）	Facet（多面的アプローチ）
学問的背景	臨床心理	行動科学
対象罪種	性的殺人、強姦、など	凶悪犯罪、暴力犯罪、その他
類型	秩序型・無秩序型・混合型*	罪種で異なる（テーマ分析） 強姦：攻撃性、親密性、犯罪性、性愛性 強盗：合理性、衝動性、計画性、反応性
分析者	捜査官	行動科学者（主に心理学）
推定方法	経験的 職人芸的	系統的 行動科学的
特質	分析対象が限定される 追試しがたい	分析対象は限定されない 追試が可能

注）田村（1998）に筆者が加筆したものである。

図表8(1)–3　犯罪者プロファイリングの実施件数

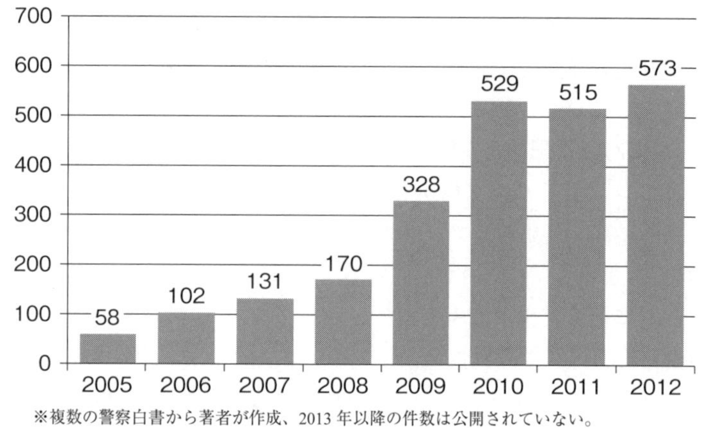

※複数の警察白書から著者が作成、2013年以降の件数は公開されていない。

合などいくつかのパターンがあるが、心理学の専門家と捜査経験の豊富な警察官が協働する場合により高い効果が認められている。

わが国のプロファイリングの実施件数は大きく増加しており、2010年以降は500件を超えている（図表8(1)–3)。犯罪者プロファイリングの技術が警察組織に普及した背景には、警察を取り巻く環境の変化によって生じる捜査の困難化に対抗し、捜査の緻密化や犯罪の組織化・複雑化等による捜査事項の増加など捜査負担の増加に対応していくための手段の一つの柱として、科学技術の応用があり、この科学技術の応用の一つとして、DNA型データベースの構築とともに犯罪者プロファイリングが強く打ち出されたところにある。警察捜査を取り巻く環境の変化としては、①国民の意識の変化による捜査活動に対する協力の確保の困難化、②社会経済のグローバル化による「物からの捜査」の困難化、③携帯電話やインターネットの普及に伴う匿名性の高い犯罪の増加、④経験豊富な捜査員の大量退職の4点があげられている（平成20年度警察白書)。

犯罪者プロファイリングは、被害者と犯人のつながりが薄い事件や、物証・目撃情報が乏しい事件のように、通常の捜査活動では解決困難な事件に対して有効であるとされ、主に連続して発生する犯罪、特に性犯罪（強姦、強制わいせつ等）や窃盗に対して適用されている。犯罪者プロファイリングを活用することの効用として、発生頻度の少ない事件への対応支援、動機の不明瞭な事件の捜査支援、捜査官が行う意思決定の支援、捜査官の経験の補充、捜査コストの軽減の 5 点があげられる（渡邉ら、2000）。

2　犯罪者プロファイリングの手法

犯罪者プロファイリングは、2 つの分析方法を用い、3 つの目的に沿った分析手法を用いる（渡邉「犯罪プロファイリング研究とその実践」、2006 年）。

1　二つの分析方法：統計分析と事例分析

統計分析とは、リヴァプール方式とも呼ばれ、当該分析対象となった事件と類似する過去の解決事件の情報を用いて、犯人や犯人の行動の特徴に関する情報を導き出そうとするものである。統計的手法を用いて、同じ手続きをたどれば誰でも同じ結果が出せるという科学の再現性を重視した分析である。類似事件情報を推論の基礎に置くことにより、犯罪者プロファイリングの分析を信頼性の高いものとし、客観的な分析結果の提示が可能となる。そのため、統計分析の手法は犯罪者プロファイリングを科学技術の一つとして位置づけるために重要なものとなっている。

事例分析とは、FBI 方式とも呼ばれ、当該分析対象となった犯人の行動特徴を掴み、その行動特徴と関連する犯人に関する情報を導き出そうとするものである。「一つ一つの事件は違う」と言われるように、事例の個別性を重視する分析である。事件の中で犯人が行った行動、被害者が行った行動、これらの相互作用について検討し、犯人の行動の合理性や合目的性などを軸に検討する。臨床心理学的知識や精神医学的知識などが有用となる。

これら二つのアプローチを組み合わせて用いることにより、統計分析により単なるステレオタイプを示すのみではない、個別の事例に沿った情報を導き出す技術となる。

2　犯罪者プロファイリングの三つの分析手法

犯罪者プロファイリングは単一の手法であると誤解されがちであるが、実際には複数の分析手法を組み合わせて用いる。事件情報を整理した後、複数の発生事件であれば、事件リンク分析、犯人像推定、地理的プロファイリングを実施する。つねにこの三つの手法を用いるわけではなく、捜査側のニーズに従って、必要な分析を行うものである。この三つの分析については、それぞれ統計分析と事例分析の二つのアプローチによる分析を行い、それらの結果を統合して捜査支援情報を導き出す。

(1)　事件リンク

事件リンクとは、一連の事件が同一犯人による事件か否かについて判定を行うものである。DNA型や指紋、足跡などの情報に加え、犯人の行動特徴及び目撃証言の情報を用いる。実務のための量的な方法による事件リンク分析の手法として、藤田ほか（2011）は、階層的クラスター分析や多次元尺度解析法（Multidimensional Scaling, MDS）の利用の妥当性を示している。

(2)　犯人像推定

犯人像推定とは、犯人の行動特徴から、犯人の年齢層、生活様式、職業、前歴の有無、動機の推定などを行うものである。犯人像推定のための基礎となる類型別の犯人特徴に関する知見はこれまでに多く出されている（田村・鈴木（1997）, Watanabe and Tamura (2001), Wachi, et al. (2007) など多数)。実務のための量的な方法による犯人像推定の手法として、横田ほか (Yokota, et al.) (2007) は性犯罪のデータを用いて無作為選択確率抽出法の利用を検討し、藤田ほか (Fujita, et al.) (2013) は殺人のデータを用いてロジスティック回帰分析の利用を検討し、それぞれ中程度またはそれ以上の予測力を持つモデルが作成できることを示している。また、財津（2011）は、新たな手法としてベイジアンネットワークによる推定モデルを作成し、犯人像推定に利用する可能性を指摘している。

(3)　地理的プロファイリング

地理的プロファイリングとは、同一犯によると推定された事件の発生地点の分布の特徴及び推定された犯人像から、事件を行った犯人の拠点（居住地や職場、実家、愛人宅、頻繁に通っている店など）を推定したり、次の犯行場所を推定するものである。通常、分析には5地点以上の場所が必要とされる。実務のための量的な方法による地理的プロファイリングの手法として、田村・鈴木（1997）や羽生（2006）は連続放火犯における円仮説の適用を、渡邉ほか（Watanabe, et al.）（2001）は年少者強姦犯における円仮説（最遠の犯行地点を結ぶ線を直径とする円内に拠点がある）の適用を検討し、その有用性と限界を示している。また、三本・深田（1999）は一連の犯行地点の重心を中心として、全ての犯行地点と重心間の距離の平均を半径とした円を描画し、その円内に犯人の拠点がある可能性を示す疑惑領域モデルを提唱し、その有効性を指摘している。さらに、円仮説や疑惑領域モデルなどの幾何学領域を推定する空間分布法に比較して、過去の類似事件における犯行地居住地間距離の情報を収集し、それに適合する関数を用いて捜査対象エリアの各グリッドにおける拠点存在確率を算出する確率距離法の方が捜査対象エリアが小さくなり、精度が高くなる知見も見出されている（萩野谷ら、2017）。現在、環境要因を取り入れたモデルの作成や、時空間分析への拡張など、さらに精度をあげるために、モデルの精緻化のための研究が多く行われている。

3　犯罪者プロファイリングの手法を活用した捜査支援技術

犯罪者プロファイリングの結果は、そのままダイレクトに捜査活動に結びつく場合と、さらに他の捜査情報を組み合わせた情報分析を実施することにより捜査活動に貢献する場合とがある。前者の例は、結果を捜査対象者や捜査対象地域の絞り込みに活用する方法であるが、後者の例としては、前歴者捜査があげられる。犯罪者プロファイリングの結果として、前科前歴を有する可能性が高いことが指摘された場合、捜査側が持つ前科前歴者に関するデータベースの中から効率的にその犯人を抽出することができれば、効率的な捜査が期待でき、犯人の早期検挙を実現できる。そこで、行動科学的な知見を用いて、犯罪者の行動の一貫性や識別性に着目した分析を行うことにより、特定の個人を抽出するための前歴者優先順位付けを行うための研究が各国で行われている（House, 1997; Yokota, et. al. 2002; 和智ら（2011）など）。House（1997）は、ニューファンドランド警察において、強姦犯の90％に前科前歴があるという分析結果に基づき、地理情報システム（GIS）をベースとして、発生領域内あるいは発生領域に近い場所に居住する前科前歴者を抽出して示す被疑者順位付けシステムを開発し、捜査に活用している。日本においては、科学警察研究所において、足立・鈴木（1993）や足立（1996）が提唱する無作為選択確率抽出法を用いた研究が行われている。例えば、横田ほか（Yokota, et al.）（2002）は、侵入窃盗犯のサンプルを用いたシミュレーションを行い、新規発生とみなした7,558件中1,524件で実際の犯人が12,468名のデータベースの中から1位で検索され、中央値は29位であり、ある程度満足できる結果を提出している。

近年、さまざまな分野においてAI関連技術が導入されているが、欧米では、警察の業務においても、いくつかのシステムが試験的に導入されている（横田・渡邉、2019）。たとえば、アメリカのシカゴ市警察は、ベンチャー企業によって開発されたシステム（Hunchlab）に基づいて警察活動を展開することの効果を示している。日本でも、科学警察研究所において地理的プロファイリングにおけるAI関連技術の検討が開始されている。

参考文献

・足立浩平・鈴木昭弘「犯罪手口の選択確率に基づく被疑者の検索手法」科学警察研究所報告法科学編46巻3号143−147頁（1993年）
・足立浩平「犯罪手口の類似度に基づく犯行記録の検索」科学警察研究所報告法科学編49巻25−30頁（1996年）
・Canter, D. V.（1994）Criminal Shadows: Inside the Mind of the Serial Killer. London: Harper Collins.（吉田利子訳）『心理捜査官 ロンドン殺人ファイル』（草思社、1996年）
・Douglas, J. E. & Burgess, A. E. 1986 Criminal profiling: A viable investigative tool against violet crime. FBI Law Enforcement Bulletin.
・藤田悟郎・横田賀英子・渡邉和美・鈴木　護・和智妙子・大塚祐輔・倉石宏樹「実務のための量的な方法による事件リンク分析」日本法科学技術学会誌16巻2号91−104頁（2011年）
・萩野谷俊平・倉石宏樹・花山愛子・小林正和・細川豊治・杉本貴史「地理的プロファイリングの精度比較」心理学研究88(2)、123−131頁（2017年）
・羽生和紀「連続放火の地理的プロファイリング— サークル仮説の妥当性の検討—」犯罪心理学研究43巻1号1−12頁（2006年）
・Hazelwood, R. R.（2001）Analyzing the Rape and Profiling the offender. In Hazelwood, R. R.

and Burgess, A. W.（2001）Practical Aspects of Rape Investigation: A multidisciplinary approach 3rd Edition. Boca Raton: CRC press.

・House, J. C.（1997）. Towards a practical application of offender profiling: The RNC's criminal suspect prioritization system. In J. L. Jackson & D. A. Bekerian（Eds.）Offender profiling: Theory, research and practice, 177–190. Chichester: Wiley.

・三本照美・深田直樹「連続放火犯の居住地推定―地理的重心モデルを用いた地理的プロファイリング」科学警察研究所報告防犯少年編 40 巻 23–36 頁（1999 年）

・Ressler, R. K., Burgess, A. W., & Douglas, J. E. 1988, Sexual Homicide: Pattern and motives. Lexington Books.（狩野秀之訳）『快楽殺人の心理：FBI 心理分析官のノートより』（講談社、1995 年）

・Rossmo, K.（2000）Geographic Profiling. Boca Raton: CRC Press.　渡辺昭一監訳『地理的プロファイリング』（北大路書房、2002 年）

・田村雅幸「犯人像推定の 2 つのアプローチ」科学警察研究所報告防犯少年編 37 巻 2 号 46–54 頁（1996 年）

・田村雅幸・鈴木　護「連続放火の犯人像分析　1. 犯人居住地に関する円仮説の検討」科学警察研究所報告防犯少年編 38 巻 1 号 13–25 頁（1997 年）

・渡邉和美・池上聖次郎・小林　敦「プロファイリングとは何か」田村雅幸監修、高村茂・桐生正幸編『プロファイリングとは何か』15–27 頁（立花書房、2000 年）

・渡邉和美　犯罪者プロファイリング研究とその実践. 松下正明（総編集）山内俊夫・山上　皓・中谷陽二（編集）『司法精神医学 3　犯罪と犯罪者の精神医学』123–135 頁（中山書店、2006 年）

・渡邉和美「犯罪者プロファイリングの現状と課題. シンポジウム犯罪者プロファイリングの現状と課題」犯罪心理学研究 49 巻特別号 161–162 頁（2011 年）

・和智妙子・横田賀英子・藤田悟郎・大塚祐輔・倉石宏樹・渡邉和美「被疑者検索システムを利用した放火累犯者の犯罪行動の一貫性に関する分析」日本法科学技術学会誌 16 巻 2 号 105–118 頁（2011 年）

・横田亮・渡邉和美「人工知能（AI）と捜査支援」罪と罰 56(2)、61-75 頁（2019 年）

・Yokota, K. and Watanabe, S.（2002）Computer–based retrieval of suspects using similarity of modus operandi. International Journal of Police Science and Management, 4（1）, 5–15.

II　捜査面接その他

キーワード

取調べ／自供の説明モデル／虚偽自白／取調べ技術／説得交渉

1　被疑者に対する取調べの心理

1　警察における取調べ

取調べにおいては高度な技術が要求されるが、わが国の警察機関はそのトレーニング方法については長くOJT（On the Job Training,「職場で実務をさせながら行う職員のトレーニング」）に頼ってきた。しかしながら、志布志事件（2003）、氷見事件（2002）、足利事件（1990）の反省を基に、警察庁では「捜査手法、取調べの高度化プログラム」（2012）を策定し、裁判員裁判事件及び知的障害者の被疑者について、取調べの録音・録画の試行を行ってきた。2019年6月には、改正刑事訴訟法の施行により、裁判員裁判対象事件ならびに検察官独自捜査事件について身柄拘束中の被疑者を取り調べる場合に、原則として、その取調べの全過程を録音・録画することが義務付けられた。

取調べの高度化においては、虚偽自白を生まない、実証的な知見に基づく取調べ手法の確実な伝承が大きな課題となっており、教養のマニュアル作成や、全国における系統だったトレーニングの実施などの取り組みが行われてきた。2012年には、後述する英国のPEACEモデルを主に参考とし、取調べにおける基本的な情報収集の技術を示した「取調べ（基礎編）」を作成・公表した。そして、これに基づくロールプレイとその振り返りを中心としたトレーニングが、2013年に設置された取調べ技術総合研究・研修センターにより、全国の警察に対して提供されるようになった。取調べ技術総合研究・研修センターによるトレーニングには、取調べに関する心理学的研究の最新の知見が随時盛り込まれている。

まずは、最近の日本における取調べの実態について、警察庁（2011）の報告を紹介する。一般事件の取調べの平均日数は 5.7 日、平均取調べ時間は 15 時間 15 分、平均取調べ回数は 10.1 回であり、1 日当たりの平均取調べ時間は 2 時間 41 分であった。一般事件の中でも、窃盗犯やその他刑法犯、特別法犯に比較して、凶悪犯や知能犯は、それぞれこれらの数値が大きな値になる傾向が認められた。一般事件の被疑者の 70.3％が取調べの開始初日に自供しており、2〜5 日目が 9.0％、6〜10 日目が 3.0％、11〜15 日目が 2.8％、16 日目以降が 0.5％であり、自白率は 85.6％であった。

取調べ 2 日目以降に自白した一般事件の被疑者の否認理由として、被疑者の言動から取調べ官等があげたものは、自己の将来に対する不安（39.3％）、刑を恐れて（31.1％）、共犯者の存在（23.0％）、家族のことが心配（13.1％）、外部からの圧力（1.6％）であった。さらに、終局処分等の時点で自白をしていた一般事件の被疑者の自白の契機について、被疑者の言動から取調べ官等が挙げたものは、自分に不利な証拠が強固であるとの認識（42.4％）、罪の意識（41.8％）、取調べ官との信頼関係（32.1％）、情状への悪影響を考慮して（21.8％）、説得力のある取調べ技術（14.1％）であった。

なお、多くの捜査力を投入しなければならない捜査本部事件については、一般事件とは異なり、より多くの取調べが時間をかけて行われており、否認の理由や自白の契機についても一般事件とは異なる傾向を示していた。

2　わが国の取調べに関する心理学的な研究

1990 年代以前、日本では取調べに関しては科学的な研究があまり行われてこなかったが、科学警察研究所では 1980 年代から、黙秘又は否認した被疑者の心理過程について検討を行っていた（渡辺・鈴木、1985a, 1985b：渡辺、1986：渡辺・横田、1999a；1999b；1999c；1999d）。この調査では、取調べを担当した警察官に質問紙を配付し、否認から自供に転じた殺人犯 22 人及び侵入窃盗犯 63 人を対象に聞き取り調査を実施し、殺人犯の場合と侵入窃盗犯の場合とで否認中の被疑者の心理が異なることが示された。否認中の心理として、殺人犯の場合には家族や自己の将来への不安（55％）が最も多く、意図的に情報を隠蔽する欺瞞は 32％、法廷制裁に対する恐怖は 23％であったが、侵入窃盗犯では、法的制裁に対する恐怖を感じていた者（51％）が最も多く、意図的に情報を隠蔽する欺瞞（48％）も同程度に高く、家族や自己の将来への不安を感じていた者は44％であった。こうした違いには、罪種の違いにより予定される刑罰の重さが異なることや、各対象者における前科前歴者の割合の違い（つまり、取調べを受けた経験の豊富さや犯罪性の深度の違い）が影響していた。また、自供を促進する要因として、捜査情報に基づく説得はあまり大きな要因とはならず、取調べ官の被疑者に対する共感的理解が最も重要な要因であることを示した。

取調べの心理に関する最近の研究において、和智ほか（Wachi, et al.）（2013）は、否認被疑者を取り調べた全国の取調官276人を対象とした質問紙調査を実施し、取調官が用いている取調べ手法の因子として、証拠の提示、対抗、関係構築、積極的傾聴、事件の話題の5因子を見いだし、警察官は証拠の提示や対抗の因子よりも、積極的傾聴や事件の話題、関係構築の因子をより利用していることを示した。また、これら5因子について因子得点のクラスター分析を行った結果、個々の取調官が示す取調べのスタイルとして、①証拠重視（20％の取調官が該当）、②直面化（同様に21％）、③関係重視（32％）、④未分化（27％）の四つを見出した。①証拠重視は、相手の話をよく聴いて証拠を提示するという面接方法を重視する取調べ手法であり、②直面化は、回避的な態度を示す被疑者に対峙する取調べ手法であり、③関係重視は、被疑者を人間として尊重しよい関係をつくることを重視する取調べ手法であり、④未分化は、他と比べて特定の手法を利用しない取調べ手法である。これら、四つの取調べスタイルが、否認被疑者の自供の程度（全面自供と部分自供）と関係しているかを検討した結果、部分自供の割合が最も高かったのは①証拠重視（44％）であり、他は25〜36％を示していた。また、全面自供の割合は④未分化（75％が全面自供）と③関係重視（72％）で高く、①証拠重視（56％）と②直面化（65％）は6割台を示していた。未分化の取調べ手法では、特に手法を工夫するまえに被疑者から自供したことがうかがえたことから、関係重視の取調べスタイルが被疑者の全面自供と強く関連することが示唆された。和智ら（Wachi, et al.）（2015）は、有罪判決を受けて受刑施設に収容された291名の新入の受刑者に対しても同様の質問紙を実施しており、その結果、警察の取調べを受ける前に、自白するか否認するかを決めていなかった場合に、関係重視を含む取調べ手法を受けた受刑者がより自白をしやすいことを示している。

これらの結果は、取調べにおいて被疑者の人間性に対する理解を示し、被疑者の思いを理解し、受容してほしいという願望を満たすことが重要であったことを示している。これは、スウェーデンのホルムベルグとクリスティアンソン（Holmberg and Christianson）（2002）やオーストリアのマーク・ケッベルら（Kebbell, et al.）（2008）が受刑者調査で見出した知見と一致している。

3　自白の説明モデル

身柄拘束中の取調べにおいて、人はなぜ自白をするのかを説明するモデルとして、ギスリ・グッジョンソン（Gisli H. Gudjonsson）（1992）は、①リードのモデル、②意思決定モデル、③認知的・行動的モデル、④精神分析的モデル、⑤相互作用過程モデルの五つのモデルを示している（庭山英雄ほか訳「取調べ・自白・証言の心理学」1994年）。

①リードのモデル　後述するリードテクニックに基づく、有罪の被疑者が自白するプロセスに関するモデル。自白に伴う不利益な結果を甘受する方が、嘘をつくこと（すなわち、否認すること）の不安よりも望ましいと認識したとき、人は自白する。

②意思決定モデル　人は、複数の選択肢のそれぞれについて随伴する結果と効用を考え、それぞれの生起確率を考慮した意思決定の結果、自白する。

③認知的・行動的モデル　自白の社会学習理論的なアプローチによるもの。被疑者と環境とその環境内の他の重要な人物との間に存在する特殊な関係から、自白が生じる。自白の先行条件として、社会的、情緒的、認知的、状況的、生理学的な観点から事象を把握する。

④精神分析的モデル　人は、逸脱行為の認識から生まれる内的な葛藤や罪悪感からの解放感を得るために自白する。

⑤相互作用過程モデル　人は、様々な要因が相互に影響を与えた結果、自供する。被疑者と犯罪の背景的な情報、法的なアドバイスの有無を含む事件の文脈的特徴、取調べ官の取調べ技術が、被疑者が自供するか否かに影響

を与える。②意思決定モデルを拡張したモデルといえる。

4　虚偽自白

カッシンとライツマン（Kassin and Wrightsman）（1985）は、態度変化に関する社会心理学的理論から虚偽自白を次の3つのタイプに分類している。これらの3つのタイプの虚偽自白を防ぐためには、誘導的な取調べをしないことに加え、警察庁「取調べ（基礎編）」（2012）が示すように、取調べ全体の流れや話の整合性、客観的証拠、それまでの取調官の経験等を加味しつつ、総合的に判断すべきである。

①自発型　供述を強いられるような圧力をなんら受けていないにも関わらず、無実の人が個人的理由から自白するもの。個人的な理由としては、有名になることへの病的なまでの欲求、意識的あるいは無意識的な自己処罰の必要性、事実と虚構の混同、真の犯罪者をかばうことへの欲求などが考えられる。

②強制―追従型　取調べによって、無実の人が犯していない罪の自白を引き出されるもの。これによって、被疑者は何らかの利益を得られると思って自白する。何らかの利益としては、ひどい状態から逃れる、脅威から逃れる、心理的な報酬を得るなどが考えられる。

③強制―内面化型　誘導的な取調べの影響下で、無実の人が問題の犯罪を行ったと信じるようになり、時には誤った記憶を作話するようになるもの。ミルンとブル（Milne and Bull）（1999）によれば、このタイプは被疑者に自分が犯罪をしていないという明確な記憶がない場合や、取調べ開始時には自分が無実なことをわかっていたが、取調官が誘導的な取調べをすることで被疑者の確信が揺らいでいく場合に生じる。

2　取調べの手法

取調べの手法については、心理学の知見を応用して、その国の法体系や文化にあった手法が開発されている。ここでは、イギリスで開発されたPEACEモデルとアメリカで開発されたREIDテクニックを紹介する。

1 英国の PEACE モデル

イギリスで開発された PEACE モデルは、情報収集のためのアプローチであり、情報を得て、証拠を収集し、真実を追究するという捜査の目的を実現するための技術である。供述しないことが被疑者にとって不利となる司法システムのもと、自白を得ることが目的とはなっていない。誘導せずに被疑者の言い分をいかに聴き取るか、被疑者の記憶にある情報をできるだけ正確に聴き取るかを重視する手法で、フィッシャーとガイゼルマン（Fisher and Geiselman）（1992）が提唱した認知面接（Cognitive Interview: CI）の記憶喚起の手法が取り入れられている。PEACE はこの手法がたどる五つの段階の頭文字から作られた頭字語で、次の 5 段階で行われ、関わりと説明から終結までの段階が被疑者と取調官とが対面して面接をする時間となる。日本語では「取調べ」と訳されるが、英語では 'interviewing' の言葉が用いられる。

PEACE モデルの五つの段階には、① Preparation and Planning（準備と計画）、② Engage and Explain（関わりと説明）、③ Account（被疑者の言い分の聴取）、④ Closure（終結）、⑤ Evaluation（評価）がある。

2 北米の REID テクニック

アメリカで開発された REID テクニックは、尋問のためのアプローチであり、心理学的なテクニックを含む技法を用いて、実際に罪を犯した被疑者が否認をし続けることに対する不安を高めることによって、被疑者からの自白を獲得することを目指したものである。通常、PEACE モデルで示されるような interview を行い、その後申し立てられた犯罪について被疑者が有罪であると取調べ官が合理的に確信を抱く場合に、次の尋問の段階へと進む。Reid 社のトレーニング・マニュアル（John E. Reid and Associates, 2012a, b）によれば、REID テクニックは実際に罪を犯した被疑者か、無実の被疑者かを見分けるための質問（bating question）や行動徴表分析（behavior symptom analysis）の技術と末尾に示す 9 段階の尋問の技術から成っている。北米では裁判所で認められた取調べ方法であるが、心理学的な操作を積極的に使用すること、否認の扱い方がやや高圧的であることから批判もあり、被疑者が無実の者であった場合に、虚偽自白のリスクが高くなるという批判もされている。虚偽自白を防ぐためには、自白を得た後に、interviewを行なって体験した事実を聴きとり、この段階で得た情報と他の客観的な情報とつきあわせて、総合的に判断する必要がある。日本語では「取調べ」や「尋問」と訳されることが多く、英語では‘interrogation’の言葉が用いられる。

REIDテクニックの九つの段階として、次の段階がある。

第1段階　積極的な対面
　　被疑者と事件の関連性があると確信していることを告げる
第2段階　テーマの展開
　　理解と同情、精神的非難の最小化、賛辞とお世辞等
第3段階　否認を扱う
第4段階　異議の克服
　　能動的関与からの撤退に導く
第5段階　被疑者の注意の獲得及び保持
　　心理的により接近した態度を示す
第6段階　被疑者の受動的気分を扱う
　　理解と同情を示し、被疑者の良心に訴える
第7段階　二者択一型質問の提示
　　真実を話し始める時に感じる負担を減らす
第8段階　口頭で犯罪に関する種々の細部まで述べさせる
第9段階　口頭の自白を調書化する

3　人質立てこもりの説得交渉

1　説得交渉の技術

ハマーとローガン（Hammer and Rogan）（1997）によれば、1970年代以降、テロや人質立てこもり、閉じこもり、自殺企図の事案を解決するために、警察は強行制圧ではなく説得交渉に頼るように大きく変化してきたという。また、グレゴリー・ベッキほか（Vecchi, et al.）（2005）によれば、従来、警察はこれらの事案に対し、合理的な問題解決アプローチ（problem–solving approach）を強調する訓練を行ってきた。しかしながら、この合理的な問題解決の方略は、犯人の感情状態が落ち着きを示してからでないと有効ではないため、犯人の感情状態を落ち着かせるための説得交渉の重要性が認識されるようになった。1973年にコミュニケーションに重きを置く説得交渉の方略がニューヨーク市警察によって初めて導入されて以降、死者を出さない平和的解決を目指し、危機的な状況の中で強い感情的な状態から問題解決の課題に取り組む合理的な状態に犯人を移行させるための説得交渉の方略が発展してきた。その基本的な考え方は、犯人は自身の対処能力を超えた事態の中で危機的な状況に陥っており、感情的に高ぶった状態にあることを前提とするものである。危機的な状況にある人に対して、コミュニケーションの技術を使って感情を落ち着かせるとともに信頼関係を形成し、その上で犯人と警察が協力して平和的解決を目指すのである。

日本においては、人質立てこもり事件の発生件数は年間に数件程度と稀であり、個々の警察官の努力によりそれぞれの事件を解決してきたが、2005年には、警察庁で全国の説得交渉官育成のための説得交渉専科を立ち上げており、そのトレーニングの中でもこうした考え方に基づく教養が行われている。

2　説得交渉のモデル

人質立てこもり事件への対応については、国により具体的な戦略に異なる部分はあるが、基本的な考え方は共通している。ここでは、説得交渉の技術に関するFBIの提唱するモデルを紹介する。FBIは行動変化の階段モデル（Behavioral change stairway model: BCSM）を提唱している（図表8(2)-1参照）。

この階段モデルに示されるように、犯人の投降という平和的な解決を目指すためには、説得交渉官は犯人との信頼関係を形成し、その信頼関係に基づく影響力を行使して、行動の変化を引き出すよう働きかけることが重要となってくる。

第1段階の積極的聴取技術（active listening skill）では、犯人の言い分や主張を傾聴する姿勢を示す。相川（2009）のソーシャル・スキルの傾聴に関する研究からは、次のようなことが指摘されている。人は、会話をするときに、情報の伝達と感情の共有を主な目的としている。聴く人は、言語的及び非言語

図表 8(2)-1　FBI による行動変化の階段モデル

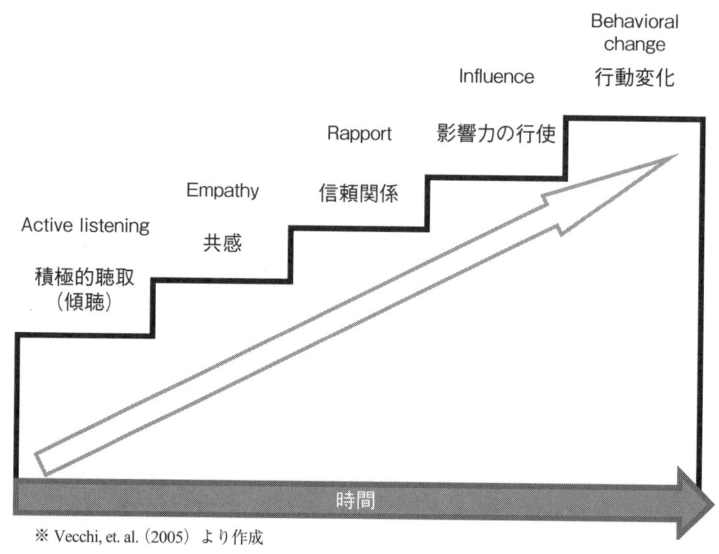

※ Vecchi, et. al.（2005）より作成

的情報を受け取り、相手が伝える思いに関心を示し、その意味するところを理解しようとする。この傾聴の姿勢は、話し手から情報を得るとともに、話し手に対して承認や関心といった社会的報酬を与え、それにより話者間の関係を安定させる働きを持つ。そのため、話し手との信頼関係の形成を目指す説得交渉官にとっては、この積極的聴取（傾聴）技術は必須の技術といえる。

先述のベッキらによれば、積極的聴取技術は「ミラーリング（mirroring）」、「言い換え（paraphrasing）」、「感情の指摘（emotional labeling）」、「要約（summarizing）」などの中核的な技術から成っている。「ミラーリング」は、話し手が話した内容の最後のいくつかの言葉を繰り返すものであり、会話の内容を話し手の話題とし続けることができるものである。「言い換え」は、話し手が話した内容の意味を、聴き手自身の言葉で簡潔で明確な形で述べることであり、聴き手が話の内容をきちんと理解していることを確認でき、話し手は聴き手が自分を理解しようとしてくれていることを感じることができる。「感情の指摘」は、話し手が直接的には言及しないが伝えたいと思っている感情について聴き手が言及することであり、話し手は聴き手が自分を理解しようとしていると感じることができる。「要約」は、話し手によって表現された話題と感情について聞き手が要約して述べることであり、話し手自身が経験している危機を明確にすることができ、聴き手自身も話し手の視点からみた事態を理解することができる。これらの他、積極的聴取技術は「はい・いいえ」で答えられるクローズド質問ではなく、自由に答えられるオープン質問で聴く、間をおく、最小限の相づちに留める、I（私）メッセージを活用する、などの技術が合わせて用いられる。

第2段階は、共感を示す段階である。共感は同情と同義ではない。心理面接で言う共感的理解は、あたかもその人自身であるかのごとく、しかも「ごとく」という条件を失うことなく相手を理解しようとするものである。ここで説得交渉官に求められる共感は、心理面接でいう共感的理解であり、犯人が置かれた状況、感情、動機を理解しようとすることである。効果的な積極的聴取技術が行われれば、共感的理解は自然に生じるものであるという指摘もある。話し手である犯人は、自分が理解されていると感じ、両者間に良好な人間関係が形成され、相互の信頼関係の形成へと繋がるものとなる。

第3段階は、信頼関係の形成である。第2段階までは、主張する犯人と聴き手の説得交渉官といった一方向的な関係であったが、この第3段階で相互的な関係が築かれる。相互的な信頼関係が築かれれば、犯人は説得交渉官の言葉に耳を傾け、説得交渉官を受け入れやすくなる。この段階で、説得交渉官は犯人と協力して、危機終結への先駆状態をつくっていく。

第4段階は、影響力を行使する段階である。この段階では、犯人は説得交渉官との信頼関係が確立し、行動変化の準備としての説得交渉官の提案を受け入れるようになる。説得交渉官は、犯人が安全に投降する段取りを提案し、犯人と一緒に非暴力的で現実的な解決策を見出す。

第5段階は、行動変化の段階である。この段階は、犯人が行動を変化させ、投降に至る段階であり、前の4段階がすべて達成できた場合にのみ生じる。あまりに急いで段階を移行しようとしたり、直ちに問題解決により危機を終わらせようとして段階を飛ばした場合には、この段階に至ることはできない。

図表8(2)-2　人質の心理過程

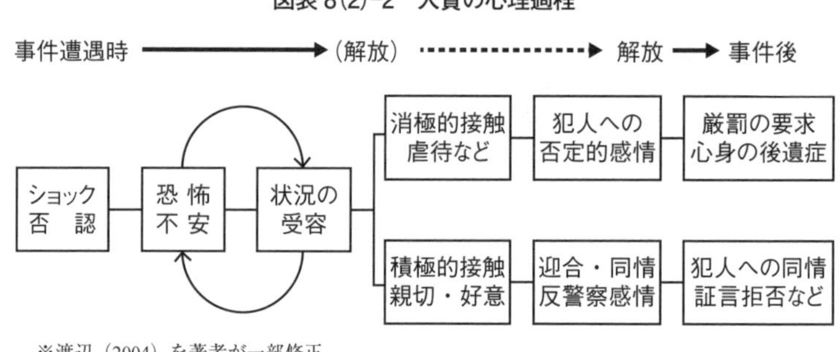

※渡辺（2004）を著者が一部修正

3　人質の心理

渡辺・横田（2004）は、人質立てこもり事件の調査結果から、大きな枠組みで見れば、人質の心理状態が図表8(2)-2に示すように、ショックや否認の機制が自動的に生じる「衝撃期」、恐怖や不安などの感情が高まる「動揺期」、状況を受容するようになる「安定期」へと移行することを示している。ただし、この方向性は一方向性ではなく、事態や状況の変化により、前の段階に戻ることがある。

事件遭遇時にあたる衝撃期には、人質はショックや否認という心理的な反応を示す。これは、他の危機的事態と同様の反応で、受け止め難い事態に直面した時に、過度のストレスに対処しようとして自動的に生じる一種の防衛機制である。事件が予測可能であった場合や、面識がある場合などには、この衝撃期を示さない場合もある。

動揺期には、人質は強い恐怖と不安の感情を体験する。犯人が体験している恐怖や不安が転移し、人質が恐怖と不安を感じることもある。場合によっては、直近にいる犯人に対する恐怖を意識から排除しようとする無意識的な反応から、犯人に対する恐怖の感情を警察に対する恐怖に転移させることもある。

安定期には、時間が経過することによって、犯人の興奮が沈静化するにつれて、人質も状況を受け入れるようになる。自分が負傷することなく無事救出されるだろうと考えるようになる段階である。日本における人質立てこもり事件の殆どは、この段階までに解決している。

人質の特異な心理状態として、ストックホルム症候群（Stockholm syndrome）と呼ばれるものがある。ストックホルム症候群には、①人質が犯人に対して肯定的な感情をもつ、②人質が警察に対して否定的な感情をもつ、③犯人が人質に対して肯定的な感情をもつ、という3要素がある（Ochberg, 1980）。ストックホルム症候群は、強いストレスと死の恐怖下において生じる一種の心理的防衛反応であるが、事件解決後も強く保持される。

❍コラム22　ストックホルム症候群

1973年8月23日、スウェーデンのストックホルムにある銀行で銀行強盗事件が発生した。犯人は、元受刑者の32歳の男性と、この男性の要求で刑務所から釈放され、途中から犯行に加わった26歳の男性の2人であり、4人の銀行員を人質に5日間立てこもった。

この事件は、マスコミによってさまざまに報道されたが、予想に反し、人質は犯人を恐れるよりもむしろ警察を恐れていた。事件が解決し、人質が解放された後も、2人の人質は犯人に対して深い同情を示し、警察に対しては敵意を示し続けた。また、人質の一人は犯人と結婚し、裁判で夫やその共犯者に対する証言をさせまいとして、他の人質だった行員を殺害しようとした。このように被害者が犯人に対して過度の同情や好意をもつ精神状況を、この事件にちなんでストックホルム症候群とよぶ。

ストックホルム症候群は誰にでも生じるわけではない。バートルとバートル（Bartol and Bartol）（2005）によれば、FBIが保有する人質立てこもり・閉じこもり事件のデータベース（HOBAS）に登録された1,200件以上のうち、人質全体の92％はストックホルム症候群の兆候を全く示さなかったことが指摘されている。ストックホルム症候群が生起するために必要な条件として、ドゥウェイン・フューザリア（Dwayne Fuselier）（1999）は、①犯人と人質の被害者が長時間一緒にいること、②犯人と人質の被害者との間に、直接的な社会的接触がないこと（隔離されてはいけない）、③犯人が人質を丁寧に扱うこと、の三つの要素を指摘している。

4 人質立てこもり事件の分類

人質立てこもり事件といっても、その態様は一様ではなく、様々な視点から分類が試みられており、その分類に基づいた対応方法が検討されている。ミロンとゴールドスタイン（Miron and Goldstein）（1979）は、人質立てこもり事件を道具的（instrumental）と表出的（expressive）の二つに分類している。道具的なタイプにおける犯人の目的は明確な利益の獲得であるのに対し、表出的なタイプにおける犯人の目的は心理的なものである。

これに類する分類として、実質的人質事案（hostage situation）と形式的人質事案（non–hostage situation）の二分類がある（Noesner, 1999）。実質的人質事案では、犯人にとって人質は目標を達成するための手段であり、部外との交渉の道具として人質の利用価値を認識しているタイプである。実質的人質事案においては、犯人が落ちついてきたら、人の意思決定に合理性を仮定する合理的交渉（rational bargaining）が有効であるとされている。一方、形式的人質事案では、犯人にとって人質は攻撃や感情の発散の相手であるため、部外との交渉を拒否し、人質に危害が及ぶリスクの高いタイプである。形式的人質事案には、危機介入スキルを基本とする表出的交渉が有効であるとされている。

日本においては、横田（2006）が、人質犯の特徴及び犯行形態の情報を用いて、上記二つの分類に対応した四類型として、①精神病理型、②犯罪者型、③ドメスティック・バイオレンス（DV）型、④計画型、を見出している。①精神病理型と③ドメスティック・バイオレンス型は表出的であり、特に③ドメスティック・バイオレンス型は形式的人質事案に対応し、②犯罪者型と④計画型は道具的であり、実質的人質事案に対応すると考えられる。

参考文献

・相川　充『新版　人づきあいの技術：ソーシャルスキルの心理学』（サイエンス社、2009年）

・Bartol, C. R. and Bartol, A. M.（2005）Criminal Behavior: A Psychological Approach.（7th edition）, Pearson Education, Inc.　羽生和紀監訳『犯罪心理学―行動科学のアプローチ』（北大路書房、2006年）

・Fisher, R. P. and Geiselman, R. E.（1992）Memory Enhanced Techniques for Investigative Interviewing: Cognitive Interview. Springfield: Charles Thomas.　宮田洋監訳『認知面接―

目撃者の記憶想起を促す心理学的テクニック』（関西学院大学出版会、2012 年）
・Fuselier, G. D.（1999）Placing the Stockholm Syndrome in Perspective, FBI Law Enforcement Bulletin, 68（7）, 22–25.
・Gudjonsson, G.（1992）The psychology of interrogation, confessions, and testimony. John Wiley and Sons, Inc. 庭山英雄、渡部保夫、浜田寿美男、村岡啓一、高野隆訳『取調べ・自白・証言の心理学』（酒井書店、1994 年）
・Hammer and Rogan 1997 Negotiation models in crisis situations: the value of a communication–based approach. In R. G. Rogan, M. R. Hammer, and C. R. Van Zamdt（Eds.）, Dynamic processes of crisis negotiation: theory, research, and practice,（pp. 9–23）. Westport, CT: Praeger.
・Holmberg, U. and Christianson, S. A.（2002）Murderers' and sexual offenders' experiences of police interviews and their inclination to admit or deny crimes. Behavioral Science and Law 20（1–2）, 31–45.
・John E. Reid and Associates, Inc.（2012a）The Reid Technique of Interviewing and Interrogation, John E. Reid and Associates, Inc.
・John E. Reid and Associates, Inc.（2012b）The Advanced course on The Reid Technique of Interviewing and Interrogation, John E. Reid and Associates, Inc.
・Kassin, S. M., &Wrightsman, L.（1985）. Confession Evidence. In Kassin, S. M. & Wrightsman, L.（Eds.）, The psychology of evidence and trial procedure（pp. 67–94）. Beverly Hills, CA: Sage.
・Kebbell, M. R., Alison, L. J., &Hurren, E. J.（2008）. Sex offenders' perceptions of the effectiveness and fairness of humanity, dominance, and understanding of cognitive distortions in police interviews: A vignette study. Psychology, Crime and Law, 14（5）, 435–449.
・警察庁「取調べ（基礎編）」www.npa.go.jp/sousa/kikaku/20121213/shiryou.pdf.
・Milne, R and Bull, R.（1999）Investigative Interviewing: psychology and practice. Chichester: Wiley.
・Miron, M. S. and Goldstein, A. P.（1979）Hostage. New York: Pergamon.
・Vecchi, G. M., Van Hasselt, V., and Romano, S. J.（2005）Crisis（hostage）negotiation: current strategies and issues in high–risk conflict resolutions, Aggression and Violent Behavior, 10, 533–551.
・渡辺昭一・鈴木昭弘「黙秘又は否認した被疑者の自供に至る心理過程―1. 殺人被者の事例を中心として―」科学警察研究所報告法科学編 38 巻 1 号 44–51 頁（1985 年 a）
・渡辺昭一・鈴木昭弘「黙秘又は否認した被疑者の自供に至る心理過程―2. 取調べにおける被疑者へのかかわり方について―」科学警察研究所報告法科学編 38 巻 3 号 162–171 頁（1985 年 b）

・渡辺昭一「黙秘又は否認した被疑者の自供に至る心理過程― 3. 窃盗被疑者の事例を中心として―」科学警察研究所報告法科学編 39 巻 1 号 49–54 頁（1986 年）
・渡辺昭一・横田賀英子「否認被疑者の自供に至る心理― 1. 否認する被疑者の特性」科学警察研究所報告防犯少年編 39 巻 2 号 44–53 頁（1999 年 a）
・渡辺昭一・横田賀英子「否認被疑者の自供に至る心理― 2. 否認の心理―」科学警察研究所報告防犯少年編 39 巻 2 号 54–61 頁（1999 年 b）
・渡辺昭一・横田賀英子「否認被疑者の自供に至る心理― 3. 取調べの成功を決定する要因―」科学警察研究所報告防犯少年編 40 巻 1 号 37–47 頁（1999 年 c）
・渡辺昭一・横田賀英子「否認被疑者の自供に至る心理― 4. 自供の心理―」科学警察研究所報告防犯少年編 40 巻 1 号 48–52 頁（1999 年 d）
・渡辺昭一・横田賀英子「人質立てこもり事件における心理学」渡辺昭一編『捜査心理学』74–88 頁（北大路書房、2004 年）
・Wachi, T., Watanabe, K., Yokota, K., Otsuka, Y., and Lamb, M. E.（2013）. Japanese Interrogation Techniques from Prisoners' Perspectives, Criminal Justice and Behavior, Published online defore print October 2, 2015.
・横田賀英子「人質立てこもり事件」松下正明（総編集）山内俊夫・山上皓・中谷陽二（編集）『司法精神医学 3　犯罪と犯罪者の精神医学』101–112 頁（中山書店、2006 年）.

第 9 講◆犯罪からの離脱（デジスタンス）

キーワード

デジスタンス／パーシスタンス／再犯防止／犯罪常習者

1　デジスタンス研究の意義

近年世界的に犯罪が大きく減少する傾向にあるものの、多くの国では犯罪者の再犯問題が深刻であり、その対応が大きな問題となっている。とくに高齢者の再犯問題を抱える国々では、非常に困難な対応に直面している。これらの高齢者の中には、少なからず、少年期から犯罪を開始し、成人後も継続して、高齢に至った者も含まれ、人生中途で犯罪をやめなかった者といえる。このような常習累犯者の問題は、犯罪学において長年の研究課題となっている。欧米には「一度犯罪者になれば、つねに犯罪者（Once a criminal, always a criminal）」という諺があるが、これに対して、今日、これを否定するデジスタンス（desistance）が注目されている。すなわち、デジスタンス研究は犯罪をやめた者を調査対象とし、この調査結果によって犯罪者の立ち直りの可能性を探るのである。ここで、デジスタンスとは、簡単にいえば、「犯罪をやめること」、「犯罪生活から離脱すること」を意味する。

従来、伝統的な犯罪学は犯罪・非行の原因、つまり、「人はなぜ犯罪を行うのか」（犯罪原因論（aetiology））、「なぜ犯罪を継続するのか」（犯罪経歴（criminal career）論）といった疑問から出発し、犯罪者・非行少年の育った家庭や地域の環境あるいは遺伝や心理特性などの素質を明らかにし、その結果をふまえて刑務所や少年矯正施設などでその原因除去を目ざす処遇を行い、再犯の防止を図ってきた。しかしながら、1970 年代のアメリカのように、犯罪者処遇は再犯防止としては機能としていないとする‘Nothing Works’ 論が優勢になると、処遇を支える犯罪原因論も同時に衰退した。ジェイムズ・

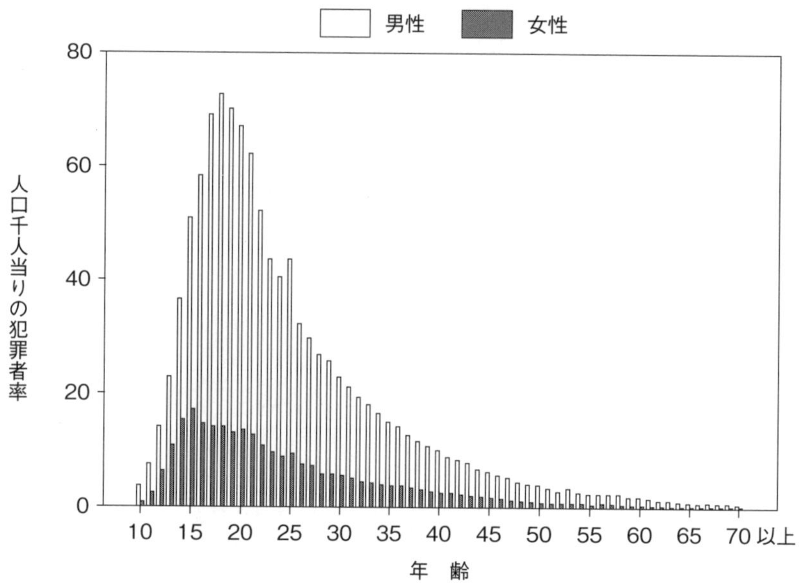

出典：Anthony Bottoms et al, Towards Desistance, The Howard Journal of Criminal Justice, vol. 43, no. 4, 2004, p. 368.

Q. ウィルソン（James Q. Wilson）の指摘を待つまでもなく、かりに生物学的、遺伝的な原因や家庭崩壊、地域崩壊といった社会環境的な原因が明らかになったとしても、原因除去はそう簡単ではないことは犯罪者処遇の歴史が教えるところである（Thinking about Crime, 1975）。

他方、近年、欧米を中心に、犯罪原因を問うのではなく、前述したように、逆に、「人はなぜ犯罪をやめるのか」という犯罪の停止・離脱を問う、いわゆるデジスタンス論が盛んになっている。この理由の一つとして、世界的には1990年代から、わが国では2000年初期から、急激な犯罪減少傾向にあり、多くの犯罪者が犯罪を止めたと考えられるからである。ただ、いずれにしても犯罪者の大半は遅かれ早かれ犯罪を止める。図表9–1の年齢犯罪曲線が示すように、19歳男性は50歳男性よりも50倍以上の犯罪率を示し、多くの犯罪者は加齢に従い、犯罪を止めていることが分かる。わが国のデータは少年期に限られるが、同様に加齢とともに犯罪をやめる（図表9–2）。し

図表 9-2　わが国の非行少年率

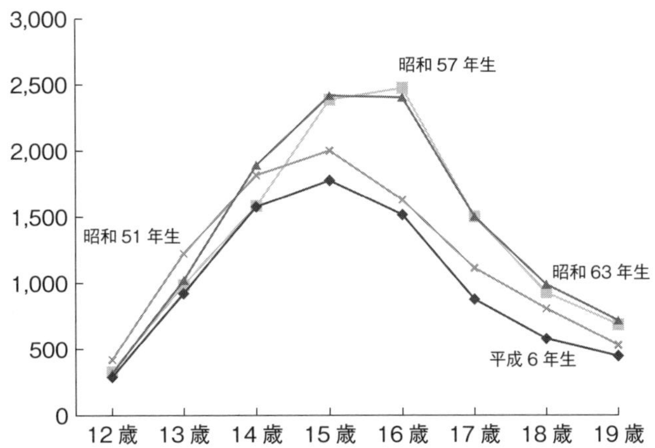

注 1）警察庁の統計、警察庁交通局の資料及び総務省統計局の人口資料による。
2）犯行時の年齢による。ただし、検挙時に 20 歳以上であった者を除く。
3）「非行少年率」はそれぞれの年齢の者 10 万人当たりの一般刑法犯検挙（補導）人員をいう。

かしながら、実際、これまでの犯罪学の視座では、犯罪の継続（persistence）、つまり常習性ばかりが注目され、犯罪からの離脱という視点は欠けていたことは否定できない。犯罪学理論としてのデジスタンス論は、実際には発達犯罪学や犯罪者の人生の軌跡を追うライフ・コース論の一部としても議論され（第 5 講Ⅲ参照）、現に後述のサンプソンらの研究はこの文脈にある。デジスタンス論によって、ある一定の原因で犯罪の離脱過程が明らかになれば、これを活用して、矯正や更生保護の犯罪者処遇領域において再犯防止策に示唆が得られることが期待される。

2　デジスタンス研究の状況

1　研究の経緯

伝統的な犯罪学では、基本的に犯罪は若者の行動と考えられ、犯罪者は年齢を重ねるごとに犯罪遂行能力を喪失するとされ、次第に犯罪を行わなくなるとされてきた。犯罪の遂行能力には気力や体力が関係するからであり、したがって、高齢になれば犯罪遂行能力の衰退とともに、犯罪を行わないと考えられてきた。犯罪学が想定する多くの犯罪者は、10代後半から20代前半の青少年であり、まさしく、腕力を必要とする暴力犯罪が若者犯罪の典型と考えられるのは、このことを示している。また、その他の犯罪においても、人々の年齢が上がるごとに一般人口中に占める犯罪者の比率は低下する。再度、図表9–1を見てみると、このイギリスの年齢犯罪曲線（age–crime curve）からも明らかなように、18歳付近をピークにして、加齢に従い人口比でみた犯罪発生率は低下する。このように、一般に、加齢により犯罪停止（デジスタンス）が生じると言ってよい。ただ、腕力や体力の衰退のほかに、犯罪者はどのような理由や背景、あるいは機会、契機で止めるのかは、従来の犯罪学では明らかにされず、そもそも腕力や体力を要しない犯罪もある。このような状況において、犯罪者が一定年齢で犯罪をなぜ止めるのか、つまりデジスタンスと、逆に、なぜ加齢によっても犯罪を止めないで続けているのか、というパーシスタンス（persistence）の理由が明らかになれば、犯罪防止のあり方も自ずと改善されるはずである。ここに注目したのがデジスタンス研究である（守山正『イギリス犯罪学研究Ⅰ』（2011年）145頁以下参照）。

2　デジスタンスの概念と理論

(1)　デジスタンスの意義

「デジスタンス」の定義は依然、あいまいである。犯罪生活の「停止」とか「離脱」などと訳されるが、考えてみれば、犯行と次の犯行の間には通常一定期間の間隙があり、どの時点で停止したのか、離脱したのかは判断できず、たんに次の犯行の準備のために犯罪を一旦停止しているとも考えられる。端的にいえば、犯罪を行った者が拘禁されれば、一般に釈放までは犯罪を行うことできないが、これをデジスタンスと呼ばないのは当然であろう。デジスタンスが、あくまでも従来の犯罪常習性と断絶し、犯罪生活から完全に離脱することを意味するとすれば、当該者が死去するまで断定できないことになる。そこで、デジスタンスは、あくまでも離脱の過程と理解する方向にある。したがって、後述するように、一時的に犯罪を停止したという事実や出来事ではなく、これまでの常習的な犯行が徐々に減少し、それが停止した状態が一定程度継続することを指すと考えるのが有力である。

このように、デジスタンスを捉える時期として、一回的なイベント（出来事）か、連続した漸次的プロセスかという議論がある。つまり、前者はたとえば犯罪者が特定の重要な人物と劇的に出会ったり、偶発的な重大イベントに遭遇したりして、急激な心理的な変化が生じた場合であり、後者は、犯罪からの離脱は突然あるイベントによって劇的に変化するというよりは、種々の小さなイベントを媒介して徐々に回数や頻度、重大性などが減少し、あるいは犯行間隔が拡大する状態であると考えるのである。要するに、犯罪から完全に離脱するデジスタンスに先だって、犯罪の頻度が減少するプロセスがあると理解する。

また、デジスタンスは換言すれば、犯罪者の「社会復帰」を意味する。しかし、この社会復帰も二種を識別できる。一つは、いわば自然治癒として、犯罪者自身の自己変革の努力によって社会復帰した場合、もう一つは刑事司法機関が行った処遇によって犯罪者が改善された場合である。もっとも、実際にはその両者を区別することは難しいし、改善モデル・治療モデルの衰退によって、両者の識別は必ずしも意味を持たない傾向にある。そこで、今日、デジスタンスは、これらが重層し、相乗的な効果としての行動の変化として捉えられ、犯罪経歴の長期追跡調査で発見された犯罪の活動・非活動を広範なパターンとして記録することで判断されている（いわゆる質的観察）。

(2) デジスタンス研究の動向

デジスタンスという語を用いて、犯罪学で本格的な研究が始まったのは、1970年代頃であり、さらに1990年代以降ではデジスタンス研究が犯罪学の中核を占め、世界的な潮流になっている。すなわち、わが国でいう、いわゆる「足を洗う」、「堅気になる」（欧米では ‘go straight,’ ‘go legit,’ ‘knifing off’）過程を研究することによって、犯罪者処遇、とくに刑務所や保護観察における処遇に一定の示唆を与え、再犯防止を図ろうとする動きである。

しかし、このようなデジスタンス研究は、コーホート調査（cohort research）などの長期追跡調査が必要であり、膨大なコストや人権問題など種々の困難がある。そもそも犯罪を離脱したと考えられる人物（対象者）を探す必要があるが、外部の研究者はこの関連データを有しておらず、公式データへのアクセスもきわめて難しい。対象者やその家族の人権問題なども絡み、結局、刑事司法機関との協議によって許可や協力を得ることが必須である。さらに、当然ながら、本人の同意を得る必要もある。通常、前歴者はいまわしい過去の犯罪話を好まないと考えられるから、この点も非常に困難である（これを克服するため、一般に、デジスタンス調査の対象者には一定の報酬が支払われている）。これまでこの種の研究が少なかった理由の一つは、まさにこのような事情があったように思われる。

デジスタンス研究では、特定人物が犯罪を開始（initiation）し、継続（persistence）し、終了（desistance）する各段階を継続的、かつ詳細に調べる必要がある。通常その手法としては、アンケートなど質問紙を利用した量的観察と面接を中心とした質的観察が併用されているが、一般には後者が重視される。なぜなら、それまで犯罪経歴を積み重ねてきた常習犯が犯罪から離脱する契機はそれほど単純ではなく、じっくり時間をかけてその話を聞く必要がある（説話法 narrative とよばれる手法）。多くの研究では、一人の対象者に数時間かけてインタビューし、それを数回行っており、彼らが話す内容が重視されているが、これはアンケート質問紙を利用するだけでは限界があるからである。

デジスタンス研究としては、アメリカのジョン・ラウブ（John Laub）とサンプソンのほか多様に展開されており、また個人の研究を超えて、プロジェクト・チームが結成され、本格的な長期研究が実行されている（たとえば、サンプソン・グループをはじめ、イギリスのシャッド・マルーナ（Shadd Maruna）を中心とするリバプール研究グループ、同じくイギリスのボトムズ（Anthony Bottoms）らを中心とするシェフィールド大学チーム、ドイツのハンス・ユルゲン・ケルナー（Hans–Jürgen Kerner）を中心とするチュービンゲン大学チームなどがある）。わが国では、過去に刑務所などの施設が、非公式に犯罪を離脱したと思われる人物を個別に呼んで話を聞くなどの会合を持ったことはあるようであるが、科学的手法に基づくデジスタンス調査と呼ぶことのできる研究は行われていないのが現状である。

(3)　一次的離脱と二次的離脱

マルーナは、1951 年に発表されしたラベリング理論で著名なレマート

(Edwin Lemert) の一次的逸脱と二次的逸脱の概念を援用して（ラベリング理論については、第5講（4）参照)、一次的デジスタンス（primary desistance, 犯罪のない期間の持続）と二次的デジスタンス（secondary desistance, 自分自身はもはや犯罪者ではないとラベルする自己アイデンティティの変化、自己概念の変容）を区別している（E. McLaughlin（2013）Sage Dictionary of Criminology 3rd. ed., pp. 126.)。つまり、一次的デジスタンスとは犯罪経歴の過程における小康状態を指し、これに対して、二次的デジスタンスは、たんに犯罪が行われない状態ではなく、非犯罪者へと変化した者が非犯罪者として自らの役割やアイデンティティを自覚する状態をいう。言い換えれば前者は物理的デジスタンス、後者は心理的デジスタンスといえよう。そして、マルーナは二次的デジスタンスを重視する。たんにデジスタンスを離脱期間によって「犯罪をしないこと」と定義づけるのではなく、自分自身を変えて真の離脱者と同一化することこそデジスタンスと考えるからである。そして、実際、長期に渡って犯罪から離脱している者には、このようなアイデンティティの変化が見られるという。この見解は、後述する認知的転換説の根拠となっている。

調査においても、この区別、とくに二次的デジスタンスの重要性を支持するものがみられる。ロス・バーネット（Ros Burnett）の研究（To Re–offend or Not to Re–offend? S. Maruna and R. Immarigeon（eds.）After Crime and Punishment: Pathways to Offender Reintegration. 2004）によると、拘禁刑から釈放された財産犯130人を調査したところ、釈放前の面接調査では10人のうち8人が「今後まじめになる（ go straight)」と答えたにも関わらず、その後6人は犯罪を行っており、一般に法遵守の決意は一時的であるとしている。これに対して、デジスタンスに最も自信があり楽観的であった者は、その後社会復帰の成功率がきわめて高いという。このように、明らかに自分は犯罪を行わない人間であるというアイデンティティを獲得した者の犯罪離脱の確率は高く、その意味でも二次的デジスタンス概念の意義は大きい。さらに、バーネットは、デジスター（離脱者）を次の3タイプに分けている。①頑強に自分は「本物の犯罪者ではない」と言い張り、実際過去の犯歴が少ない者（non–starter 型)、②とにかく刑務所の外に居ることが重要と考える傾向の者（avoider 型)、③犯罪コストは犯罪利益を上回ると確信した者（convert 型）を挙げ、このうち、デジスタンスに関して最も決意が固いのが最後のタイプであるという。このconvert型つまり改心型は従来の価値体系を大きく転換させる新たな価値を発見した者で、その中には配偶者（恋人）との遭遇、結婚などにより子どもを得たこと、適職を獲得したことなどが契機となっており、その後の犯罪はこの新しい価値を失わせる恐れがあり、そのコストは大きいと考えるタイプである。

(4)　デジスタンスの理論的枠組み

代表的には、以下の3つの仮説がある。

①ターニング・ポイント（turning point）説

これは、サンプソンとラウブが採用する見解で、後述するように、犯罪者が就職・雇用、結婚、兵役などと関連する人生の転換点（turning point）が成人期に人生を通じて、犯罪行動の継続に変化をもたらし、デジスタンスに至ると主張する。つまり、デジスタンスは必ずしも意図的ないし目的的な決定ではなく、むしろ、その場の状況で自然に（by default）生じるという。サンプソンらは、このような就職・結婚・兵役などの非公的な社会統制が、犯罪・非行の開始、継続、停止を説明しうる一次的な要素であるとした。

②認知的転換（cognitive transformation）説

この説は、上述のマルーナなどが主張するもので、アイデンティティ理論とも呼ばれる。つまり、デジスター（離脱者）が意識的に貧しい境遇や悪環境という逆境を克服し、変容を遂げ、その結果、デジスタンスに至ると説明する。要するに、認知的転換とは、個人の人生における、逆境克服の認知による変換、変質である。たとえば、かつて経験した悲劇によるトラウマをその後の人生において積極的に見直し、その結果、逆境に適応することを学ぶ心理的な変化などがこれに当たる。また、アンデンティティの変化を主張する見解においては、自分はもはや犯罪者ではないとするアイデンティティは、実際に離脱が生じる前に、つまりデジスタンスを呼び込む構造的要因が変化する以前に生じているという。要するに、認知的転換が生じて、その後、実際のデジスタンスで犯罪離脱が確定するのである。

③贖罪（redemption）説

従来から存在する見解で、刑務所などから釈放されて法遵守の生活を送っている者、社会の生産的な構成員となった者は贖罪が原因であると考えられてきた。こんにち、これを支持する見解は少ないが、ブルムスタインらが近年行った調査では、犯罪歴をもった者を長期間追跡した結果、再犯率は時間の経過とともに低下し、一般公衆へのリスクは減少し、非犯罪者に転換したとする（A. Blumstein and K. Nakamura, 2009）。

しかし、デジスタンスをこれらのような仮説で単独に説明できるとは思われない。ターニング・ポイント説がやや機会的、偶然的な要素を強調し、認知的転換説が本人の積極的な認知の変化を示すとはいえ、おそらく現実的なデジスタンスは、これらの要素をさまざまに混ぜ合わせて発生するものと考えられる。たとえば、これまでの人生を見直し、このような犯罪人生から離脱したいと考えていた者が結婚を契機にデジスタンスに至るというストーリーが現実的であろう。

3　各種の調査研究

デジスタンス研究は、実質的に犯罪経歴（criminal career）やライフ・コース（life course）などをその対象に含むが故に、厳密にどれをデジスタンス研究に含めるかは困難であるが、初期の研究からみてくると、ゴーブ（W. Gove (1985), The Effect of Age and Gender on Deviant Behavior）、ショーバーとトンプソン（N. Shover and C. Thompson (1992), Age, Differential Expectations and Crime Desistance）、サンプソンとラウブ、モフィット（T. Moffit, 1993）、グラハムとボーリング（J. Graham and B. Bowling (1995), Young People and Crime）のほか、後述のマルーナ、ボトムズとシャプランド、ケルナーらの研究を挙げることができよう。これらの研究は、いずれにしても犯罪の開始、停止、終了の過程を理解し、その知見から犯罪者の社会復帰（rehabilitation）、社会的包摂（social inclusion）により再犯を防止し、引いては安全な社会の構築を目指す点では共通している。

1　ラウブとサンプソンの研究

前述のように、ラウブとサンプソンは、デジスタンスの原因や背景を理解するために、犯罪を止めたデジスターに対して説話手法（narrative method）によって直接インタビューを行った。これらの調査対象者は、1940 年代に行われた犯罪経歴研究の先駆者であるハーバード大学のグリュック夫妻（Sheldon and Eleanor Gluecks）が研究対象とした 500 人の男性の一部の人々である。すなわち、ラウブらは 50 年以上経過したグリュック夫妻の研究を引き継ぎ、コホート研究の一部として、これらの人々の予後（デジスタンス）につき追跡調査を行ったのである（ライフ・コース論については第 5 講Ⅲ参照）。

図表 9-3　犯罪離脱者の犯罪歴データ

	番号	氏名（仮名）	人　種	犯罪件数（件）※1	初回拘禁時年齢	拘禁期間（年）※2	IQ	軍隊成績
第1グループ	1	Henry	スウェーデン	7	10	2.4	93	良好
	2	Binnie	伊	9	14	11.0	86	良好
	3	Victor	リトアニア	4	14	0.6	112	良好
	4	John	チェコ	6	14	1.0	115	良好
	5	Robert	英	10	13	2.2	79	良好
	6	Leon	独	4	12	1.1	103	良好
	7	Stanley	ポーランド	5	15	1.0	86	良好
	8	Norman	英・加	11	14	0.7	77	NA
	9	David	米	7	13	0.7	75	良好
	10	Richard	英・加	7	14	0.6	101	良好
	11	William	アイルランド	4	11	2.9	90	不良
	12	Gilbert	英・加	22	11	12.6	104	NA
	13	Domenic	伊	4	13	1.0	112	良好
	14	George	英・加	6	14	1.1	80	—
	15	Edward	英	9	15	3.5	90	NA
第2グループ	16	Leonard	仏・加	23	14	7.6	90	NA
	17	Angelo	伊	10	15	0.6	90	—
	18	Bruno	伊	9	15	0.5	92	良好
	19	Michael	アイルランド	6	10	3.3	89	良好

出典：John H. Laub and Robert J. Sampson, Shared Beginnings, Divergent Lives, 2003, p. 116-117

※1　7 歳から 70 歳までに行った犯罪認知件数

※2　32 歳までに施設に収容された合計年数

※3　'NA' は「無回答」

ラウブとサンプソンが調査において、実際にインタビューを行ったデジスターは、図表 9-3 の以下の人々である（名前は全て仮名）。これに示されるように、対象者 19 名は二つのグループに分けられ、第 1 グループ（1～15 番）として、7 歳から 17 歳（少年期）までに非暴力犯で逮捕され、21 歳以降（成人期）は暴力犯・財産犯（略奪犯）で逮捕歴のない者、第 2 グループ（16～19 番）は少年期に暴力犯の逮捕歴があり、成人期には略奪犯で逮捕歴のない者である。もっとも、一部の者には軽微犯罪やスピード違反の逮捕歴がみられる。第 1 グループは平均して 9 回、第 2 グループは 12 回の逮捕歴があり、少年期の拘禁期間は両グループとも平均 1.4 年であった。また、後述するように、これらのデジスターに共通しているのは、結婚・雇用においてきわめて長期に安定性がみられることであり、一部軍隊において成功経験がみられる。これらの特性は、人種、IQ その他の能力において相違がなかった。具体的な調査結果は後述する。

2 ボトムズとシャプランドの研究

ボトムズとシャプランド（Anthony Bottoms and Joanna Shapland）らのデジスタンス研究（Steps towards Desistance among Male Adult Recidivists, 2004）は、イギリス・シェフィールド調査として知られる。この特徴として、①調査対象者を年齢・犯罪曲線の頂点にある年齢（19～22 歳）から選択したこと。20 歳代初期の犯罪が劇的に減少し始める時点の個人的社会的過程に焦点を当てるためである。②調査手法として、展望的長期追跡設計を採用したこと。時系列の問題に適切に対応するためである。③調査対象者は非機会犯罪者に限定したこと。この種の犯罪者は定義上、犯罪を反復しており、犯罪から離脱するのに複数の出来事が関係していると考えられるからである。④離脱に対する多様な潜在的影響力を考慮して、量的観察と質的観察を混合したこと。この狙いは、若干の形式的な尺度やチェックリストのほかに、対象者の世界観、経時的な状況・人間関係の変化に対する認識などの情報も収集するためである。

初回の調査は 2003 年に開始され、対象者に面接を 90 分間行い、それを 9～12 か月の間隔を空けて計 4 回実施した。対象者はイギリス国家警察コンピュータ・システムを使用して選抜し、1982年、1983年、1984年生まれの者で調査開始時に19歳から22歳の者で、英内務省の分類では「標準リスト犯罪（standard list crime）」と呼ばれる窃盗、侵入盗、暴行などの犯罪で過去に別々に2回以上の有罪歴のある者である。このほか、調査時点の直近に刑事司法機関と関与した者（犯罪による検挙、参考人・被疑者としての取り調べなど）、シェフィールド市内に住所のある者、調査終了時までに刑務所から釈放予定である者などが、実行可能性の点から調査対象の条件とされた。

この結果、調査対象者は男性679名、女性94名となった。もっとも手続的には、法令上警察が直接対象者に接触することは許されず、それに代わって保護観察官が対象者に調査への参加意思を確認することになったが、すでに刑務所を釈放された者、保護観察を終えた者については接触することができないという制約がみられた。結局、保護観察官が刑務所収容中の者には手紙で、地域刑（わが国でいう保護観察）受刑者には口頭で接触したが、最終的には刑務所収容者中の者が調査対象の82％を占め、当初の計画より犯罪性の高い者が選択され、また女性参加者を獲得するのが困難な結果となり、0名であった。要するに、男性のみ113名が調査に参加した。第1回の面接時では、平均年齢20歳9ヶ月、79％が白人系、12％が黒人系、7％がアジア系であった。また、有罪歴は平均で8回、113名の合計で909回、調査最終時（2007年8月）には計1,172回となった。罪種は、性犯罪はなく、圧倒的に財産犯、薬物犯、粗暴犯であり、要するに、この調査対象者はきわめて再犯率が高い集団であった。実際、本人の自己報告によると調査の前年で、対象者の33％が150件以上の犯罪を行っており、万引き、無保険運転、侵入盗、盗品故買、車上狙い、薬物取引の順に多く、いわゆる軽微な犯罪を反復して行っていることが理解される。一般に、常習累犯者は必ず薬物犯罪と親和性があるといわれるが、本調査では妥当しなかった。なお、対象者の半分以上が親と同居し、5分の1がガールフレンドやパートナーがいるが、対象者の3分の2は、ガールフレンド・パートナーも犯罪歴があると答えている。さらに対象者の約半分は1か月以上学校から放校処分を受け、その86％に学歴がなく、60％は調査前年に職歴がなかった。このような状況から、シェフィールド研究では「初期不利得点」なる数値を考案し、児童期、青年期に関する回顧的設問を設定し、両親の犯罪性、地方自治体の生活保護受給、両親の愛着・監督・コミュニケーション、住所変更歴、怠学、学校放校処分、無学歴、学校への否定的態度などをスコアとして算出している。

シェフィールド研究の特徴は、他のデジスタンス研究と異なり、調査直前まで犯罪を行っていた再犯者で年齢・犯罪曲線でピークとなった年齢の者を対象に、その後5年間を追跡しており、比較的年齢が若い者の離脱と継続を扱っていることである。したがって、この研究対象者は犯罪からの離脱よりも継続が目立っており、犯罪継続の理由が明瞭に示されている。その理由として、実際上の理由（お金の関係）と情緒的な理由（興奮探求の関係）がある。

この結果、次のような知見が得られた。

① 大多数の者は離脱したいという意欲はあるが、実際には困難と感じている。しかし、時間の経過とともに実現可能と感じるようになり、将来の野望も慎重で通常のレベルである。

② 離脱意欲は強いが、再犯も多くみられた。しかし、再犯の頻度は低下しており、離脱への段階は進んでいる。

③ 離脱が生じるのは通常、徐々にであって、突如発生するものではない。

④ 少数の者は追跡調査の最終段階でも依然高い犯罪レベルを維持しており、自己報告調査では対象者全体の犯罪の合計では減少はみられなかった。調査末期において犯罪率の高い者と低い者との両極化が生じた。

⑤ 離脱意欲のある者への障害として、本人の認識では、最も重要な事項は経済的問題と継続的な犯罪の情緒的な誘惑であった。

⑥ 若干の心理的な変数が将来の犯罪に対する考え方と関連した。とくに、自己効力感（self–efficacy. 自分が達成することができる事項についての考え）と負い目（他人の考えを気にする程度）が目立つ。

⑦ 現在のさまざまな状況が、将来の犯罪についての考えと実際の離脱と継続の両方に関連した。

⑧ 現在の信念や認識において、個人間で時間ごとの犯罪レベルの変化が起こるのは若年成人の時期であり、したがって調査期間における対象者

の相対的な犯罪の変化の証拠がみられた。

⑨　生涯犯罪を継続する者と青少年期に限定された犯罪者の間に明らかな格差はみられなかった（これについてはモフィットの研究、第 5 講Ⅲ参照）。もっとも、これは、疑いもなく、ほぼ普遍的な就職可能性の低さなどの状況の深刻さによるものと思われる。つまり、どの時期にデジスタンスを行っても、元犯罪者の就職の困難さは変わらないということである。

⑩　過去の犯罪は、犯罪者が将来の犯罪に対して自ら行った予測とはあまり関連していない。これが示唆するのは、犯罪者が実際に行動パターンを変えるよりも、変えようとするまじめな意思を形成する方が簡単であることである。要するに、誰でも行動を変えようとする意思はありながら、行動を変えることはなかなか一直線には進まないのが現実である。

3　マルーナの研究

マルーナは、その著 “Making Good（善人への道）”（2001 年）でリバプール研究の成果を示した。いわば犯罪離脱の現象学の検証ともいうべき書であり、犯罪離脱者（desister）と犯罪継続者（persister）との比較において、一方で前者はどのように自分の人生を理解し、犯罪常習性から離脱することができたのか、他方で後者はなぜ犯罪継続の道を選択したのかを、研究対象者の説話を通じて分析したものである（narrative analysis）。本書は、犯罪に対する自己統制を維持するためには、刑余者が自らの人生を理解する必要があるという前提に立っている。そのために、彼らが自分自身の物語を話すこと（説話）がその過程をとらえるのに最善であるという理解に基づく。

調査では、研究対象者として男性 55 名、女性 10 名が選択された。このうち、30 名が犯罪離脱者、20 名が犯罪継続者と分類された。平均年齢は 30 歳であった。調査の基本は説話法であるが、設問は半構造化（semi–structured）されており、一部は定型化している。つまり、この調査のインタビューでは、実験群（離脱組）と対照群（継続組）が比較できるように、人格特性、犯罪行動のリスト、社会環境については構造化された設問が使用されている。この調査はさらにフィールドワークによって補充され、実際、犯罪者、刑余者だけでなく、警察官、ソーシャル・ワーカー、刑務官、保護観察官らに対するインタビュー、犯罪者に対するカウンセリングの現場での観察なども行われている。

その結果、犯罪離脱者は自分が犯罪を行った過去の理解、生産的な行動の成就感、将来をコントロールする感覚を獲得していることが明らかにされた。実際、元犯罪者が犯罪生活や薬物依存に打ち勝つ様子が多くの物語の中で示されている。マルーナは犯罪者を真に理解するためには、彼らが語る物語を理解し、その過程が彼らの人生を転換する力を持つことを理解すべきであるとする。そこで、刑事司法政策としては、贖罪儀式を制度化し、自己改革の努力を承認する公式化された体系的メカニズムが必要であって、それによって一般社会への適応を可能とするという。

4　デジスタンスの要因

犯罪を繰り返していた者、常習累犯者が犯罪をやめる理由や背景は何か。この問いが、デジスタンス研究の中核部分を占める。サンプソンとラウブは次のような事項をデジスタンス要因として捉えている。

1　生活の転換

犯罪者・非行少年の多くが荒廃した地域、スラム街に居住し、問題家庭で生育している。両親はアルコールや薬物の問題を抱え、暴力的虐待的で養育態度は放任的である。そして、頻繁な転居を繰り返している。このため、子どもは転校によって学校に馴染めず、怠学する。そして、地域の不良仲間と交流し、外泊、家出、暴力、ギャングへの関与などで幼児期から反社会的ないしは犯罪・非行的行動を開始する傾向にある。他方、犯罪離脱者は、このような劣悪な環境から這い出し、犯罪や非行の生活から足を洗う契機を人生途中で見いだしている。それが生活の転換であり、具体的には労働、婚姻、居住の安定性である。逆に、これらが安定すれば、犯罪生活からの離脱が可能なのである。

(1) 就職・労働

労働に関していえば、その安定性のためには、いわゆる「手に職を付ける」ことが必要である。犯罪離脱者の職業をみると、初期には職を転々とする傾向があるが、人生中期から後期にかけては、一定の専門職につき同じ職場で継続的に勤務している。つまり、彼らは何らかの形で仕事を覚え、それを天職として続けていることである。その契機となっているのが、軍隊ないしはその除隊後の復員兵援護法（G. I. Bill）である。上記の例でも、軍隊内の配属や同法による支援によって、配管工、機械工などの専門的なスキルを身につけ、それが本人たちにとって誇りであり、自信につながっている。そもそも、一般的に言って、低学歴の者は専門職に就職することは困難であるが、犯罪離脱者においては、これらの点が克服されているのが特徴といえる。そして、犯罪学は、しばしば犯罪者に自敬の念が欠如している点を指摘するが、まさしく職業を通じて自敬の念を獲得し、これが職業上の安定性をもたらしたものである。

❍コラム 23　復員兵援護法（G. I. Bill）

アメリカで 1944 年に成立した法律で、 G. I. とは ‘Government Issue’ の略であるとされる。この法は、第二次大戦で、120 日以上従軍した復員兵に対する各種サービス・褒賞を定めるもので、例えば低家賃の借家、起業のための低金利ローン、職業学校の教育提供、大学授業料や生活費の支援、失業手当など幅が広い。戦後 10 年間で 200 万人近くが支援を受けたとされ、政治的にも成功したと言われる。現に、多くのデジスターがこの制度を利用しており、兵役経験者で犯歴のある者の犯罪離脱に有効であったように思われる。

もっとも、ラウブとサンプソン調査では、デジスター（犯罪離脱者）の多くが安定した雇用状況を示しているのにもかかわらず、本人の自己分析では、労働つまり就職を人生の転換点とみていないことは注目される。明らかに、他の項目、つまり結婚、施設経験などと比較して、労働自体を人生の転換点とみる視点が欠けている。これは、一つにはタクシー運転手、消防士、

ボイラーマン、建設土木作業員、ストーブ修理工など調査対象者の多くがブルーカラー職に就いていることにも要因があるように思われる。要するに、労働は単に目的（生活）のための手段にすぎず、客観的には就職がターニング・ポイントになっているのに、彼らは安定した労働生活を経験したことが反社会的生活から遵法的生活へ転換したイベントとはみなしていないのである。

(2)　結　婚

婚姻が脱犯罪生活を導くことは、他の犯罪学文献でも示されている。要するに、首尾のよい結婚は人の人生を変える潜在力を有しているといえる。いわば、結婚は社会資本の増強に連なっている。とくに結婚し子どもをもうけると、家族に対して責任感が生まれ、労働を通じて安定した経済生活を営むことが求められる。そして、家族の愛情、愛着によって心理的な満足が生じ、しばしストレス解消としての手段である犯罪や非行に走る契機を失う。他方、結婚は人生の再構築を可能とし、配偶者がときに、逸脱的な以前の仲間集団とのつきあいに対して直接の社会統制機能を担うのである。他の研究でも、犯罪への継続的な関与は、同じ傾向にある仲間との深酒のつきあいをすることと密接に関連することが知られている。そして、結婚を契機として住宅を転居すると、相乗的に犯罪離脱者の効果を高めるように思われる。このように、婚姻がデジスターをもたらす要因となる可能性がきわめて高い。

ボストンの貧困地域で9人兄弟の大家族で成長したLeon（事例6）は、両親がアルコール中毒、逮捕歴があり、度重なる転居という環境の中で、小学校のころから怠学を繰り返し改善学校の収容歴が見られ、その後も住宅侵入盗や自転車部品盗を重ねていた。ところが、成人期に入るとLeonは一転して社会的安定性を獲得した。初期にはドーナッツ店、後半には化学プラントで働き、調査時の70歳では住宅を所有し、妻と国内外の旅行を楽しむなど人生の達成感も強い（この事例の詳細については、山内宏太朗ほか「説話法による犯罪デジスタンス分析」、2009年参照）。

ラウブとサンプソンは、このLeonの成功した結婚の原因や背景として、社会的支援や妻の愛情のほかに、①勤勉な勤務態度に変わったこと。彼は妻からの愛情に応え、家族を支えるために職場で残業まで厭わず、さらには、家族との時間が短くなるとして昇進まで拒否している。②以前の不良仲間集団から絶縁されたこと。結婚後、家族との時間を重視したため、仲間との関係が希薄となり、これに代わって妻の友人が仲間となった。③妻の家族との付き合いを強めたこと。家族的紐帯の薄弱な自分自身の家族とは次第に距離をとるようになり、実際妻の家族の元に引越しして、3 世代同居を始めた。

(3)　居住の安定性

居住の安定性もデジスタンスにとって重要である。住宅を頻繁に変更するということは、就職や労働が順調でないことを示すことが多く、地域社会にも馴染めず、第 1 に、子どもが学校で安定して学業に励むことの妨げになる。教員との信頼関係を築くことも困難であろう。職場や学校、地域に満足すれば、それほど住居を変更する必要はなくなる。少なくとも人生中期以降は、どのデジスターも住居を終の棲家に決めて長年、住みづけている。但し、彼らの場合、やや特殊なのは、もともと問題が少なくなかった自分の実家から精神的にも距離的にも離れることが犯罪からの離脱にとって重要であることから、犯罪離脱者の多くが実家から離れたところに住んでいる点が指摘できる。そして、その多くは妻の実家かその近くに住んで、義理の家族との関係を強めている。このようにみると、居住の安定性とデジスタンスの関係は強く、要するに、従来の家庭的悪環境からいかに逃れることができるかが、デジスタンスの成否の鍵と言える。

2　施設・組織の経験

よく知られるように、犯罪者や非行少年の生活習慣は乱れており、いわゆる一般の社会人が日常的に繰り返すルーティン活動を営んでいないとされる。つまり、早朝会社に出勤し、夕刻仕事を終えて家庭に戻り、家庭団らんを囲むというルーティン生活を送るといった日常パターンが彼らには欠如している。むしろ、深夜夜更かし、昼間は就寝という生活を繰り返す傾向にある。この点、刑務所や少年院などの矯正施設や軍事施設での生活では、常に時間的規律が厳しく、日常生活はきわめてルーティン化されており、日々同じ生活の反復となる。実際、多くの犯罪離脱者が両施設の共通項として、「規律と厳格さ」を指摘しており、通常の家庭では果たし得ない何かが彼らのデジスタンスに機能したと考えられる。なぜなら、時間的にルーズな生活を送る者は応々にして自らに対する規律と厳格さに欠け、このような施設や機関の厳格な生活指導が有効であることは言うまでもないからである。サンプソンとラウブの調査では、実際、矯正施設の経験が軍隊生活への適応に役立ったという証言もみられた。

(1)　矯正施設

矯正施設は誰しも快適であるわけではなく、むしろ生活指導の効果が否定的に働く場合もある。たとえば、矯正施設職員による暴力が日常的に行われている場合、それがトラウマとなり、そのような施設入所を回避するために、逆にデジスタンスが生まれた例もある。但し、実際の施設経験からはるかに時間が経過して対象者の老後に調査が行われた場合（サンプソンらの調査は約 50 年後）、対象者の記憶が多少薄れている点は否めないし、記憶違い、詐言、誇張などが含まれることは十分考えられることから、質的観察においても、その説話の信頼性には注意を要する。

それでもなお、刑務所に限らず改善学校を含む施設収容経験が規律の維持や責任負担の在り方につき示唆を与えたことは、少なからずデジスターが認めている点であり、施設運営の方法や職員の収容者に対する態度、あるいは更生プログラムがデジスタンスを促進し強化する側面があることを示している。また、その後に次ぐ保護観察は、自由な社会環境の中で実施され、処遇者（保護観察官）と対象者の距離が一段と近いことから、やり方によっては大きなデジスタンスの効果を生み出す可能性がある。

(2)　軍　隊

これとは対照的に、軍隊生活の副次効果に対しては好意的に評価するデジスターが少なくない。サンプソンらの調査対象者の軍隊入隊時期が経済大恐慌（1930 年代）と重なったことも、幸いしているように思われる。というのも、当時社会は混乱し、一般市民の社会生活も十分なレベルになかったからである。他方で、軍隊内部には精神的に愛国主義や民族矜持の風潮が強く、それとともに、食料難の時期に軍隊では十分な食事が与えられたという事情がある。さらに、前述のように、除隊後に各種の社会的支援が行われたことも軍隊経験の評価を高める結果になっている。たとえば、矯正施設を仮釈放になり少年時に入隊した者は、軍隊では電気工としての訓練を受け、それが彼の最終的な職業キャリアとなった。除隊時には、復員兵援護法を利用して住宅購入などを行っている。このように、とくに幼少期から教育機会に恵まれないという不利条件を抱えた人々にとって、軍隊が職業訓練の場として社会復帰を促進する機能を果たしている点が指摘されている。

実際に、幼少期をスラム街、貧困、度重なる転居、両親の別居、父親の虐待という環境で育ったHenry（事例1）は、怠学ゆえに教育経験に乏しく、家出、浮浪などで多数回の逮捕歴があり、改善学校にも収容されたが、18歳の時に海兵隊に入隊してから伍長にまで昇進し、数々の表彰を受けている。その際に受けた機械工の訓練がその後の人生でも職業として生かされ、成人期には一貫して機械工として働き失業経験がない。彼を変えたのは、改善学校と軍隊における責任の取り方、秩序に対する従属の仕方であったという。つまり、責任感と権威の尊重を学んだのである。これが離脱へのターニング・ポイントになったと考えられる。

3　ラウブ・サンプソン研究の意義

ラウブとサンプソンのデジスタンス研究の知見は、トラヴィス・ハーシ（Travis Hirschi）が社会統制理論（social control theory）で訴えた社会的紐帯（social bonds）の重要性を再認識させる（社会統制理論の詳細は、第5講Ⅱ参照）。すなわち、ハーシは、それまで犯罪学が探求してきた「なぜ彼らは犯罪を行うのか」という問いが重要なのではなく、「なぜわれわれは犯罪を行わないのか」が重要であるとし社会統制理論を主張したのである（The Causes of Deringuency, 1969）。要するに、ハーシ仮説によると、「個人の社会的紐帯が脆弱か断絶している」ときに逸脱（deviance）が生じるという。そして、その社会的紐帯は、愛着（attachment）、関与（commitment）、忙殺（involvement）、信念（belief）の4種類に分類された。愛着とは、規範の内面化の要素であり、それは個人の他者への愛着である。具体的には、家族や恋人、親友などに対する愛情、親密さなどが含まれる。次に、関与とは、人々が特定の活動に注いだ時間やエネルギーなどの投資をいう。たとえば、学業に熱心に取り組み、望みの大学に進学し、満足のいく職を得るなど、努力して今までの経歴や名声を積み上げてきた者は、逸脱によって得られる利益とそれによって失われる利益を比較衡量したとき、失われるものが大きく逸脱しにくい。反対に、努力して積み上げてきたものがなければ、失うものがないかあるいは非常に少なく、逸脱によって得られる利益が不利益を上回ることになり、犯罪・非行に至る。第3の忙殺とは、逸脱から人々を隔離する伝統的で非逸脱的な活動に従事しているという主張である。「小人閑居して不善を為す」という諺があるように、学校や部活、ボランティア活動、アルバイトなど様々な活動に従事する者は逸脱などしている暇がなく、逆に学校をドロップアウトし他に熱心に取り組む活動もなく暇をもてあましているような者は逸脱しやすくなるという。最後に、信念とは、本人が信じる価値に対する傾倒の強度を意味する。社会統制理論は、社会に共通の価値観があるという前提をとる。これは、その価値を守るためのルールを遵守するか否かの態度に関わる。すなわち、人々は、尊重すべき価値が法令によって保護されているから、それに従うのであり、そのような価値観を重視しない者は法令に服従する必要はなく違反するのである。

そこで、ラウブとサンプソンが重要なデジスタンス要因と位置づけた結婚、就職・雇用、軍隊入隊、矯正施設収容などの経験をハーシの主張に当てはめてみよう。パートナーとの結婚は、単純に愛着という社会的紐帯を強化するように受け取れるが、デジスターの場合、重要なのは、彼らのパートナー（妻）が単なるパートナーだったのではなく、「遵法的」であったことである。すなわち、彼女たちは夫が昔の仲間と付き合うことを認めなかったり、夫が真面目に働くことを推奨したり、いわば犯罪への道の防波堤の役割を担っている。彼女らの遵法意識が低かったならば、夫と一緒に悪事を働いたかもしれず、夫は離脱できなかったかもしれない。また、一定の労働に長期間従事したことは、「忙殺」の要素を有する。日常的なルーティンを繰り返し、家族のために収入を得る勤勉な態度は、逸脱的行為を行う時間を結果的に与えなかったのである。

デジスターの場合、社会の支配的価値観を支持する信念という紐帯は、矯正施設や軍隊経験で強化されたと考えられる。デジスターは、規律や責任の重要さを身につけるのに軍隊や矯正施設滞在の経験が有用だったと自己分析している。また、特に軍隊では愛国心や忠誠心を高める教育も行っており、それらも支配的価値観を支持する信念を強化するのに役だったと言えよう。また、軍隊で種々の勲章を獲得したことや戦争を生き抜いたことは自信や自己経歴の矜持につながる。軍隊がデジスターに技術を身につけさせたり、復員兵援護法という福祉的措置を与えたりして、退役後の人生の橋渡しに大きな役割を演じている。

このように、デジスタンス要因としての人生のターニング・ポイントは社会的紐帯を強化するのに役立つ。常習犯罪者、つまりパーシスター（犯罪継続者）の多くは、対照的に、社会的紐帯が弱化しているか断絶しており、社会的に排除されている者である。そこで、これらの者についても、このような社会的紐帯を強化する契機を与え、社会に包摂するような施策を実施する必要があろう。

5　デジスタンス研究の政策的意義と課題

1　政策的意義

デジスタンスの要因が明らかになれば、刑事司法機関における政策プログラムに反映させ、他のパーシスターにも適用して、その再犯防止を図ることが可能となる。このためには、各段階でのプログラム作成が重要である。しかしながら、従来の再犯防止プログラムは、Nothing Works論にみられるように、その効果について疑問が提示されてきた。すなわち、この種のプログラムを機能させるためには、デジスタンス研究をさらに促進するとともに、それに基づくプログラムを精緻に構築し、さらには十分に訓練されたスタッフを確保し、犯罪者個別のニーズや問題点を探りながら、このプログラムへの参加意欲を高める必要がある。実際、これまでのデジスタンス研究では、保護観察官によるメンタリング（コラム24参照）が有効であるという結果も示されており、保護観察のあり方に一定の示唆を与えている。要するに、デジスタンスは突如生じるというよりも徐々に形成される過程であると考えるラウブとサンプソンの主張に基づき、保護観察官などのケース・ワーカーは犯罪者のデジスタンス傾向に影響を与える精神的要素に取り組むことが求められる。まさしく、デジスタンスの動機づけと動機の維持に関する働きかけが重要なのである。なぜなら、犯罪者の離脱の過程では、種々の問題が偶発的に発生し、デジスタンスを阻害することが十分考えられるからである。

❍コラム 24　メンタリング（mentoring）

近年、犯罪者処遇の領域でも、メンター（mentor）とかメンタリング（mentoring）という用語が目に付く。メンタリングはメンターの行う指導を指す。メンターとは、本人にとって重要な他者を指し、単なる指導する者というのではなく、「信頼できる相談相手」、「良き師・指導者・先輩」、「助言者」、「庇護者」などの意味で用いられる。このメンターが犯罪者の社会復帰、再犯防止に有効であることは、犯罪者がしばしば面倒見のいい保護観察官と出会って好転する例に示されている。メンターの名称は、ギリシャ神話にまで遡り、トロイ戦争に出陣するオデッセウスが息子を託した「良き指導者」に由来するという。

2　わが国の課題

上述のラウブとサンプソンの調査によって、結婚、就職・雇用、軍隊、矯正施設の経験がデジスターの人生のターニング・ポイントとなり、その犯罪を停止させるのに有効であることが理解された。そして、刑務所や保護観察における指導監督（メンタリング）で、これらの成果を積極的に取り込んでいけば、犯罪者処遇を成功させ、他の犯罪者のデジスタンスを促進することにもなろう。といっても、彼らの調査結果が人生のターニング・ポイントという偶発的、機会的な要素に依存しているとすれば、これらの機会に遭遇しなかった者は離脱できないという結論になり、きわめて宿命的ということになる。おそらく、ラウブらの主張は、そうではなく、個々人のターニング・ポイントは多様であり、あまり明白な特徴を備えていない人生の出来事もターニング・ポイントになりうるのであり、要は、そのような機会をどのように活かすかということであろう。まさしく、デジスターはこれを首尾良く対処した人々である。

考えてみれば、犯罪者は誰れしもいずれ犯罪を止める。デシスタンスは必ず起こるのである。ただ、それが早いか遅いかの違いがある。これまでの状況からみて、一般に、欧米諸国では比較的早く、わが国では遅いと言わなければならない。それでは、なぜ欧米とわが国でそのような相違が生じるのであろうか。

思うに、わが国の家族主義が高齢犯罪者のパーシスタンス、つまり高齢まで犯罪を継続する状況に影響を与えている。というのも、従来、わが国は犯罪者の予後については家族が身元引受人となり面倒をみるという構図があり、社会福祉よりも家族主義がいわば犯罪者の社会復帰を担うという現実があった。しかし、犯罪を常習的に重ね、一定年齢に達した犯罪者は家族から見放され、福祉でもカバーできない状況では、犯罪を止める契機が失われる可能性が高い。わが国で家族主義が機能しなくなると、社会にも受け皿がないために、中年から高齢の年齢層の犯罪者は予後の社会的安定性が失われ、犯罪を継続するのである。つまり、ここに常習、パーシスタンスの現象が生じる。このため、わが国は欧米諸国に比較し、高齢犯罪者を多く抱える結果となっているのではないだろうか。ということは、わが国では欧米よりもさらに深刻に高齢犯罪者のデジスタンスを検討する必要がある。

〈参考文献〉

・守山　正「『デジスタンス』と刑事政策—犯罪常習者が犯罪を止めるとき」（『イギリス犯罪学研究Ⅰ』145頁以下（成文堂、2011年）

・山内宏太朗、守山　正、渡邉泰洋「説話法による犯罪デジスタンスの分析—常習犯罪者が犯罪を止める理由・背景」白百合女子大学研究紀要45号1頁以下（2009年）

・John H. Laub and Robert J. Sampson（2003）, Shaered Beginnings, Divergent Lives: Deliquent Boys to Age 70.

・Robert J. Sampson and John H. Laub（1993）, Crime in the Making: Pathways and Tuning Points through Life.

・Alfred Blumstein and Kiminori Nakamura（2009）, Redemption in the Presence of Widespread Background Checks, Criminology vol. 47, pp. 327–359.

・Shadd Maruna, Making Good（2001）（津富宏他訳『犯罪からの離脱と「人生のやり直し」』（明石書店、2013年））

第10講◆被害者

キーワード

被害者学／被害者なき犯罪／被害者（暗数）調査

1　被害者の地位

犯罪と被害は表裏一体の関係にある。つまり、犯罪が発生すれば、当然被害も発生し、被害者が生み出されるからである。しかし、犯罪学において長い間、被害者に対する関心は薄く、研究対象からは外されてきた。ただ、一部の研究者が扱って来たに過ぎない。それは、国家の秩序維持という観点が広く支持され、秩序を維持するために犯罪者の処罰が重視されてきたからである。こうした流れから、犯罪を処理し、犯罪者の刑の執行を扱う警察、検察、裁判所、刑務所、保護観察所という刑事司法機関が多くの国で発展してきたのである。これに対して、被害者は刑事裁判においては埒外に置かれ、たんに犯罪行為が行われた現場の目撃者、裁判の告訴・告発人、証人として、あくまでも犯罪者を処罰するための協力者として位置づけられたに過ぎなかった。歴史的にみると、いわば「忘れられた人々」であり、ただ、民事裁判では原告として不法行為に対する損害賠償を請求する法的地位を有するにとどまった。

しかしながら、古い歴史をみると、被害者の概念はすでに古代バビロニアの時代にみられ、被害者は犯罪処理への関与として重要な役割を果たしてきた。つまり、被害者やその家族・部族は犯罪者やその集団に対して復讐権を有し、それを実行してきたからである。ところが、この復讐は逆に社会の混乱を招いたとされる。被害者側の復讐的な攻撃に対して、さらに加害者側から反撃や抵抗があり、復讐合戦が繰り返されてきたからである。国家の秩序維持という観点からは、近代刑法においてむしろ復讐は控えるべきという考えが台頭し、次第に、被害者の地位は低下した。そして、刑事裁判制度では、国家（裁判官）あるいは陪審という冷静な第三者が正義の実現の観点から犯罪を判断し、国家が直接犯罪者の刑罰を与えることを目的とした構造に変化し、被害者の判断による復讐を許さなくなったのである。

このように長く、被害者は国家制度から除外され、ただ、犯罪学において犯罪原因の一つとして研究対象であったに過ぎなかった。実際、被害者が犯罪学上や刑事政策の中に次第に現れるようになるのは、第二次大戦の終了前後に成立した「被害者学（victimology）」においてであった。刑事司法制度の領域でも同様で、次第に、悲惨な状況におかれた被害者が注目されるようになり、1960 年代になると国家救済の対象となり、その後、刑事裁判においても主体としての法的地位を獲得するようになる。

そもそも被害者とは何か。これについて、1985 年国連の「犯罪及び権力濫用の被害者のための正義に関する基本原則宣言」は被害者を次のように定義した。①被害者とは、加盟国で機能している刑法に違反した行為によって、個人的、集団的に害悪を受けた者を意味し、これには身体的精神的な傷害、感情的不安、経済的損失、基本的権利の侵害が含まれる。②この宣言の下で、加害者の身元が確認され、逮捕され、起訴・処罰されたかどうかにかかわらず、また、加害者と被害者が親しい関係にあったかどうかにかかわらず、上記の者は被害者と考えられる。被害者という語はまた、直接の被害者だけでなく、その家族や被扶養者、あるいは被害化を防ぐために困難な状態にある被害者を支援する際に害悪を受けた者も含む、とされた。

2　被害者学の誕生～被害者の有責性

1　初期の展開

被害者の研究は古くベッカリーア、ロンブローゾ、フェッリ、ガロファロの時代からサザランドまで広く見られたが、体系的とは言えなかった。

「被害者学（victimology）」という語がいつ生まれたかについては争いがあるが、1950 年代にメンデルソーンが初めて用いたという説が有力である。彼は被害者学の語を広め、国際被害者学会の創設を提唱した。当初、被害者と犯罪者の関係を問題とする研究分野として発展したが、1970年代以降は、より一般的に被害者問題を扱う傾向にあり、現在の被害者学は、さらに被害者の間接事項も扱うなど、ややその輪郭があいまいになりつつある。

このように被害者学が学問的に定着したのは、イスラエルの弁護士ベンジャミン・メンデルソーン（Benjamin Mendelsohn）の功績による。ここに、ようやく被害者の科学が誕生したのである。当初、被害者学は犯罪学の一領域として発展したが、その後、比較的独自の途を歩み、固有の雑誌を発行し、あるいは国際会議を開催するに至っている。

被害者学には二つの流れがあるとされ、その一つはハンス・フォン・ヘンティッヒ（Hans von Hentig）やベルトハムらのアプローチであり、被害者の心理的特性や社会環境に焦点を当てるものであった。もう一つは、これに取って代わった研究で被害化の程度を測定する試みである。前者はいわゆる「被害者の落ち度（有責性）」を問題とし、一部被害者非難が含まれており、論争を巻き起こした。つまり、被害者を犯罪原因の一つとして理解しようという試みであった。

フォン・ヘンティッヒは、被害者の落ち度を分類し、一部の人にみられる被害者特性（victim–prone）を導き出した（The Crimnal and His Victim, 1948）。「ある意味で、被害者は犯罪を形づくったといえる。貧困の無知な移民は特種な詐欺を生み出すし、大恐慌や戦争は新型の潜在的被害者をもたらすが故に、新形態の犯罪に寄与している。その餌食が存在するからこそ肉食系動物の慣習や特性がある。つまり、貪る動物と貪られる動物によって自然体系は維持されている」と述べている。他方、メンデルソーン（1956年）は前述のとおり「被害者有責性（victim culpability）」を主張し、発生した事件に対する被害者の責任の程度を提示した。

他方、マーヴィン・ウルフギャング（Marvin Wolfgang）は、被害者が引き起こす殺人の調査を行っている（Victim Precipitated Criminal Homicide, 1957）。これは警察記録を使用して、1948年から1952年にかけてフィラデルフィア市で発生した588件の連続事件を調査し、このうち、150件は被害者が原因であったことを突き止めた。そこで、これらの被害者誘発事件とそうではない事件を比較した。さらに、別の研究では、強姦の事件においてその5分の

1 が被害者に非が認められたとするものもある。しかしながら、この種の研究には問題が多いことも指摘されている。まずウルフギャングの研究では警察記録が使用されているが、これには殺人事件に対する警察の解釈が含まれており、どの程度正確であるかは疑わしいとされる。また、このような被害者非難は、逆に犯行者の責任を軽減することになりかねないとして、この種の調査の規範的問題性を指摘する見解もみられる。とりわけ、強姦・性的暴行の女性被害者を精神的に傷つけるとしてフェミニストからも厳しい批判が加えられた。

犯罪被害の論点は、そもそも被害が発生する社会状況の分析に依存している。すなわち、被害化の社会パターンを理解することである。そこで、1970 年代イギリスのリチャード・スパークスら（Richard Sparks et al）は、被害化のレベルとタイプが地理的社会的相異と結びつく脆弱性、近隣社会の特性、ライフスタイルなどの多くの要因を考察した。スパークスはその後の調査結果も踏まえ、次のような被害者特性を提示した。

・挑発―自分自身の被害化を招来すること。たとえば、けんかを仕掛けて被害を受ける。
・誘発―玄関扉に鍵をかけない、自動車の鍵をつけたままで放置するなど犯罪リスクに自らをさらすこと。
・脆弱性―腕力が弱いなど、リスクを高める身体的特性。
・機会―旅行中に多額の現金を携帯するなど、犯罪のチャンスを提供すること。
・魅惑―裕福そうに見せること。
・責任不追及―いいカモと認識されること。文句を言わない、仕返しをしないなど。

3　さまざまな被害者

1　理念型と現実型

被害者のイメージはしばしば脆弱な女性とか、気弱で病気がちな高齢者とか判断が未熟な子どもなどが描かれることが多い。いわゆる「社会的弱者」

である。ニルス・クリスティ（Nils Christie）はこれを「理念化された被害者」と呼んだ。彼によると、被害者は遵法的な者であり、日々合法的な業務を行っている。そして、発生した事件について罪がなく、気の毒な人である、と。つまり、これらは、ステレオタイプの被害者である。

しかし、現実はどうであろうか。近年、これに対抗して「犯行者としての被害者（offender as victim）」が指摘されている。要するに、刑事司法機関では被害者として扱われながら、実質的には加害者であるという場合である。欧米の研究によると、暴力事件や家庭内事件、さらには住宅侵入盗事件では、加害者と被害者が重層しており、同じ人物がときに加害者、ときに被害者となり、基本的には犯罪発生環境に居住する者であるという。

これに関連して、アントニー・ボトムズ（Anthony Bottoms）らは警察データを使用し、イギリス・シェフィールド市内において犯罪者が居住する世帯とそうではない世帯に分け、どちらが住宅侵入盗の被害リスクが高いかを考察した結果、犯罪者が居住する世帯の被害リスクは犯罪者が居住しない世帯に比べ有意に高いという知見が得られた（Phenomenon of Victim–Offender Overlop, 2010）。そこで、ボトムズらはこの結果を検証するために、実際に100人の犯罪者に面接調査を行ったところ、ここでも同様の結果が示された。「住宅侵入盗の被害を受けた者の3分の2は、誰がその犯人であるかを知っている。」これは要するに、犯罪者の知人間で犯行が行われていることを示しており、一般市民が抱く被害者イメージから大きく乖離していると思われる。しばしば指摘されるように、「喧嘩が発生したら、怪我をした方が被害者、怪我をしなかった方が加害者」という図式にあてはまらず、被害者が圧倒的に悪質であるという場合も少なくない。組織犯罪集団内の決闘や不良仲間間のけんかなどがこの例に当たる。

このように、被害者の理念型と現実型が乖離している点に注意する必要があり、とくにマスメディアの報道などでは、被害者に敬称などが用いられると、事件の実態が正確に理解できない場合がある。

2　被害者なき犯罪

犯罪には必ず被害が伴う。被害・被害者は犯罪成立の必須構成要素である。従来、犯罪とは犯罪者の加害行為であるとされてきた。しかし、小川太郎は、犯罪の構成要素として加害行動（behavior）・損害（damage）・反動（reaction）を指摘し、被害要素を提示している。つまり、犯罪であるためには、一定の個人の行動があり、これには必ず、個人・組織において一定の損害が発生し、さらには、この行動に対して、国家を含む社会から非難や制裁が加えられるとする（第1講参照）。要するに、犯罪には被害者の存在が必須である。

ところが、1970年代アメリカでは、被害者のいない犯罪も存在するという見解が現れた。これが「被害者なき犯罪（victimless crime, crimes without victims）」である。たとえば、売春、同性愛、薬物犯罪、賭博などは互いの合意に基づいて行われており、被害者はいないとされ、それを根拠に刑罰法規から削除する非犯罪化（de–criminalization）、非刑罰化（de–penalization）が主張されたのである。この背景には、当時アメリカの多くの州ではあまりに多くの行為が非合法として処罰され、市民の権利を侵害しているという「過犯罪化（over–criminalization）」の見方が広がったことがある。その結果、これらの行為は一部合法化された。

しかし、近年、このような主張や動きには批判が加えられている。フェミニズムからは、売春などの行為において女性は強要されており、女性こそ被害者であるとして、被害者なき犯罪から除外するように求めている。また、薬物犯罪は人々の健康を害し、その結果国家の社会福祉予算の増大を余儀なくし、他方で組織犯罪の増長を招いており、社会的に全く害がないとはいえないどころか、むしろその害は深刻であるとさえ言える。薬物中毒者の中には薬物を購入する手段として種々の犯罪を行っており、間接的な被害は甚大であるとされる。したがって、「被害者なき犯罪」の論争は近年下火と言ってよいであろう。

❍コラム25　被害者のいない行為は犯罪か

犯罪の成立要素の一つとして、被害者の存在を挙げるとすれば、被害者のいない行為は犯罪ではないということになる。確かに売春、薬物犯罪、賭博、ポルノ販売などは具体的な被害者がいないか、被害者が同意しており、具体的な個人の被害者はいないともいえる。しかし、これらは刑法においては社会的法益として分類されることが多く、社会一般が被害者であるという認識がみられ、それが処罰根拠とされる。たとえば、賭博は「国民の勤労意欲を減退させる行為」であって、社会全体への悪影響が懸念されている。このように、純理論的に処罰の根拠は依然あいまいであるとはいえ、被害者なき行為も社会の秩序を乱す犯罪として多くの国で処罰されているのが現実である。

4　被害の実態

被害者の実態はどうであろうか。一般に、個人や組織を対象とした犯罪が1件発生すると少なくとも被害者は1人以上存在することになる。犯罪統計からおおむね被害者数は推計できるし、警察がその実態を最もよく知る機関であるから、警察統計をみればある程度の状況は理解できる。しかしながら、先述のように、犯罪は多くの暗数が存在するし、警察統計も被害処理のやり方によっては統計的に信頼できない部分があることも否定できない。このような状況から、イギリスやアメリカ、さらには近年ではわが国でも、政府が、警察統計などの公的統計とは別に、被害実態を調査するために、被害(暗数)調査などを実施している。

1　わが国の犯罪統計から見た被害

犯罪被害の実態を知る方法として、とりあえずは官庁が公表する統計が参考になる。その代表的なものに、毎年、全国の都道府県警察本部の報告から作成される犯罪統計(『○○年の犯罪』)がある。刑法犯及び特別法犯の認知件数や犯罪の発生状況、検挙状況などの数値が罪種別、都道府県別に計上されている。犯罪被害状況に関する章も設けられており、被害財物、被害者に関する罪種別の統計が掲載されている。犯罪統計書には例えば、被害者と被疑者の関係を示したデータなども掲載されており、殺人の場合は、親族間の割合が49.4%と他の罪種に比べて高く、わが国では殺人が家庭のもめごと

図表 10-1　刑法犯 被害者と被疑者の関係別検挙件数構成比（2017 年）

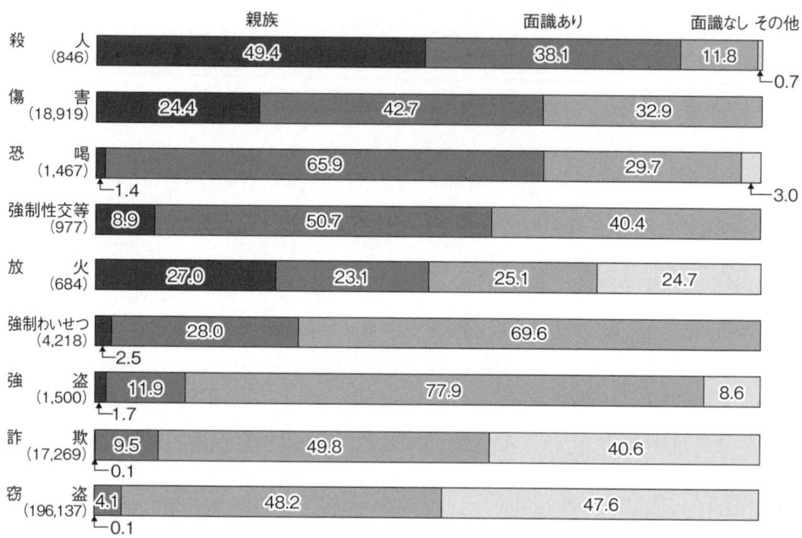

注1　警察庁の統計による。
　2　捜査の結果、犯罪が成立しないこと又は訴訟条件・処罰条件を欠くことが確認された事件を除く。
　3 「その他」は、被害者が法人その他の団体である場合及び被害者がない場合である（殺人の「その他」は、全て殺人予備におけるものである。)。
　4（　）内は、実数である。

であることが多いことを示している（図表 10-1 参照）。

この犯罪統計の数値は、警察が把握した数を示している。そのため、警察に届出がない被害は計上されない。特に性的犯罪や家庭内の犯罪などは、被害を把握することが難しい。また、被害者の数や属性は分かるが、それぞれの被害者の抱える問題や被害者支援の効果や影響を知ることは困難である。犯罪統計に限らず、官庁が定期的に集計する統計には、あらかじめ統計の項目に無い事項については、確認の方法がないという限界がある。

こうした統計の限界を補完するため、被害者を対象とした調査を実施したり、全国の母集団からサンプルを抽出して被害経験などを把握したりする調査が行われている。

2　わが国の被害者調査

被害者の状況や変化を把握するため、これまで、直接、被害者を対象とした調査がいくつか実施されている。調査の主体は、官公庁、被害者支援団体、研究者グループなどである。調査は、被害の実態や置かれた状況を把握することを目的とするものから、次第に支援の浸透状況や支援の課題を把握する目的のものへと移ってきている。ここでは、比較的大規模な調査について取り上げる。

(1)　犯罪被害実態調査（1995 年）

1992 年から 1994 年にかけて、初めての全国規模の犯罪被害実態調査が行われた。（警察庁「犯罪被害者実態調査研究会」による調査）身体犯、財産犯の被害者及び遺族を対象に調査票調査（一部インタビュー調査も実施）が実施され、身体犯被害者本人 227 人、財産犯被害者本人 220 人、被害者の遺族（犯罪被害者等給付金の受給遺族）261 人から回答があった（回収率 6〜7 割）。また、刑事司法実務家（警察官、検察官、弁護士、裁判官、保護観察官）を対象とした調査も行われ、被害者の回答と比較検討がなされた。

図表 10–2 は、調査結果のうち、身体犯被害者と遺族について、被害後に困ったことを示したものである。全体では、精神状態についてのことを挙げる者が多い。その他、調査結果から、被害後の年数が経過しても回復していないこと、被害者には捜査や裁判に関する情報が十分に提供されていないこと、捜査における負担やマスコミの取材・報道も二次的被害と認識していること、加害者側からの謝罪や賠償を受けた被害者は少ないこと、加害者に対する気持ちは「相手が憎い」「相手と関わりたくない」「相手の刑罰が軽すぎる」などの回答が多い一方、「相手には立ち直ってもらいたいと思う」という回答もあって複雑であること、などが明らかとなった。

こうした調査結果は、1995 年 3 月に「犯罪被害者の実態調査報告書」としてまとめられ、その後の警察における被害者対策に反映された。具体的には、1997 年 2 月に「被害者対策要綱」が制定され、被害者への情報提供、二次的被害の防止、精神面での支援が進められた。また、1999 年 6 月には犯罪捜査規範が改正され、被害者等に対する配慮、被害者等に対する通知、被害者等の保護等が盛り込まれた。さらに、2001 年 4 月には、犯罪被害者

図表 10-2　事件から現在までで困ったこと等

	総数 [N=405]	身体犯被害者 [N=181]	遺族 [N=224]
不眠、不安、空腹感など、精神状態についてのこと	243（60.0）	74（40.9）	169（75.4）
自分の傷や後遺症など身体の不調	109（26.9）	87（48.1）	22（ 9.8）
示談や損害賠償についてのこと	108（26.7）	52（28.7）	56（25.0）
マスコミなどによる事件の報道	100（24.7）	30（16.6）	70（31.3）
医療費や生活費	97（24.0）	44（24.3）	53（23.7）
家族についてのこと	88（21.7）	17（ 9.4）	71（31.7）
仕事、職場、給料についてのこと	74（18.3）	41（22.7）	33（14.7）
裁判での傍聴や証言についてのこと	62（15.3）	12（ 6.6）	50（22.3）
近所とのつきあい	59（14.6）	12（ 6.6）	47（21.0）
警察の犯人捜査についてのこと	48（11.9）	10（ 5.5）	38（17.0）
転居についてのこと	33（ 8.1）	7（ 3.9）	26（11.6）
加害者の処罰を望まない旨の上申書の提出を求められること	30（ 7.4）	16（ 8.8）	14（ 6.3）
各種の保険金などについてのこと	29（ 7.2）	10（ 5.5）	19（ 8.5）
相手や相手の弁護人がこちらの責任を追及してくる	20（ 4.9）	6（ 3.3）	14（ 6.3）

注1　[　] 内は、未回答を除いた回答者数である。
　2　表中の数値は、事件後の核問題について、「あった」と解答した者の数及び構成比である。

等給付金支給法の改正が行われ制度の拡充が図られた。

(2)　犯罪被害実態調査（2002 年）

1995 年調査から約 10 年が経過した 2002 年に、再び犯罪被害者を対象とした全国規模の質問紙調査が行われた（警察庁「犯罪被害者実態調査」）。調査対象者は、1998 から 2000 年における被害者遺族、身体犯被害者、性犯罪被害者及び財産犯被害者である。調査対象者区分ごとの回収率は、被害者遺族 74.2%（213）、身体犯被害者 62.6%（224）、性犯罪被害者 62.4%（121）、財産犯被害者 68.4%（294）である（( )内は有効回収数）。

図表 10-3　PTSD スコア分布（被害者遺族）

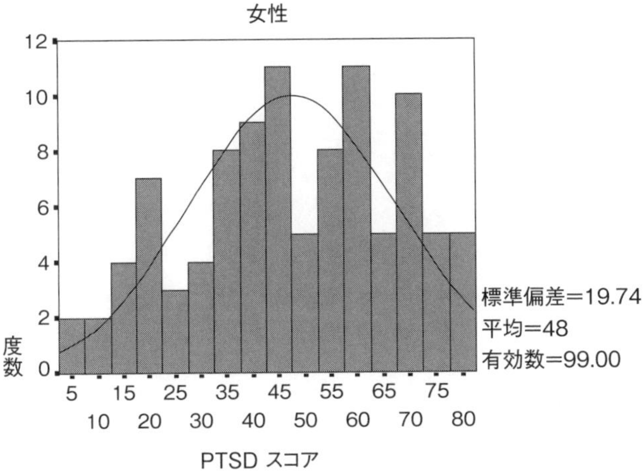

女性

標準偏差＝19.74
平均＝48
有効数＝99.00

度数

PTSD スコア

図表 10-4　PTSD スコア分布（性犯罪被害者）

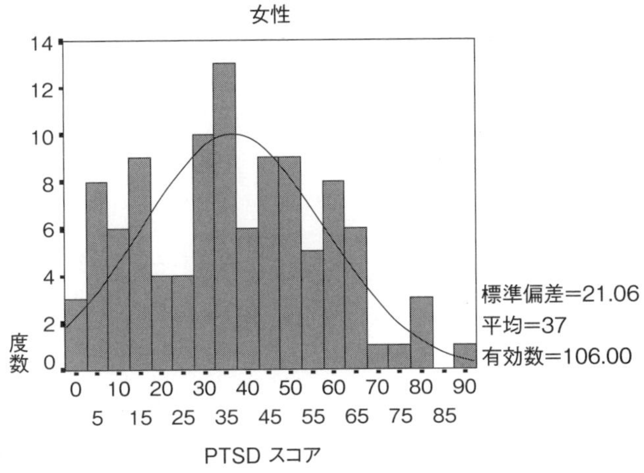

調査は、1995 年調査から数年が経過した時点における被害者の状況を確認するとともに、警察等の関係機関や民間団体が行っている被害者支援活動に対する被害者側から見た評価を明らかにしている。従来の調査では対象としていなかった性犯罪被害者も対象としている。

図表10–5　事件直後における援助率と必要度（全体：男性）

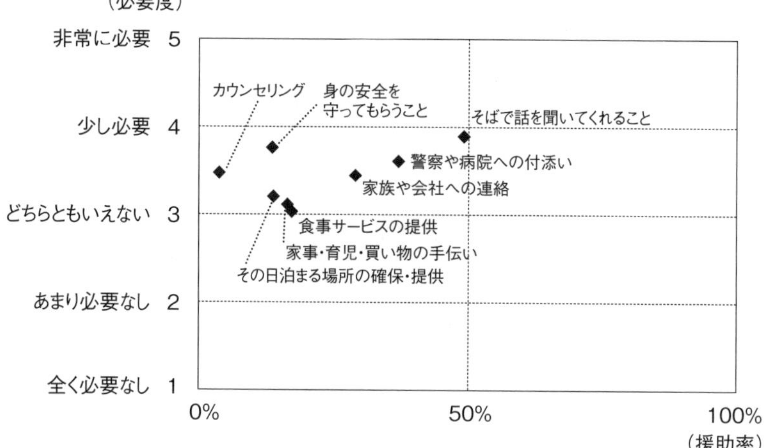

図表10–6　事件直後における援助率と必要度（全体：女性）

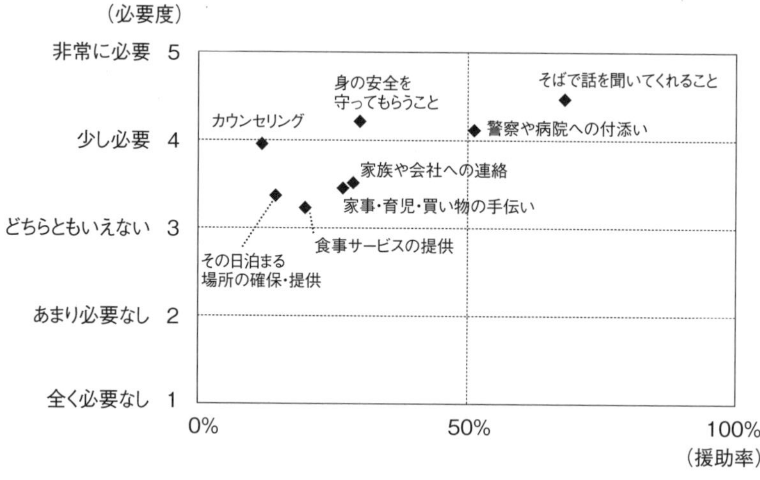

図表10–3、10–4は、被害者のPTSD（心的外傷後ストレス障害）について、診断尺度（IES–R）日本語版を用いて測定した結果である。PTSDスコアからハイリスク者を識別する基準点を29／30点とすると、特に、被害者遺族及

び女性の身体犯被害者、性犯罪被害者については、PTSD スコアの高い被害者が多く存在しており、PTSD スコアの平均値も高いことが明らかとなった。IES−R は、事件から時間が経過している場合には感度が低くなることが指摘されているが、本調査では、被害から 2〜4 年経った時点でも、PTSD スコアの高い被害者等が多く存在していることが明らかとなった。被害から一定期間経過後も大きな精神的影響を受けている状況がわかる。

図表 10−5、10−6 は、援助のニーズ（必要度）と実際に提供を受けた援助（援助率）との関係を見たものである。「そばで話を聞いてくれること」や「警察や病院への付添い」は援助のニーズが高く、援助が行われている割合も高かった。しかし、「カウンセリング」は、被害者が必要としている援助にもかかわらず、援助率の低い項目であり、充実が望まれる。総じて、被害者は、事件直後、援助を必要としているにもかかわらず、十分に必要な援助を受けることができていない状況が明らかとなった。

(3)　犯罪被害類型別継続調査（2007〜2009 年）

この調査は、2007 年から 3 年間に渡り同一の被害者を対象に継続して行われたパネル調査である（内閣府「犯罪被害類型別継続調査」）。調査対象は、2007 年の調査時点で、過去 10 年以内に殺人・傷害等、交通事故、性犯罪、その他の犯罪の被害に遭った被害者本人又は家族・遺族等 115 人（このうち 3 年間連続して回答を得たのは 104 人）である。

3 年間連続で回答があった 104 人を対象に、被害からの主観的回復度（事件によって被った被害から自分がどのくらい回復したかを 10 段階で評価する）について、一定である層を除き、回復傾向にあるグループ（回復層）と悪化傾向にあるグループ（悪化層）に分類し、心身等の問題の状況や生活環境等の影響要因の比較分析が行われた。

その結果、回復層では過去 30 日間に事件に関連した健康上の問題があったとする割合は 35% であるのに対し、悪化層では 63% となっている。同様に日常生活に支障をきたす日数は回復層 34 日に対して悪化層は 93 日と約 3 倍であり、また、精神健康状態を評価する K6 得点についても回復層の平均値 7.24 点に対し、悪化層は 12.87 点であった。図表 10−7 によると、回復層では、K6 得点の「6 点以下（精神状態が正常）」が約 6 割に達する一方で、

図表 10-7　主観的回復度に基づくグループ別、K6 得点状況（2009 年度）

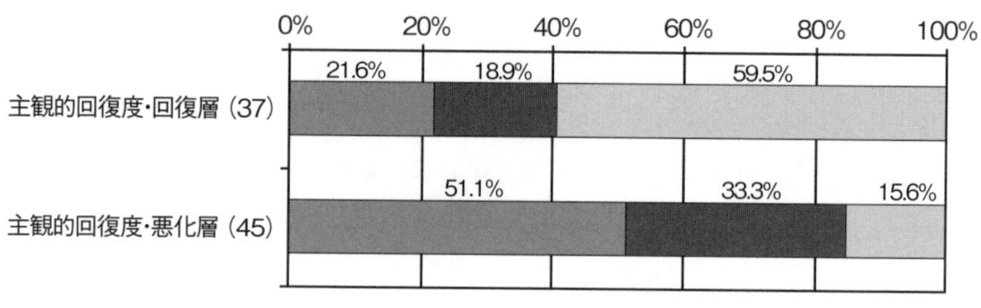

悪化層は「13 点以上（重症精神障害）」が半数を超えている。回復層と悪化層では、身体・精神の状況が相当程度異なることが明らかとなった。

回復層と悪化層の諸環境を比較した結果、悪化層は、「学校または仕事を辞めた、変えた」、「学校または仕事をしばらく休んだ」、「長期に通院したり入院したりするようなけがや病気をした」、「同居している家族の看護・介護が必要になった」、「家族間で不和がおこった」といった比較的多くのネガティブ要素を持つライフイベントに遭遇している。捜査・裁判等の出来事では、回復層では加害者の逮捕や刑事裁判が発生した比率が比較的高く、逆に悪化層では加害者の釈放、示談金・賠償金の支払い等が高くなっている。

また、悪化層では二次的被害を受けたとする回答比率が高く、特に、医療機関、民間団体、世間、同じ職場・学校等、事件発生時以降も長く関わり合いを持つ主体からの被害を受けているという回答が回復層と比較して顕著に高い結果となった。

(4)　犯罪被害者支援に関する調査（2010 年）

2008 年から 2011 年にかけて、警察による犯罪被害者支援の効果等を検証するために、犯罪被害者等給付金の受給者を対象に実施された（警察庁「犯罪被害者支援に関する調査」）。調査票の配布数（調査票受領者数）は 881 であり回収数は 395（回収率 44.8%）である。主な調査項目は、警察による支援施策の普及度、警察の施策への満足度、警察による支援へのニーズなどである。

図表 10-8 は、警察の取り組む被害者支援施策の認知度についての回答結果である。「被害に遭う前から知っていた」と回答した人は「被害者が望む

図表 10-8　警察の取り組む被害者支援施策の認知度

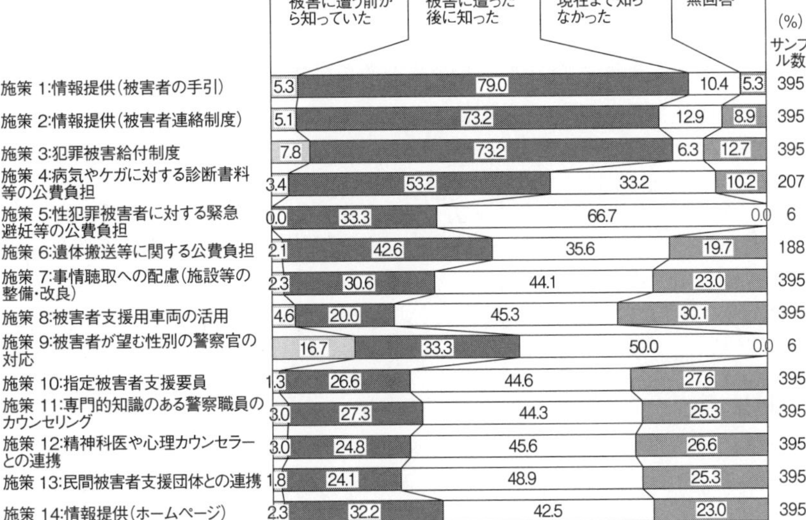

性別の警察官の対応」で 16.7%となったが、その他の施策については 1 割に満たない。「被害に遭った後に知った」と回答した人も加えると「情報提供(被害者の手引)」、「情報提供（被害者連絡制度)」、「犯罪被害給付制度」は 7 割を超えるものの、「病気やケガに対する診断書料等の公費負担」は 5 割、その他は 3 割程度である。施策について、「現在まで知らなかった」と回答した割合が 4 割を超えるものが 9 施策あり、十分に知られていない施策が多い状況が明らかとなった。

(5)　被害者を対象とした調査の課題

被害者を対象とした調査は、上記の他にも、交通事故被害者を対象とした調査や配偶者間の暴力被害に関する調査など、被害の種類に対応した調査が複数実施されている。

こうした被害者を対象とした調査には、調査対象者を抽出すること自体の困難さや調査に回答することによる二次被害の懸念など困難さが伴う。さらに、性的犯罪の被害や家庭内の犯罪被害など、調査でも表面化しない被害者も存在する。そうした表面化していない被害に関する情報を収集する手段を検討していく必要がある。

3　国際被害調査

犯罪被害者への関心が高まる中、国際的な動きとして、犯罪被害の国際比較を行う国連研究機関の活動がある。この調査もいわゆる暗数調査に属し、その第1回目の国際被害実態調査（International Crime Victims Survey）は1989年に14ヶ国で行われ、その後、1992年、1996年、2000年、2005年に実施されて、参加国も漸次増加し、これまでに50ヶ国、約30万人が参加していると言われる。わが国は2000年から参加している。この研究グループの主導者の一人はオランダのヤン・バン・ダイク（Jan Van Dyke）であり、この調査は「犯罪の水準、犯罪に対する見方、及び刑事司法制度に対する考え方を国際的観点から比較調査するために設けられた包括的な方法」であるが、各国の公的犯罪統計ではなく一般市民への調査によるデータの比較であり、その目的は、「各国における公式犯罪データの制約を超えて、国際的な比較犯罪学研究を前進させることにある」とされる。

❍コラム26　イギリス犯罪調査（BCS, EWCS）

イギリスでも、警察統計に対する信頼の観点から、犯罪統計とは別に、全国レベルで国民に対し被害体験に関する面接調査が実施されている。これがイギリス犯罪調査（British Crime Survey, BCS）であり、最近、対象地域からスコットランドが除外され、名称もイングランドとウェールズ犯罪調査（EWCS）と変更された（本稿では「イギリス犯罪調査」とする）。この調査の最初は1982年で、その後一定間隔で実施されてきたが、最近では毎年行われている。調査内容としては、2013年・2014年度調査では、イングランドとウェールズ全国で5万世帯が選抜され、実際にはその約4分の3が回答するなど、かなり大規模に実施されている。方法としては直接面接法を採用する。つまり調査員が対象世帯を訪問し、面接する方法であるが、性犯罪や夫婦間暴力（DV）などの繊細な犯罪には回答者が答えにくいという批判から、現在では、あらかじめ調査項目が入力されているコンピュータ画面を示して、回答者がこれに直接記入するやり方がとられている。また、最近では、16歳以上の調査対象者に加えて10歳以上の少年も対象となり、内容も過去の犯罪被害経験だけでなく、犯罪とはいえない無秩序行為 (disorder)、さらには不安感の調査も行っている。このようにして、主として警察には通報されなかった犯罪、非通報の理由・態度などが明らかにされ、国の犯罪政策に活用されている。

(1) 国際比較

図表 10–9 は OECD 主要加盟国における被害率を示したものである。もと

図表 10–9　犯罪被害率の国際比較（OECD 諸国）――犯罪被害者数の対人口比

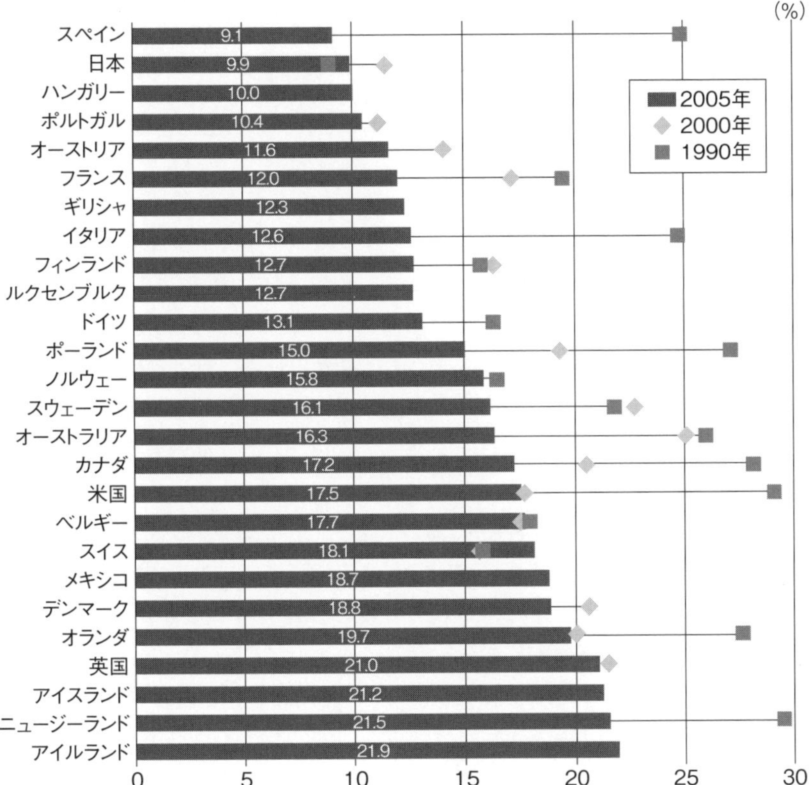

（注）国連地域間犯罪司法研究所（UNICRI）と国連薬物・犯罪局（UNODC）によって実施された「国際犯罪被害調査」による。犯罪被害率とは全人口中で過去 1 年間に 1 回以上被害を受けた者の比率である。
（資料）OECD Factbook 2006・2009

より、各国において犯罪類型・犯罪構成要件は異なるために、一般に比較は困難とされるが、同調査ではどの国にもみられるような比較的普遍的な、標準化された犯罪類型が採用されている。すなわち、①自動車盗、②車上狙い、③バイク盗、④自転車盗、⑤不法侵入窃盗、⑥個人所有物盗難、⑦強盗、⑧性犯罪、⑨暴行・傷害、⑩その他の窃盗（置き引き・スリ）などの被害状況が比較されている。このほか、この調査では警察に対する通報態度、被害者の公的機関に対する満足度なども分析されている。調査手段は、私人の電話番号にランダムにダイヤルして聴取する手法である。

但し、被害に遭っても被害者が通報しない場合がある。そのため、被害状況を犯罪統計だけで把握することには限界がある。そこで、米国やイギリスにおいては、一般市民を対象にサンプリング調査を実施している（コラム 21 参照）。

(2)　わが国の参加

日本においても、2000 年からおおむね 4 年ごとに国際犯罪被害実態調査（ICVS：International Crime Victims Survey）の一環として、犯罪被害実態（暗数）調査が実施されている。調査は、全国から抽出された 16 歳以上の男女 3,000 人から 6,000 人を対象に、主に訪問調査員による聞き取り方式（2012 年調査は郵送調査）により実施されている。主な調査項目は、被害経験の有無、通報の有無、犯罪の不安などである。調査結果をもとに、地域的分布、日常的な活動と犯罪の関連、警察に対する態度、女性、若者、高齢者の被害化などに関する分析が行われている。

2000 年調査から 2012 年調査における過去 5 年間における被害態様別の被害率を見ると、いずれの調査においても、自転車盗、自動車損壊、バイク盗が比較的被害率が高い。また、これらの被害は 2000 年調査時から 2012 年調査時までおおむね低下傾向にある。

また、被害申告率（被害を捜査機関に届け出た比率）を被害態様別に見ると、「届出なし」の回答が、性的事件で 74.1%、暴行・脅迫が 56.8%、自動車損壊が 55.4% であり、暗数が相当数あることがわかる。

図表 10-10　被害態様別被害率（過去 5 年間）の経年比較

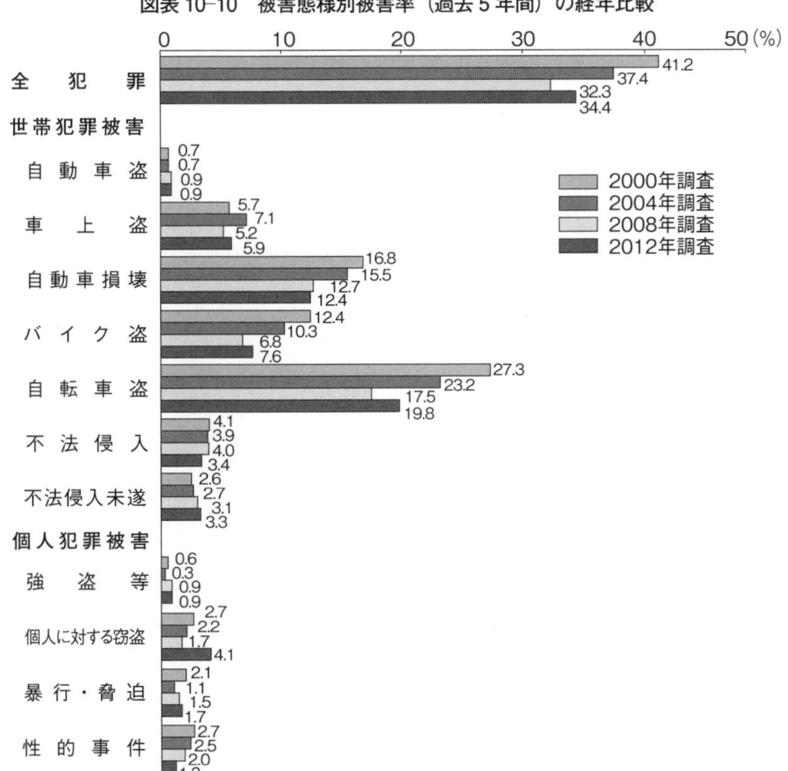

注　1　法務総合研究所の調査による。

2　各犯罪被害の範囲は、厳密には我が国における各犯罪の構成要件と一致しない場合がある。

3　「自動車盗」、「車上盗」、「自動車損壊」、「バイク盗」及び「自転車盗」は、それぞれ、過去 5 年間における自家用車、バイク及び自転車の保有世帯に対する比率である。

4　2000 年調査及び 2004 年調査の調査実施時点は、各調査年における 2 月であり、2008 年調査以降の調査実施時点は、各調査年における 1 月である。

5　「全犯罪」は、世帯犯罪被害又は個人犯罪被害に該当する犯罪被害、すなわち、自動車盗、車上盗（部品盗を含む。）、自動車損壊、バイク盗、自転車盗、不法侵入（侵入盗を含む。）、不法侵入未遂、強盗等、個人に対する窃盗、暴行・脅迫及び性的事件（強姦、強制わいせつ、痴漢、セクハラ及びその他不快な行為で、一部、法律上処罰の対象とはならない行為を含む。）のうち、いずれかの被害に遭った者の比率である。

6　「強盗等」は、2000 年調査では恐喝及びひったくりを含み得るが、2004 年調査では含まず、2008 年調査以降では含む。

7　「個人に対する窃盗」は、2000 年調査ではひったくりを含み得るが、2004 年調査以降では含まない。

8　「性的事件」は、2000 年調査及び 2004 年調査では女性回答者に対する比率であるが、2008 年調査以降では全回答者に対する比率である。

5　被害者救済・支援

1　被害者補償制度

前述したように、被害者の悲惨な窮状に対して国家が財政的な支援を行う被害者補償制度が1963年にニュージーランドで始まり、その後、この制度は世界各国に広がった。他方で、民間団体の動きも活発となり、被害者に対する相談や援助を行う活動も普及した。そのような中、前述のとおり、国連は1985年にイタリア・ミラノで開催した国連犯罪防止会議で「犯罪及び権力濫用の被害者に対する基本司法原則に関する宣言」を採択し、いよいよ被害者救済・権利向上は世界の潮流となった。

わが国では、1980年に犯罪被害者等給付金支給法が制定され、翌年に施行されている。当初、この給付金は見舞金的な性格と位置づけられていたが、その後、自立支援的な性格に変更された。注意すべきは、補償対象はすべての犯罪被害ではなく、「故意の犯罪行為により死亡した者」の遺族、「一定の障害が残るか、一定の加療を要した者」に対する給付金（それぞれ遺族給付金、障害給付金、重傷病給付金）に限定されている。しかも、被害者・加害者が親族関係にある場合、被害者が犯罪を誘発した場合、労災や損害賠償を受けた場合などには不支給や減額が行われる。

2014年現在で、遺族給付金の上限は2964万5,000円、障害給付金は3974万4,000円、重傷病給付金は1年を限度に自己負担額相当額が支給される。年間400〜600人前後の者が申請するにとどまっており、この制度は必ずしも広く認知されるには至っていない。

なお、給付金額や支給制限に関し、第3次犯罪被害者等基本計画（2016年4月閣議決定）を踏まえて行われた実態調査の結果や「犯罪被害給付制度に関する有識者検討会」の提言を受け、幼い遺児がいる場合の遺族給付金の増額や、重傷病給付金の給付期間の延長などを行う政令改正がなされるとともに、親族間での犯罪に係る支給基準の抜本的見直しを行う規則改正がなされ、2018年4月から施行された。

(1)　被害者の権利・支援

被害者の救済をめぐっては1970年代からアメリカを中心に加害者・被害者間の和解・調停制度が発展し、さらには1980年代にはニュージーランドの原住民社会が採用している修復的司法制度が注目され、多くの国でこの種の制度が採用されているが、わが国では依然、この種の制度は存在しない。

他方、被害者が刑事裁判に関与する種々の制度も進展しており、いまや「忘れられた人々」の時代から、被害者の時代を迎えている。

①被害者への情報連絡制度　従来の制度では被害者は当事者ではなく、そのため、事件や訴訟に関する情報を提供されることはなく、とくに少年事件においては尚更であった。要するに、事件の解明状況が知らされず、極端な場合、加害者にどのような処分が科されたのかも知ることができなかった。このような状況に対して、当然ながら被害者・遺族の不満は強く、このため刑事司法機関に対する不信感がみられた。

そこで、わが国ではようやく1996年に警察庁が被害者対策要綱を作成し、一定の重大犯罪の被害者に対して捜査状況、被疑者の検挙の事実、被疑者の身上等を連絡する制度を確立した。他方、検察庁においては、1999年に被害者等通知制度を設立し、被害者などに起訴・不起訴の事件処理状況、公判期日・日程、裁判結果・判決内容等に関する通知を行うこととし、2001年には自由刑執行終了の予定時期・釈放の年月日等を通知することが追加された。被害者によっては、加害者からの報復等による再被害に怯えることもあり、たんに処理結果や加害者の釈放だけに関心があるだけでなく、刑事施設・少年院の収容中、あるいは保護観察中の様子を知りたいという要望も強かった。そこで、2007年には各段階での処遇状況、仮釈放・仮退院の審理・決定なども通知できるように犯罪被害者等通知制度が改正された。

さらには、民事訴訟などを提起する場合に原告側に必要とされる刑事裁判の公判記録の閲覧・謄写が公判中も可能となり、少年事件の保護事件記録の閲覧・謄写とも相まって、一段と被害者・遺族の事件記録へのアクセスが可能となり、被害者・遺族が自らの事件における状況を把握することが実現した。

②被害者の刑事手続関与制度　諸外国においては、被害者が刑事手続に関

与し、意見を表明する権利などが一般的になっている。わが国でも、この意見陳述や証言のほかに、2007年の刑事訴訟法改正によって被害者参加制度が始まった。これによると、一定の条件の下、公判期日に出席すること、検察官の権限行使に対する意見表明、証人尋問、被告人質問、犯罪事実・法律適用についての意見陳述ができるようになった。また、これらの行為を弁護士に委託できるが、2008年にはその費用も場合によっては国が負担する制度も導入された。

量刑手続においても、2000年の刑事訴訟法改正で公判における被害者の意見陳述制度が創設され、同年少年法でも保護手続において意見聴取制度が取り入れられた。さらに、この被害者の意見表明の場面として、2007年犯罪者予防更生法改正において、続く2008年これを引き継いだ更生保護法で仮釈放・仮退院に関しても認められた。

このようにわが国でも刑事手続の種々の段階で被害者の意見表明が認められるようになっているが、国民の代表である裁判員の制度の導入と相まって、市民や被害者の意見が裁判に過度に反映することへの警戒感も示されている。

(2)　修復的司法

被害者救済制度の中で、最も特徴的な制度は修復的司法（restorative justice）であろう。いわば、刑事裁判制度が始まって以来の大改革と言ってよい。すなわち、伝統的な刑事裁判では、国家（裁判官、検察官）と被告人（その代理人である弁護人）、国によっては国民代表（陪審員、参審員）のみが関与し、判決の言い渡しを行ってきたが、修復的司法にあっては、カンファレンスと呼ばれる話し合いの場で加害者と被害者（あるいはそれぞれの家族）が直接話し合うことによって事件を解決するという仕組みである。前者が国家正義を実現することを目指すのに対して、後者は、文字通り加害者が被害者、さらには地域社会に与えた損害を修復し、原状を回復するのである。要するに、刑事領域における「もめ事」の解決を図るのが修復的司法である。つまり、修復的司法では犯罪のとらえ方が伝統的な刑事裁判と異なり、犯罪は国家正義に反する行為としてではなく、あくまでも被害者や地域社会に損害を与える行為と捉えるのである。さらには、議論があるところではあるが、被害者や地域社会の苦痛や損害を理解することで、加害者の立ち直りも目指すこともその目的に含まれる。

手続的には、一般に裁判所などの一室で司会役（ファシリテイター）が加害者側（加害者やその家族）、被害者側（被害者とその家族）の話し合い（カンファレンス）を取り仕切る。通常被害者側がその心情を吐露し、その犯罪被害によってどのような苦痛を受けたか、それが日常生活や人生に悪影響があったかなどを述べ、加害者がこれに謝罪や反省の弁を述べるような場面となる。さらに、この手続には、地域代表、事件に関係した警察官、矯正施設関係者、保護観察官、学校関係者などが同席する場合があり、それぞれの立場から加害者に対して種々の意見や助言を行う。しかし、実際のカンファレンスの場では、被害者が一方的に加害者に謝罪だけを強く求め、いわば「謝罪の場」と化しており、修復的司法の本来的な目的からは遊離しているという指摘も見られる。

わが国でも修復的司法をまねた警察による少年対話会の試みもみられたが、定着するに至っていない。修復的司法は被害者が積極的に参加することが前提条件であるが、時間的な制約などもあって、必ずしも被害者が積極的であるとは限らない。しかも、わが国には伝統的に非公的な示談制度もあり、あえて新しい修復的司法を導入する機運に乏しい。また、近年、諸外国では修復的司法の実施後、加害者の自殺率が上昇したところもあり、加害者・被害者が対等な立場で話し合うという理想から乖離している場面もみられ、種々の問題を抱えていることも否定できない。

参考文献

・守山　正・安部哲夫編著『ビギナーズ刑事政策』249‒253頁（成文堂、2008年）
・宮澤浩一『被害者学の基礎理論』（世界書院、1966年）
・宮澤浩一・田口守一・高橋則夫編著『犯罪被害者の研究』（成文堂、1996年）
・守山　正・西村春夫『犯罪学への招待［第2版］』（日本評論社、2001年）

第 11 講◆少年非行

キーワード

少年非行の動向／少年非行の関連要因／少年非行の理論／少年非行の防止

1　少年非行の定義と動向

本講では、少年非行について概説するが、最初に少年非行とは何を意味するのか、その定義を明らかにし、その上でわが国における少年非行の動向や状況をみていきたい。

1　少年非行とは

少年非行の中心的な定義は少年法に規定されており（少年法 3 条 1 項）、以下の三つが該当する。

① 14 歳（刑事責任年齢）以上 20 歳未満の少年による犯罪行為。

② 14 歳未満の少年による触法行為（刑罰法令に触れるが、刑事責任に達しないため刑事責任を問われない行為）。

③ 20 歳未満の少年のぐ犯（その性格または環境に照らして、将来、罪を犯し、または刑罰法令に触れる行為をするおそれがあると認められる行状）。

上記①～③の行為・行状のある少年はそれぞれ、犯罪少年、触法少年、ぐ犯少年と呼称されており、この三つの総称が非行少年である。

こうした少年法に規定された非行に加えて、警察では、非行（上記①～③の行為・行状）に至る前段階の行為として、喫煙、深夜はいかい、家出、怠学等を不良行為と呼んで、街頭補導等の補導活動の対象としており、こうした行為も広義には少年非行に含まれる。

図表 11-1　少年刑法犯の検挙人員・人口比の推移

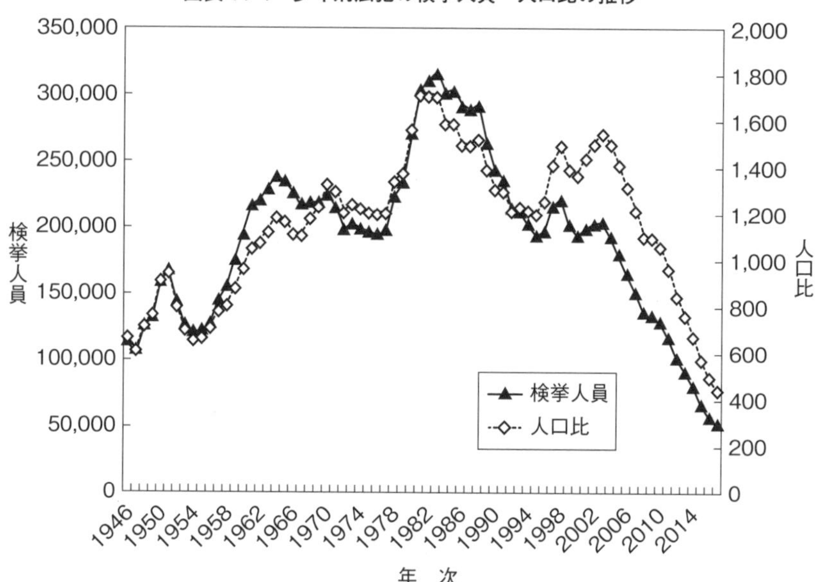

2　警察統計からみた少年非行の動向

少年非行のわが国における動向について、警察統計にもとづいてみてみよう。少年非行に関わる警察統計は、非行を行ったとして検挙・補導された少年について、その属性や犯した犯罪の態様などを集計したものであり、少年非行の動向をみる上で最も よく利用されている。

(1)　少年刑法犯の動向

図表 11-1 は、犯罪少年と触法少年を合わせた少年刑法犯について検挙人員と少年人口比（10 歳以上 20 歳未満の少年人口 10 万人当たりの少年刑法犯検挙人員の比率）の推移（1946 年以降）を示したものである（『平成 30 年版犯罪白書』資料 3-1 の統計値を用いた）。

この図表は、少年非行の動向を示すものとして最も多く活用されており、1990 年代半ばまでの三つの波があると一般に説明されている。つまり、1951 年の 16 万 6,433 人をピークとする第 1 の波、1964 年の 23 万 8,830 人をピークとする第 2 の波、1983 年の 31 万 7,438 人をピークとする第 3 の波で

図表 11-2 罪種別少年刑法犯の人口比の推移

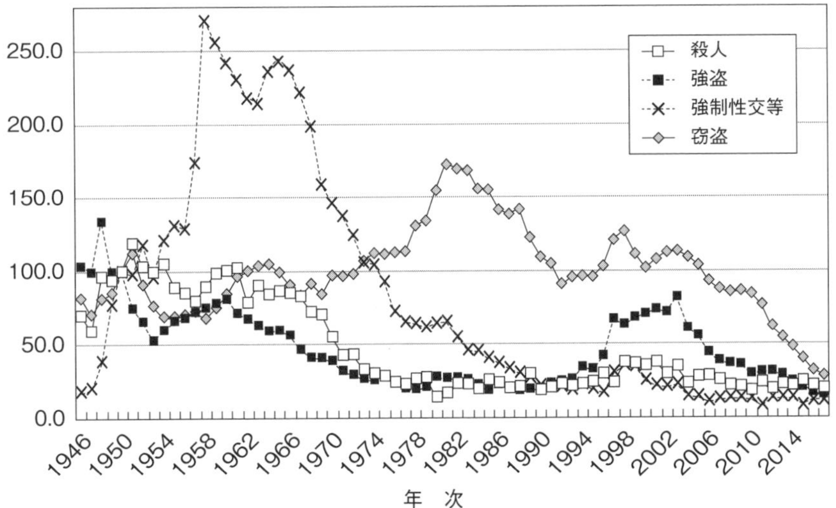

ある。1990年半ば以降は、2006年に至るまで、1998年と2003年の二つをピークとする変動がみられるが、これらを第4の波とするかどうかについて未だ評価は定まっていない。

図表11–1の人口比の推移をみれば、わが国の少年非行は2000年代半ばまで高水準で憂慮すべき状況が続いていたことになるわけであるが、多少とも注意が必要である。なぜならば、図表11–1の少年刑法犯では、犯した犯罪の重大性が考慮されておらず、殺人を行った少年も自転車盗を行った少年も同じ1人でカウントされているからである。

そこで、今度は、主要な罪種別に少年刑法犯の長期的な動向をみることにしたい。図表11–2は、殺人、強盗、強制性交等、窃盗のそれぞれについて少年の検挙・補導人員（犯罪少年と触法少年の合計）の人口比（10歳以上20歳未満の少年人口10万人当たりの検挙・補導人員の比率）を算出し、さらに各々の1950年の値を100とした指数に変換してプロットした（警察庁の統計及び総務省統計局の人口資料を用いた）。

図表11–2をみると、殺人については、終戦直後に増加傾向がみられ、1951年に戦後最高の値を示すが、それ以降1990年あたりまで、若干の起伏

はあるものの減少傾向が続いた。1990 年代前半以降は若干増加に転じて2001 年に 1970 年代半ばの水準（戦後最高値の約 3 割）に戻ったが、その後また減少に転じている。殺人の動向について、1990 年代以降の動向だけをみると、2000 年代前半に多少とも深刻化の兆候がみられるが、戦後の長期的な変動でみると、こうした変動は顕著なものであるとはいい難い。

強盗については、終戦直後の 1948 年に最高値を示した後、1988 年まで減少して最低値を示した。その後増加傾向に転じて 2003 年に再びピークを迎え、その後減少に転じている。また、強制性交等については、1958 年まで増加して最高値を記録し、それ以降 1990 年代中盤まで減少し、その後増加に転じて 1980 年代中盤のレベルに回復し、その後減少して 2011 年に戦後最低値を記録している。

窃盗については、1951 年に最初のピークを示した後、1958 年まで減少して増加に転じ、若干の起伏はあるものの増加し続けて 1981 年に戦後最高値を記録した。その後 1992 年まで減少して増加に転じて 1998 年に再度ピークを示し、それ以降概ね減少傾向がみられ、2010 年以降は顕著な減少が示されている。

(2)　非行動向の背景

警察統計でみた少年非行の動向の背景についてふれることにしたい。まず、第二次世界大戦の終戦直後に強盗や窃盗が多発した背景には当時の経済的困窮があり、貧しさ故の犯罪であったと理解される。次に、1960 年代に強制性交等の性犯罪が多発した背景には、都市への人口流入や経済発展に伴って享楽的風潮や性風俗の解放が生じたためであると考えられる。

一方、1970 年代半ば以降の窃盗の増加は、かなりの部分が相対的に軽微な万引き、自転車盗、オートバイ盗によって占められていた。これらの軽微で身近な少年犯罪（警察庁はこうした非行を「初発型非行」と呼称している）の増加は、核家族化や都市化がもたらす地域社会の教育機能の低下と、スーパーマーケット・コンビニエンスストア等のセルフサービス形式の店舗や駅前の放置自転車・バイクの増加によって説明できよう。

したがって、殺人、強盗、強制性交等といった凶悪犯罪は 1960 年代半ば以降、1990 年代半ばまで多少の起伏はあっても減少し、その後 2000 年代半ばまで増加傾向がみられたが、1960年代と比べて概ね低い水準を維持している。したがって長期動向としては凶悪化しているとはいえないが、1990年代半ば以降の10年間を取れば幾分凶悪化の兆候もみられるといえよう。

2000年前後の凶悪化の兆候を代表するものとしては、少年による強盗の増加が挙げられるので、状況を説明したい。特に注目すべきは、路上強盗が顕著に増加したことで、少年の検挙人員は、1993年の415人から多少の起伏はありながらも増加し、2003年には1,227人を記録して3倍となった。その後、減少傾向に転じて、2013年には324人を記録している。路上強盗が2000年前後に増加したことについて、犯行手口の西欧化を指摘する声も聞かれたが、少年による路上強盗の多くは遊ぶ金欲しさの犯行（いわゆるオヤジ狩り）であった。凶悪な犯行というよりも稚拙な犯行であるとの指摘もみられたが、こうした犯行が被害者や一般市民に与える恐怖感は甚大である。

一方、窃盗については、1970年代半ば以降2010年頃まで、概ね高い発生水準が維持されてきたが、その多くは万引きや乗り物盗によるものであり、凶悪ではないが身近な少年犯罪の増加を示唆しているといえよう。もっとも万引きといっても、換金目的で書籍やDVDソフト等を大量に窃取する者もおり、軽微な非行といえないものも少なくない。

総括すると、刑法犯全体でみた場合も、殺人、強盗、強制性交等、窃盗といった主要罪種別にみた場合も、少年の検挙人員が近年、顕著に減少していることは明らかである。しかしながら、一部の罪種に目を向けると、振り込め詐欺等の特殊詐欺では、少年の検挙人員が大きく増加しており、2018年の少年の検挙人員749人は、2012年と比べて4.7倍となっている（警察庁の統計による）。特殊詐欺で検挙される少年の大部分は「受け子」（だました相手から現金を受け取る役割）であり、アルバイト感覚で加担する者が少なくない。

3　自己申告調査からみた少年非行の状況

未成年者が行う非行には、警察に発覚しない非行、すなわち暗数が少なからずあると考えられるので、上記の警察統計を補完するものとして、非行の自己申告調査の結果を紹介したい。この調査は、2000年と2004年に全国の

図表 11-3　中学生の犯罪相当行為経験者率

(%)

		男　子	女　子
ア）けんかして、人をなぐった	2000 年	41.2	10.0
	2004 年	37.3	11.0
イ）学校や公共のものを壊した	2000 年	31.3	12.8
	2004 年	21.9	9.0
ウ）人の自転車やオートバイを無断で乗った	2000 年	10.3	4.1
	2004 年	4.8	2.3
エ）店の品物を黙ってもってきた	2000 年	11.7	7.8
	2004 年	4.5	3.4
オ）人をおどかして、お金やものをとりあげた	2004 年	1.9	0.9

90 以上の地域（公立中学校の校区）に居住する 1 万人以上の中学生（男子と女子がほぼ同数）を対象に質問紙調査を実施したものである（2000 年と 2004 年では調査対象地域や学年の構成比が異なる）。過去 1 年間の非行に関わる経験として、犯罪相当行為 4〜5 個の行為のそれぞれについて過去 1 年間の経験を尋ねており、「したことがある」と回答した者の割合を示すと、図表 11-3 の通りとなる（オ）の恐喝は 2004 年調査で追加された調査項目である）。

犯罪相当行為のいずれも女子の経験者率は男子のそれよりも低くなっている。特に粗暴な行為について男女差が著しいが、それでも「けんかで人をなぐった」「学校や公共のものをこわした」の経験者が女子の 1 割前後となっていることに注目したい。「店の品物を黙ってもってきた」、すなわち万引きを経験したのは、女子中学生の 5% 前後であるが、その経験者率は犯罪相当行為の中で最も男子に接近した値となっている。

ちなみに、2004 年の犯罪相当行為 5 行為（ア）〜（オ）について一つでも経験した者の割合を求めると、男子が 48.1%、女子が 19.0% であった。したがって、男子中学生の半数近くは、比較的軽微なものを含めて犯罪相当行為を経験しており、こうした行為を経験することは珍しくないことであるといえよう。一方、女子中学生についてもほぼ 2 割が比較的軽微なものを含めて犯罪相当行為を経験しており、非行は決して珍しい現象でないことが明らかである。

❍コラム 27　女子非行の状況

わが国では、女子少年の刑法犯（人口比）は過去 40 年間で約 3 倍となっている。こうした増加傾向の背景として、「身体的成熟の加速」と「学業達成へのプレッシャー」が挙げられる。

「身体的成熟の加速」については、女子の平均初潮年齢が、40 年間で 13 歳 2.6ヶ月から 12 歳 2.0ヶ月まで低下した（大阪大学日野林教授らの調査）。モフィットの「青年期限定型非行」の説明によれば、初潮年齢が早くなれば、身体の性的成熟と社会から与えられる権限（性・金銭の自由等の制限）との間でギャップが拡大し、それを解消するために非行が増えることになる。

また、「学業達成へのプレッシャー」については、女子の大学進学率が、40 ポイント近くも上昇しており、学業達成に対する期待が大きくなり、学業不振がより大きなストレスとなり、非行の引き金となることが多くなっていると推測される。

以上、わが国の少年非行の状況や動向をみてきたが、少年非行は用いる指標や罪種等によって、さらに長期的な動向をみるか短期的な動向をみるかによって、その評価は大きく異なってくる。よって、少年非行の動向については多面的で慎重な検討が求められる。

2　少年非行の関連要因

少年非行の発生に関連する要因が何であるかについて、調査結果にもとづいて考えてみよう。

1　調査手続等

非行関連要因を分析する調査研究で最も標準的なものといえば、横断的な調査研究である。横断的調査研究とは、調査対象者について、最近、非行を行ったかどうかと、非行と関連すると考えられる要因について一時点で調査するものである。一回の調査で終了するために実施が容易であるため、数多く実施されているが、非行の有無と関連要因を同じ時点で測定しているので、時間的順序が不明確となり、非行と関連要因との因果関係を確定し難い。

非行関連要因の横断的な調査研究として、ここではわが国の内閣府（前身の総理府・総務庁を含む）が主催等をしてきた「非行原因に関する総合的調査研究」を紹介したい。この調査研究は非行原因の把握を表題にしているが、具体的な調査目標は、各調査時点において、一般のあるいは非行のない少年と比べて、非行を犯した少年に多く共通する特徴を把握することであった（内閣府政策統括官（共生社会政策担当）『第4回 非行原因に関する総合的研究調査』（2010年））。

この調査研究でデータの収集は、1977年、1988年、1998年、2009年の4回実施されており、4回とも5～20の都道府県で、公立の中学校や高校に在学する生徒（一般群）と刑法犯等を行って警察で検挙・補導された非行少年（補導群）を対象に質問紙調査を実施している。一般群については、中学生と高校生を併せて概ね2,500人以上、補導群については概ね500人以上を調査対象としている。4回の調査で、家庭・学校・友人関係等の主要な調査項目が共通化されており、非行関連要因の時系列的変化を概ね検討できるのが特徴である。

2　主要な調査結果

ここでは、「非行原因に関する総合的調査研究」の調査結果から、中学生に絞って、非行関連要因の状況について、一般群と補導群の差異をみることにする。結果は図表11-4に示したとおりである。調査項目毎に、肯定的な回答が一般群と補導群でどの程度違うか、またどちらの肯定率が高いかを記号で示してある。

(1)　本人の性格等

4回の調査で一貫した傾向ではないが、男女とも、補導群は一般群より

図表 11-4　中学生対象の横断的調査結果

項目・内容	男子				女子			
	1977	1988	1998	2009	1977	1988	1998	2009
（本人の性格等）								
行動してから考えるタイプ	＝	▲	＝	▲	▲	＝	＝	＝
頭にきた時は自分を押さえられない	▲	＝	▲	●	＝	＝	▲	●
ポルノやアダルトビデオを見る	＝	●	●	●	＝	▲	▲	▲
（家庭・親子関係）								
持ち物からみた文化レベル（辞書４冊以上）	○	○	○	△	△	○	○	○
父への同一視	＝	＝	△	△	＝	△	○	○
母への同一視	＝	＝	△	＝	＝	△	△	○
親から愛されていない感じ	＝	▲	●	＝	▲	▲	●	▲
親に信頼されている		△	○	△		△	○	○
家庭の雰囲気は暖かい		△	○	△		△	○	○
親が厳しすぎる	＝	▲	▲	＝	▲	＝	＝	▲
親が暴力を振るう		▲	▲	＝		▲	▲	▲
（学校適応）								
成績が悪い方	▲	●	●	●	▲	●	●	●
授業がつまらない	＝	▲	●	●	＝	●	●	●
家で勉強をほとんどしない	●	●	●	●	●	●	●	●
（友人関係）								
友人が少ない（５人以下）	▲	▲	▲	▲	＝	▲	▲	▲
スポーツをいっしょにする	△	○	○	○	△	△	△	○

注）表中の記号の意味は以下の通りである。
●：補導群がおよそ 20 ポイント以上高い項目
▲：補導群がおよそ 10 ポイント以上高い項目（20 ポイント未満）
＝：補導群と一般群との差が少ない項目（およそ 10 ポイント未満）
△：一般群がおよそ 10 ポイント以上高い項目（20 ポイント未満）
○：一般群がおよそ 20 ポイント以上高い項目
無記入は、該当する調査項目がなかったことを意味する。

も、「行動してから考えるタイプ」や「頭にきた時は自分を押さえられない」が自分に該当するという者が多くなっている。あくまでも自己申告にもとづくものであるが、一般群よりも補導群の方が衝動的で自己統制が低く、リスクテイキング（危険を顧みず、好むこと）の傾向が高いことを示唆しているといえよう。

さらに、「ポルノやアダルトビデオを見る」については、1988 年以降は男女とも、非行少年は一般少年よりも、こうした不良行為を行っている者が多く、男子では 20 ポイント以上の差が出ている。こうした違いは非行少年の逸脱傾向を反映したものとも理解できるが、性的逸脱や享楽的ライフスタイルを肯定的に描くメディア情報に接触することで非行が促進される可能性を示唆するものといえよう。

(2)　家庭・親子関係

4 時点で男女共に一貫して、補導群は一般群よりも、「持ち物からみた文化レベル」が高いと判断される者（家に辞書が 4 冊以上あると回答した者）が 10 ポイント以上少なかった。文化水準の高い家庭では子どもに学業や文化的な活動に励むよう促すことで、子どもを非行から遠ざけることに成功していると推察できる。

親子関係に関わる調査項目をみると、1977 年ではあまり差が出ていないが、1988 年以降は男女とも、「父への同一視（父のような人でありたいと思う）」「母への同一視（母のような人でありたいと思う）」「信頼されている」「（家庭の）雰囲気は暖かい」の各項目については、補導群は一般群よりも肯定する者が概ね 10～20 ポイント以上少ない。男子では、1998 年で補導群と一般群のポイント差が最も大きくなっており、女子は 2009 年で補導群と一般群のポイント差が最も大きくなっている。一方、「愛されていない感じ」「厳しすぎる」「親が暴力を振るう」の各項目については、男女とも概ね、補導群は一般群よりも肯定する者が多い。これらの項目も、男子では、1998 年で補導群と一般群のポイント差が最も大きくなっており、女子は 2009 年で補導群と一般群のポイント差が最も大きくなっている。

したがって、非行少年は一般少年と比べて、親との情緒的な結びつきが弱く、親の養育態度が厳格すぎたり、暴力を伴ったりして不適切なものの多いことが特徴的である。さらに親子関係の良否と非行との関連が概ね近年に至るほど強くなっていると考えられる。

(3)　学校適応

「成績が悪い方」と「 授業がつまらない」については、男女共に、一般群よりも補導群で該当する者が多く、そのポイント差は最近になるほど概ね拡大している。一方、「家で勉強をほとんどしない」では4時点を通じて、男女とも、一般群よりも補導群で該当する者が20ポイント以上多い。したがって、非行少年の特徴として、勉強をしない、あるいは勉強が好きでないという点は従来から一貫しているが、学業不振が非行と関連する度合いは最近に至るほど増大しており、進学競争の激化を反映したものと考えられる。

(4)　友人関係

友人の数については、友人が5人以下と答えた者が男女共に、一般群よりも補導群で多くなっている。また、友人と「スポーツをいっしょにする」という回答は、一般群よりも補導群で一貫して10ポイント以上少なくなっている。したがって、スポーツ等の遵法的な活動にいっしょに取り組む友人をあまりもっていないことが非行少年の特徴であり、こうした友人関係の不足が非行化と関連していると考えられる。

以上、非行関連要因の横断的調査研究として、「非行原因に関する総合的調査研究」の主要な知見を紹介した。総括すると、家庭の養育機能（子どもの監督と情緒安定機能）の不全と学業不適応が、少年の非行化と結びつくことが、1970年代から最近に至るまで概ね顕著となってきたことが明らかである。

3　少年非行の説明理論

これまでに少年非行の関連要因について説明したが、こうした要因がどのようなプロセスで非行につながるのかを説明するのが、少年非行の説明理論である。以下では、まず古典的な非行理論として代表的なものを説明し、それらを踏まえて非行理論の近年の動向と関連する研究を紹介したい。

1　古典的な非行理論

少年非行の主要な説明理論として、以下では「緊張（ストレイン）理論」「文化学習理論」「統制理論」「社会的反作用理論」のそれぞれについて基本的な特徴をみていく（これらの理論の詳細は、第4講「伝統的な犯罪学」参照）。

(1) 緊張（ストレイン）理論

この理論では、自由意思ではなく、他の力によって引き起こされた行為として非行を捉え、非行を行う本人の心理的葛藤（悩みやストレス）を非行の原因と考える。わが国の社会状況を考えて、高度成長期以降、学歴偏重の制度や社会風潮が社会的緊張（ストレイン）を生んで、少年非行を促進する一因になってきたとの主張がみられる。

社会的緊張は、不平等な社会制度や社会構造の結果として生ずるが、緊張の高い社会状況では社会を構成する個々人の心理的葛藤が高まり、そうした心理的葛藤が非行化の媒介要因として作用すると想定できよう。

この理論から導出される非行対策であるが、もしストレスの原因が個々人の生活上の出来事によるものであれば、少年個人に対する治療（カウンセリング）となる。一方、社会構造が緊張を生み、社会全体の非行発生を促進する要因になっている場合は、社会構造（例えば学歴偏重の制度）の改善が求められる。

(2) 文化学習理論

この理論でも引き起こされた行為として非行を考えるが、非行を行う者に心理的葛藤が存在することを前提とせず、家庭、仲間集団、地域社会において逸脱的な文化（行動様式、思考様式、風俗、習慣）と接触することを非行の原因と考える。つまり、「朱に交われば赤くなる」がこの理論の主張である。

文化学習理論から導出される非行対策であるが、地域環境の改善（例えば、有害環境浄化活動）によって、青少年が有害環境と接触することを防止し、非行集団の解体等を行うことが求められ、メディアにおける有害情報の規制も重要な非行防止対策となる。

(3) 統制理論

この理論は、なぜ、大半の人が犯罪や非行を行わないかに注目し、人々が犯罪や非行に走るのを押しとどめる統制要因の態様を説明するものである。非行の抑止要因として働く統制要因は、社会的絆（親など家族に対する愛着、遵法的な活動に打ち込むこと等）と内的統制（よい自己概念や自己統制力）があり、社会的絆と内的統制は親の養育態度・しつけによってその成否が大きく左右されると考えられている。親のしつけが適切でないと、子どもの自己統制力、遵法的な規範意識や親に対する愛着が十分に形成されない。さらに、自己統制力の不十分な子どもは遵法的な活動に取り組んで十分な成績を収められず、よい自己概念をもつこともできなくなる。このように、内的統制や社会的絆が十分に形成されない結果として非行が発現すると、統制理論は主張する。

統制理論から導出される非行対策であるが、親子の愛着形成や家庭の監護能力を促進する家庭支援が重要であり、さらに家庭の監護能力を補完するものとして地域の青少年育成活動も重要とされる。

(4)　社会的反作用理論

この社会的反作用理論では、そもそも最初に非行化に至るプロセス（一次的逸脱）よりも、一旦行われた非行や逸脱が増幅していくプロセスに注目する。その逸脱増幅過程として、逸脱行動を行った人を社会が逸脱者とみなして扱うこと（公的機関によるレッテル付け）によって、行為者が自らを逸脱者とみなすようになり（行為者の自己概念の変容）、結果としてその人をさらなる逸脱に向かわせること（二次的逸脱）になると主張する。

この理論から導出される非行対策であるが、非行が軽微な場合は公的な手続で処理しない非行少年のレッテル付けを避けることと、周囲の者が非行が始まった少年を受容し社会適応を支援することが挙げられる。

以上、少年非行を説明する古典的理論についてその概要をみてきた。各理論については、その説明力の大きさや適用範囲について様々な議論がなされてきたが、今後も少年非行を理解する上で重要な視点を提供し続けていくと思われる。

2　非行理論の新動向

先に古典的な非行理論について概説したが、こうした理論群の系譜から新たな理論が1980年代以降、台頭してきている。以下では、非行理論の新動向のうち、発達犯罪学について説明する（これについては、第5講Ⅲ「発達犯罪学とライフ・コース理論」でも扱う）。

(1)　発達犯罪学の概要

発達犯罪学は、ライフ・コース犯罪学とも呼ばれるが、人の犯罪性・非行性の発達ならびに犯罪・非行からの回復のプロセスを最大限で人の出生前後から老年にいたるまで縦断的に検討するものである。

発達犯罪学には、心理学者と社会学者が参加し、両者の学際的な共同研究もみられる。概ね心理学者の方は、出生前後も含めて、乳幼児期から思春期・青年期に至る時系列で非行化が生じるプロセスに重点を置いてきたのに対し、社会学者は思春期以降の非行化と、成人以降の犯罪の継続と終息のプロセスに重点を置いて研究が行われてきた。

心理学者による非行理論、すなわち初期の発達段階に重点を置いた理論の中でも、心理学者が行う発達犯罪学の研究は、発達精神病理学の枠組みに依拠している。

発達精神病理学は、精神疾患や行動異常の発現プロセスを人間発達の視点から分析する学問領域であり、発達心理学や児童・青年期精神医学の一分野として近年発展してきた。発達精神病理学では疫学モデルにしたがって、精神疾患や行動異常の発現に関わる要因、すなわち危険因子（疾患が発現する確率を高める因子）や保護因子（疾患が発現する確率を低下させる因子）を抽出し、各因子が不適応に関わる態様を検討する。具体的には、各発達段階でどのような危険因子や保護因子が不適応に寄与しているか、さらに、各発達段階の危険因子や保護因子が相互にどのように関連しているかを分析し、不適応に至る因果プロセスを解明しようとする。ちなみに、発達精神病理学では、子どもの問題行動を、「統制不全・外在化型」（注意欠陥多動傾向、攻撃的・反社会的行動傾向、過度の反抗傾向）と「統制過剰・内在化型」（過度の不安や心身症状、恐怖傾向、引きこもり、抑うつ）に大別し、前者が反社会性の萌芽であり、後に本格的な非行（対人的暴力等）に発展しうるものと想定する。

❍コラム 28　広汎性発達障害と非行

広汎性発達障害とは、①対人関係が薄く社会性の発達がわるい、②コミュニケーションの障害がある、③想像力の障害が根底にあって、興味・活動が限られ（限局性）、強いこだわり（強迫性）がみられ、反復的な行動（常同性）がみられる、という特徴を３歳以前からもっていることを指す。

こうした広汎性発達障害の子どもは、他の人と感情を共有しにくく、集団行動がとりづらく、友達もできにくい傾向がある。そのために、周囲とトラブルになりやすく、その結果として非行につながる場合もあると考えられる。さらに、親や教師が子どもの特性を理解して適切に対応しないために、子ども自身の自己評価の低下や攻撃性の増進を生み、悪循環の結果（いわゆる二次障害）として非行に至ることもあると考えられる。

なお、アメリカ精神医学会が2013年に公表した「精神障害の診断と統計マニュアル（DSM）」第5版では、広汎性発達障害に加えて、自閉症スペクトラム障害という診断カテゴリが用いられている。

こうした発達精神病理学に依拠して、非行等の問題行動が発現するプロセスを考える枠組みを示すと、図表11-5の通りとなる。子どもの個人特性が環境要因と時系列的に相互に影響し合いながら、問題行動傾向が形成されていくと想定される。なお、問題行動傾向は環境要因の変化によって、悪化するだけでなく、緩和されることもあり得ると考える。検討する子どもの特徴としては、幼少期からの気質的特徴に加えて、遺伝子情報や大脳生理学的問題といった生物学的要因も検討される。一方、環境要因としては、生態学モデルにしたがって、家庭内要因（親子関係や家庭の経済状態等）が第一義的に重要であるが、家庭外要因（学校・地域・社会の状況）も発達段階に応じて

図表11–5　発達精神病理学的アプローチの枠組み：問題行動の形成プロセス

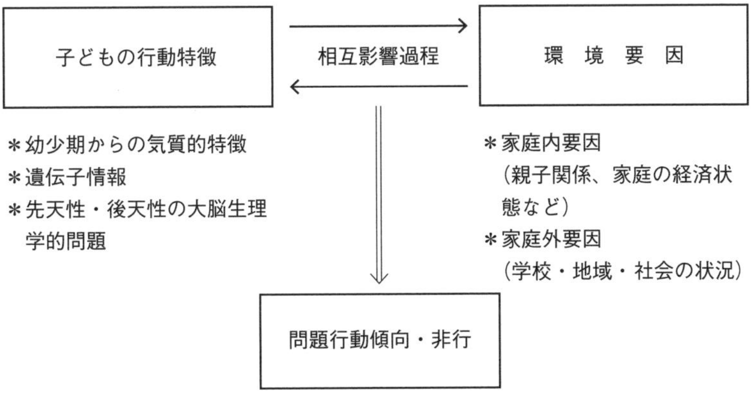

子どもの行動特徴 ⇄ 相互影響過程 ⇄ 環　境　要　因

＊幼少期からの気質的特徴
＊遺伝子情報
＊先天性・後天性の大脳生理学的問題

＊家庭内要因
（親子関係、家庭の経済状態など）
＊家庭外要因
（学校・地域・社会の状況）

⇓

問題行動傾向・非行

図表 11-6　反社会性の世代別変化

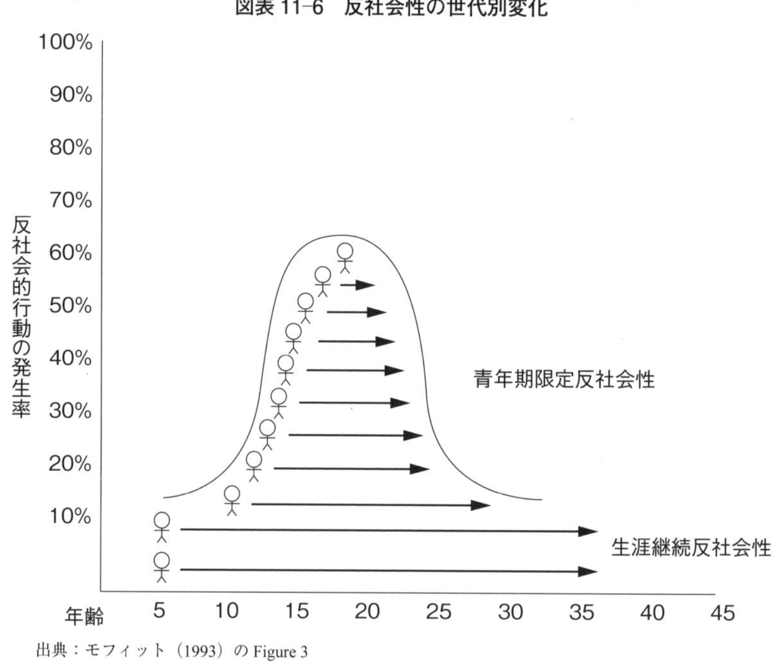

出典：モフィット（1993）の Figure 3

様々な影響をもたらすと想定する。

(2)　モフィットの発達類型論

発達犯罪学において、1990 年代以降今日に至るまでその中心となってきたのは、モフィット（Moffitt）の発達類型論である（Terrie E. Moffit, Adolescent–Limited and Life–Course Persistent Antisocial Behavior: A Developmental Taxonomy, Psychological Review, 100, p. 674–701（1993））。神経心理学を学んだモフィットは、問題行動や反社会的行動を行う人間は、「生涯継続反社会性タイプ」と「青年期限定反社会性タイプ」の二類型に分けられるとした。提唱された二類型を図示すると図表 11-6 の通りとなる。

①生涯継続反社会性タイプ　　このタイプは文字通り、生涯にわたって反社会的な行為を比較的高い頻度で続けていく者であり、累犯者の最たる者である。このタイプに該当する者は、男子では人口の 5～8%程存在すると推

定され、この少数の者が全犯罪のほぼ半数に関与するとされる。なお、女子は何らかの生物学的理由で極めて少ないとされている。このタイプの問題行動傾向は、発達段階の極めて早い時期（乳幼児期）から発現し、それが環境との相互作用によって深化していったものと想定されるが、その発端は出生前後に生じた微細な神経的障害であるとされる。

微細な神経的障害の結果として、統制困難な行動傾向が早くから出現し、こうした問題傾向に親がうまく対応できずに高圧的に対応することで、攻撃性やパラノイド的傾向（人の言動から自分に対する悪意を邪推しやすい傾向）を高めることにつながりやすい。このタイプで反社会性が形成されるプロセスの発端は、親の不適切なしつけではなくて、子どもの扱いにくい気質にあり、そうした子どもに対する反応として、不適切なしつけが親から引き出されると理解できる。就学以降の経過であるが、こうした行動傾向の人間は、認知機能や対人関係能力が劣るために学業不振となり、遵法的な同輩から疎外されて、同類と非行集団を形成し、犯罪性をさらに深めていく。このタイプの人間は反社会性が極めて高いので、あらゆる形態の逸脱行動を行うが、特に暴力的な犯罪の多いことが特徴である

②青年期限定反社会性タイプ　こちらのタイプは生涯継続反社会性タイプと比べて遙かに多く、青年期のみに一時的に逸脱的な行動に関与するが、成人以降そのほとんどは逸脱的な行動をやめて、遵法的なライフスタイルに落ち着くことになる。モフィットらの実証研究によれば、このタイプの女子の発現率は男子の3分の2であり、男女差が少ないことが特徴的である。こうしたタイプは思春期に至って初めて逸脱的な行動を開始するが、このタイプの非行の規定因として、「成熟ギャップ」と「社会的模倣」があげられる。

成熟ギャップとは、身体的には大人と同じように成熟しているのに、社会的には大人としては扱われず、大人には許可されていること（例えば、飲酒、喫煙、セックス、金銭の自由等）が認められていないことを意味する。こうした成熟ギャップを解消するために、青年期まで遵法的であった者が、不良行為とされるもの（飲酒、喫煙、不純異性交遊）や万引きや暴走行為等を行い、束の間の自立を達成することになる。さらに、こうした自立を達成し、成熟ギャップを達成するための行為は、生涯継続反社会性タイプの行為を観察し

て模倣することによって学習される。

成人になると、成熟ギャップは解消されるので、青年期限定の逸脱者は逸脱行為を続ける必要はなくなる。こうした人たちは思春期まで大過なく成長してきたので、社会的ボンドや社会的スキル（学業や職業的な技能等）も概ね問題なく形成されており、遵法的な生活に移行することに大きな困難はない。ちなみにこの青年期限定タイプは暴力的犯罪の少ないことが特徴的である。

以上のモフィットの理論については、モフィット自身や他の研究者もその妥当性を実証的に検証してきている。概ねその妥当性を示唆する研究知見が多いが、モフィット理論に反すると思われる知見も若干出てきており、さらなる研究の発展に期待したい。

(3)　わが国の関連研究

発達的犯罪学の視点に立った長期の縦断研究は、多大なコストがかかることもあり、必要性があっても、わが国ではほとんど実施されていない。しかしながら、非行の発現や非行性の発達を直接的に扱っていないが、関連する縦断的研究が実施されている。これに関しては、菅原ますみ氏の研究がある（「子どもの問題行動はどうやって発達していくか」科学 71 巻 6 号 694–698 頁（2001 年））。

この研究は、統制不全・外在化型の問題行動（注意欠陥多動傾向、攻撃的・反社会的行動傾向、過度の反抗傾向）が、どのように発達していくかについて、出生前後から、本人と母親との相互作用に焦点をあてて検討するものである。

本研究の調査対象者は、1980 年代中盤に神奈川県某市で妊娠が確認された女性 1,360 名である。調査への参加を同意した調査対象者について、妊娠初期から子どもが 14 歳に至るまで、繰り返し調査が実施された。こうしたサンプルについて、生後 6 か月時から 14 歳に至るまで 6 時点で、子どもの問題行動傾向が測定がされ、4 時点では、子どもに対する母親の否定的な愛着感（「じゃまな」「わずらわしい」等の感情）や養育態度も測定された。

子どもの問題行動傾向と子どもに対する母親の感情について分析した結果が図表 11–6 であり、子どもが 14 歳になるまでの両者の関連をパス解析で分析した結果である（矢印は統計的に有意なパスであり、数字はパス係数の値）。

図表 11-7　統制不全型の問題行動の発達

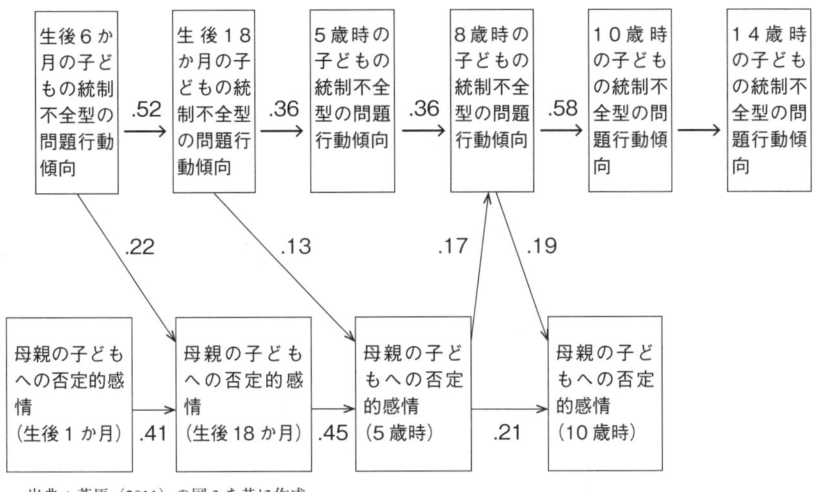

出典：菅原（2011）の図3を基に作成

図表 11-7 をみると、5 歳時までは子ども側から母親側に伸びる斜めの矢印のみが示され、乳幼児期では、子どもに対する母親の否定的な感情は子どもの問題行動傾向に促されて深化する様相がみて取れる。さらに、この図表で発達段階の先に目を向けると、8 歳時には、母親側から子ども側に伸びる斜めのパスが有意となり、子どもに対する母親の否定的な愛着感が子どもの問題行動傾向の発達を促すことが示されている。したがって、難しい気質をもって生まれた子どもに対してなかなかうまく対応できないために、母親が子どもに愛着感を持つことができず、それが冷淡な態度となって子どもの問題行動傾向を悪化させることが示された。

さらに、こうした悪循環を食い止めるためには、直接的に良好な父子関係を形成することが有効であり、同時に育てにくい子どもの養育に奮闘する母親をサポートする父親の役割も重要であることが明らかとなった。こうした知見は、従来以上に、乳幼児期の子育て支援や父親の子育て参加を推進することが、長期的にみて子どもの非行化防止に寄与することを示唆している。

以上、少年非行を説明する理論と関連する研究をみてきたが、非行の説明理論のほとんどは欧米で発展し、わが国に導入されたものである。こうした説明理論の一部はわが国でもその妥当性を検証する研究がなされ、一定の適用可能性が実証されている。今後も非行原因の実証研究と理論構築とが循環的に発展することが期待される。

4　少年非行の防止

これまで少年非行の実態や説明理論をみてきたが、少年非行の対策として、地域で行われている非行防止活動について関連する調査結果を紹介し、効果的な活動の在り方を考えてみよう。

1　地域の非行防止活動とは

非行を未然に防止するための活動のなかで、住民参加を伴うものをみていくが、そうした活動はその内容で、内的非行抑制因子を育むための活動と、青少年が非行を行う機会を除去する活動に大別される。

前者の内的非行抑制因子を育む活動は、青少年の社会参加活動あるいは、近年は青少年の居場所づくりと呼称されるもので、犯罪学では「社会的犯罪予防」あるいは「発達的犯罪予防」に該当するものである。社会参加活動では、スポーツ活動、自然体験活動や社会奉仕活動などに青少年やその保護者が参加することによって、規範意識、遵法意識、忍耐力、自尊心、他者との愛着といった内的抑制因子を青少年の心の中に育むこと、つまり適切な社会化を通して少年非行を防止することを目指している。一般の小学生や中学生を参加対象とする社会参加活動では、非行防止を目的として明示的に掲げたものは少ないが、青少年の健全育成や自立支援を目的として、青少年関係機関と地域住民の協働によって広く実施されてきた。

もう一方の、青少年が非行を行う機会を除去する活動とは、繁華街でピンクビラを取り除いたり、成人向け雑誌の自動販売機を撤去したりする環境浄化活動や、繁華街での街頭補導やパトロールを行うことを意味している。こうした活動は犯罪学では「状況的犯罪予防」に該当するものである（状況的犯罪予防については、第 6 講「環境犯罪学」参照）。こうした 2 種類の非行防止活動は、わが国の各地域社会の状況に応じて相互補完的に実施されている。

図表 11-8　社会参加活動に対する中学生の参加（参加者率）

		平　均 （標準偏差）	範　囲	不良行為 との相関	万引き との相関
お祭りや盆踊りなどの行事	男	87（ 7）%	33（67～100）%	−.14	−.16
	女	87（ 8）	43（57～100）	−.12	−.23*
柔道・剣道・野球・サッカーなどのスポーツ活動	男	65（11）	48（38～86）	.01	.01
	女	43（13）	59（16～75）	−.26**	−.24*
公園の掃除や、花を植えるなど地域をきれいにする活動	男	56（13）	63（17～80）	−.17*	−.29**
	女	58（16）	68（26～94）	−.27**	−.24*
ハイキング、田植え、芋掘りなど、自然に親しむ活動	男	50（12）	57（23～80）	.01	−.09
	女	48（12）	58（20～78）	−.19*	−.32**
竹馬・たこ・わら細工などを自分で作る活動	男	29（11）	54（ 7～61）	.01	−.00
	女	29（10）	44（13～57）	−.27**	−.29**
お年寄りの家庭や施設でのボランティア活動	男	23（12）	57（ 2～59）	−.03	−.24*
	女	31（14）	63（ 5～68）	−.16	−.14

注）相関係数の有意水準は次の通り　* P<.05　** P<.01

2　非行防止活動の効果的な態様

住民参加を伴う非行防止活動のうち、どのような内容の活動が非行防止の上で効果的であるのかについて若干の実証的な検討が行われている。その研究では、全国の各都道府県から、公立中学校の校区を単位として、住民の連帯意識の高いあるいは低いと考えられる地域を一つずつ選定し、それぞれ公立中学校の3クラス分の生徒とその保護者を対象に質問紙調査を実施した（2000年に実施）。不備を除いて、92地域の中学生約1万名（男女ほぼ同数）と保護者約9千名の回答を分析した（中学生のデータは男女別に分析）。分析方法としては、地域単位で各非行防止活動の態様ごとに参加者率を算出し、過去1年間の不良行為の経験頻度（飲酒、喫煙、金品持ち出し、深夜徘徊などの回数の平均値）や万引きの経験者率との間で相関係数を算出した。

分析結果は図表11-8のとおりである。男女併せてみると、各種社会参加活動に対する中学生の参加者率については、不良行為と万引きのいずれにも有意な相関がみられない（すなわち、非行防止効果がほとんどないと考えられる）活動は一つもないが、最も一貫して非行と負の相関がみられるのは、「公園の掃除や、花を植えるなど地域をきれいにする活動」であった。さらに、保護者の参加者率についても、最も一貫して非行と負の相関がみられるのは「清掃活動、慰問などの社会奉仕活動」であった。したがって、中学生と保護者のいずれについても、環境美化活動に対する参加者率の高い地域ほど、一貫して、男女中学生の不良行為と万引きが少ないことが明らかとなった。さらに、中学生が社会参加活動で、「他の人と協力して最後までやりとげた」ことについても、経験者率が非行と一貫した負の相関を示し、これらの経験者率が高い地域ほど、男女中学生の万引きと女子中学生の不良行為が少ないことが明らかとなった。

環境美化活動において最も明示的に非行抑止的な関連が示されたことは有益な知見であり、今後、青少年とその保護者の参加を伴う地域の環境美化活動を積極的に推進するべきであろう。また、中学生が社会参加活動において人と協力して物事を達成することで、協調的な対人関係能力を取得することが重要であり、そのような要素を活動内容に多く盛り込むように配慮すべきである。なお、環境美化活動は他の社会参加活動と比べて、活動の成果（例えば、公園がきれいになったこと）がみた目に明らかであり、達成感を感じやすく、周りから感謝されることも多いために、非行抑止的な効果が生じやすいのではないだろうか。

3　地域の働きかけの重要性

さらに、地域の非行防止活動は、青少年に対する地域住民の働きかけ（声をかけたり、必要なときにサポートを提供すること）を促進させることも目的とするが、こうした働きかけの効果について調査結果を紹介したい。図表 11–9 は、先の図表 11–8 と同じデータを用いて、男子中学生の「親子の絆」（親子の心理的結びつきと子どもに対する親の監督）の強弱と青少年に対する地域の働きかけの多寡とをクロスさせて、各個人の 1 年間の非行頻度（不良行為と犯罪相当行為の合計）を統計学的に推定した結果である。「親子の絆」については、親子の絆の強弱で三区分し、「地域サポート」については、地域の

図表 11-9　親子の絆の程度別にみた地域サポートと非行の関連（男子）

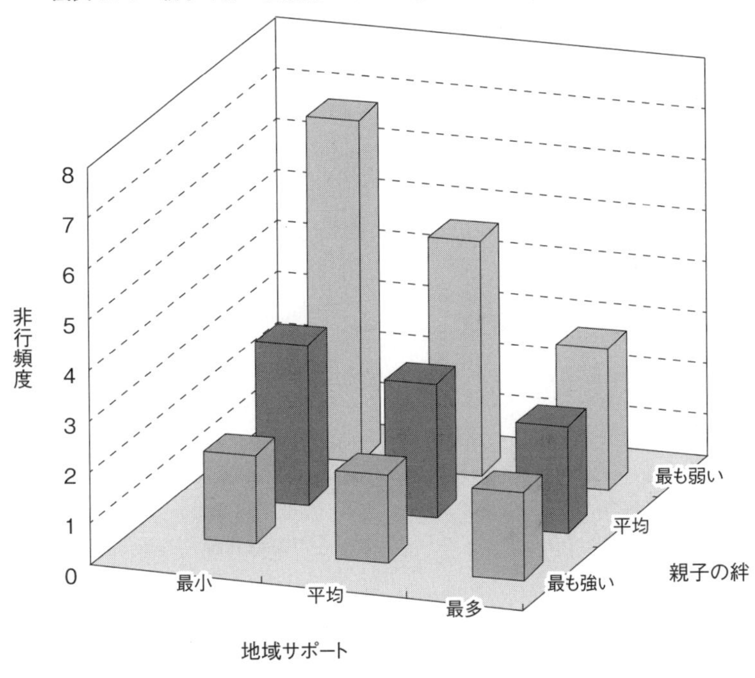

人が「私をあたたかく見守ってくれる」と「困ったときに力になってくれる」の 2 項目に対する中学生の回答から、地域サポートの多寡で 3 区分した。

図表 11-9 をみると、「親子の絆」が強い男子中学生は、居住する地域の働きかけの多寡にかかわらず、非行をすることが一貫して少ないが、「親子の絆」が弱い男子中学生では、地域のサポートが少なくなるほど、経験する非行は顕著に多くなる。一般的に、家庭の監護能力の不十分な青少年が非行を繰り返しやすいが、その非行の深化を防ぐ上で、地域の働きかけが極めて重要であることを意味している。特に、不良行為を繰り返したり、非行集団に加入する者の多くは、親の監督が不十分であり、家庭に心地よい居場所がないので、スポーツ活動やボランティア活動に参加することを促し、遵法的な大人との交流を通じて、対象者の社会性や自尊感情や明るい将来展望を育むことがさらなる非行を防止する上で肝要である。

わが国では非行防止活動の実施に地域差がかなりみられるが、非行防止活動が盛んに行われている地域では非行の発生が少なく、一定の成果が上がっていると推定される。しかしながら、活動が未だ不十分な地域はかなり存在しており、そのような地域では熱心で調整能力に長けた青少年指導者を十分に確保しながら、参加する住民や青少年の主体性を育み、青少年の個々のニーズを満たすように活動を展開することが重要である。

本講では、少年非行の動向や説明理論を概観し、少年非行の防止についても研究知見にもとづいて考察した。少年非行は社会の変動に伴って変化するものであり、その背景を実証的に踏まえて効果的な対策を行っていくことが求められる。

参考文献

・小林寿一編著『少年非行の行動科学』（北大路書房、2008 年）
・法務省法務総合研究所編『平成 30 年版犯罪白書』（2018 年）
・守山　正・後藤弘子編著『ビギナーズ少年法［第 2 版補訂版］』（成文堂、2009 年）

第12講◆犯罪現象・犯罪統計

キーワード

犯罪認知件数／検挙率／凶悪化／体感治安

1　犯罪統計の意義

1　統計を取るのはなぜか

(1)　大きな社会が前提

犯罪統計の話をする前に、統計について理解しておかなければならない。数学の歴史は古代ギリシャの時代まで遡るが、統計学の歴史は浅い。人類が、小さな共同体で生活していた時代は、目の前に起きた事件に順次対応するだけのことで、統計の必要はなかったのかもしれない。一年間に、どんな事件が幾つ発生しそうで、それに対して、幾人の人員を用意し、予算を立てればよいか問題になるのは、大きな共同体ならではのことである。

最初に取られた統計は、おそらく人口統計であり、これは、人頭税はじめ、税の徴収、兵役などの国民の義務と関連する事柄であったろう。これは、現代においては国勢調査として、より詳細なデータを得るために実施されている。日本においては、現在、総務省統計局が、基本的には、国レベルの調査を統括している。

(2)　事例よりも全体像

物事を理解する、あるいは、その前に問題意識を持ちはじめる発端となるものは、大抵の場合ひとつの事例である。その事例に対して食いついて厳密に詳細に検討することから、さまざまな理解が生まれる。事例からはじめよということは経験則としては、あたりまえのことであろう。

しかし、事例研究は万能ではない。ほとんどの物理法則のように、普遍性が高い命題は、事例から研究することに適している。シャーレの中の実験は、世界の理解に繋がる。このことは、たとえば、ある原子は、同種の他の原子と全く同じ性質とみなすことができ、それも時間と空間を越えて同じ性質を持つと仮定して差しさわりがないことにも基づいている。

ところが、社会科学が対象にする人間の行為は、同じ行為としてカテゴリー化されるが、それにはかなりのバリエーションあるいは幅があると考えられる。そもそも、各個人を同一と見て、個人間の差異がないとみなすことは、われわれの社会においては、かなり強引なフィクションである。相手が具体的に誰であるかが重要でないような関係など、ほとんどないであろう。言語的にひとつの動詞に対応した行為にも幅がある。それでも、何らかの行為を命令するにしろ促すにしろ、行為のカテゴリー化なしに、社会は会話もできないし共同行為も不可能である。その意味で、同一の行為が多数あり、統計的な処理が意味を持つこともしばしばある。交通量の調査などは、道の広さや信号間隔を決める上で有益である。渋滞緩和の問題などを念頭に置けば、大規模な社会において、人々の行為の統計を取ることは意義深いと考えられる。

このように、社会の全体像を把握しようとするときに、統計は有効的である。

(3)　統計の歴史と社会学

統計学は、数学としては、ガウスの誤差と正規分布の研究を土台として発展してくるが、社会科学への応用は、アドルフ・ケトレー（Adolphe Quétolet）が元祖とされる。ケトレーは、個人は自由意思を持ってバラバラに動いているつもりであるが、平均的な人間が、どのように行動するか法則性があるという発想で研究した。

これを社会学に生かしたのがエミール・デュルケム（Émile Dunkheim）の『自殺論』である。年間、ある社会内で発生する自殺は、多数に上るが、それぞれに無関係に発生しており、相互に因果関係はほぼない。ひとつひとつの自殺の理由を探れば、それは、しばしば心理学的に説明される。「○○で絶望し」ということである。しかし、距離を置いて観察すれば、ある社会のその年の状況と、全体の自殺数の間には関係があり、それを研究するのが社会学であるとした。最もわかりやすい例をあげれば、不況になれば、会社の先行き、資金繰りに絶望した社長の自殺が増える。デュルケムは、もっと深い問題に挑戦したので、そこから離れて簡単に説明すれば、その社会の宗教のあり方、家族のあり方、戦争の影響などに、自殺の総数は左右される、つまり因果関係があるということである。

ここまでくれば、自殺の代わりに殺人はじめ、犯罪カテゴリーを入れて考えれば犯罪統計の社会学的分析ができる。

(4)　犯罪統計とは何か

犯罪統計といえば、誰でも思いつくのは、年間、総犯罪数、殺人事件数などであろう。これは、社会全体の健全度を計測する指標となりえるので注目度が高い。しかし、統計を取ることの意義は、予算、より具体的には、人員配置と設備の用意を決定するためである。

全国各地に、どれだけの警察官をどのような任務で配置すべきか。地域ごとの統計、罪種ごとの統計が必要である。実際、大抵の国レベルの統計書には、県単位の統計に大きなスペースが割かれている。これは、都道府県ごとに成績を競わせて管理するという意味もあるが、全体の数だけでは統計の力を十分に発揮できていない。同じように、犯行時間帯の統計は、夜間勤務の状態を決める根拠となる。そして手口や被害状況の詳細は、防犯の戦略にかかわってくる。

次に大切なのは、刑務所などの収容施設をどれくらい用意すればよいかである。これは金額としては大きな項目である。さらに、収容者について、詳細な検討をし、犯罪者の実態を知れば、犯罪者に陥ることを防ぐ手立て、再犯を防ぐ、すなわち更生のための手立ても見えてくる。これは、犯罪を本当に防ぐためには、最も大切なことである。

国内で入手できる公式犯罪統計は、様々ある。順序として最初に参照すべきは、法務総合研究所が書いている『犯罪白書』である。1960 年から毎年出されており、継続性があり、概要を知る上では欠かせない。同じ白書でも『警察白書』のほうは、統計というよりもカラー写真が豊富で、広報誌とみまがうほどだが、コラムなどに警察活動について詳細な記述もあるし、いわゆる世間を騒がせた事件の資料もあり、数字だけからは見えない人々の印象についても記述がある。

警察が公表している犯罪統計となれば、極めて精緻なものが長年に渡って出されている。警察庁刑事局刑事企画課が全国統計をまとめる『犯罪統計書』（平成○○年の犯罪）である。これは、昭和 21 年版から始まり、次第に充実して今日に至っている。これには、犯罪手口、場所、被害者、加害者の職業、年齢、性別などまで掲載されている。この資料の元にもなる『犯罪統計資料』は、月ごとと、半期ごとにまとめて速報としても報告されるものである。

検挙されてからの状況は、『司法統計年報』『検察統計年報』『矯正統計年報』、『保護統計年報』に詳細な数字が公表されている。数字だけでなく、現状を解説したものが、毎年、法曹時報に発表される、「矯正の現状」、「更生保護の現状」、「刑事事件の概況」、「検察事務の概況」、「家庭裁判書事件の概況」である。

このほか、厚生労働省の『人口動態統計』は、亡くなった人の死因ごとに詳細な統計が掲載されている。なぜこれが必要か、統計の使い方の基本を次に見ていこう。

2　統計の使い方

(1)　定義と統計の取られ方

一年間に殺人がいくつあったか調べたいと思ったときどこを見ればよいか（殺人については、第 13 講 I も参照）。犯罪白書の殺人の項を見てわかるだろうか。見てみると、そこには、認知件数、検挙件数、検挙人員といった具合に数字が出ている。認知件数とは、警察等捜査機関が数えた、殺人事件があったと判断した数である。これは、本当にあった殺人事件の数ではない。未発覚のものがあるからである。また、殺人があったとして警察に届けられた数でもない。ときおり、精神状態がおかしい人が、ひとりで 500 件ほどの殺人事件を届けたりすることもある。これは認知件数には数えない。検挙件数は、認知件数のなかの解決事件数であり、そこで検挙された人数が検挙人員である。

未発覚の事件数を暗数と呼び、これは推察するほかない。強姦などは、届出ない被害者が多数いることが予測できるし、他方、放火は未発覚は少ないだろう。ただし、放火は同一人が多数の事件を起こしている可能性が高い。日本では、殺人事件は、検挙率、認知件数あたりの検挙件数は約 95% もあり、未発覚もそれほど多くはないと推察できる。それで、認知件数が 1,200 件なら、それだけの殺人があったと思うのは早とちりである。これには、未遂と予備が含まれているからである。

そこで犯罪統計書をみれば、殺人事件の既遂の数が掲載されているし、被害者の人数もわかる。これは認知件数の半分弱である。これで、殺人既遂の数がわかったから、社会常識で言う殺人事件数をつきとめたと思ってはいけない。強盗殺人、つまり、金目当てで殺す事件は、この殺人の統計には含まれていない。刑法には、強盗致死という項目があり、この法定刑の上限が死刑なので、わざわざ強盗殺人の項目をつくらずにここに含めたため、殺人のカテゴリーに参入されていない。従って、他殺は、殺人既遂と強盗殺人既遂の合計となるが、そのカテゴリーは存在しないわけである。

そこで人口動態統計を見れば、全ての死が死因別にでており、他殺という項目がある。これをみれば、世間一般で言う殺人の数がつきとめられる。

一例を挙げたが、統計数字は、その項目の定義に注意し、また、その数字の取られ方にも注意が必要である。刑務所における F 級、つまり外国人受刑者も、名称から受ける印象と異なってくる。このカテゴリーは、受刑者を、味噌汁を食べさせ、布団を畳に敷いて寝させて、日本人扱いして良いかの区別のために作られている。したがって国籍上は外国人であっても、日本での生活風習に慣れている、日本生まれの外国籍者は F 級に含まれない。

国際比較をする際には、さらに注意が必要である。犯罪カテゴリーも違えば、警察力も違うし、金融機関強盗などといっても、金融機関の定義もことなってくる。日本では郵便局や農協の支店に、現金が多額に保管されているが、これは多くの国ではありえないことである

(2)　集計の仕方の変化

ある社会で、毎年発生する事件数は、自殺であれ、犯罪であれ、なだらかに変化する。社会環境の影響を受ける以上、これは当然である。しかし、時折、急激な変化が現れることがある。これは、社会自体が大きく変化したか、統計の取り方が変化したかである。戦争、経済恐慌などがあると、確か

に大きな変化が起きるが、逆に言えば、そうでない時の変化は、統計の取り方の変化である。

1999 年 10 月の桶川ストーカー事件をきっかけに、2000 年 3 月に警察庁は、被害届けがあれば必ず受理するように通達を出した。その結果、認知件数は急激に増加した例がある。

❍コラム 29　桶川ストーカー事件

1999 年に埼玉県桶川市で女子大生が風俗店などを経営する元交際相手の兄らに殺害された事件である。以前からストーカー行為に悩まされていた被害者はその家族とともに、幾度となく、所轄の警察署に相談し、相手が中傷するビラなどが配布されたため名誉毀損などの罪で元交際相手に対する告訴状を提出していた。しかし、警察はこの告訴状を放置したり、これを取り下げるように被害者側に求めたり、あるいは改ざんするなどして、捜査に動かなかったため、殺人事件に至ったものである。当時、大きく報道され、警察のあり方が厳しく批判された。

❍コラム 30　前さばき

相撲用語にもみられるが、警察関係では捜査を初めからあきらめる場合に、メモを取るだけで事件の正式記録文書を残さないこと。たとえば軽微な犯罪で逮捕できる可能性が低い場合に被害届などは受けながら書類を作らず、その結果、犯罪が発生したと認知されないことになり、当然ながら犯罪統計にも計上されない。これはしばしば検挙率の向上にも役立つ手法であるし、重要事件の捜査などに資源を集中できるが、犯罪の社会的実態と乖離することから、批判がみられる。

警察は全ての事件を処理できるわけはなく、重大事件と手がかりがある事件に人的資源を集中する。したがって、手がかりが希薄で軽微な事件は、「前さばき」と呼ばれる仕方で正式書類を作らない。そのため認知件数は少なくなってしまうのである。下記の図表 12–1 は、この通達が、3ヶ月ほどで徹底され、その後は、横ばいとなったことを見事に表している。

図表 12-1　脅迫・恐喝認知件数の月ごとの推移

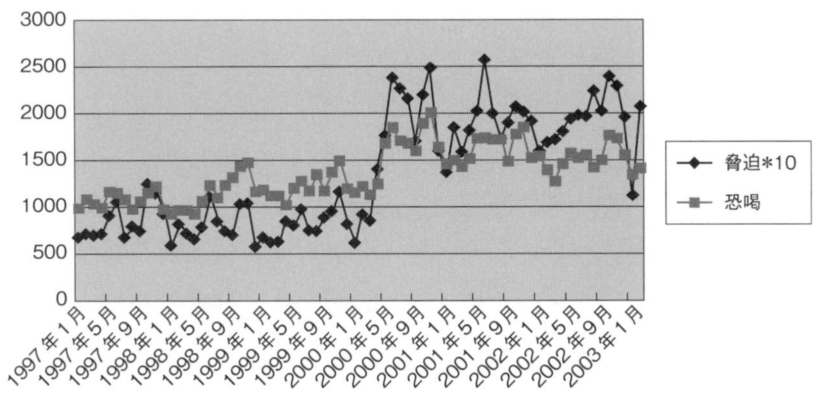

2　日本の犯罪状況

1　犯罪の概観

犯罪状態を計るとき、量と質にあたるものとして、犯罪数と凶悪性が念頭に置かれる。これに検挙率を加えると、ほぼその社会の犯罪の概観がわかる。順次見ていこう。

(1)　犯罪の定義

犯罪の数を数えるさい、犯罪の定義が問題になる。法治国家においては、罪刑法定主義により、犯罪行為は法律によって定められていなければならない。その代表は、刑法（狭義の刑法・刑法典）であり、殺人、強盗、強姦、放火、傷害、暴行、窃盗、詐欺など聞きなれた犯罪はこれに含まれる。しかし、刑法以外にも、犯罪を定める法律は多数ある。これは広義の刑法である。覚せい剤取締法など、薬物犯罪はじめ、公職選挙法、入国管理法、道路交通法など重要なものも含む、特別法犯と呼ばれる犯罪カテゴリーがある。

犯罪といっても道路交通法違反には、駐車違反も含まれるし、軽犯罪法の行為も含まれるとすれば、これは通常の感覚では犯罪というほどのものではない。英語で ‘crime’ と呼ばれるものは、一般には重い犯罪を指すことが多い。フランスでも、5 年以上の懲役・禁錮刑にあたるものを ‘crime’（重罪）

図表 12–2　一般刑法犯認知件数の推移

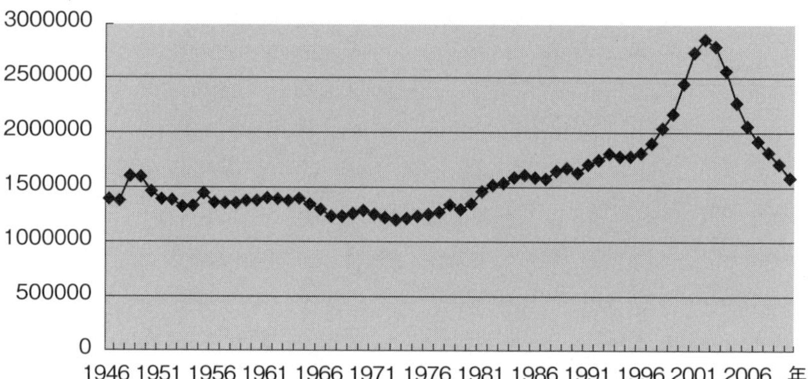

と定めている。日本語では、どれほど軽くても犯罪という語を用いるので注意が必要である。

道路交通法違反で警察にあげられる件数は年間数百万件以上、これが全体の過半を占めるので、やはり犯罪らしい犯罪に絞る必要がある。結論として、犯罪白書は、一般刑法犯というカテゴリーを使う。これは、刑法犯から自動車運転過失致死傷罪、つまり交通事故を除いたものである（もっとも、近年、自動車運転死傷行為処罰法という特別法が制定され、刑法犯から自動車に関する交通犯罪は除かれている）。

重大犯罪のうち薬物犯罪が抜けてしまうが、これはあきらめるわけである。薬物犯罪の件数を数えるのは、実は意味がない。ひとりの薬物中毒者は、毎日、薬物犯罪を実行している。この、薬をやめられない人を毎日検挙すれば、いくらでも犯罪件数は延びる。

(2)　犯罪数の推移

では、犯罪白書から一般刑法犯認知件数の推移図（図表 12–2）を見てみよう。直感的な理解では、第二次世界大戦直後の混乱期が最も治安が悪く、経済発展に伴って治安は良好となってきたと推察できる。ところが、一般刑法犯認知件数の推移はそれとはおよそ違う。

ここで暗数の話をしておかなければならない。実際に行われた犯罪数は神様にしかわからない。事件が発覚しないことがある程度存在すると想像できるわけである。いわゆる完全犯罪のように、犯人にしかわからない事件数は、計測困難であるが、そういう推理小説次元の話ではなく、そもそも警察力が極度に低いと、ほとんどの事件は発覚しない。発覚しないとは、誰にもわからないのではなく、警察に把握されないということである。警察に把握されてはじめて認知件数としてカウントされるわけである。したがって、犯罪認知件数というものは、犯罪者の活動をストレートに表すというよりも、むしろ警察活動をストレートに反映する。日本においても第二次世界大戦終戦直後の混乱期は警察力が崩壊に近い状態であった。その時代の罪種別の犯罪統計を見ると状況がよくわかる。

暴行事件数は、暴力を振るったが怪我をさせなかった場合であり、粗暴犯の中で最も数が多く、それよりかなり少ない数の傷害事件、さらに大幅に少ない数の殺人事件があるはずである。ところが、1946年を見ると暴行事件認知件数は年間20件ほどである。暴行は警察が相手にしなかったということであろう。それでも20件あるのは、いわゆる「別件逮捕」の類と推察される。どの暴力事件も1958年まで増加の一途をたどっているが、これは警察力の回復を表していると推測できる。グラフは省くが、強盗致死事件は、1946年を最高に減ってきているからである。実際の強盗の犯罪数は、1946年から58年にかけて減少していたであろうと考えられる。

1958年以降、70年代半ば、「安全と水はタダ」と言われた、いわゆる安全神話全盛時代までの認知件数の減少ぶりは大幅である。警察官の人数と予算からして警察力が益々充実していった時期に、これだけの減少は、本当に犯罪発生が大幅に減少していたと解釈できる。減少した理由は、戦後の経済復興から高度成長へという豊かさのおかげであるということに異論のある人はいない。犯罪発生率に最も影響を与えるものは失業率であるといことは世界中で確認されている事実である。

人々の感覚とは異なり、75年以降も犯罪数は大きく減少している。これは、80年代のバブル期になって、ようやく底辺社会にまで豊かさが浸透したおかげではないかと筆者は考えている。日雇い労働が一日5万円を記録した影響は大きいであろう。問題はバブル崩壊後90年代からの治安である。

図表 12-3　暴力的犯罪四種の認知件数

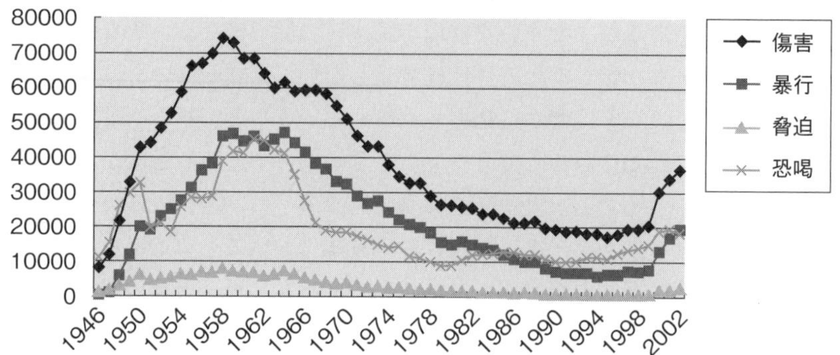

(3)　治安悪化はあったのか

図表 12-2 の一般刑法犯認知件数のグラフを見ると、80 年代から増加に転じ、2000 年前後は驚異的な増加率を示し、2002 年にピークをつけている。これに対して図表 12-3 の罪種別の変化は、2002 年にジャンプするまで 90 年代はほぼ横ばいである。他の罪種も検討すれば、80 年代からの増加は、自転車盗の増加だけで説明でき、これは、自転車盗対策に警察が力をいれた結果であり、犯罪状況の変化ではないことが確認できる。つまり 90 年代は横ばいである。

2000 年と 2001 年の急増については、先ほどの図表 12-2 からわかるように「前さばき」をやめたために認知件数が急増したのであって、犯罪自体の増加ではない。この理由だけで増加分全てを否定することは無理であるが、犯罪数の急増はないと解釈できる。

決め手を探すと、警察の認知件数ではなく、被害者調査にあたる必要がある。これは全国からランダムに選んだ人々に、ここ 1 年と 5 年の間にどのような犯罪に遭ったかどうかを尋ねる調査である。これは暗数の問題をほとんど解決してくれる調査である。日本においては、法務総合研究所が 2000 年に実施した犯罪被害実態調査（National Crime Victimization Survey）が最初である（この被害調査については、第 10 講「被害者」を参照）。この調査は、国連犯罪司法研究所（UNICRI）の研究者による国際犯罪被害実態調査（International Crime Victimization Survey）に参加したもので、4 年ごとに実施されている。

この、2000 年、2004 年、2008 年の結果報告書を検討すれば、2000 年から 2008 年まで微減であることが確認できる。

なお筆者は賛成しないが、一部の論者（前田雅英など）は、犯罪急増のピークがあったと主張している。

(4)　凶悪化

犯罪の質の変化である凶悪化を犯罪統計から読み解くにはどうすればよいか。最も単純には、凶悪犯罪が増えたかどうかということになる。殺人は、70 年代と比較しても、死亡数は半減しており、継続的に減少傾向である。暗数の検討をすれば、70 年代には北朝鮮の拉致事件がカウントされていないし、近年「発見」された児童虐待も事故扱いされていたことが推察できて、統計に表れている以上に殺人事件は減少し続けていると解釈できる。

他方、強盗は、認知件数でみると 89 年のバブル崩壊以降、急増している。しかし、あまりにも増加ペースが高い。検挙人員から少年を抜き出すと 96 年から 97 年にかけて突然倍増し、その後増えていない。これは 96 年にオヤジ狩りが騒がれた影響が考えられる。いわゆるカツアゲは恐喝扱いだったが、オヤジ狩りは多数によるため抵抗できないとすれば強盗とみなすことができる。この他、バイクの二人乗りで後ろに乗った少年が自転車の買い物籠にハンドバックを入れている主婦を狙うようなケースで自転車を倒してしまえば強盗となる。つまり荒っぽいひったくりが窃盗から強盗に数えられるようになった。さらに、バイク盗において、鍵がなくてもエンジンをかける技術が継承されないで、持ち主から鍵を奪ってバイクを取る場合、強盗となる。このように、少年犯罪が稚拙化した結果、強盗とみなされる結果となって、強盗の認知件数が増えた部分がある。注意が必要である。しかし、成人の増加も少なくなく、あらゆる手口で増加しており、幾分かは増加したかもしれない。

このように強盗といっても、凶悪かどうかに大差があり、殺人事件には、極めて同情すべきものも含まれる。むしろ、判決が厳しい事件を凶悪と考えて判決数を調べる手段がある。これは、ほとんどの凶悪事犯が検挙されているとすれば有効である。ただし、量刑が変化すればその影響を受ける。凶悪事件の量刑は 80 年代ごろからかなり厳しくなり、普通殺人と呼ばれる喧嘩

図 12-4　少年強盗検挙人員

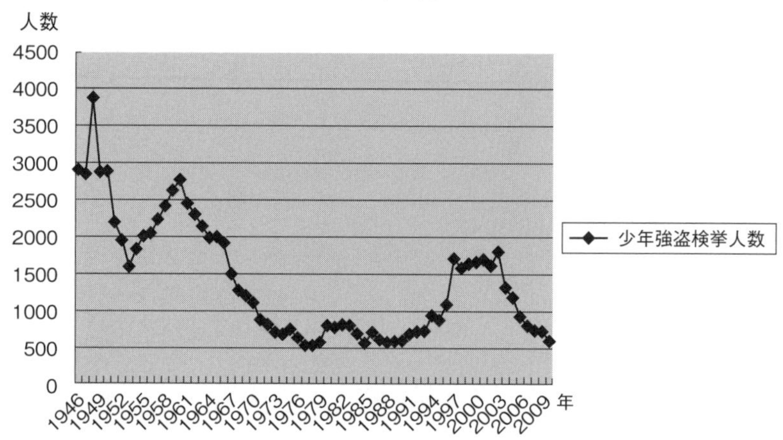

で突発的に凶器を使って殺してしまった場合、7年の懲役から10年の懲役になるぐらい厳罰化している。とりわけ死刑の基準は大きく変わってしまって比較困難である。量刑の変化を無視すれば1997年を基点に凶悪事件が増加していることになるが、おそらく量刑の変化のせいで凶悪事件は増えていないと筆者は推察している。

いずれにせよ、酷い事件といえるものは年間せいぜい200件ぐらいであり、世界と比較すれば、驚異的に少ないことに留意しなければならない。

(5)　検挙率の低下

検挙率がどれくらいかということは、犯罪状況に含めて考えてよいであろう。日本は治安が良い国であるといわれたとき、その理由は、警察が優秀だからとされ、警察が優秀とは検挙率が高いからであると言われてきた。ところが、その検挙率がアメリカ同様の20%に落ちたとして話題になった（図表12-5）。何が起きたのかみていこう。

検挙率は戦後、概ね6割であった。しかし、70年代から87年まであがり続けているのは不自然である。普通、物事の数値の急落は、ジリジリさがってから起きる。おそらく、高い検挙率を守るように強く指導された各地の警察署が、下がった報告ができず、一部たまたま検挙率が上昇した警察署の分だけ、上昇し続けたのであろう。

図表 12-5　一般刑法犯検挙率

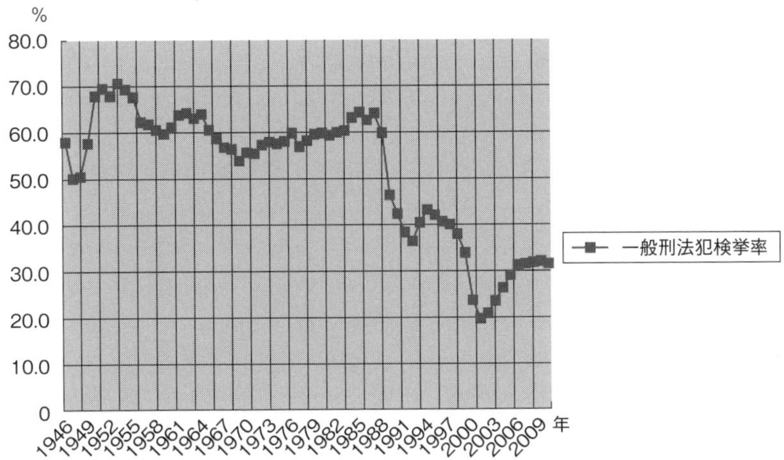

検挙率は、その後88年からと、98年からと二度急落している。98年のほうは簡単で、これは統計のトリックである。検挙人員に着目すれば、98年から少しも減少しておらず、犯人は取り逃がしていない。分母の認知件数を多く数えた影響もあるが、それ以上に余罪の問題がある。一般刑法犯の8割以上を占める窃盗事件は、余罪が多い。窃盗を稼業にしている者が100件やっていても、3件だけ検挙し常習窃盗で起訴すれば、残り97件は未解決事件となる。つまり、98年からの急落は、余罪追求を減らしたための見せ掛けの検挙率の低下である。

他方87年からの急落は、検挙人員が大幅に減少しており本当に犯人の検挙が減っている。これは、匿名化が進んだ社会において、警察の捜査が次第に困難となってきたため、軽微な事件は追わない方針に切り替えたからである。警察庁が、高い検挙率の神話維持を断念したため、各地の警察署は無理な数字のつじつまあわせをやめたと推察される。

結論として、警察の人員が増え続けたにもかかわらず、検挙人員がそれに比例して増加しなかったことから、一事件の検挙にかける労力がまして、その意味で検挙する力は低下した。しかし、人員増もあって、大幅な捜査力の低下は避けられているといった状況である。

2　犯罪者は誰か

(1)　累犯者

数の話しばかりしてきたが、犯罪者が誰なのかも重要である。日本の犯罪発生率は諸外国に比較して極めて低いわけだが、その理由が、犯罪者が誰かわかれば見えてくる。

犯罪者に会いたければいくべきところは刑務所である。直ちに気付くことは、年間約 2 万人の新規に入所した受刑者のうち、過半数が初めての入所ではないことである。それも 2、3 回ではない。5 回以上の入所者が多数いる。そして、もちろんそれらの数値は途中経過に過ぎない。10 回、20 回と入所を繰り返すものさえ珍しくない。1 回目の入所者も執行猶予中に入所する場合が 4 割であり、初犯の者は少ない。要するに、刑務所を出たり入ったりしているものが万単位でいて、その人達が大半を占めるということである。

この累犯者の素性はどうか。いわゆるヤクザは、毎年 2,000 人ぐらい入所している。暴力団関係者は全国に約 5 万人おり、その供給源となっている。ただし、これは累犯者のごく一部にすぎない。典型的な累犯者は、何度も入出所を繰り返しており、これは大きな事件で長期に受刑する人達ではない。出所しても就職できず、帰る家もなく、寒くなれば刑務所に志願して入ってくるホームレスである。よくある例は、無銭飲食でわざと捕まったり、コンビニで食品を万引きして実刑となる人達である。高齢化するほどに落ち着き先がなくなり、福祉施設にもはいれず、刑務所にしか居場所がない状況である。彼らは、学歴は中卒以下、知能指数も低く、身体が弱く病気がち、身よりもない。何度も刑務所に入る犯罪者を、怖い犯罪者と捉えるとまるで間違いである。彼らは、究極の弱者である。

(2)　少年犯罪と高齢者犯罪

なにかと話題になる少年非行と犯罪について一瞥しておこう。少年の定義は 20 歳に達しない男女である。その検挙数から計ると成人の 8 倍ぐらいの犯罪発生率である。これは世界中の傾向である。日本の少年が特に真面目なわけではないわけだ。それなのに日本の犯罪発生率は極めて低い。このことは、少年時代に検挙された者が、成人してから検挙されていないことを意味する。同じ誕生年の少年が、何歳で何人検挙されているかを示すグラフ図表

12-6を上げておこう。

15歳か16歳をピークにどの学年の少年も19歳には検挙者2割に減少する。同一人ばかりが検挙されるわけではないので、一度捕まった少年の九割がたは二度と検挙されていない、つまり更生に成功している（第5講Ⅲ参照）。

日本の犯罪発生率の低さは、更生に成功しているからなのだが、非行少年の更生の成功率はとりわけ高い。刑務所に再入所する人が多いということと矛盾に感じたかもしれない。成人の場合、検挙されても、実刑となって刑務所に入る人は送検事件の1％代である。文字通りほとんどの人は、社会に即返されて更生している。

世間の常識では、泥棒すれば警察に逮捕されて刑務所行きであるが、実際は異なる。できるだけ実刑は避け社会に復帰させる方針でやってきて世界で稀有な大成功をおさめてきた。このことを国民に理解してもらうことが今後の課題である。

これからの日本社会において、一つの課題は高齢者犯罪の急増である。高齢者人口も増えているが人口比の発生率でも急激に増加している。内容についても、認知症の高齢者が万引きすることだけでは済まず、高齢者による凶悪事件も発生している。おそらく、高齢者のライフスタイルが設計されていないことが根本的問題としてあり、対策はむずかしい。一例を挙げると、犯

図表12-6　一般刑法犯検挙人員世代別

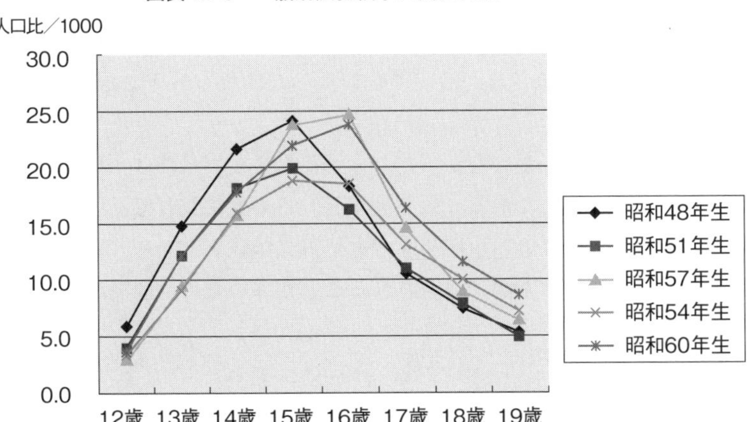

罪防止に最大の影響がある失業率を考えて見れば、高齢者は、ほとんど皆「失業」している。生き方の模索が必要である。

犯罪者といえば 9 割が男性、少年の場合は女子少年は 5% であったが、近年、女子少年は大幅に増加している。高齢者犯罪でも、人口も多く、女性の比率は上がる一方である。

(3)　外国人犯罪

治安の悪化というテーマでは外国人犯罪も注目を集める。過激な議論が交わされることも多いが、定義が不正確なまま論じている場合が散見される。たとえば、フランスなどではむしろ移民問題であり、外国籍の住民の問題ではないにもかかわらず外国人犯罪と呼ばれてしまうことがある。日本においては、外国籍の住民といえば、いわゆる在日、在日米軍関係と、在日韓国朝鮮人が相当数いる。かれらは、来日外国人以外の外国人とよばれ、一時的に日本に滞在する来日外国人と区別される。来日外国人は、研修などを目的としつつ実質出稼ぎである中国人や、日系人で非正規雇用で工場等で働く者が中心である。

外国人登録している定住者の数は 223 万を超え、入国者は延べで 2743 万人にものぼるが、検挙人員でみれば 4% ぐらいしかいない。むしろ日本人よりおとなしいし、全体に影響を与える数ではない。ただし凶悪事件は少し多めである。殺人の大半は、同国人間で発生し日本人は被害者ではない。強盗は、全体の 8% に達しており、被害者は日本人である。発生率でいけばたいしたことはないが、ガムテープでぐるぐる巻きにして殺すなど、日本では特別な事件が大きく報道され、治安悪化の誤った印象を与えることに「貢献」してしまっている。

問題は、身元引受人がいなかったり、通訳が必要だったり、検挙した後の扱いに困っていることである。公判請求される事件に絞れば、既に 1 割以上が外国人被告となっている。刑務所でも処遇に困難をきたし、労力が必要とされている。出所後は本国に送還されることが多いため、刑期半ばで仮釈放されている。

長期的には、日系人の子弟が学校に適応できないことなどから非行に走り、将来に犯罪者となるおそれがある。犯罪者が外から入ってくるというイメージよりも、日本社会になじめないで犯罪に走ることをどう防ぐかという視点が今後大切になってくる。労働者不足を補うために外国人労働者に期待することは、短期的には日本を豊かにするであろうが、彼らを丁寧に受け入れるためには長期的には高いコストがかかることを覚悟しなければならない。

参考文献

・鮎川　潤『少年犯罪—ほんとうに多発化凶悪化しているのか』(平凡社新書、2001 年)
・河合幹雄『安全神話崩壊のパラドックス—治安の法社会学』(岩波書店、2004 年)
・デュルケム(宮島喬訳)『自殺論』(中公文庫、1985 年) Émile Durkheim, Le Suicide, Paris, Alcan 1897.
・浜井浩一『刑事司法統計入門—日本の犯罪者処遇を読み解く』龍谷大学矯正・保護研究センター叢書第 10 巻(2010 年)
・前田雅英『少年犯罪—統計からみたその実像』(東京大学出版会、2000 年)

第13講◆各種犯罪の分析

I　殺　　人

キーワード

発生の実態／加害者と被害者／殺人の類型

1　殺人の発生の実態

1　殺人の定義

殺人とは、通常、刑法の第199条「人を殺した者は、死刑又は無期若しくは五年以上の懲役に処する」に示されるものを指す。ただし、これに第201条「第199条の罪を犯す目的で、その予備をした者は、二年以下の懲役に処する。ただし、情状により、その刑を免除することができる。」の殺人予備と、第202条「人を教唆し若しくは幇助して自殺させ、又は人をその嘱託を受け若しくはその承諾を得て殺した者は、六月以上七年以下の懲役又は禁錮に処する。」の自殺関与を含めた総称を殺人と呼ぶこともある。

殺人の研究においては、研究者によってさまざまな定義が用いられている。日本においては、人を死に至らしめたもの、として殺人に傷害致死を含めて検討される場合や、未遂を除いて既遂のもののみが検討される場合もある。

2　殺人事件の認知と検挙

警察庁がまとめる犯罪統計書が示す殺人事件の認知件数の推移（昭和21年～平成29年）を図表13(1)-1に示した。殺人事件は、最も暗数（dark figure, 実際には発生しているが警察には認知されない事件）の少ないタイプの犯罪であるといわれるが、暗数がまったくないわけではない。病死や事故死、

図表13(1)-1　殺人の認知件数・検挙件数・検挙人員の推移（昭和21〜平成29年）

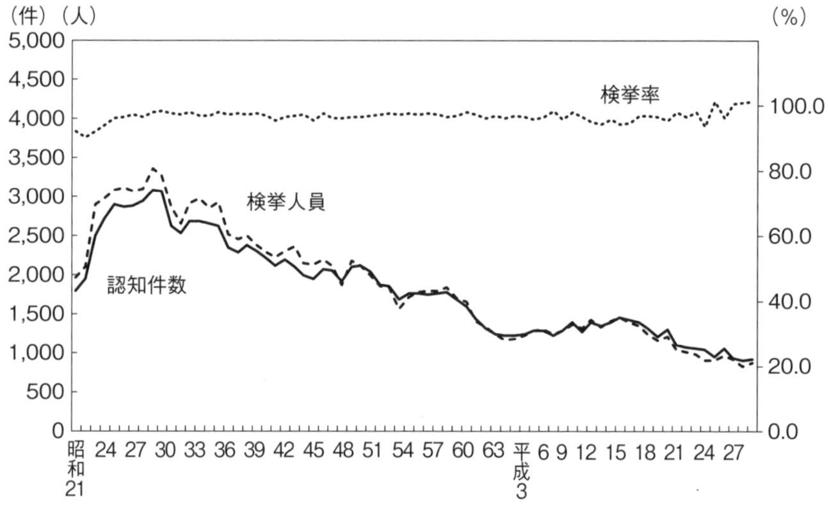

注）警察庁の犯罪統計を参考に筆者が作成。

他害による死の区別が困難な場合もあり、被疑者の自供により初めて殺人事件が発覚することもある。日本における殺人事件の認知件数は、戦後の昭和21年以降に大きく増加し、昭和29年に3,081件のピークを示して以後は、若干の変動はあるが一貫して右下がりに減少する傾向を示している。昭和29年から昭和36年までは約3,000件から2,500件の間を、昭和37年から昭和52年までは2,500件からおおよそ2,000件の間を、昭和53年から昭和62年までは2,000件から1,500件の間を、昭和63年から平成26年までは1,500件からおおよそ1,000件の間を、平成27年以降は1,000件に満たない件数で推移している。認知件数の最小値は、平成29年の920件である。戦後のピーク以降に一貫して減少しているとはいえ、殺人事件が及ぼす人的被害、経済的被害、精神的被害などの多面的な被害は、殺害された被害者だけでなく、被害者の遺族を始め、被害者の親族、友人・知人など、多くの人に及ぶため、殺人は現在でも重要な社会問題となっている。

図表13(1)-1の殺人の検挙人員を見ると、昭和48年までは一貫して認知件数よりも検挙人員の数値が上回っている。統計上、嬰児殺については共犯

形態の統計が計上されていない時期もあるが、犯罪統計における単独犯の比率は一貫して検挙人員のおおよそ9割の値を推移している。このことから、検挙人員の数値が認知件数を上回っていることは、それ以降（昭和50年代以降）に比較して共犯形態の場合における加害者の人数が多かったことを示すものと考えられる。

同様に、殺人の検挙率を見てみると、戦後の昭和21年頃には約90%であったが、その後急激に上昇し、昭和25年以降には、95%よりも高い数値を示している。戦後最大の刑法犯認知件数が示された平成14年の頃に検挙率は一度95%をきるが、平成16年以降はふたたび95%を超える値が続いている。殺人は、各罪種と比較して検挙率が最も高い罪種である。

UNODC（国連薬物犯罪事務所）もしくは犯罪白書に示された統計をもとに、日本の殺人事件の発生率や検挙率を先進国のフランス、ドイツ、イギリス、アメリカの統計と比較したものを図表13(1)−2および図表13(1)−3に示した。

図表13(1)−2は、UNODCで公開している世界の殺人発生率のトレンドデータ（既遂事件のみを対象）をもとに、各国の統計における人口10万人あたりの殺人の発生率について、1992年〜2017年までの5年ごとの数値を示したものである。日本の殺人事件（既遂と未遂を含む）の発生率はおおよそ1.0であるが、図に示される既遂のみの発生率は0.3〜0.6の値を示している。アメリカは4.7〜9.2、フランスは1.2〜2.3、ドイツは0.8〜1.7、イギリスは1.0〜1.9であり、日本の殺人（既遂のみ）の発生率はこれら先進国と比較しても低いことがわかる。日本は世界的に見て治安のよい国だと言われるが、こうした殺人の人口10万人あたりの発生率の数値の比較結果は、それを裏付けるものとなっている。ちなみに、日本の殺人事件の既遂率は、犯罪統計書で公開されている1979（昭和54）年以降、最大で54.3%、最小で31.6%の割合を示し、2013（平成25）年以降は3割台で推移している。

図表13(1)−3は、法務省が発刊する犯罪白書に掲載された、各国の統計における殺人の検挙率について1993年〜2013年までの5年間ごとの数値を示したものである。UNDOCで公開している世界の殺人事件のデータでは検挙率が公開されていないため、犯罪白書に掲載された数値を用いている。発生

図表 13(1)-2　人口10万人あたりの殺人の発生率

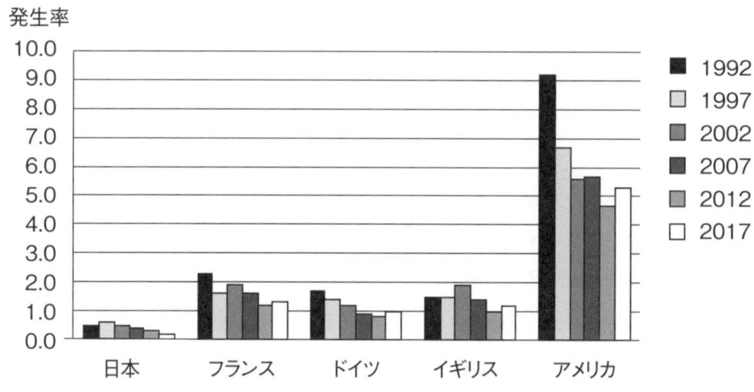

注）UNODC の homicide rate に関する世界データ（既遂の事件のみ）から著者がまとめなおしたもの。

図表 13(1)-3　殺人の検挙率

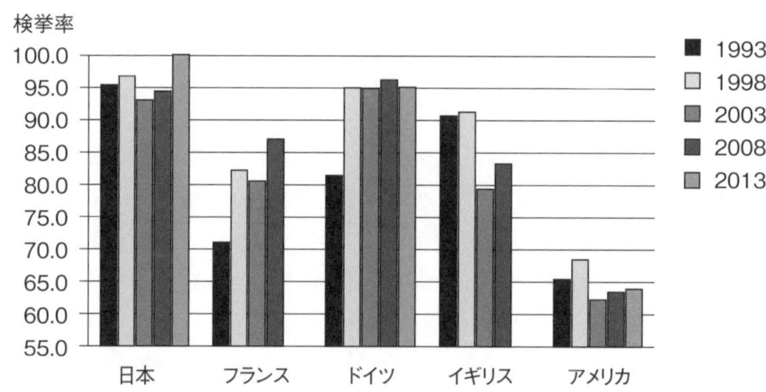

注）犯罪白書の統計を筆者がまとめなおしたもの。なお、2013年のフランス及びイギリスの数値は掲載がなかったため不明である。また、これ以降、検挙率の国際比較は犯罪白書に掲載されていない。

率の図表とは異なり、検挙率の図表に示されるイギリスは、イングランド・アンド・ウェールズの統計数値である。また、2013年より、フランス及びイギリスの数値については、両国における統計方法に変更があり、両国の2013年の検挙率については数値が掲載されていないため、不明である。検挙率の国際比較の統計は2014（平成26年）以降犯罪白書に掲載されていないことから、これらが最新の数値となっている。日本の殺人検挙率はおおよそ95%を超える値を示しているが、フランス（おおよそ70〜90%）、イギリス（おおよそ80%〜90%）、ドイツ（おおよそ80%〜95%）、アメリカ（おおよそ60%〜70%）のいずれも、わが国のような高い検挙率を一貫して維持してはいない。ただドイツは1998年以降に一貫して95%前後を示しており、最近では高い検挙率を維持している。

3　殺人事件の発生状況

「平成29年の犯罪」（警察庁）によれば、殺人事件の多くは夜間から未明にかけての時間帯（18時から6時、不明を除き全体の54%）に発生しており、被害者が自宅で被害に遭う割合（57%）が比較的高いのが特徴である。また、刃物類（51%）が使用される場合が多く、銃器類（1%）が使用されることはまれで、凶器が用いられない場合（20%）も2割近くを占める。既遂率は3割であり、殺人未遂が多くの割合を占めている。警察の犯罪統計書は殺人の動機を21に分類しているが、それによると憤怒（47%）が最も多く、爆発的な怒りの感情に駆られて衝動的に行われた殺人が多くを占めていることがわかる。次いで多かったのは怨恨（14%）であり、その他（11%）、動機不明（8%）、介護・看病疲れ（4%）、異常酩酊・精神障害又はその疑い（4%）、痴情（4%）、子育ての悩み（3%）、生活困窮（2%）、債務返済（1%）、その他の利欲（1%）、性的欲求（0.7%）、自己顕示（0.5%）、服従迎合（0.1%）、遊び・好奇心・スリル（0.1%）が続き、遊興費充当や、保険金目当て、職業的犯罪、一時的盗用、対象物自体の所有・消費目的、薬物の作用には該当がなかった。異常酩酊や薬物の作用への該当はごく少ないものの、殺人にはアルコールや薬物などの摂取が強く関連していることは多くの研究者が指摘しており、マービン・ウルフギャング（M. Wolfgang）（1958）は、フィラデルフィアの殺人588件（1948〜1952年）の64%にアルコールが関連しており、44%では加害者と被害者がともに事件前に飲酒していたと報告している。一方、日本の研究で田村（1973）は、昭和56年の成人による殺人183件のうち犯行時に飲酒していた男性加害者は49%、女性加害者は21%で、被害時に飲酒していた男性被害者は43％、女性被害者は20％であったことを報告している。

犯罪統計の動機分類は罪種を包括的に扱うための分類であり、殺人を理解する際には不十分かもしれない。田村（1979）による殺人の研究では、その動機を別れ話、三角関係、心中、夫婦喧嘩等を含む性関係のトラブル型と喧嘩型の2類型に分けている。また、筆者らの調査（Watanabe et al.（2003））による殺人の研究では、金品目的、金銭関係トラブル、性目的、男女関係トラブル、精神障害、反撃、リンチ、その他口論、その他、不明の10分類を用いており、1993年から2002年の10年間では、金品目的及び金銭関係トラブルといった金絡みの動機が最も多いことを示している。

4　殺人事件の被害者

「平成29年の犯罪」（警察庁）によれば、殺人事件の被害者は、被疑者から見て親族の関係にある者が50％、知人の関係にある者が38％、事前に面識のない者が12％を占めており、被疑者と既知関係にある者が9割近くを占めているのがわが国の特徴である。このように、殺人は、既知関係にある者の間のトラブルに起因する事件が多くを占めている。過去30年間における犯罪統計を見ても、親族と知人がそれぞれ4割程度で、面識なしが1割程度、という比率は大きくは変わらない。ただし、親族の中では、嬰児殺の比率が大幅に減少しており、35年前の昭和57年には138件であったが平成29年には11件を示している。これは避妊に関する知識の浸透や経口避妊薬の承認・普及による影響が大きいと考えられる。逆に一貫して増加傾向を示しているのは、親が子の犯行の被害に遭う割合であり、35年前の昭和57年には5％であったが、平成29年には14％を示している。このように、親族、知人、面識なしの三分類ではほぼ一貫した傾向を示しているものの、それぞれの内訳については質的な変化が認められている。

殺人事件の被害者の年齢層別分布を見ると、平成29年では60歳以上の被害者が37％を占めて最も多く、20歳未満、20歳代、30歳代、40歳代、50歳代の各年齢層はそれぞれ1割強の割合を示している。図表13(1)-4に示すように、時代の推移とともに被害者の年齢層は高齢化の傾向を示している。

図表 13(1)-4　殺人の被害者の年齢層別構成比（昭和 57～平成 29 年）

	20歳未満	20歳代	30歳代	40歳代	50歳代	60歳以上
S57(1723人)	22.6	11.7	27.5	19.2	9.9	9.1
S62(1581人)	18.7	13.9	19.5	25.2	12.1	10.7
H 4 (1220人)	17.2	15.8	14.9	23.3	15.0	13.8
H 9 (1271人)	12.4	15.9	15.4	20.1	17.2	19.3
H14(1376人)	11.3	14.2	16.6	15.7	20.7	22.0
H19(1187人)	10.3	13.2	16.0	13.7	16.8	30.3
H24(1014人)	10.8	13.4	14.2	14.9	14.0	33.4
H29(908人)	10.8	12.1	11.8	17.2	11.9	36.9

0%　20%　40%　60%　80%　100%

注）警察庁がまとめる犯罪統計より著者が作成。
法人・団体、年齢不明、被害者なしを除いた人数で割合を算出している。

昭和 57 年頃は 50 歳以上の被害者の割合は 2 割に満たない程度で、20 歳未満、30 歳代の各年齢層の被害者の割合がそれぞれ 2 割台を示していたが、平成 29 年には 50 歳以上の被害者が 49% と半数近い割合を占めている。この被害者年齢層の高齢化の傾向は、後述する加害者の年齢層の高齢化の傾向よりも強い。これには人口の高齢化といった要因に加え、近年増加している金品を目的とした殺人の好適な対象に高齢者がなりやすいことも影響していると考えられる。

5　殺人事件の加害者

殺人事件の加害者の男女比は時代の変化であまり変わらず、長らく男性が 8 割前後を占めていたが、平成 28 年以降にはその割合を 7 割台前半を示すようになってきた。加害者の年齢層分布は時代の経過とともに変化しており、平成 29 年では 20 歳未満（5%）の割合は低く、20 歳代、30 歳代、40 歳代の各年齢層にはそれぞれ 2 割前後が分布し、50 歳代は 1 割、60 歳以上は 3 割が該当している。図表 13(1)-5 に示すように、時代の推移に伴った人口の高齢化の傾向に従い、加害者の年齢層も高齢化の傾向を示している。昭和

図表 13(1)-5　殺人の加害者の犯行時年齢層別構成比（昭和 57〜平成 29 年）

	20歳未満	20歳代	30歳代	40歳代	50歳代	60歳以上
S57(1768人)	5.0	20.8	34.7	24.9	9.7	4.9
S62(1651人)	4.8	20.8	31.1	26.5	11.1	5.6
H 4 (1175人)	7.0	21.4	18.5	27.1	18.2	7.8
H 9 (1284人)	6.2	21.3	21.2	21.3	17.4	12.6
H14(1405人)	6.0	18.5	23.2	16.9	19.5	15.8
H19(1161人)	5.5	17.0	25.3	15.9	17.1	19.1
H24(899人)	5.2	15.8	19.4	20.2	13.9	25.5
H29(874人)	5.4	18.6	22.3	19.1	13.6	31.9

0%　20%　40%　60%　80%　100%

注）警察庁がまとめる犯罪統計より著者が作成。

57 年の頃は 20 歳〜30 歳代の加害者で半数を超えており、50 歳以上の加害者は 15%しかいなかったが、平成 29 年には 50 歳以上の加害者が 46% を示している。

殺人は、軽微な犯罪から始めた犯罪者がその犯罪性を深化させて最終的に行われる暴力的な犯罪であるという認識がもたれやすいが、実際は必ずしもそうではない。殺人犯に犯罪前歴者の占める割合は 47%であり、初めて行った犯罪が殺人である者が 5 割を超えている。また、過去に同じ殺人の前科を持つ者は 4%しかいない。殺人犯の処分裁定後 10 年間の再犯状況を検討した渡邉（2007）は、罪種を問わない再犯率は 20%、対人暴力の再犯率は 11%、重大犯罪の再犯率は 9%、殺人・傷害致死の再犯は 2%であることを示している。これら犯罪経歴に関する数値は、殺人犯が必ずしも犯罪性や暴力性の高い人たちではないことを示している。

しかしながら、殺人の加害者の一部には暴力性が高く、対人暴力を繰り返す傾向の強い者がいるのも確かである。法務総合研究所（2009）による電算記録に基づく 100 万人の犯罪者の犯罪経歴に関する検討では、初めての前科が殺人であった者のうち再犯があった者の半数は暴行・傷害の再犯があること、前科を有する殺人犯の6割には暴行・傷害の前科があり、その多くに複数回の暴行・傷害の前科があったことを示している。

2　殺人の分類

殺人事件は、その形態や対象によって分類することができ、その分類ごとに異なる特徴がある。形態による分類では、被害者数、犯行場所の数、犯行時間（一連のものかどうか）を基準としたFBIによる分類を参考として、日本の殺人事件を図表13(1)–6のように、単数殺人（single murder)、大量殺人(mass murder)、スプリー殺人（spree murder。短期間に複数の場所で無差別に行う殺人)、連続殺人（serial murder）の四つに分類することができる。研究者によって定義が異なる場合もあり、スプリー殺人を大量殺人に含む場合や、スプリー殺人と連続殺人を大量殺人に含む場合もある。

筆者の調査（渡邉、2008）によると、1991年から2005年の15年間における日本の大量殺人の発生率は、同時期における殺人・致死事件22,689件の2.5%であり、3人以上が殺害される場合は0.5%を示す。大量殺人では、事件後加害者の自殺率が高いのが特徴であり、加害者の死亡率は37%を示している。また、加害者が死亡した事件を除く加害者・被害者関係の分布では親族（59%）の割合が高く、加害者の自殺と親族殺とが強く関連していることを考慮すると、大量殺人には家族の成員を対象とした拡大自殺（たとえば一家心中）の形態を示すものが多く含まれていることが示唆される。また、

図表13(1)–6　殺人の形態による分類

	被害者の数	犯行場所の数	犯行時間間隔
単数殺人	1人	1か所	—
大量殺人	2人以上	1か所	一連の時間帯
スプリー殺人	2人以上	複数の場所 （各現場が接近していることが多い）	一連の時間帯
連続殺人	2人以上	複数の場所	複数の時間

面識のない者を対象とした大量殺人では、20 歳代から 30 歳代の年齢層の者による金品目的の大量殺人事件が多くを占めるのが特徴となっている。

連続殺人というと猟奇的な殺人や性的な殺人を連想するかもしれない。確かに、性的な殺人では、加害者が持つ性的で暴力的な空想がマスターベーションによる強化で維持されており、その衝動があるがゆえに連続殺人事件になりやすいことが指摘されている。しかしながら、日本における連続殺人事件はそうしたイメージとは異なる事件が主となっている。筆者ほか（渡邉ほか、2008）は、サルファティとベイトマン（Salfati and Bateman）（2005）が示したアメリカのシアトルにおける連続殺人の特徴と比較して、日本の連続殺人は、35 歳以上の被害者、独居被害者、凶器の現場への持込み、凶器が紐類、死体の移動、死体隠蔽の比率が高く、15 歳以下の被害者、性的暴行あり、記念品（被害者の所持品だが金銭的価値のないもの）の持去り、凶器の銃器類の比率が低い、などの特徴を示している。さらに、日本の連続殺人では、金品目的の事件が 7 割を超えており、単独犯が約 5 割、共犯形態が 4 割、単独犯であったり共犯形態であったりと事件によって異なるものが 1 割を示しているのが特徴である（渡邉ほか、2007）。このように、日本の連続殺人犯はアメリカの連続殺人犯の特徴とは異なっており、金品目的の強盗殺人を単独あるいは共犯で繰り返す者が多くを占めていた。

人がどのように連続殺人犯になるのかについては、いくつかのモデルが考えられている。主要なモデルとしては、ロバート・K. レスラー（Robert K. Ressler, et al.）（1988）が「動機形成モデル（motivational model）」を、エリック・ヒッキー（Eric Hickey）（2001）が「トラウマ統制モデル（trauma–control model）」を提唱している。動機形成モデルは、①無力な社会環境、②発達上の出来事、③重要な人格特徴と認知マッピングの過程、④自己や他者への行動、⑤フィードバックフィルターの五つの要素を含み、この過程の中で殺人犯は覚醒状態とパワー、優位、コントロールといった感覚をエスカレートさせていくと仮定する。トラウマ統制モデルは、動機形成モデルで考慮されたものに加え、負因として個人の生物学的、社会学的、心理学的要因を考慮するとともに、トラウマ体験と関連する解離や暴力的なファンタジーを増大させるトリガー要因、アルコールや薬物、ポルノなどの促進要因を考慮したモデルとなっている。いずれも、発達上の外傷的な体験と暴力的なファンタジーを重視し、殺人の経験を正当化したり、強化するようなフィードバックの過程を考慮している点が共通している。これら連続殺人犯を説明するモデルの妥当性については今後実証的な検証を必要とするが、過程を理解するためには有用なモデルである。

犯行形態による分類には、その犯行手口に注目した性的殺人やバラバラ殺人、放火殺人、毒物使用殺人などの検討が行われているが、その多くは事例を検討したものである。対象を基準とした分類においては、嬰児殺、新生児殺、子殺し、兄弟殺し、配偶者殺し、親殺しなど親族内での事件に関する研究が多く、加害者の精神保健と関連する問題の検討が多く行われている。加害者特徴を基準とした分類では、少年による殺人、女性による殺人、触法精神障害者による殺人などの研究が多く認められる。

犯行の動機に基づく分類では、ロナルド・ホームズとステファン・ホームズ（Ronald Holmes and Stephen Holmes）による連続殺人犯の分類がよく知られている。ホームズは、連続殺人犯を、幻覚型（visionary）、任務遂行型（mission）、快楽型（hedonistic）、力と支配型（power and control）の四つに分類している（Holmes and Holmes, 1998）。幻覚型は幻覚・幻聴に支配されて殺人を繰り返すタイプで数は少ない。任務遂行型、快楽型、力と支配型はどちらかというと精神病質的と指摘されている。任務遂行型はある種の人たちを排除するために殺人を繰り返し、快楽型は殺害行為により性的興奮を得るために殺人を繰り返し、力と支配型は圧倒的な優位性をもって被害者を支配し、究極の力として被害者を殺害することで心理的な満足感を得ている。

参考文献

・Hickey E.（2001）Serial murderers and their victims.（3rd ed.）. Belmont, CA: Wadsworth.

・Holmes, R. and Holmes, S.（1998）Serial Murder（2nd ed.）. Thousand Oaks: CA, Sage Publications.

・法務総合研究所「再犯防止に関する総合的研究」法務総合研究所研究部報告 42（法務総合研究所、2009 年）

・Ressler, R. K., Burgess, A. W., and Douglas, J. E.（1988）. Sexual Homicide: Patterns and Motives. MA: Lexington Books. 狩野秀之訳『快楽殺人の心理：FBI 心理分析官のノー

トより』（講談社、1995 年）

・Salfati, C. G. and Bateman, A. L.（2005）. Serial homicide: an investigation of behavioural consistency. *Journal of Investigative Psychology and Offender Profiling*, 2（2）, 121–144.

・田村雅幸「最近の殺人事件の実態とその類型」科学警察研究所報告防犯少年編 24 巻 1 号 78–90 頁（1973 年）

・渡邉和美「日本における大量殺人事件の発生状況と類型について」犯罪学雑誌 74 巻 6 号 190–204 頁（2008 年）

・渡邉和美・横田賀英子・和智妙子・藤田悟郎「連続殺人犯の行動の一貫性に関する分析」犯罪心理学研究 46 巻特別号 44–45 頁（2008 年）

・渡邉和美・横田賀英子・和智妙子・佐藤敦司・藤田悟郎「連続殺人事件の犯行パターンと犯人像」犯罪学雑誌 74 巻 3 号 107 頁（2007 年）

・渡邉和美「1994 年の殺人犯 603 例に関する 10 年間にわたる暴力犯罪の再犯追跡研究―暴力再犯リスク要因と、これに精神障害が及ぼす影響に関する分析―」犯罪学雑誌 73 巻 6 号 174–207 頁（2007 年）

・Watanabe, K., Yokota, K., and Iwami, H.（2004）Recent Trend of Homicide in Japan. Presentations at the 2004 American Society of Criminology Conference.

・Wolfgang, M. E.（1958）Patterns in Criminal Homicide. Philadelphia: University of Pennsylvania Press.

Ⅱ　性犯罪

キーワード

子どもの保護／性的自己決定権／性犯罪者の再犯率

1 意　義

1　性犯罪の概念

(1) 概　念

性に関わる行為は生殖を伴うとともに、愛情・享楽という側面を含み、きわめて人間的行為であるから、これに触れずして人間あるいは社会を語ることができない一面を有する。実際、多くの国では性的娯楽としての産業が一定程度発展しており、性秩序をどのように考えるかは個人としても、社会としても重大な関心事であることには違いない。他方で、このような性に関わる行為が、ある場面では個人の性的自由、性的自己決定を侵害するものであり、また社会における性秩序を紊乱することがあるから、多くの国で、これらの行為の一部を犯罪として規制している。

近年世界的に性犯罪の概念を変更する動きがあり、それに応じて各国は、性犯罪規定の改正を行っている。このような動きは国連の女性に対する暴力、とくに性暴力の廃絶の動きと連動し、加盟国に立法、法改正を強く要請する流れに呼応するものである。わが国でも、2017年（平成29年）性犯罪規定に関する大きな刑法改正が実施された。これによると、まず個人に対する行為として、旧来の強姦罪（177条）という名称が「強制性交等罪」と変更され、行為主体、被害対象はいずれも男女を問わないこととされ（ただし、女性から女性への行為は含まない）、行為も性交だけでなく、肛門、口腔への男性器の挿入も含むようになり拡張された。また、両親などの監護者による18歳未満の者への性行為等が監護者強制性交等罪、監護者強制わいせつ罪の規定が新設され、暴行・脅迫を行わなくても成立するとしている。その結果、わが国の個人に対する性犯罪の規定は、①強制性交等罪（準強制わいせつ等罪、強制性交等致死傷罪を含む。177条ほか）、②強制わいせつ罪（準強制わいせつ罪、強制わいせつ致死傷罪を含む。178条ほか）、③監護者わいせつ・性交等罪（強制わいせつ、性交等致傷罪を含む。179条ほか）という構成に変わった。また、社会の性秩序に対する性犯罪として、従前どおり、④公然わいせつ罪（174条）、⑤わいせつ物頒布等罪（175条）、⑥淫行勧誘罪（181条）、⑦重婚罪（184条）、⑧わいせつ目的略取・誘拐罪（225条）があるが、海外の分類に比較すると依然、単純な構成と言わなければならない。もっとも、以下のように、特別法や都道府県条例などの性犯罪に関わる規定を含めれば、わが国でも性犯罪に関する類型において一定程度の多様性がみられるといえよう。

(2)　相対性

後述するように、性犯罪の概念は多義的であり、時代、国家・社会によっても大きく異なる。また、世界には古くから性に関わる風俗・習慣が多数存在し、また戦時における強姦・慰安婦、個別の社会における売春などが暗黙に許容されるなど、どこで処罰可能な性犯罪として線引きをするのかが困難な場合が少なくない。わが国では、姦通罪（旧183条）が第二次大戦後廃止となったが、この規定は夫のある女性が夫以外の者との性行為を行った場合、女性とその相手方の男性を処罰するものであって、夫の姦通行為は処罰されないといった不公平がみられ、また、こんにち、既婚の男女を問わず、いわゆる不倫・浮気と呼ばれる行為は好ましくはないとしても、社会では必ずしも珍しいとはいえないであろう。このように男女関係の在り方は社会によって大きく変わりうるし、刑罰をもって臨むかどうかの判断は難しいのが実態である。

また、上述したわが国の刑法改正のように、時代の価値観の変化に応じて性犯罪の構成要件も社会状況に適合した形で変更されることがあり、今後も、同性婚や性的マイノリティ（LGBTなど）といったジェンダーの在り方に対する見方が推移することにより、性犯罪の概念も大きく変わる可能性があると思われる。このほか、特別法には営利的な動機による売春防止法、出会い系サイト規制法、児童買春・児童ポルノ規制法などにおける行為もみられる。さらに、軽微な性犯罪としては軽犯罪法に規定があり、また近年、携帯カメラの発達などにより公私の場における盗撮が社会問題化しているが、これらは車内痴漢などと並んで各都道府県の青少年保護育成条例や迷惑防止条例などで規制されている。

❍コラム 31　イギリスの性犯罪類型

2003 年性犯罪法（The Sexual Offences Act 2003）は従来の複雑な性犯罪規定を整理し、詳細な性犯罪のリストが掲げられ、54 個もの類型がある。このように類型が多いのは、基本的な性行為の対象者を 13 歳未満の者、児童（16 歳未満）、精神の障害がある者などに分け、さらに行為者を、児童と信頼関係にある者、ケースワーカー、親族などに区別しているからである。また、特殊な行為や状況として、動物との性交（いわゆる獣姦）、公衆便所における性的行為、屍姦、性的目的の人身売買など、かなり詳細な規定がみられる。なかには、インターネットにおいて性的目的で児童を勧誘し（いわゆる「グルーミング行為」）実際に面会するとこれ自体が犯罪となる。わが国が非常に少ない類型であること、また定義を明瞭にして厳格な適用を行っていることとはきわめて対照的である。

イギリスのように、性犯罪を広義に理解すると、性行為・強制わいせつ行為の周辺行為も視野に入る。たとえば、性的搾取目的の人身売買、児童ポルノ作成の強要、上述のインターネット利用の「グルーミング（取り入る行為）」と呼ばれる性的行為の勧誘などが含まれるのである。

---

(3)　同意の欠如

一般的に言って、性犯罪を定義づける大きな要素は、対象者の同意（consent）の欠如である。同意がなければ強制となり、相手の性的自己決定権を著しく侵害し、犯罪性が高くなる。逆に、一般に被害者の同意があれば犯罪を構成しない。諸外国の法制では、性犯罪の成否は同意の有無に依存する場合が多い。この同意は年齢によっても区分されている。もっとも、この区分も国によって異なり、たとえば性行為・わいせつ行為の同意年齢に関して、わが国では、刑法上 13 歳以上の者の同意は犯罪を構成しないが、イギリスではこの年齢で同意があっても重大犯罪の扱いを受ける場合がある。さらに、わが国では刑法のこのような扱いは実質的に、他の特別法や大半の都道府県の条例によって修正され、一般に18歳未満の者に対しては、かりに同意があっても何らかの犯罪を構成する。たとえば、18歳未満の者とのわいせつ行為は、児童福祉法違反、児童買春・児童ポルノ規制法、都道府県の青少年保護育成条例（いわゆる淫行条例）などにも該当する可能性がある。

さらに性的行為に対して成人間で同意があったとしても、その行為が行われる場所によっては、当然犯罪となる。「性行為非公開の原則」によって、不特定多数が存在する場所における性行為・わいせつ行為は、同意に関係なく犯罪を構成する。

もっとも、わが国の法制では強制性交等罪・強制わいせつ罪においては、同意だけでなく、暴行又は脅迫がこれらの犯罪の構成要件であり、諸外国に比べると性犯罪の範囲を狭めている。

2　性犯罪概念の時代的推移

(1)　被害者なき犯罪

アメリカを中心に、1970年代「被害者なき犯罪（victimless crime）」が指摘され、その一部は非犯罪化・非刑罰化された。その際、議論の対象となった性犯罪は、同性愛、ポルノグラフィ、売春、薬物、獣姦などであった。獣姦は別として、これらの同意ある行為は被害者がいないのであり、犯罪として処罰する必要がないとして、その後、多くのアメリカ諸州で合法化された。イギリスでも同様に、同性愛に関する法的対応の変更がみられた。すなわち、1960年代、従来違法であった同性愛行為が、社会の人々の同性愛に対する態度の変化から、合法化されたのである。こんにちではさらに、同性婚が相次いで異性婚と同様に各国で立法化されつつある。他方で、イギリスでは1992年には、夫の妻へのレイプ行為が裁判所で有罪となるなど、多くの国で、妻の性に関する自己決定権が確立しつつある。

(2)　性意識の変化

前述したように、わが国でも、第二次大戦後、刑法の姦通罪（183条）の規定が削除された。この理由としては、姦通（今でいう不倫）が時代の変化によって社会的に許容されたというわけではなく、妻の不倫だけを処罰し夫の不倫行為は処罰されないことが日本国憲法第 14 条の平等規定に反するとされたのである。しかし、今日性意識の変化がみられることは否定できない。最近では、儒教色の強い韓国でも姦通罪（不倫を行った夫と妻いずれも処罰）に違憲判決が下され、即時廃止されている。このように、性規範の変化によって、性犯罪の概念も修正されており、流動的である。

3　性犯罪対応の問題性

性犯罪をめぐる公的機関の扱いは微妙である。わが国には売春防止法があり、「国民は売春をしてはならない」（第 1 条）と規定されながら、実際には性風俗産業が存在し、性的サービスが提供されている。取り締まり機関もときに規制を行っているが、一貫性に欠けている。第二次大戦前では、売春は一部合法化された時代があり、政府の管理の下に、一般国民も利用した経緯がある。昭和 32 年の吉田内閣時代に、女性の権利を擁護する目的から売春防止法が制定されたが、近年はほとんど適用されておらずザル法との評価が定着している。

一部の国の中には、いわゆる「飾り窓」と呼ばれる売春街があり、青少年の入場を規制しつつも、売春が公認されている。このように、外国の中には、性欲の発散を法令で規制するには無理があり、それを強化すると逆に強姦自体が増加するというジレンマがあることから、一定程度、性病予防の管理を行いながら承認するのが自然であるという考えがある。実際、規制を強化すると性犯罪が増加することはわが国の強姦罪に関する統計にも示されており、売春防止法成立後、しばらく強姦罪の増加が続いた経緯がある。このように、国の政策として性的行為をどのように扱うか、規制するかは困難な問題であるが、ただ、近年、子どもを性的対象とした事件が頻発していることに加え、国連子どもの権利条約の影響などもあり、子どもの性的保護が強調されるようになって、子どもに対する保護として規制を強化する点では、どの国も同様の傾向がみられる。

❍コラム 32　売春行為不処罰の理由

売春防止法は第３条で「何人も、売春をし、又はその相手方になってはならない」と規定するが、売春行為自体は処罰しておらず、売春した女性も相手方の男性も処罰されない。売春行為を処罰しなかった理由は、いわゆる売春婦を被害者として位置づけたからである。すなわち、売春防止法制定当時、この種の女性の多くは貧農の出身で両親が多額の借金を抱えるなどの事情から、都会に身売りされるなどして売春に従事したのである。従って、売春に従事する女性よりもそれを強要する者の方が悪質と考えられた。したがって、売春の勧誘や周旋の行為者は処罰されるし、女性が自らこれらの行為を行えば女性自身も処罰される。また、性行や環境に照らして売春を行うおそれのある女性に対してはこれらの刑が執行猶予された場合、補導処分として婦人補導院に収容される可能性がある。もっとも、これらの適用例はきわめて少ない。

2　性犯罪の態様と理論

性犯罪の研究は、古くはロンブローゾなどによって行われてきた。その後さまざまな研究が行われ、その要因は異常性欲や性嗜好異常などとされてきた。しかし、時代や社会によってとらえ方が異なるため、普遍的な理解は困難な面がみられる。但し、処罰されるか否かを問わず、一般に、性倒錯に基づく行為は性嗜好異常として研究の対象とされる。

1　性犯罪の態様

性犯罪を分類する試みは精神医学者を中心に行われており、当然ながら、法的概念とは異なる。たとえば、俗にいう「下着泥棒」は刑法上、窃盗犯であり財産犯として分類され、風俗犯としては分類されない。このように、法的定義による性犯罪と医学上の性倒錯は必ずしも一致しない。前者は社会的有害性の点から刑事政策的に考察されるのに対して、後者は精神・心理の異常として治療の点から考察されるからである。

性犯罪については、一般的には次のような類型がみられる。

①近親姦
②サドマゾヒズム
③強姦
④死体姦
⑤性的フェティシズム（身体の一部や物に対する異常な執着心）
⑥同性愛
⑦鶏姦（肛門性交）
⑧服装倒錯
⑨小児性愛
⑩獣姦（動物との性行為）
⑪わいせつ画・ポルノ作成・所持
⑫露出症
⑬窃視症（のぞき見）

2　性犯罪の理論（原因論）

(1)　フェミニズム理論

フェミズム理論の主張はきわめて多様であるが、性犯罪に関する観点では強姦は女性を男性に従属させるための家父長的支配、男性支配の一形態とみる。簡単にいえば、強姦をいわば社会的価値としてみる男性支配の社会では、強姦はいわば男性を「一人前の男」に変える社会化の通過儀礼であり、男性支配を維持する方法と考えるというのである。このような考えはDVを有能な夫が無能な妻を教育する手段であるとする思想に近似する。強姦が多発する文化を有する社会では、男性のマッチョ的態度が受容され、男性と女性は別物であるとする考えが根強い。つまり、これらの文化においては、男性は女性よりも優位であり、男性が女性を支配する態度や信念が維持されている。しかしながら、実際には、強姦を行うのはきわめて少数の男性であるから、フェミニズムは男性個々人の相異を説明するのには適切ではないとする見方もある。

(2)　社会認知理論

①認知的歪み（cognitive distortion）　性犯罪行為を支持する態度・信念といった思考の側面をいう。性犯罪の文脈で最初にこの用語を用いたのはアベルらであり、認知的歪みは性的児童虐待の原因であると主張した（Gene G. Abel et al, Abel and Becker Cognitions Scale, in G. Abel et al (eds.), The Treatment of Child Molesters, 1984）。また、これが犯罪後、犯行者が自らの行動を正当化し合理化する役割を果たしているとしている。認知的歪みに関する調査では、通常、質問紙を用いて性犯罪を肯定する記述に対して同意するかどうかを調べる。実際の調査では、性犯罪者は同意しない比率が他の者と比較して高いとされる。この理由は、性犯罪者が調査で何を問われているか理解しており、社会的に望ましい答えに修正して答えている結果であるという。逸話的な臨床心理に関する報告書では、一部の性犯罪者はその犯行に認知的歪みが生じており、性犯罪者への介入では、現在、認知的歪みは治療の対象としてよく用いられている。

認知的歪みの現象は情報の処理過程で発生する。この中心概念は「スキーマ（schema）」である。スキーマは認知的構造であり、過去の経験に根ざす情報を含んでおり、強いて日本語でいえば「固定観念」や無意識的な「心の構成」などと理解されている。たとえば、過去に遭遇した経験と同様の状況にあるときに、過去の経験の情報が利用されて行動に移るのである。性犯罪者の認知的歪みは、個々人が有する自己または他人への信念に関して、スキーマの産物であり、原因である。このように認知は通常意識の外にあるので、性犯罪者とくに強姦犯は、以下のような内在的な理屈（いわゆるスキーマ）を作りあげているとされる。このような内在的な理屈は児童期に発展し、性徴期に適用されるという。

a. 女性は不可知のものである。女性は男性と異なっており、したがって男性は女性を理解することができず、その結果、異性愛は当然ながら敵対的であって、女性は男性に自分の気持ちを偽るものである。

b. 女性は性の対象物である。女性は常に男性の性欲を受け入れる態勢にあり、しばしば女性はそれを理解していない場合がある。

c. 男性の性欲は統制不能である。男性は性的解放を求めており、その性的エネルギーは危険レベルに達することもある。ひとたび男性が性的に興奮するとオルガズムに達する必要がある。

d. 男性は女性に性的に接近する資格があり、それが自然に訪れない場合には、実力でもってそれを行う資格がある。

e. 世間は敵意の場所として知覚されているから、その拒絶や敵意を回避する先制攻撃の方法で行動する必要がある。

②共感障害（empathy deficit）　共感には、他人の感情を理解する能力、つまり認知的共感と他人の感情を共有する能力、感情的共感とがある。性犯罪者には、一般に他人に対する共感が日常的に他の場面でも欠如し、それが犯罪の原因である可能性が高いといわれる。たとえば、性犯罪者は強姦の被害者の苦痛が理解できず、したがって罪の意識も欠如しがちである。もっとも、この共感と犯罪の関係を検証したメタ分析では、その相関は直接的ではなく、性犯罪者においては相対的にその相関は弱いことを示したという。共感欠如も一種の認知的歪みであり、とくに被害者の害悪にはとくに当てはまるという見解がある。また、性犯罪者は性犯罪者ではない者に比べて、感情的共感よりも認知的共感の点で個体差が大きいという。

3　性犯罪の実態

1　わが国の実態

(1)　強姦罪、強制わいせつ罪

内閣府の男女共同参画白書（令和元年版）によると、強制性交等罪と強制わいせつ罪の認知件数は、図表13(2)-1に示すように、強制性交等罪は若干の上下はあるもののおおむね横ばい傾向に対して、強制わいせつ罪は、2001年以降、急激な上昇に転じ、2003年にピークを迎えた後、緩やかな下降線をたどったが、2013年一旦増加した後再び減少に転じている。2003年のピークは、2000年前後あたりから、主として各種女性被害者の保護を目的とした立法が相次ぎ、痴漢に対する一般の認識が変化し、泣き寝入りしない女性が増えたことによるものと思われる。しかし、これらの公式統計においても、かなりの暗数が見込まれ、依然として公的機関が把握していない性犯罪

図表 13(2)-1　強制性交等罪・強制わいせつ罪認知件数の推移

（備考）警察庁「犯罪統計」より作成。

図表 13(2)-2　性犯罪の被害者（2005 年）

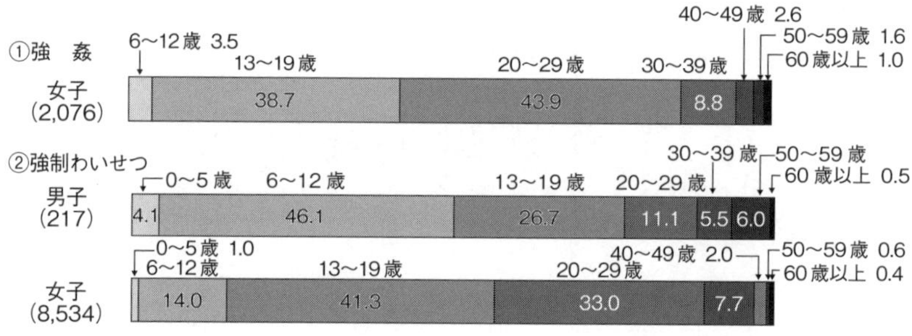

注）平成 18 年版犯罪白書による。

は相当数に上ると考えられる。

(2)　性犯罪の被害者

若干データは古いものの、図表 13(2)-2 からも理解されるように、性犯罪の被害者は年少者を含め女性に集中しており、その意味できわめて特徴的な犯罪である。しかし、依然、被害を申告しない女性も多く、後述の法務総合研究所の調査（犯罪白書平成 18 年版）では、実際に性犯罪の被害を受けたにもかかわらず、捜査機関に届け出た人の比率は約15%にとどまっている。

2　性犯罪、性犯罪者の特徴

平成18年版犯罪白書は、「性犯罪の現状と対策」を特集に組み、強姦と強制わいせつの状況につき、その調査内容・結果を公表している。また、法務総合研究所の特別調査では、受刑中の性犯罪者の実態と再犯に関して特別調査を実施している。

(1)　性犯罪の特徴

①被害者と被疑者の関係　強姦と強制わいせつでは、明らかな相違がみられる。強姦は「面識あり」の比率が高く、その中には親族も含まれる。2005年で「面識あり」は4割近くを占める。しかも近年増加傾向にある。これは児童虐待やデート・レイプなど近親者間で発生する犯罪の影響が考えられる。これに対して、強制わいせつではその比率は2割程度であり、8割は「面識なし」である。車内痴漢など、強制わいせつの発生場所との関係があり、不特定多数の者が標的にされていることがうかがえる。

②発生場所　これも強姦と強制わいせつで対照的である。強姦は屋内、強制わいせつは屋外と明瞭に分岐する。強姦の犯行が一目に付かない場所、住宅内や自動車内、ラブホテル内などで行われているのに対して、強制わいせつが車内や路上で不特定多数を狙うために屋外が選択されていることによる。とくに、屋外のうち、大半は路上、駐車場、空き地、公園などであるが、列車内が毎年一定比率を保っている点が注目される。

③性犯罪者の年齢　2005年において強姦の検挙人員は約1,000人、強制わいせつは約2,300人であり、そのうち少年の占める比率（少年比）は低く、一般刑法犯が35.4であるの対して、強姦は14.1、強制わいせつは16.3であった。従来は、むしろ性犯罪は少年非行の特徴とされ、強姦の少年比が30を超えていた時代もあるが、近年の減少傾向については、男性の草食系の増加などとメディアが報じるように、少年の性行動に変化がみられることが原因なのかは、必ずしも明らかではない。いずれにせよ、性犯罪と年齢層との関連は希薄になっている。

(2)　年少者に対する性犯罪

年少者に対する誘拐わいせつ事件はしばしば発生し、地域社会に大きな不安感を与えることがある。統計（図表 13(2)–2）では強姦の被害者は 20 歳未満が約 42% を占めるが、年齢層別では 20 代が最も高い。強制わいせつでは男子において 13 歳未満が約 50% を占め、とくに小学生の比率が高い（約 44%）。女子では 13 歳以上 20 歳未満の者の比率が 41% と高い。この年齢層は近年、強制わいせつの被害件数でも一時期、急激な増加傾向がみられた。

年少者に対する性犯罪のもう一つの特徴は、下校時間が標的にされていることで、曜日では平日、時間帯では午後 3 時、場所は路上、年齢は 7 歳が最も多く、通学時間帯（とくに下校時）の被害リスクが高い。

(3)　再犯率

法務総合研究所の調査では（図表 13(2)–3 参照）、1999 年に刑事施設を出所した性犯罪受刑者 672 名および 2000 年に執行猶予判決を受けた性犯罪者 741 名を対象として、その後の再犯率を調べた。これらの全般的な再犯率は

図表 13(2)–3　性犯罪者の再犯率

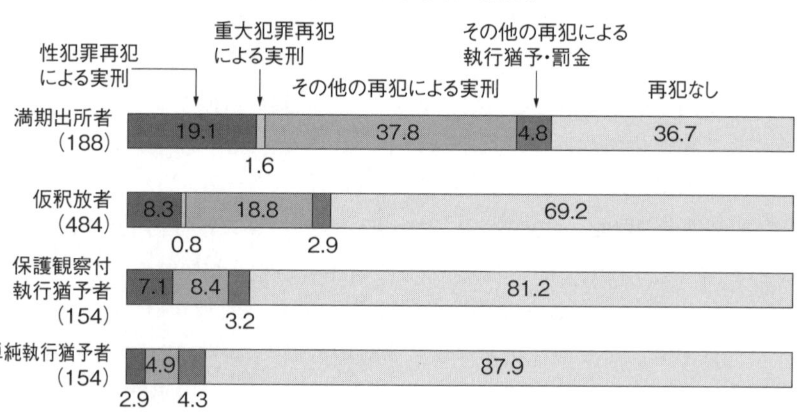

注 1）法務総合研究所の調査による。
2）「重大犯罪」とは、殺人、強盗致死傷（強盗殺人、同未遂を含む。）及び傷害致死を言う。
3）「その他」は、危険運転致死傷、業過及び道交違反を除く。
4）「保護観察付執行猶予者」の「性犯罪再犯による実刑」を受けた者のうち 1 人は、性犯罪再犯及び重大犯罪再犯により実刑を受けた者である。
5）（　）内は、実数である。

出所者で約40%と高いが、性犯罪再犯率（つまり性犯罪者が性犯罪の再犯を行った比率）は約11%と必ずしも高くなかった。同様に、執行猶予者では全般的な再犯率は約14%で性犯罪再犯率は約4%と低かった。一般に、性犯罪者の再犯率の高さを強調する論調がみられるが、この調査でみる限り、その論調を支持するデータはみられない。

図表13(2)-4　強制性交等罪の海外比較

（2011年～2015年）

① 日本

年次	発生件数	発生率
2011年	1,193	0.9
2012	1,265	1.0
2013	1.409	1.1
2014	1,250	1.0
2015	1,167	0.9

② フランス

年次	発生件数	発生率
2011年	10.406	16.4
2012	10,885	17.1
2013	11.171	17.5
2014	12,157	18.9
2015	12,956	20.1

③ ドイツ

年次	発生件数	発生率
2011年	7,539	9.3
2012	8,031	9.9
2013	7.408	9.1
2014	7,345	9.0
2015	7,022	8.6

④ 英国

年次	発生件数	発生率
2011年	17.769	27.8
2012	18,249	28.4
2013	22,940	35.5
2014	31,752	48.8
2015	…	…

⑤ 米国

年次	発生件数	発生率
2011年	84,175	27.1
2012	85,141	27.2
2013	113,695	36.0
2014	118,027	37.1
2015	124,047	38.8

注 1 UNODC Statistics, Crime and Criminal Justice. Rape（強制性交等）統計（2018年7月1日確認）及び国連経済社会局人口部の人口統計（World Population Prospects: The 2017 Revision）による。ただし、日本の2015年の「発生件数」は、警察庁の統計による。

2 前記「強制性交等」統計における「強制性交等」は、相手からの有効な同意のない性的挿入（sexual penetration）等をいう。

3 「発生率」は、前記人口統計に基づく人口（各年7月1日時点の推計値）10万人当たりの発生件数である。

4 「英国」は、イングランド、ウェールズ、北アイルランド及びスコットランドをいう。なお、前記「強制性交等」統計において、スコットランドの2015年数値が公表されていないため、同年の「英国」の「発生件数」及び「発生率」は不明である。

3　海外実態との比較

図表 13(2)-4 は、強制性交等罪（いわゆるレイプ罪）の実態について、犯罪白書（平成 31 年版）に掲載された世界主要国との比較である。この統計を考察するにあたって、種々の留意が必要である。すなわち、当然ながら、各国において法規定や構成要件が異なり、また、近年、各国における法改正の動きもあり、その点でも単純な比較は困難である。そうとはいえ、各国の主な状況は理解可能である。フランス、アメリカ、イギリスでは増加傾向にあり発生率も高いこと、とりわけイギリスの状況は深刻であるようにみえる。但し、その理由・背景については定かではない。

その点、単純な比較でいえば、わが国における強制性交等罪の認知件数の実数、発生率（人口比）ともに世界レベルでは圧倒に少なく、犯罪状況も安定していることが分かる。しかし、これを直ちにわが国が性犯罪の実態において問題がないことを示すものではないと思われる。前述したように、わが国では強制性交等罪の成立において前段階で「暴行・脅迫」が必要であり、同意がない場合でも暴行・脅迫が認定されないと犯罪は成立しない点には注意を要する。また、性犯罪の被害者が通報や告訴に消極的である点も考えられ、実態把握には、いわゆる暗数も考慮する必要がある。さらに、イギリスなどでは前述のように、多様な規定があり、これも認知件数に反映しているものと思われる。したがって、わが国が欧米諸国に比較すれば性犯罪の実態が深刻ではないと直ちに断定できず、犯罪成立が限定的である点からすると、むしろ被害者救済が遅れているとも言い換えることもできよう。

4　性犯罪者の処遇プログラム

1　法務省性犯罪者処遇プログラム

2004 年に発生した奈良女児誘拐殺害事件を契機に、わが国でも性犯罪者に対する関心が高まり、法務省では矯正や保護の機関において、性犯罪者の再犯防止に向けた処遇プログラムの開発が検討されるようになった。これまでわが国でも刑務所などにおいて処遇類型別の指導として性犯罪者に対する教育プログラムなどが実施されてはきたが、確立された基準プログラムが存在したわけではなく、各施設でばらばらに行われてきた。しかも、とくに懲役刑においては刑務作業が重視されたことから、余暇時間で実施されてきたに過ぎない。しかし、2006年5月に成立した受刑者処遇法（翌年の刑事収容施設法も同様）が必要な矯正処遇の受講を義務づけることを可能にしたことから、海外の例なども参考に、特別改善指導の一環として性犯罪者に対する処遇プログラムの充実が図られた。

(1)　処遇プログラムの内容

まず、「刑が確定した全受刑者を対象として性犯罪者処遇プログラム受講要否を判定するためのスクリーニングを実施し、受講の必要性が認められる候補者に対しては、心理技官による詳細な性犯罪者調査を実施した上で処遇計画を策定し、必要なプログラムを受講させる。」処遇プログラムの受講者は、性犯罪者調査により受講するプログラムの密度が判定される。すなわち、①静的リスク調査（再犯リスク）、②動的リスク調査（処遇ニーズ）、③処遇適合性調査などにより、高密度、中密度、低密度に分類され、それぞれ必要な科目を受講させる。基本的には認知行動療法をベースに、リプラス・プリベンション（再発防止）技法が採用され、時間100分を1セッションとする科目として、オリエンテーションに始まって、自己統制、認知的歪みと改善方法、対人関係と社会的機能、感情統制、共感と被害者理解、そしてメンテナンスがあり、このうちオリエンテーションと自己統制、メンテナンスは全員が受講する。受講期間は各密度で異なり、高密度は8か月から16か月、中密度は4か月から14か月、低密度は3か月であり、週1〜2セッションが実施される。なお、実施施設としては2006年3月時点で、川越、奈良の少年刑務所を推進基幹施設として中心に据え、これに8庁を重点実施施設、さらに10庁を一般実施施設に指定し、とくに川越、奈良の施設には専従指導要員を配置したとされる。

(2)　処遇プログラムの成果

法務省は、刑務所で実施された処遇プログラムの受講者の再犯率を調査し、その内容を公表している。もっとも、その内容については、当該プログラムが実施の時期や施設ごとに平準化されて実施されていないことから、同じプログラムを受講した者でも質的に異なった者が混在し、再犯の分析も限

図表 13(2)-5　受刑に係る罪名別の再犯人員及び再犯期間

受刑に係る罪名		再犯人数（全ての再犯）性犯罪再犯	性犯罪再犯	性犯罪以外の粗暴事犯の再犯	それ以外の再犯	再犯期間（日）
全体（2147 名）		423（19.7%）	224（10.4%）	47（2.2%）	152　（7.1%）	296.8
性犯罪	強姦（464 名）	54（11.6%）	20　（4.3%）	10（2.2%）	24　（5.2%）	335.9
	強制わいせつ（1118 名）	213（19.1%）	116（10.4%）	22（2.0%）	75　（6.7%）	293.2
	わいせつ目的（12 名）	2（16.7%）	2（16.7%）	0（0.0%）	0　（0.0%）	777.5
	迷惑防止条例違反（208 名）	94（45.2%）	74（35.6%）	2（1.0%）	18　（8.7%）	298.7
	児童福祉法・青少年保護条例等（175 名）	20（11.4%）	3　（1.7%）	9（5.1%）	8　（4.6%）	311.1
性犯罪以外の粗暴事犯（44 名）		8（18.2%）	1　（2.3%）	1（2.3%）	6（13.6%）	236.0
それ以外（126 名）		32（25.4%）	8　（6.3%）	3（2.4%）	21（16.7%）	224.9

図表 13(2)-6　受講者群と非受講者群における性犯罪再犯の再犯率

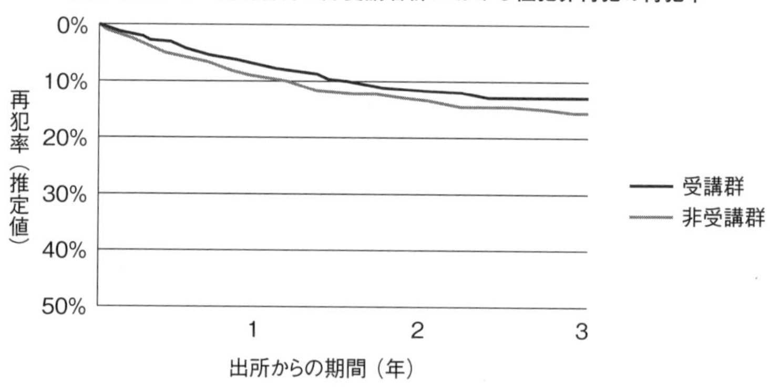

界があるとされる。しかし、いずれにせよ、データが公的機関から公表されることは評価できる。

本調査の対象者は、2007 年 7 月 1 日から 2011 年 12 月 31 日までに刑事施設を出所した者で、プログラム受講者 1,198 名、非受講者 949 名である。調査対象期間は 2007 年 7 月 1 日から 2012 年 3 月 31 日のうち最大 3 年間とした。また、受講者は性犯罪受刑者のうち、2006 年 5 月 23 日以降にプログラムを 90％以上出席した者である。なお、ここでいう再犯とは、検察庁で受理された事件である。

それによると、図表 13(2)–5 が示すとおり、調査対象者 2,147 名中、再犯者は 423 名（19.7％）であり、再犯に至った者の再犯期間は平均 296.8 日であった。性犯罪受刑者の受刑に係る罪名別の再犯人数及び再犯期間はこの表のとおりである。プログラム受講者の再犯率は受講しなかった者よりも、全犯罪再犯では有意に低く、性犯罪再犯ではその差は有意性がなかったとされる。つまり、図表 13(2)–6 で示されたとおり、罪種を問わず再犯率全般では受講者の再犯率は非受講者よりも低いことが実証されたが、性犯罪の再犯については、プログラムの有効性は確認できなかったという。

この調査において、受講者が非受講者と比較して、性犯罪の再犯率につきプログラム効果が明らかにできなかった理由として、もともと受講者には入所度数が少ないこと、出所時年齢が低いこと、仮釈放率が高いこと、刑事施設における在所日数が短いこと、IQ 相当値が高いことなどの特徴がみられることから、報告書は、受講者が格別プログラムを受講しなくても再犯率がもともと低かったことが考えられると分析する。

参考文献

・法務省矯正局成人矯正課「刑事施設における性犯罪者処遇プログラム受講者の再犯等に関する分析」研究報告書（2012 年）
・法務省矯正局「性犯罪者処遇プログラム研究会報告書」（2006 年）
・守山　正「［連載］これからの犯罪者処遇（第 5 回）性犯罪対策」ジュリスト 1361 号（2008 年）

Ⅲ　家庭内・近親者犯罪

キーワード

保護命令／国及び地方公共団体の責務／暴力のサイクル／暴力の世代間連鎖

近年、家庭内・近親者犯罪が注目されている。この種の犯罪は家庭などの密室で発生しやすく、その問題性があまり明らかではない状況もみられた。また、法学の分野では、古くから「法は家庭に入らず」という法格言が存在し、家庭内・近親者間のもめごとへの対応は当事者に委ねるべきとされてきた。しかし、こんにちその対応には限界があり、児童、女性、高齢者といういわゆる「社会的弱者」の人権に対する国際的な取り組みが進展する中で、わが国でも種々の特別法が制定され、すでにこの法格言は実質的に機能しなくなっている。殺人犯罪の分析でも、諸外国に比べ、わが国は親族間で発生する比率が高いという指摘もある（本講Ⅰ参照）。本講Ⅲでは、とくに配偶者からの暴力（DV）と児童虐待を扱う。

1　配偶者等からの暴力

1　配偶者からの暴力の防止及び被害者の保護等に関する法律

夫や恋人など親密な関係にある者から加えられる身体的及び精神的暴力（いわゆるDV、「ドメスティック・バイオレンス」）の多くは、住居侵入、強姦、殺人、傷害、逮捕・監禁、脅迫、名誉棄損、器物損壊などの刑法上の犯罪に該当する行為である。しかし、前述のとおり、従前は「法は家庭に入らず」の原則の下、実務においては犯罪視されない傾向が強かった。

しかし、2001（平成13）年に制定された「配偶者からの暴力の防止及び被害者の保護に関する法律」（以下、「配偶者暴力防止法」と記す）は、その前文で、配偶者からの暴力は、犯罪となる行為をも含む重大な人権侵害であるにもかかわらず、被害者の救済が必ずしも十分に行われてこなかったと明記し、保護命令制度を新設し、被害者への身辺のつきまといなどを禁止する保護命令（10条）と保護命令に違反した者を処罰する新たな犯罪化（29条）を行い、配偶者等から暴力を防止し被害者を保護することを国及び地方公共団体の責務と規定した。

同法は、改正を重ねている。2004（平成16）年の改正では、配偶者からの暴力の定義が狭すぎるとの批判に答えて、心身に有害な影響を及ぼす言動にまで拡大させ、身体的暴力に加え、精神的暴力や性的暴力が含まれることになった。また、離婚後も保護命令の申立てが可能になり、接近禁止の効力が同居の子どもにも拡大され、被害者と共に生活の本拠としている住居からの退去命令の期間が2週間から2か月に引き上げられるなど保護命令制度の拡充も行われた。加えて、配偶者からの暴力を防止するとともに、被害者の自立支援を含めた適切な保護を図ることが国および地方公共団体の責務として明記されるに至った。2007（平成19）年の改正では、従前は身体に対する暴力を受けた者に限り、保護命令を申し立てられることになっていたのに対して、生命等に対する脅迫を受けた者も含められるようになり、接近禁止命令と併せて、電話、ファックス、メール等の行為を禁止する命令を発することができること、被害者の親族に対する接近禁止命令を発することができること、といった保護命令制度の拡充を含む改正がなされた。2013（平成25）年の改正では、生活の本拠を共にする交際相手（婚姻関係における共同生活に類する共同生活を営んでいない者を除く）による暴力及びその被害者についても、同法の規定が準用され、当該暴力に係る保護命令に違反した者も処罰の対象となり、「配偶者からの暴力の防止及び被害者の保護等に関する法律」と改められた。このほか、2019（令和元）年には、児童虐待防止対策の強化を図るための児童福祉法等の一部が改正され、同法もそれに伴う変更がなされている。

2　相談件数等の推移

警察庁では、配偶者暴力防止法が施行されて以降、配偶者からの暴力相談を、相談、援助要求、被害届・告訴状受理、検挙等により認知した件数を発表している（警察庁「平成30年におけるストーカー事案及び配偶者からの暴力事案等の対応状況について」2019 年)。それによると、2002（平成 14）年には 14,140 件であった相談等件数が、2018（平成 30）年には 77,482 件（法改正に伴い、離婚後に引き続き暴力を受けた事案、生命等に対する脅迫を受けた事案、生活の本拠を共にする交際関係にある者による事案を含む）に増加しており、同年の被害者の内訳は、男性が 20.6%、女性が 79.4%になっている。

また、内閣府でも、年度ごとに「配偶者暴力相談支援センターにおける配偶者からの暴力が関係する相談件数等の結果について」を発表している。それによると、配偶者暴力相談支援センター（2017（平成 29）年度現在、婦人相談所、女性センター、福祉事務所・保健所、児童相談所等、全国に 278 施設）における相談件数は、2002（平成 14）年度が 35,943 件（うち、来所 11,035 件、電話 23,950 件）であったのが、年々増加し、2017 年度は 106,110 件（うち、来所 32,385 件、電話 70,043 件）になっている。男女別の相談件数は、2002 年度が男性 146 件、女性 35,797 件であり、2017 年度が男性 2,028 件、女性 104,082 件になっている。

なお、シェルター（配偶者からの暴力などから逃れてきた女性のための一時避難所）として利用できる施設には、法律に設置根拠があるものとして、売春防止法（1956（昭和 31）年法律第 118 号）に基づき、婦人相談所、婦人保護施設、児童福祉法（1947（昭和 22）年法律第 164 号）に基づき、母子生活支援施設があり、このほかに、民間の団体等が自主的に運営している「民営シェルター」もある。

2017（平成 29）年の保護命令事件の申請件数は 2,293 件、うち保護命令が発令された件数は 1,826 件（79.6%）になっており、その 29.4%は被害者に関する保護命令のみであり、残りは、「子」や「親族等」への接近禁止命令が発布されている。

なお、配偶者暴力防止法が施行される前の 2000（平成 12）年と比較してみると、同年の配偶者による殺人の検挙件数が 197 件であったのに対して、2017（平成 29）年は 157 件と増加傾向はうかがえない。しかし、傷害の検挙件数については、2000 年が 888 件であったのに対して、2017 年は 2,682 件に、また、暴行の検挙件数についても、2000 年が 127 件であったのに対して、2017 年は 4,225 件と増加している。この変容については、配偶者暴力防止法の制定に伴い、家庭内のことであっても公的機関の介入が進んできていることを示すものと解釈できる。

3　配偶者暴力の背景

男性が配偶者暴力に至る心理的要因としては、低い自尊心、パートナーとの関係外で生じる無力さ、病的な嫉妬心、反社会的人格障害、児童期に暴力に曝されたり攻撃を葛藤の解決方法として学習してきた体験、などが挙げられる。男性は女性よりも、経済、政治、社会、職業上の優位性があり、配偶者との関係においてもこうした力関係を持ち込んで配偶者暴力に至るとの父権制理論でこの現象が説明されることがあるが、こうした思想をもっているかどうかよりも、暴力に対する態度や飲酒癖の方が配偶者暴力の予測因として有効であるとの実証データもある。

また、配偶者暴力をする男性群は一様でなく、①通常は暴力的でないものの、葛藤が高まった状態において家族に対してのみ攻撃行動に出るパターン、②親から虐待・ネグレクトを経験してきたため、近しい相手に安定して信頼できる愛着を形成することが困難である一方で、非常に依存的で相手を失うことを非常に恐れているため、嫉妬深く、適切な関係スキルを欠き、敵対的態度で女性に接するパターン、③暴力を受け入れ可能なものととらえて、配偶者以外に対しても暴力をふるうパターン、があり、そのそれぞれによって加害者への働きかけのありようも異なるとの見解もある。

一方、暴力を受ける女性の側には、配偶者が暴力的な行動をとるのは自分に非があるからだととらえて、自責の念に駆られたり自己嫌悪に陥ったりして、「何をしてもどうせだめだ」「解決の方法はありえない」などと無力感を抱いている場合が少なくない。加害者と被害者の力関係が不均衡である状況下、加害者が相手を自分の思い通りにしようとその力を多様に駆使することで、被害者の側の行動や心理がコントロールされ続けられた結果と言える。

なお、配偶者暴力といっても、常時、暴力を受け続けるわけではなく、加害者の緊張度が増して些細なことでピリピリしてしまう「緊張期」や様々な暴力という形で緊張を解放させる「爆発期」がある一方で、暴力を振るったことを詫びて許しを乞いやさしく振る舞う「ハネムーン期」もある（暴力のサイクル）ため、被害者はそのハネムーン期にいる加害者を見ては、自分に対する愛情が失われていないとか、そろそろ暴力をやめるのではないかとの希望的観測を抱き、なかなか別れるに至らない様子である。このほか、男性は自身の権利を主張したりしながら、自身の自立性を確保すべく行動するのに対して、女性は自立よりも他者との結びつきを大切にするとのキャロル・ギリガン（Carol Gilligan）（1982）の主張を踏まえると、女性はこの違いが、暴力を受けながらも関係を維持しようとして献身的に振る舞う現象をもたらしていると理解できよう。

家庭の中で受ける被害から個人を守ることも公的機関の責務であると認識されるようになってきた現在、様々な介入方法が模索されている段階にあるが、このような心的メカニズムを理解することは、当事者にとっての有効な援助につながろう。

2　児童虐待

1　児童虐待に関連する法律

配偶者等から加えられる暴力同様、親権者等の子どもに対する暴力に対しても、従前は民事不介入の姿勢から公的機関が介入することは少なかった。加えて、適法の懲戒権の行使としてのしつけと虐待行為の線引きが難しいことから、犯罪という認識が困難で、しつけとして許容する風潮があったことも否めない。

しかし、2000（平成 12）年に制定された「児童虐待の防止等に関する法律（以下、児童虐待防止法）」では、18 歳未満の児童に対する保護者による虐待行為を規定し（2 条）、これらの行為を禁止し（3 条）、それらを「しつけ」と認めず、したがって、暴行罪、傷害罪その他の犯罪についての責めを免れることはないと規定している（14 条）。また、児童虐待の予防及び早期発見から児童虐待を受けた児童の自立支援の各段階における国及び地方自治体の責務を明記し（4 条）、児童虐待を発見しやすい立場にいる児童の福祉に業務上関係のある団体及び学校教職員、医師、保健師、弁護士等に、児童虐待の早期発見に努めるよう求め（5 条）、発見した者に対して通告を義務づけている

(6条)。また、児童虐待を受けた児童を保護するため、一時保護(8条)や立ち入り調査を実施すること(9条)、警察の援助を求めること(10条)、施設入所等の措置がとられた場合の保護者の児童との面会や通信を制限することも認めている(12条)。

児童虐待防止法の成立以降、児童虐待に関連する制度改正によってその対策が強化されてきている。2004(平成16)年の改正では、児童が同居する家庭において配偶者に対する暴力にさらされることも心理的虐待に該当することや、同居人による虐待を放置することも児童虐待に含めるとする定義の見直し、「虐待の恐れ」という言葉を使って、疑わしい状態にある虐待ケースについても通報できるような通告義務の範囲の拡大等の改正がなされた。また、2007(平成19)年の改正では、児童の安全確保を最優先し、そのために保護者に対する制限を強化し、保護者が指導に従わない場合の措置を明確化した。また、これらは、児童相談所の権限強化を伴って実現されることになるが、行政機関である児童相談所の措置が適正で均衡のとれたものとなるよう、同時に司法の関与も強化され、法の目的として「児童の権利利益の擁護」が明記されるに至った。2008(平成20)年の児童福祉法改正では、困難な状況にある子どもや家庭に対する支援の強化として、里親制度の改正等家庭的養護の拡充などが行われた。2011(平成23)年の同じく児童福祉法改正では、親権を濫用して、子どもに暴力を振るったり、子どもを放置したりすることから守るために、親権が子どもの利益のためのものであることを明確化すると共に、従来の親権喪失に加えて、期限付きで親権を停止する親権制限制度が創設されたり、親権が制限された親に代わって子どもの世話などを行う未成年後見制度が改正された。2016(平成28)年の児童福祉法等の改正では、全ての児童が健全に育成されるよう、児童虐待について発生予防から自立支援まで一連の対策の更なる強化等を図るため、児童福祉法の理念を明確化するとともに、母子健康包括支援センターの全国展開、市町村及び児童相談所の体制の強化、里親委託の推進等の所要の措置を講ずることになった。さらに2019(令和元)年の児童福祉法等の改正では、児童虐待防止対策の強化を図るため、親権者らの体罰禁止を明記するなどによって児童の権利擁護を行い、また、児童相談所の体制強化及び関係機関連携等要措置を講ずることになった。

2　相談件数などの推移

通報・通告を含む児童虐待に関する全国の児童相談所への相談件数は（図表13(3)−1）、統計を取り始めた1990（平成2）年度には1,101件であったものが、法が施行された2000（平成12）年度には17,725件となり、2017（平成29）年度は133,778件、前年度に比べも11,203件（前年度比9.1%）増加している。同年の相談について種類別にみると、心理的虐待が72,197件と最も多く、身体的虐待が33,223件、ネグレクトが26,821件、性的暴力が1,537件となっている。また、主な虐待者別にみると、実母が46.9%と最も多く、次いで実父が40.7%になっている（厚生労働省「平成29年度福祉行政報告例の概況」)。

一方、警察庁でも1999（平成11）年から児童虐待事件についての統計を取り始めているが、2018（平成30）年の検挙件数は1,360件（身体的虐待1,076件、性的虐待226件、ネグレクト23件、心理的虐待35件)、検挙人員は1,398人、被害児童数は1,372人と、いずれも統計を取り始めて以降最多と

図表13(3)−1　児童虐待相談件数の推移

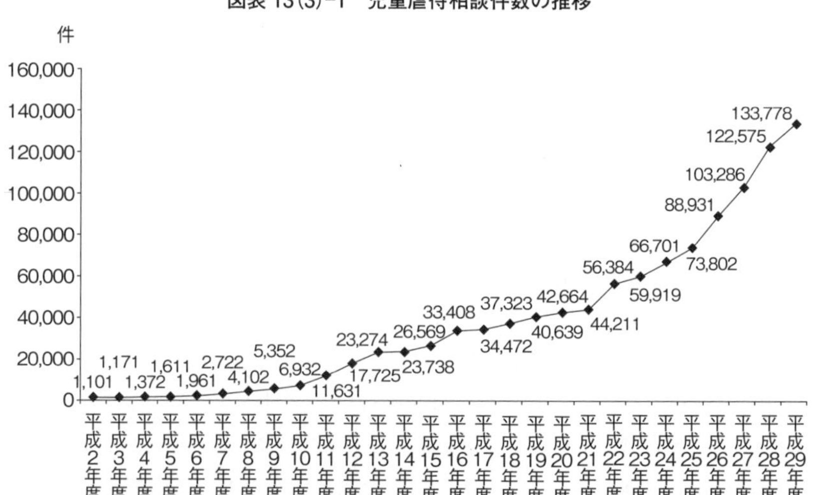

※ https://www.mhlw.go.jp/content/11901000/000348313.pdf

なっている（警察庁「平成30年における少年非行、児童虐待及び子供の性被害の検挙状況」（無理心中、出産直後を除いた数））。

そもそも家庭内で行われるために暗数化しやすく、被害児童からの告訴は期待できず、被害児童からの証言の確保も難しい。上述の増加については、昨今、児童虐待が深刻化したというよりは、こうした現象を問題ととらえ、それに対応していこうとの積極姿勢への変容の現れであると言われている。

3 被虐待経験の影響

被虐待経験が、犯罪や精神障害の危険因子になることは、多くの実証研究が示している。我が国でも、2000（平成12）年に全国の少年院在院者を対象に実施した調査で、在院者の72.7%に被虐待経験が認められたと報告している。身体的虐待を経験すると暴力的犯罪に、性的虐待を経験すると性犯罪に従事しやすくなるといった関連性も指摘されている。2015～16年に実施された類似の調査でも、調査方法が異なり単純な比較はできないが60.1%に被虐待経験が認められたと報告している（羽間、2017）。

被虐待経験が、犯罪や精神障害をもたらしやすいことに加えて、虐待を受けた子どもが、自分が親になった際、自分がされたのと同じ行為を子どもにしてしまう傾向があるとされている。この暴力の世代間連鎖が生じる機序については、親の行為を合理化し、すなわち、親が殴るのは愛の鞭であり、自分のことを思っての行為であるとみなす結果、自身が親になって以降、同じ行為を繰り返すことになる、と説明できる場合がある。また、いつも殴られていると、密接な関係では殴ることが自己の表現手段の一つとして学習され、特にそれ以外の表現方法を学ぶ機会がないと、コミュニケーションや感情発散の手段として、本人が適当でないと思っている場合であっても用いられてしまう、と説明されることもある。

これらを踏まえると、虐待する親自身も多くの問題を抱えているとみなすことができ、介入を行う場合には、子どものみならず親に対しても働きかけていくことが事態の改善につながるとされている。

3　家庭内での殺人事件

上述に加えて、子どもが親等に暴力をふるう家庭内暴力も家庭内犯罪と言えるが、このほか、殺人事件は家庭内で起きることが多い。2017（平成29）年における被疑者と被害者との関係別検挙件数をみると、殺人においては、家族・親族関係にある件数が418件であり、殺人の検挙件数に占める比率は49.4％（うち、被害者が親、子、配偶者である件数は121件、82件、157件、比率は14.3％、9.7％、18.6％）となっている。また、傷害致死においても同様の傾向を示しており、38件、検挙件数に占める比率は48.1％（うち、被害者が親、子、配偶者である件数は14件、10件、8件、比率は17.7％、12.7％、10.1％）となっている。同年の交通業過を除く刑法犯総数におけるその比率は4.3％であり、他の罪種に比べて圧倒的に高いと言える。

❍コラム33　家庭内暴力

1970年代から1980年代にかけて、わが国では家庭内暴力として、子どもが親に暴力をふるう事件が社会問題化したが、今日ではDVや児童虐待の問題へと関心が移りつつある。ただし少年による家庭内暴力事件については、平成30年版犯罪白書によると、年間約3,000件ほど発生し、平成24年以降増加傾向にある。そのうち母親に対するものが62.1％であるのに対して、父親に対するものは11.0％にとどまっている。なお、少年の就学・就労状況別では、中学生が46.2％と最も多くなっている。

1　親殺し

親殺しは、かつて尊属殺として刑法200条では通常殺人よりも重罰化されていたが、最高裁の違憲判決により通常殺人と同じ扱いとなった。しかし、今日においても子どもが親を殺す行為が社会において特殊なことは言うまでもない。

子どもによる母親殺しについては、家族との関係や勉強面での行き詰まりなど、慢性的な不適応感を抱いていた者が、現実検討能力を低下させる中、そうした苦しい自体から逃れる一つの手段として殺害に至る場合が多いとされている。一方、子どもによる父親殺しについては、父親の飲酒等の問題に起因した暴力を伴う重度の虐待が繰り返されてきた家庭において、子どもの心身の成長及び父親の身体面での衰えに伴い、家庭から自立できずに家庭内にとどまっている子どもが、被害者と加害者の立場を逆転させた結果による事案が多いとされている。

なお、従前は、親殺しの大半が成人の息子による父親殺しであったが、近年は、介護疲れを背景として、高齢の母親が殺される事案が増えてきている。

❍コラム 34　尊属殺

わが国では刑法 200 条で、自己又は配偶者の両親や祖父母など先の世代にあたる親族（尊属）を殺害することについて、通常の殺人罪よりも重く処罰するように規定していたが、性的虐待を受けていた娘が実父を殺した事案により同規定は違憲であるとされ（最判昭 48・4・4 大法廷判決刑集 27 巻 3 号 265 頁）、1995 年の刑法改正で削除された。この事件は、14 歳の時から実の父親に性的虐待を受け、出産や中絶を繰り返していた 29 歳の女性がその父親を絞殺したもので、尊属殺人罪で起訴された。下級審の判断は分かれたが、最高裁は最終的に執行猶予判決を下した。その際、最高裁は、尊属殺自体を違憲としたのではなく、ただ普通殺人罪よりも著しく刑が重い点を憲法 14 条（法の下の平等）違反とした。

2　子殺し

子殺しはさまざまな理由から行われるが、フィリップ・レズニック（Phillip J. Resnick）が 1969 年に子殺しの分類を試みたのが最初と言われている。その分類は、①子どもを慮っての利他的子殺し（自身が自殺するのにわが子を残してはおけないとの心中事案や、現世の苦しみから救済するために遂行される事案）、②幻覚等の急性精神病状態によって行われる子殺し、③望まれずに生まれてきた、あるいは、もはや望まれていない（邪魔になった）際に遂行される子殺し、④殺害の意図はなかったものの虐待の結果死に至らしめた子殺し、⑤配偶者を苦しめるため、つまり復讐のために意図的に行われる子殺し、である。

殺される子どもの年齢によって、その理由が異なる傾向が見られるが、望まない妊娠を隠すために行われることが多い嬰児殺しは減少傾向にある。親子間の葛藤の末、子殺しに至る事案は従前から見られていたが、最近はこうした者に加えて、子どもの精神疾患、知的障害等を苦にした結果の犯行が増えてきている。

参考文献

・Gilligan, C.（1982）, In a Different Voice. Cambridge, MA: Harvard University Press.
・羽間京子「少年院在院者の被虐待体験等の被害体験に関する調査について」刑政、128（4）：14–23（2017）
・Hines, D. A.（2009）, Domestic Violence. In Tonry, M.（ed.）*The Oxford Handbook of Crime & Public Policy*. New York: Oxford University Press.
・法務省法務総合研究所『平成 27 年度版犯罪白書』
・岩井宜子『ファミリー・バイオレンス［第 2 版］』（尚学社、2010 年）
・加澤正樹ほか「児童虐待に関する研究（第 1 報告）」法務総合研究所研究部報告 11（2001 年）
・警察庁「平成 30 年における少年非行、児童虐待及び子供の性被害の状況」
・警察庁「平成 30 年におけるストーカー事案及び配偶者からの暴力事案等の対応状況について」
・警察庁「平成 12 年の犯罪」
・警察庁「平成 29 年の犯罪」
・近藤日出夫ほか「重大事犯少年の実態と処遇（第 2 報告）」法務総合研究所研究部報告 35（2007 年）
・厚生労働省「平成 29 年度福祉行政報告例の概況」
・宮本信也「子どもの暴力性（破壊力）と家族」古橋エツ子編『家族の変容と暴力の国際比較』（明石書店、2007 年）
・内閣府男女共同参画局「配偶者暴力相談支援センターにおける配偶者からの暴力が関係する相談件数等の結果について（平成 29 年度分）」
・内閣府男女共同参画局『平成 27 年版男女共同参画白書』
・内閣府男女共同参画局『平成 30 年版男女共同参画白書』
・Resnick, P. J.（1969）, “Child murder by parents: A psychiatric review of filicide” *The American Journal of Psychiatry*, 126: 325–334.

Ⅳ　侵入盗

キーワード

侵入盗／住宅対象窃盗／意思決定／合理的選択／犯罪手口

1　はじめに

1　侵入盗の概要

侵入盗は、住宅又は住宅以外の建物に侵入し、金品を窃取するものをいう。警察庁の統計によると、平成30年の侵入盗の認知件数は62,745件、検挙件数は39,237件であり、検挙率は62.5％であった。認知件数、検挙件数ともここ数年減少を続けており、平成30年においても前年に比べ、認知件数は10,377件（14.2％）、検挙件数は2,244件（5.4％）それぞれ減少している。他方、検挙率の推移は、平成26年が54.0%、平成27年が54.2%、平成28年が57.2%、平成29年が56.7%であり、ここ数年は6割前後で推移している。また、平成30年における侵入盗全体の認知件数のうち、空き巣、忍込み、居空きに該当する住宅対象窃盗が半数強（50.2%）を占め、住宅対象以外の侵入盗では、出店荒し、事務所荒しがそれぞれ12.8%、9.0%と多くを占めた。平成26年から平成29年においても、これらの傾向は同様であった（図表13(4)-1）。

筆者ほか（Yokota and Canter, 2004）は、5件以上の侵入盗を敢行した250人の侵入盗犯の犯行の経歴の分析を元に、侵入盗の分類を試みた結果、侵入盗が、

① 住宅を対象（空き巣、忍込み、居空き）
② 商業・事務所関連の建物を対象（事務所荒し、店舗荒し、金庫破り、給油所荒し）
③ 公共の建物を対象（病院荒し、学校荒し、更衣室荒し、旅館荒し）
④ 倉庫・産業関連の建物を対象（工場荒し、小屋荒し、倉庫荒し）

図表13(4)-1　平成26年から平成30年における侵入盗の認知件数

	平成26年		平成27年		平成28年		平成29年		平成30年	
	N	(%)	*N*	(%)	*N*	(%)	*N*	(%)	*N*	(%)
空き巣	34,171	(36.5)	31,430	(36.4)	27,113	(35.5)	25,557	(35.0)	22,141	(35.3)
忍込み	11,188	(12.0)	12,251	(14.2)	9,903	(12.9)	9,552	(13.1)	7,484	(11.9)
居空き	2,761	(3.0)	2,410	(2.8)	2,233	(2.9)	1,918	(2.6)	1,880	(3.0)
ATM破り	12	(0.0)	11	(0.0)	12	(0.0)	11	(0.0)	11	(0.0)
金庫破り	2,186	(2.3)	1,916	(2.2)	1,756	(2.3)	1,924	(2.6)	1,355	(2.2)
旅館荒し	394	(0.4)	353	(0.4)	321	(0.4)	256	(0.4)	320	(0.5)
官公署荒し	293	(0.3)	174	(0.2)	200	(0.3)	201	(0.3)	93	(0.1)
学校荒し	1,176	(1.3)	1,010	(1.2)	997	(1.3)	989	(1.4)	770	(1.2)
病院荒し	977	(1.0)	898	(1.0)	719	(0.9)	718	(1.0)	659	(1.1)
給油所荒し	356	(0.4)	310	(0.4)	233	(0.3)	221	(0.3)	293	(0.5)
事務所荒し	9,146	(9.8)	8,279	(9.6)	7,254	(9.5)	6,864	(9.4)	5,629	(9.0)
出店荒し	13,844	(14.8)	11,319	(13.1)	9,887	(12.9)	10,061	(13.8)	8,050	(12.8)
工場荒し	1,079	(1.2)	802	(0.9)	799	(1.0)	688	(0.9)	607	(1.0)
更衣室荒し	1,016	(1.1)	944	(1.1)	802	(1.0)	768	(1.1)	723	(1.2)
倉庫荒し	6,617	(7.1)	5,997	(6.9)	6,363	(8.3)	5,487	(7.5)	4,999	(8.0)
その他	8,350	(8.9)	8,269	(9.6)	7,885	(10.3)	7,907	(10.8)	7,731	(12.3)
計	93,566	(100.0)	86,373	(100.0)	76,477	(100.0)	73,122	(100.0)	62,745	(100.0)

注1）空き巣：家人等が不在の住宅の屋内に侵入し、金品を窃取するもの
　　忍込み：夜間、家人等の就寝時に住宅の屋内に侵入し、金品を窃取するもの
　　居空き：家人等が昼寝、食事等をしているすきに、家人等が在宅している住宅の屋内に侵入し、金品を窃取するもの
注2）値は警察庁による犯罪統計書（http://www.npa.go.jp/toukei/index.htm#sousa/）より算出した。

の4つに分類可能であることを示している。そして、「住宅対象」ならびに「商業・事務所関連の建物を対象」とする事件が全体に占める割合が高い一方で、その他2タイプの侵入盗は、発生件数が少なく、かつ、反復されにくいことを見出した。さらに同研究では、犯行件数の多い常習的侵入盗犯においては、住宅対象窃盗が犯行に占める比率が高い者がより多かった。

侵入盗は、通常、被害者と犯人との接触がなく、発生から警察が認知するまでの時間経過が比較的長い。また、侵入盗においては、犯人と被害者の間に面識がなく、被害者の人間関係から犯人を探し出すことが困難な場合が多い。したがって、犯罪が発生した場合には、指紋、足こん跡等の有形資料が重視されるが、それらがない場合には、犯罪現場より類推される犯罪者の行動パターンより、発生事件の犯人像を絞り込んでいく作業が必要となる。

2 侵入盗犯の特徴

図表13(4)−2に、警察庁の犯罪統計書より算出した、平成25年から平成29年の侵入盗被疑者の特徴をまとめた。これが示す通り、被疑者の特徴の傾向は5年間で大きく異ならない。したがって、以下では、平成29年の値をもとに、わが国における侵入盗犯の特徴を概観する。

男女の割合は、検挙人員7,241人のうち、男性が6,697人（92.5%）、女性が544人（7.5%）であり、全体の9割強が男性であった。

単独犯と共犯の割合については、検挙件数40,817件のうち、単独犯は33,237件（81.4%）、共犯は7,580件（18.6%）であり、共犯による事件は2割弱であった。ただし、図表13(4)−2には示していないが、成人・少年事件の別に共犯の占める割合を検討すると、平成29年においては成人事件に占める共犯による事件の割合は15.9%、少年事件では45.3%であり、少年事件の場合には、共犯の比率が4割を超えていた。

年齢層については、検挙人員7,241人のうち、14歳から20歳未満の少年が993人（13.7%）、20歳代が2,191人（30.3%）、30歳代が1,375人（19.0%）であり、少年が1割強であった他、30歳代以下で6割強を占めた。ただし、検挙人員ではなく、検挙件数で少年と成人の割合を見ると、少年事件が1,568件（3.8%）、成人事件が38,503件（94.3%）、成人と少年の共犯事件が746件（1.8%）であり、少年が関与した事件の占める割合は5%程度であった。検挙件数と検挙人員で少年の占める割合が大きく異なる理由としては、少年の場合、成人と比較して共犯の占める割合が多いことに加え、逮捕時までに繰り返す犯行件数が成人より少ないことに起因する可能性が考えられる。

職業については、検挙人員7,241人のうち、学生・生徒等が3,228人（8.3%）、他無職者が3,228人（44.6%）であり、学生・生徒等を含めれば5割強が無職者であった。ちなみに、平成25年において、学生・生徒等の割合は11.3%、他無職者の割合は51.1%であり、無職者の占める割合は若干減少している。

最後に、成人の検挙人員6,335人に占める前科を有する者の割合について検討した結果、窃盗の前科を有する者が2,302人（36.3%）であり、全体の4

図表 13(4)-2　平成 25 年から平成 29 年における侵入盗被疑者の特徴

		平成 25 年		平成 26 年		平成 27 年		平成 28 年		平成 29 年	
		N	(%)	N	(%)	N	(%)	N	(%)	N	(%)
性別 (検挙人員)	男性	8,300	(91.6)	7,595	(92.3)	7,236	(92.5)	6,796	(92.8)	6,697	(92.5)
	女性	763	(8.4)	636	(7.7)	584	(7.5)	530	(7.2)	544	(7.5)
	計	9,063	(100.0)	8,231	(100.0)	7,820	(100.0)	7,326	(100.0)	7,241	(100.0)
共犯形態 (検挙件数)	単独犯	41,637	(78.4)	40,283	(81.1)	37,141	(80.8)	35,504	(82.4)	33,237	(81.4)
	共犯	11,470	(21.6)	9,385	(18.9)	8,815	(19.2)	7,578	(17.6)	7,580	(18.6)
	計	53,107	(100.0)	49,668	(100.0)	45,956	(100.0)	43,082	(100.0)	40,817	(100.0)
年齢 (検挙人員)	14～20 歳未満	1,560	(17.2)	1,307	(15.9)	1,182	(15.1)	987	(13.5)	993	(13.7)
	20 歳代	2,445	(27.0)	2,294	(27.9)	2,168	(27.7)	2,148	(29.3)	2,191	(30.3)
	30 歳代	1,746	(19.3)	1,623	(19.7)	1,535	(19.6)	1,434	(19.6)	1,375	(19.0)
	40 歳代	1,424	(15.7)	1,323	(16.1)	1,294	(16.5)	1,184	(16.2)	1,162	(16.0)
	50 歳代	898	(9.9)	834	(10.1)	773	(9.9)	735	(10.0)	749	(10.3)
	60 歳代以上	990	(10.9)	850	(10.3)	868	(11.1)	838	(11.4)	771	(10.6)
	計	9,063	(100.0)	8,231	(100.0)	7,820	(100.0)	7,326	(100.0)	7,241	(100.0)
成人・少年 事件の別 (検挙件数)	成人事件	49,931	(94.0)	47,165	(95.0)	43,794	(95.3)	40,915	(95.0)	38,503	(94.3)
	少年事件	2,255	(4.2)	2,065	(4.2)	1,630	(3.5)	1,462	(3.4)	1,568	(3.8)
	成人・少年共犯事件	921	(1.7)	438	(0.9)	532	(1.2)	705	(1.6)	746	(1.8)
	計	53,107	(100.0)	49,668	(100.0)	45,956	(100.0)	43,082	(100.0)	40,817	(100.0)
職業 (検挙人員)	自営業・家族従業者、被雇用者・勤め人	3,405	(37.6)	3,373	(41.0)	3,473	(44.4)	3,279	(44.8)	3,415	(47.2)
	学生・生徒等	1,028	(11.3)	864	(10.5)	703	(9.0)	602	(8.2)	598	(8.3)
	他無職者	4,630	(51.1)	3,994	(48.5)	3,644	(46.6)	3,445	(47.0)	3,228	(44.6)
	計	9,063	(100.0)	8,231	(100.0)	7,820	(100.0)	7,326	(100.0)	7,241	(100.0)
前科 (成人の 検挙人員)	窃盗の前科	2,734	(36.2)	2,544	(36.5)	2,385	(35.6)	2,312	(36.1)	2,302	(36.3)
	窃盗以外の前科のみ	960	(12.7)	851	(12.2)	773	(11.5)	721	(11.3)	727	(11.5)
	前科なし	3,868	(51.2)	3,572	(51.3)	3,550	(52.9)	3,368	(52.6)	3,306	(52.2)
	計	7,562	(100.0)	6,967	(100.0)	6,708	(100.0)	6,401	(100.0)	6,335	(100.0)

注）値は警察庁による犯罪統計書（http://www.npa.go.jp/toukei/index.htm#sousa）より算出した。

割弱を占めた。残りの者については、窃盗以外の前科のみを有する者が 727 人（11.5%）、前科のない者が 3,306 人（52.2%）であった。

以上の統計は、平成 29 年において、侵入盗被疑者の大半が男性であるが、学生等を含む無職者が 5 割強、窃盗の前科を有する者が 4 割弱であり、彼らの多くが社会経済的に豊かでないことを示唆する。また、侵入盗全体において共犯の占める割合は 2 割前後であるが、少年の場合には共犯の割合が 4 割強であり、少年被疑者の特徴は成人被疑者の特徴と異なることが示唆された。

2 侵入盗の動機と対人的側面

侵入盗の主動機は、多くの場合、金品を得ることである。この点において、侵入盗は、道具的行動（instrumental behavior）であるとみなすことが出来る。しかしながら、侵入盗犯のなかには、窃盗行為にスリルを感じることにより、感情的高揚の体験、自己充実感等を求めるものが少なからずいることが指摘されている（守山・西村、1999）。

ダーモット・ウォルシュ（Dermot Walsh, 1980）は、侵入盗の表出的（expressive）側面について述べている。ダーモット・ウォルシュは、表出的侵入盗犯として、ヴァンダリズム的な行為を行う「破壊者（feral threat）」、熟練した腕を被害者や捜査官に見せつけようとする「謎かけ者（riddlesmith）」、被害者を脅したり怖がらせたりすることを楽しもうとする「支配者（dominator）」の3タイプを挙げている。これら3タイプの表出的侵入盗犯は、特異な犯行スタイルや犯罪手口によって、侵入盗の被害者と間接的なやりとりを行うことに興味を持っているとされる。すなわち、物質的な報酬である外的強化に加え、感情的高揚といった内的強化も強い動因となっている（Bartol & Bartol, 2005）。

また、サイモン・メアリとルイーズ・ハーセント（Simon Merry and Louise Harsent, 2000）は、住宅対象窃盗犯の行動を実証的に分析し、彼らの行動には、対人性と技量の二つの次元（ファセット）があることを見出した。そして、これら二つの次元をもとに、住宅対象窃盗犯を、「乱入者（intruder）」（対人性高、技量低）、「こそ泥（pilferer）」（対人性低、技量低）、「乗っ取り屋（raider）」（対人性低、技量高）、「侵略者（invader）」（対人性高、技量高）の四つの犯行テーマに識別した。「乱入者」は、他の犯行テーマよりも粗雑な方法で他者の家に乱入する者であり、窃盗行為のみならず、住宅に悪意あるダメージを与える、住宅内の設備を使う、よじ登って侵入する、被害者在宅中の犯行といった行動によって、侵略的側面が強い犯行を行う。「こそ泥」は、おそらくはセキュリティが脆弱であることを知ったうえで住宅に侵入するが、侵入した痕跡はほとんど残さず、持ち運びやすい、個人的でない物を窃取するといった行動を示す。「乗っ取り屋」は、金品を得るための道具的手段として侵入盗を行う者であり、時計、アンティーク類、カメラといった実入りがよいと考えられる物品を窃取する。「侵略者」は、入り口を塞ぐ、カーテンを閉める、物を散乱するといった家の中を変えてしまうような行動に加え、宝飾品類のような情緒的な感情を引き起こすようなな物品を盗む者であり、表出的、道具的双方の側面を有する。

侵入盗においては、前述のように通常、犯人と被害者の接触はない。しかしながら、侵入盗の被害者は、不安、抑うつ、敵意、疲労が増大し、より多くの心理的なストレスを経験することが指摘されている（Goodwin, 2008)。小林・斎藤（1995）は、住宅対象窃盗の被害者 308 人を対象に、被害者の被害後の心理的不適応（精神的苦痛と再被害に対する恐れ）について検討し、被害後の心理的不適応の著しい被害者の個人特性として、女性であること、年齢が若いこと、20 歳代か 30 歳代の独居女性であること、集合住宅に住んでいること、近所付き合いが薄いこと、戸口や窓の鍵かけなどの個人的な防犯の手だてを行っていたが、警察から防犯関連の情報を受けていなかったこと、本人あるいは家族が過去にオートバイ盗、無断侵入、下着どろぼう、のぞきの被害を受けた経験があることを挙げている。同様に、小林・斎藤（1995）は、被害後の被害者の心理的不適応の著しい事件の特徴として、被害者が犯人の顔を見たこと、被害品の金額の大きいこと、犯人の侵入箇所が破壊されたこと、室内が犯人によって荒らされたこと、犯人の足跡があったり、下着や衣類を触った形跡があること、侵入口が戸締りされており被害者に落ち度のないこと、プロの犯行であったと推定されること、被害者宅周辺が暗い、空き地がある、希薄な近隣関係といった犯行誘発因の存在があることを挙げている。

多くの場合、被害者が経験する苦痛の度合いは、犯人の侵入が被害者のプライベートな領域にまで及ぶとより顕著なものとなり、そうした侵入は、被害者の統制感を危うくし、被害者自らの個人的領域を保護する能力を脅かすことになる（Bartol & Bartol, 2005)。このことは、侵入盗においては、犯人と被害者の間に直接的なインタラクションはほとんどないが、犯人が間接的に被害者の心理に影響を及ぼすといった、対人的な側面があることを示唆している。

その他、侵入盗の中でも、性的動機により女性の衣類や下着を盗むことを目的とした者もいる。高村・徳山（2003）は、T県警察において検挙された女性の衣類や下着を窃取した民家対象の窃盗犯68人（男性被疑者のみ。軒下やベランダから盗みをする非侵入盗犯を含む）について分析し、未成年者が10%である、犯歴のない者が69%を占める、有職者が76%を占める、といった特徴を見出している。

3 侵入盗犯の意思決定

クレア・ニーとマックス・テイラー（Claire Nee and Max Taylor, 1988）は、常習的な住宅対象窃盗犯が侵入する家屋の選択にあたり留意する点として、次に示す4カテゴリーを挙げている。

①居住者在宅の有無（例：郵便受けの中に手紙や新聞があるか）

②裕福さ（例：庭の手入れの状態）

③家屋設計（例：家屋への侵入、逃走のしやすさ）

④防犯設備（例：防犯システム設置の有無）

また、都市防犯研究センターが、侵入盗被疑者45人を対象として実施し

図表13(4)-3 都市防犯研究センター（1994）の調査における「安全な家屋づくりはどうあるべきか」に対する侵入盗被疑者の回答

監視性	・防犯センサーやベルを取り付ける ・家の周囲に砂利を敷き足音を立てさせる ・犬を飼う
視認性	・塀は敷地内が見える程度のものにする ・一般住宅は塀などで囲わない
抵抗性	・ドアや窓に鍵を二つ以上つける ・戸締りを完全にする習慣を身につける ・窓のガラスを割れにくいものにし、面格子や雨戸をつけるなどして、できる限り侵入に時間と手間がかかるようにする
報酬性	・金のありそうな家に見せびらかさない

出典：横田・樋村（2003）

たアンケート調査（都市防犯研究センター、1994）における、「安全な住まいづくりはどうあるべきだと思うか」という質問への自由回答は、表 13(4)-3 に示すように、監視性、視認性、抵抗性、報酬性に大別出来る（横田・樋村、2003)。これらの先行研究は、侵入盗犯が、犯行をうまくやり遂げるために、複数の観点から合理的な意思決定を行っていることを示している。

犯罪者の意思決定の合理性を仮定する合理的選択の観点では（合理的選択の観点については、第 6 講「環境犯罪学」Ⅰ参照)、犯罪者が犯行を行うにあたっては、犯罪によって得られる利益が、逮捕の危険性や刑罰の重さ、コストなどと比較して大きくなるように犯罪行為の内容、対象などの選択を行うと仮定する（Lab, 2004)。侵入盗のような財産犯罪は、合理的で道具的な犯行であり、犯罪者がどのような行動を選択するかは、彼らの経験や学習によって変化しうると考えられている（Clarke & Cornish, 1985; Cornish & Clarke, 2008)。

犯罪者の意思決定に影響する要因は様々であるが、一般に、侵入盗犯は、検挙されるリスクの重要性を大きく見積もり犯行を行っていることが、幾つかの研究から示唆される。たとえば、トレバー・ベネットとリチャード・ライト（Trevor Bennett and Richard Wright, 1984）は、イギリスの住宅対象の侵入盗犯に面接調査を行い、彼らにとって「犯行に適している家」とはどのような家であるのかについて分析を行った。その結果、リスクに関連する要因を最も述べた者が 49.7%、報酬に関連する要因を最も述べた者が 24.5%、侵入しやすさに関連する要因を最も述べた者が 25.2% であった（割合は、動画で提示された 36 家屋のそれぞれについて、「犯行に適している」と回答した者のうち各要因を述べた者の割合を算出後、36 家屋の平均値を算出したもの)。また、彼らの研究では、居住者在宅の有無や建物のまわりの囲いなどが、侵入盗犯にとって、犯行のリスクを評価する上で重要な側面であることが示されている。

侵入盗犯にとって、居住者在宅の有無が重要であることを指摘している研究は、他にも認められる。たとえば、リチャード・ライトとスコット・デッカー（Richard Wright and Scott Decker, 1994）による 105 人の侵入盗犯を対象とした面接調査では、約 9 割の侵入盗犯が、家人がいる可能性のある住宅には侵入しないと述べた他、残りの者の多くは、家人在宅中の住宅に通常は侵入しないが、侵入しても大丈夫な状況であると思われる場合にのみ、その家屋に侵入すると述べた。ちなみに、前述の図表13(4)–1に示すように、わが国における平成30年の住宅対象窃盗（空き巣、忍込み、居空き）31,505件のうち、家人等が不在中に侵入する手口である「空き巣」に該当する認知件数は22,141件であり、70.3%と多数を占めていた。

以上述べたように、複数の先行研究において、多くの侵入盗犯が、犯行対象の環境的手がかりから犯行のリスクを検討するといった合理的な意思決定を行っていることが示されている。しかしながら、他方で、多くの侵入盗犯が機会的に犯行を行っており、長期的なコストやリスク、報酬を計算して犯行するというよりは、その場限りの脆弱性やリスクに関する環境的手がかりに反応していることも指摘されている（Cromwell & Olson, 2004）。すなわち、犯罪者は、必ずしも毎回詳細な事前計画を立てているのではなく、犯罪者が、思い描いていた適当な犯行対象や状況に遭遇した時にはじめて、合理的選択を行い事前計画を実行に移すのではないかと考えられている（Lab, 2004）。

また、犯行行動の合理性についての解釈は、犯罪者個人によって異なることがある。たとえば、長澤（1995）は、空き巣の犯罪経歴を2回以上有する侵入盗常習者の分析において、物色形跡（散乱の有無）に関し、物色形跡を残さないことは通報を遅らせることにつながるが、逆に、散乱して物色することは、素早い逃走につながることを指摘した上で、犯罪者によって、選択する行動が異なることを示している。長澤（1995）は、侵入盗の犯行実行過程を、できる限り犯行の発覚を遅らせようとする「発覚遅延重視傾向」と犯行の発覚を遅らせることを配慮しないで早期に加害場面から離脱しようとする「早期離脱重視傾向」の二つに分類した。そして、自らが分析対象とした30事例のうち、「発覚遅延重視傾向」を示すものが21事例、「早期離脱重視傾向」を示すものが4事例（分類不能5事例）であったとして、多くの侵入盗常習者は、犯行の発覚を遅らせることを重視する傾向があると結論づけている。

4　侵入盗犯の手口の一貫性と移行性

常習犯罪者の多くは自己の知識や経験に基づいて、最も得意とし、成功率の高い、しかも安全と考える手段や方法で犯罪を行おうとする。このような犯行の手段、方法等は、犯行の反復によって一つの型として形成され、犯罪手口として現場に残されると考えられてきた。

筆者ほか（横田・渡辺（1998））の研究では、侵入盗犯の行動に関し、犯行回数の多い侵入盗犯は、犯行を繰り返すことにより、選択される犯罪手口が数種類になる傾向があることが示唆されている。また、侵入前に意思決定される項目（移動手段、犯行地、犯行対象の建物種別など）は全体的に一貫性が高いが、状況依存性がより高い物色中の行動などは、一貫性が低いことが同研究によって指摘されている。

倉石ほか（2010）は、住宅対象窃盗累犯者の手口の一貫性と移行性について検討し、移動手段や侵入手段、共犯の有無に関しては一貫性が高いことを示した。また、空き巣、一般住宅、裏通り・路地、指紋工作といった手口については、多くの犯罪者に選択される傾向があること、前回の犯行で異なる手口で犯行を行っていても、新たに犯行を行う際には、これら多数派の手口に移行する者が少なくないことを示した。

同様に、大塚ほか（2010）は、住宅対象以外の侵入盗累犯者の手口の一貫性と移行性について検討し、住宅対象窃盗で一貫性の高かった移動手段、侵入手段、共犯の有無に加えて、被害対象種別（店舗、官公署・学校・病院、事務所、その他）で一貫性が高いことを見出した。また、夜間、幹線通り・表通り、土足侵入、指紋工作といった手口については、住宅対象以外の侵入盗犯の多くに選択される傾向があること、異なる手口で犯行を行った場合でも、これらの手口に移行する傾向があることを示した。

個人内での手口の変動が少ない項目については、これらの手口をもとに犯人を捜査する際に特に役立つカテゴリーであると考えられる（大塚ほか、2010）。他方、多くの犯罪者に選択される傾向がある手口については、これらが犯行を成功させるための合理的な行動であると侵入盗累犯者に認知されやすいことを示唆する（倉石ほか、2010）。そして、これらの行動の選択においては、犯罪によって得られる報酬、逮捕の危険性や刑罰の重さ、犯行のコスト等を考慮した合理的な意思決定が大きく影響していると考えられる。

このような犯罪者の意思決定過程に関する知見は、犯罪抑止のための街並みや建造物のつくりなどの環境設計や、新たに犯罪が発生した際の捜査に大きく貢献できると考えられる。

❍コラム 35　窃盗症

アメリカ精神医学会による「精神疾患の診断・統計マニュアル第５版（DSM-5）」では、窃盗症（kleptomania）の本質的な特徴は、個人的に用いるためでもなく、またはその金銭的価値のためでもなく、物を盗もうとする衝動に抵抗できなくなることが繰り返されることである（基準 A）、としている。同マニュアルでは、窃盗症のその他の診断基準として、窃盗に及ぶ直前の緊張の高まり（基準 B）、窃盗に及ぶときの快感、満足、または解放感（基準 C）、その盗みは、怒りまたは報復を表現するためのものではなく、妄想または幻覚への反応でもない（基準 D）、その盗みは、素行症、躁病エピソード、または反社会性パーソナリティ障害ではうまく説明されない（基準 E）、が挙げられている（American Psychiatric Association, 2013）。一般人口における窃盗症の有病率は、約 0.3～0.6% と推定され、万引きで逮捕された人の中ではおよそ 4～24% の範囲であるとされる（American Psychiatric Association, 2013）。窃盗症は、侵入盗よりも、万引きなどのより衝動性の高い犯罪において生じやすいと考えられる。

❍コラム 36　犯罪手口の一貫性と変遷

犯罪者は、同一罪種の犯行を繰り返す中で、自身の得意とする犯行の手段や方法を犯罪手口として習得すると考えられてきた。しかしながら、犯罪手口は、犯行における成功もしくは失敗の体験による学習や、状況的な要因等によって変遷する。足立ら（足立、1996；足立・鈴木、1993；足立・鈴木、1994）は、個々の犯罪手口に焦点を当てるのではなく、一連の犯罪手口を考慮して、過去の前歴者データから、新規発生事件の犯人である可能性の高い者を、犯罪手口の類似度にしたがい優先順位をつけて検索するためのシステムの開発を試みた。12,468 人の侵入盗犯の犯罪手口より構成されるデータセットによるシミュレーションにおいては、7,558件中1,524件で実際の犯人が1位に検索されるという結果が得られている（Yokota & Watanabe, 2002)。

参考文献

・American Psychiatric Association（2013）. Diagnostic and Statistical Manual of Mental Disorders. 5th ed. Washington, DC: APA.（高橋三郎・大野裕監訳『DSM-5―精神疾患の診断・統計マニュアル』（医学書院、2014年）

・Bartol, C. R., & Bartol, A. M.（2005）. Criminal Behaviour: A psychosocial approach, 7th Edition. New Jersey: Pearson Education, Inc..（羽生和紀（監訳）横井幸久・田口真二（編訳）『犯罪心理学―行動科学のアプローチ―』（北大路書房、2006年）

・Bennett, T. & Wright, R.（1986）. Burglars on Burglary: Prevention and the offender. Hampshire: Gower.

・Clarke, R. V., & Cornish, D. B.（1985）. Modeling Offenders' Decisions: A framework for research and policy. In M. Tonry, & N. Morris（Eds.）, *Crime and Justice*: *An Annual Review of Research, Volume 6*. Chicago: University of Chicago Press. pp. 147-85.

・Cornish, D. B., & Clarke, R. V.（2008）. The Rational Choice Approach. In R. Wortley, & L. Mazerolle（Eds.）, Environmental Criminology and Crime Analysis. Cullompton, Devon: Willan Publishing. pp. 21-47.（コーニッシュ, D. B., & クラーク, R. V.「合理的選択の観点」ウォートレイ, R., & メイズロール, L. 編（島田貴仁・渡辺昭一監訳）『環境犯罪学と犯罪分析』21-48頁（財団法人社会安全研究財団、2010年）

・Cromwell, P. & Olson, J. N.（2004）. Breaking and Entering: Burglars on Burglary. Belmont: Wadsworth.

・Goodwin, L.（2008）. Burglary. In D. Canter（2008）, Criminal Psychology: Topics in applied psychology. London: Hodder Education.

・足立浩平（1996）. 犯罪手口の類似度に基づく犯行記録の検索　科警研報告法科学編、49、25-30。

・足立浩平・鈴木昭弘（1993）. 犯罪手口の選択確率に基づく被疑者の検索手法　科警研報告法科学編、46、143-147。

・足立浩平・鈴木昭弘（1994）. 犯罪手口による被疑者検索への核関数法の適用　科警研報告法科学編、47、52-56.

・倉石宏樹・大塚祐輔・横田賀英子・和智妙子・渡邉和美「住居盗累犯者の手口の移行性に関する研究」犯罪心理学研究48巻特別号124-125頁（2010年）

・小林寿一・斎藤秀明「侵入盗被害者の被害後の不適応に関する研究　1. 被害者の心

理的不適応に関連する個人特性及び事件の特徴―」科学警察研究所報告防犯少年編 36巻2号30-46頁（1995年）

・Lab, S. P.（2005）. Crime Prevention, Fifth Edition: Approaches, practices and evaluation.（ラヴ，S. P.（著）渡辺昭一・島田貴仁・齊藤知範・菊池城治（共訳）「犯罪予防―方法、実践、評価―」（財団法人社会安全研究財団，2006年）

・Merry, S. and Harsent, L.（2000）. Intruders, Pilferers, Raiders and Invaders: The interpersonal dimensions of burglary. In D. V. Canter and L. J. Alison（Eds.）, *Profiling Property Crimes*. Aldershot: Ashgate.

・守山正・西村春夫『犯罪学への招待』（日本評論社、1999年）

・長澤秀利「窃盗型犯罪の発生場面に関する研究―侵入盗を中心として―」犯罪心理学研究33巻1号17-28頁（1995年）

・Nee, C. & Taylor, M.（1988）. Residential Burglary in the Republic of Ireland: A situational perspective. *The Howard Journal*, 27（2）, p. 105-116.

・大塚祐輔・倉石宏樹・横田賀英子・和智妙子・渡邉和美「侵入窃盗累犯者の手口の移行性に関する研究―住居以外を対象とする窃盗犯について―」犯罪心理学研究48巻特別号126-127頁（2010年）

・高村茂・徳山孝之「民家対象窃盗犯の犯人特性に関する基礎研究」犯罪心理学研究41巻1号1-14頁（2003年）

・都市防犯研究センター「侵入盗の実態に関する調査報告書（1）―住宅対象侵入盗対策編―」JUSRIリポート7（1994年）

・Walsh, D.（1980）. Break-ins: burglary from private houses. London: Constable.

・Wright, R., and Decker, S.（1994）. Burglars on the Job. Boston: Northeastern University Press.

・Yokota, K. & Watanabe, S.（2002）. Computer-based retrieval of suspects using similarity of *International Journal of Police Science and Management*, 4（1）, 5-15.

・Yokota, K. and Canter, D.（2004）. Burglars' Specialisation: Development of a thematic approach in Investigative Psychology. Behaviormetrica, 31（2）, p. 153-167.

・横田賀英子・樋村恭一「犯罪発生空間の分析―侵入窃盗編―」小出治（監修）樋村恭一（編集）『都市の防犯―工学・心理学からのアプローチ―』（北大路書房、2003年）

・横田賀英子・渡辺昭一「犯罪手口の反復性に関する分析」日本鑑識科学技術学会誌3巻2号49-55頁（1998年）

V　女性犯罪

キーワード

稀少性／生物学的性／ジェンダー／騎士道精神／被害経験

1　公式統計で見られる女性犯罪の特徴

1　女性犯罪の推移

犯罪というと、男性が行うものとのイメージが先行する。事実、公式統計をみると、男性に比べて女性の犯罪件数は少ない。図表13(5)-1は戦後の刑法犯の男女別検挙人員の推移を示したものであるが、女性の検挙人員は、一貫して男性に比べて少ないことがうかがえる。

検挙人員に占める女性比が上昇傾向にあると指摘されている。この図表で示した人数について1946（昭和21）年以降、10年ごとに女性比を算出してみると、1946年の7.6％から、6.8％、10.7％、18.7％、19.5％、20.5％、

図表13(5)-1　刑法犯の検挙人員の推移

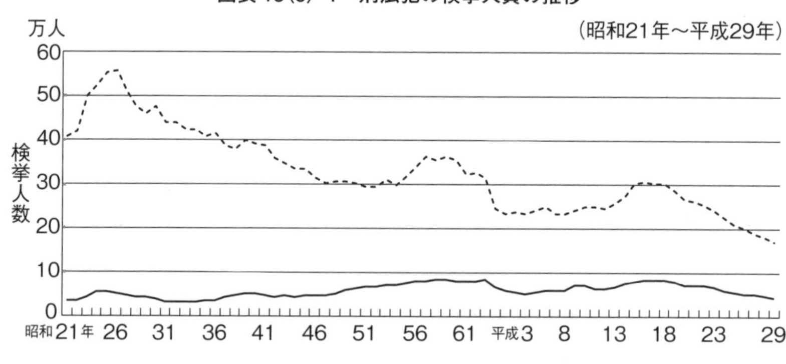

出典：平成30年版犯罪白書資料1-1をもとに作成

21.2%、2016年の20.4%まで、1割に満たない数字だったものが2割を超えるようになっており、これまでのところ、最も女性比が高かったのは1997（平成9）年の22.4%となっている。とは言え、女性犯罪が大きく増えているわけではない。むしろこの上昇傾向は、男性の検挙人員の減少傾向による相対的なものである。実際、1946（昭和21）年以降、10年ごとに女性人口10万人当たりの女性検挙人員の人口比を算出してみると、127.3人、98.5人、118.1人、150.2人、154.3人、109.7人、142.0人、79.7人となっており、単調増加しているわけではないと言える。

こうした女性の犯罪者数における稀少性以外にも、女性の犯罪現象には、男性とは異なった側面が見られる。それが、犯罪学で「女性犯罪」を論じる意義であろう。

2 罪種に見られる女性犯罪の特徴

(1) 刑法犯における特徴

図表13(5)−2は平成29年における刑法犯の罪名別の検挙人員を男女別に示したものであり、男女の別によって犯される罪種が異なっていることがうかがえる。

まず、男女いずれも、窃盗の占める割合が最も高いのではあるが、男性では44.2%を占めるにとどまっているのに対して、女性においては76.2%にまで至っている。中でも万引きの占める割合は、男性が22.9%であるのに対して、女性は60.9%に及んでいる。

また、殺人のうち嬰児殺を取り上げると、女性が81.8%を占めている。出産という女性だけが行う行為に付随して生じると解釈できよう。このほか、女性の殺人については、一般に、子育ての悩みや介護・看病疲れなどの女性が担うと期待されている家庭生活にまつわる人間関係におけるあつれき・もつれが、殺人に至らしめる場合が多いと言われている。

なお、犯行に当たっては、体力を要しない手段を用いる傾向があり、殺人の場合でも、被害者が寝ている折（睡眠薬を飲ませることを含む）を見計らって犯行に及んだり、毒殺といった手段を使ったりすることが多い。このほか、男性との共犯事件においては、犯罪への関わり方が補助者的ないしは媒

図表13(5)-2　刑法犯罪名別検挙人員（男女別）

（平成29年）

罪名	総数		男性	女性	女性比
刑法犯	215,003	(100.0)	170,595	44,408	20.7
殺人	874	(0.4)	663	211	24.1
〔嬰児殺〕	11	(0.0)	2	9	81.8
強盗	1,704	(0.8)	1,566	138	8.1
放火	579	(0.3)	449	130	22.5
暴行	25,696	(12.0)	22.958	2,738	10.7
傷害	20,979	(9.8)	19.390	1,589	7.6
恐喝	1,764	(0.8)	1,607	157	8.9
窃盗	109,238	(50.8)	75,403	33,835	31.0
〔万引き〕	66,154	(30.8)	39.101	27,053	40.9
詐欺	9,928	(4.6)	8,436	1,492	15.0
横領	17,855	(8.3)	16,102	1,753	9.8
遺失物等横領	16,771	(7.8)	15,198	1,573	9.4
偽造	1,262	(0.6)	969	293	23.2
その他	25,124	(11.7)	23,052	2,072	8.2

注　1　平成30年版犯罪白書の表1-1-1-5表を転載
　　2　（　）内は、罪名別構成比
　　3　〔　〕内は、上段罪名の内数

介者的立場であることが多く、犯人隠匿や教唆犯ないし幇助犯として有罪になる傾向が見られる。

(2)　特別法犯における特徴

平成29年の特別法犯総数（交通関係法令を除く）の送致人員総数62,469人のうち、女性は8,911人であり、14.3%を占める。女性の特別法犯の送致人員を罪名別にみると、覚せい剤取締法違反が最も高く22.1%を占めている。同違反の送致人員に占める女性比は19.9%と高率である。このほか、女性の特別法犯の送致人員のうち高い比率を占める罪名としては、出入国管理及び難民認定法（10.8%）軽犯罪法違反（8.1%）、風営適正化法違反（7.9%）が続いている。

3　年齢層別特徴

男女では、年齢によって犯罪発生率の変化に違いが見られる。10万人当たりの刑法犯の検挙人員について、1998（平成10）年から2017（平成29）年までの20年間の平均を、14歳以上20歳未満、20歳代、30歳代、40歳代、50歳代、60歳代、70歳代以上の年齢層別に算出してみると、男性では、それぞれ1867.7人、582.1人、364.4人、329.6人、324.7人、280.5人、189.0人となるのに対して、女性では、546.6人、111.2人、77.8人、79.2人、80.8人、90.2人、72.1人となっている（人口データは、総務省統計局による）。すなわち、男女共に、未成年時に検挙される比率が最も高いのは共通しているが、男性に比べて女性の場合、未成年時を基準とした場合の20歳代の検挙率が低いといった特徴がうかがえる。また、男性では、年齢層が上がるにつれてその発生率が低くなっていくのに対して、女性は加齢につれ単調減少していくわけではないといった特徴がみられる。そして70歳以上の検挙人員のうち女性の占める割合は35%前後になっている。

以上のことを踏まえると、女性犯罪の分析には、年齢も考慮に入れて検討する必要があろう。

4　刑事司法手続における女性犯罪の取扱い

すでに、検挙における女性比が低いことを紹介したが、その後の刑事司法手続が進むにつれて、一層女性比が低くなっていくという現象が見られる。

平成29年、自動車による過失致死傷及び道路交通法等違反被疑事件を除く事件で起訴されたのは、男性100,452人、女性13,199人であり、女性比は11.6%（法人を除く）となっている。また、平成29年の新受刑者は、男性17,444人、女性1,892人で、女性比9.8%、少年院入院者は、男子1,999人、女子148人で、女子比6.9%にとどまっている。同年の刑法犯の検挙人員における女性比が20.7%であるのと比較して、検挙された後の起訴される者の女性比、施設収容に至る女性比は、順を追って低くなっており、全体として男性より女性の方が軽微な処分を受ける結果となっている。

新受刑者に占める再入者率についても、男性に比べて女性の方が低くなっている（2012（平成24）年～2017年の男性新受刑者については60%台、女性新受刑者については40%台）。また、少年院入院者のうち、少年院送致経験を有する比率も、男子に比べて女子が低くなっている（2013（平成25）年から

2017 年の男子入院者については 17.4％～20.6％、女子入院者については 6.2％～12.8％）。

このほか、出所受刑者の 2 年以内再入率についても、男性に比べて女性は一貫して低い（2005（平成 17）年～2016（平成 28）年の出所者について、男性では 17.7％～22.4％、女性では 11.3％～14.4％）。少年院出院者についての 2 年以内の再入院・刑事施設入所率についても、男子に比べて女子は一貫して低い比率にとどまっている（2014（平成 26）年～2016 年の出院者について、男子 11.4％～12.4％、女子 2.4％～5.2％）。

2　女性犯罪の理論

生来性犯罪者説を唱えたチェザーレ・ロンブローゾ（Cesare Lombroso）は、女性は男性よりも進化しておらず、女性の犯罪は生物学的劣勢によるものであるとみなし、以来長い間、女性の犯罪現象については、月経や産後鬱と犯罪との関係など、生物学上の性に帰する説明が続けられた。

社会学的見地から犯罪現象を説明しようとの試みが盛んになってからもしばらくは、女性犯罪の研究は男性による犯罪現象を説明しようとするものであった。これは犯罪者に占める女性の割合が低いため、あるいは深刻な犯罪は男性によって行われるためなど様々な理由はあろうが、女性の犯罪を、生物学的あるいは心理学的理由といった個人要因ではなく、社会学的見地をも踏まえて説明しようとの試みは稀であった。

ところで、フェミニズム運動が盛んになる状況下、アメリカの女性犯罪学者フレッド・アドラー（Fred Adler）とリタ・サイモン（Rita Simon）は、女性の社会進出が進むにつれて、女性犯罪も増加するとの主張を 1975 年にそれぞれ発表した。すなわち、従前、女性は、家政を司り育児をし家庭生活を守るという家庭中心の生活をしていたため行動半径が狭く、社会に出て多くの階層の人や異なった生活文化と接触することも少なかったために犯罪に陥る機会が少なかったのであって、女性の社会的地位が向上して女性の社会的進出が多くなればなるほど、女性犯罪も多くなるのではないかと主張したのである。フェミニズム運動を推進する女性たちと犯罪に走る女性たちとは同種ではないだろうが、時代の変化が、直接にはフェミニズムの恩恵が及ばなそうな女性たちにも意識変化をもたらすのではないかと考えたのである。

実際には、女性の社会的活動が活発である社会主義国でも女性犯罪は多くないとの反証が当時からあり、今日では、この理論が提示されたアメリカにおいても、増加した女性犯罪は軽微な財産犯であって、女性の社会進出に平行する形での女性の犯罪率の上昇は見られないとされている。わが国においても、平成４年に犯罪白書が「女子と犯罪」の特集を行っており、その中で、女子少年の犯罪及び成人女性の薬物犯罪を別にすれば、女性の社会進出が進行する前の段階のそれと比較して、大きな変化を見せていないとの見解が示されている。

とは言え、このような理論を打ち出したことによって、女性の犯罪について、生物学的な性にとどまらず、女性を取り巻く社会・文化に注目する必要があると人々に意識喚起させた功績は大きい。女性の粗暴犯が少ないことは男性に比べて体力面で劣るなどの生物学的特性として説明できるかもしれないが、女性の犯罪についても、性役割期待なり、家庭や社会における立場なりが影響するのである。上記白書では、女性犯罪の大半は、弱い立場に置かれた女性が、家庭内における育児や家事などの伝統的な役割を担う途上で行き詰まり、合法的に葛藤を適切に処理したり打開したりする手立てを得られず、孤立したまま追い詰められた結果が犯罪行為であるとしている。

このほか、虐待被害から逃れようとして家出に至り、その不安定な生活状況下で犯罪に加担していくことや、虐待被害の精神的苦痛を緩和しようとして違法薬物の使用に至るなどの場合も多く、その犯罪の理解に当たって被害経験が重要な役割を果たしていることがしばしばあるとも言われている。

そして、ここで説明してきたように女性が犯罪に至るプロセスが男性のそれとは必ずしも同じでないことからも、その違いを十分に検討していく価値が認められる。

公式統計で示される女性犯罪の少なさについては、男性に比べて女性は万引きや売春など控え目に報告されやすい犯罪を行っていること、身近な人が被害者となることが多く、被害届を出すに至りにくいことなど、暗数化されやすいことも考えられる。しかし、それらが実証的に女性犯罪の稀少性を否定するまでには至っていない。また、先に紹介したように検挙率のみならず、刑事司法手続が進むに従って女子比が低くなっていくことについて、オットー・ポラック（Otto Pollak）は、刑事司法過程にかかわる人々の「騎士道精神（chivalry)」ゆえ、女性犯罪者に対する取り扱いが寛大になると主張している。しかし、女性であるがゆえなのか、犯歴や犯行の軽微性など犯罪自体の性質や犯行態様が受動的であるなど犯罪の内容による当然の結果なのかを、一概に論じることはできない。前述のとおり、少なくとも刑務所なり少年院なりの被収容者を男女で比較した場合、女性の被収容者の犯罪性の方が深刻であるといった結果は得られていない。

男性よりも女性の方が犯罪に走りにくいのが実態であるととらえて、それを社会的要因から説明する例としては、社会化の過程で犯罪に対する学習機会が男性よりも少ないこと、犯罪は女性らしさの否定を意味するものであって社会からの否定的ラベリングが男性よりも強いこと、男女では社会化の過程での働きかけが異なり、例えば、男性よりも女性の方がその言動を周囲から規制・監視される傾向にあること（すなわち絆が強く作用していること)、社会における地位獲得よりも身近な他者との関係性の中で適応していこうとする心理的特徴を女性は有しており、これが犯罪抑止作用となる、などが挙げられるが、統一見解は得られていない。生物学的要因と社会学的要因がどのように影響し合っているのかも含めて、さらなる検討をしていくことが求められている。

❍コラム 37　他者との関係性

従前、人間の成長とは他者への依存状態から自立性を獲得することとみなされていたが、ミラー（Miller, J. B.）やギリガン（Gilligan, C.）は、心理的発達は男女で異なり、女性における心理的成長は、他者から自立していくことよりも、むしろいかに他者との関係性を築いていくかにあると主張した。犯罪者処遇においても、こうした男女の差異を踏まえた働きかけを行うことが効果的であろう。

3　受刑者の処遇（刑事政策的対応）

犯罪に走った者への働きかけに対して、立ち直りという目的に向けて行う努力を男女で等しくする必要はあろうが、それは働きかける内容や働きかけ方を同じにしなければならないということを意味するわけではない。

女性受刑者を収容する施設や少年院の数は少なく、男性のように施設ごとに、犯罪傾向が進んでいる者といない者を別の施設に収容してはいないが（ただしPFI手法を活用した美祢社会復帰促進センターは犯罪傾向の進んでいない者のみを収容）、施設内における工場、居室の指定等にあたっては、犯罪傾向の符号を考慮している。また、保安上の要注意者や精神障害者を収容する場所以外の一般の居室は施錠がなされていないなどできるだけ開放的な環境を提供しており、収容に伴う心理的な圧迫感を少なくするよう、所内の調度品などについても配慮がなされている。

女性受刑者の特徴として、児童虐待等の被害歴を有する比率が高く、鬱、不安障害、PTSDなどの精神健康上の問題を抱える比率も高い。薬物の問題を抱えている女性受刑者が多いが、男性は快楽を求めるために薬物を用いるのに対して、女性は身体的・精神的痛みを緩和しようとして薬物を用いる傾向があるなどの差異が認められる。したがって、情緒の安定を図ることを含めて精神健康の問題に対応していく必要があり、薬物使用離脱の処遇に当たっても、併存疾病を踏まえた働きかけをすることが肝要であるとされている。

また、刑務作業の種目も織物製品製造、職業訓練の種目も美容やホームヘルパーなどが設けられており、これらは家庭生活においてもその知識・技術が応用でき、社会適応を促すととらえられている。このほか、女性は男性よりも他者との関係によって動機付けられたり支えられたりするので、女性刑務官（処遇者側）の立ち直らせたいとの熱意が伝われば、それに答えようとの気持ちが喚起されるなど、何を標的に処遇していくかと同時に、処遇者側がどのように処遇を提供していくかで、その効果が異なるとも言われている。加えて、引受人等の周囲の人との維持・調整をいかに図っていくかが社会復帰後の生活の安定に密接に関わっているとされている。

❍コラム 38　女性刑務官の離職傾向

女性刑務所では女性職員が中心になって働いているが、結婚・出産による離職が多く、定着率の低さが恒常的な問題となっている。女性受刑者に対する処遇の充実を図るためにも、労働条件の改善・充実を図り、定着率を高めてベテラン職員を育成していくことが大切な課題になっている。

参考文献

・Belknap, J.（2007）, The Invisible Woman: Gender, Crime, and justice, 3rd ed. CA: Thomson Wadsworth.

・Gelsthorpe, L.（2004）, Female Offending: A theoretical overview. In Mclvor, G.（ed.）*Women who offend*. London: Jessica Kingsley Publishers.

・法務省法務総合研究所　『犯罪白書』（平成 4、25、28、29、30 年版）

・法務省大臣官房司法法制部　『検察統計年報』（平成 29 年）

・警察庁　「平成 29 年の犯罪」

・Pollak, O.（1950）, The Criminality of Women. University of Pennsylvania Press.

・Zaplin, R. T.（2008）, Female Offenders: Critical perspectives and effective interventions, 2nd ed. MA: Jones and Bartlett Publishers.

第14講◆地域社会の安全

Ⅰ　住まいの安全

キーワード

防犯環境設計（CPTED）／まもりやすい住空間／共同住宅の防犯設計指針／防犯モデルマンション／ゲーテッド・コミュニティ

他の先進国と比べて治安の良さを誇っていたわが国においても1970年代後半から一般刑法犯認知件数は徐々に増加に転じた。1990年代後半からは急増し、2002（平成14）年には戦後最高の285万件を記録するまでになった。それに伴って人々の犯罪不安感は高まり、住まいの防犯に対する意識も高揚した。2003（平成15）年の国土交通省による住宅需要実態調査によると、「住環境」に対する不満要素では「治安、犯罪発生の防止」が首位となり、「住宅」に対する不満要素では「住宅の防犯性」が2番目に高い割合を示すなど、住まいに対する人々の不安感が強くみられた。このような状況を受けて様々な対策が講じられた結果、刑法犯認知件数は2018年には戦後最少といわれる81万件にまで減少した。この傾向がさらに続くことが望まれる。

そこで本稿では、わが国の住宅および住宅地の犯罪予防に強い影響を及ぼした欧米の理論やわが国で取り組まれてきた主な防犯対策を紹介するとともに、今後の高齢社会、人口減少社会に向けた課題について考えていく。

1　環境設計による犯罪予防の理論と施策

犯罪の多発に悩まされてきた欧米では、20世紀後半以降、場所や空間と呼ばれる物理的環境を対象に、その計画・設計・管理を通して犯罪機会の減少をめざすさまざまな理論や施策の開発が進められてきた。これらの手法は「環境設計による犯罪予防」（CPTED（セプテッド）：Crime Prevention Through Environmental Design）と総称される。

1 まもりやすい住空間

CPTED が広く認知されるきっかけとなったのは、近代的な都市住宅のモデルとして 20 世紀初頭にヨーロッパで提案された高層住宅団地である。それは、交通安全や保健衛生の観点から複数の住棟が公園のような広いオープンスペースの中に建てられたが、1960 年代初め、ジェーン・ジェイコブズ（Jane Jacobs）はこの新しい居住形態が犯罪に見舞われやすいことを指摘した。伝統的な市街地では街路に沿って住宅が立ち並び、日常の利用者による「多数の目」によって街路の安全性が維持されている。それに対して、周囲の街路とは無関係に住棟が配置された高層住宅団地では、広いオープンスペースは住棟からの監視が届きにくく危険である。また、住棟内部の共用廊下は通路空間でありながら人けがなく、伝統的な街路とは似ても似つかない寂れた場所になっているとして、近代の都市計画理論にもとづく住環境の危険性に警鐘を鳴らした。

この影響を受けたオスカー・ニューマン（Oscar Newman）は、ニューヨーク市の公営住宅の犯罪に関する豊富なデータをもとに、高層住宅は背が高いほど、また規模が大きいほど犯罪に見舞われやすいことを実証した。また、それらの成果をもとに『まもりやすい住空間（Defensible Space）』（湯川訳、1976 年）を著し、住環境の防犯性を高めるための四つの空間原則—領域性（territoriality）、自然的監視（natural surveillance）、イメージ（image）、環境（milieu）を提唱した（第 6 講 I も参照）。

領域性とは、ある場所の正当な利用者が、その場所の占有権を主張できる能力や意志をさす。それはまた、居住者が「わがもの意識」を持ち、部外者には侵入しにくいと感じさせる場所の性質でもある。自然的監視は、居住者が日常の生活の中で身近な環境を何気なく見守ることのできる状態をさす。イメージとは、人々に印象される団地や住棟の姿をさし、犯罪企図者に「この場所なら犯行は容易だ」と印象づける設計は避けるよう忠告している。環境とは、社会的環境を意味し、居住エリアに商業施設、公共施設などの社会的施設が近接する場合、それらから悪影響を受けることのないよう環境の設計に配慮すべきだとしている。

「まもりやすい住空間」とは、上記の空間原則を適用して居住者自らが住まいを守り、その場所の安全に責任を負っていることが周囲からも感じ取ることのできる環境であり、それは「自衛する社会的組織の物的な表現」と言い換えることができる。

2　CPTED

物理的環境のコントロールによって犯罪予防をめざす「まもりやすい住空間」理論は、犯罪が激化し、従来の犯罪予防アプローチの実効性が疑問視される米国において、科学的で実践的な解決策として注目と期待を集めた。CPTEDの用語は、もともとC.レイ・ジェフリー（C. Ray Jeffery）の発案であったが、ニューマンの着想は、政府のプロジェクトを動かし、1980年代以降、住宅をはじめ公共空間への幅広い適用をめざす理論としてCPTEDの基礎を築くことになった。

ティモシー・クロー（Timothy. D. Crow）は、構築環境の適切な設計と効果的な利用は、犯罪と犯罪に対する不安感の減少や生活の質の改善につながると位置づけ、基本的な戦略として、自然的アクセス・コントロール（natural access control）、自然的監視（natural surveillance）、領域性の強化（territorial reinforcement）を掲げた。後にこれらの戦略に、活動の支援、イメージと空間の管理、被害対象の強化が加えられ、物理環境の設計と活動のマネジメントによる犯罪予防を基盤とするCPTEDはさらに発展した。

3　第二世代のCPTED

1990年代以降、CPTEDはさらなる普及をみるが、一方でCPTEDのアプローチは、犯罪予防をあらゆる状況や環境に適用できるデザインの問題に矮小化され、単純で利用しやすいテクニックとして扱われていると批判を受けるようになった。このような状況に対して、安全な都市の実現には物理的環境の改善とともに管理やコミュニティによる犯罪予防の重要性を強調する

「セーファー・シティ」のアプローチが注目されるようになった。このアプローチでは、住宅地だけでなく都市生活を営むためのあらゆる場所の安全を目標とし、問題の明確化や解決策の実行にあたって、公的セクターと民間セクター、コミュニティ、地方自治体、警察との連携の重要性が強調された。

このように CPTED は、犯罪機会の減少につながる物理的環境の改善とともに、それを支えるコミュニティなどの社会的環境が重視されるようになっていった。グレゴリー・サビル（Gregory Saville）は、このような社会的文化的な戦略を開発して犯罪機会を減少させようとする手法を、ニューマンらの物理的環境のコントロールに重点をおく第一世代 CPTED に対して、第二世代 CPTED と呼び、活発な社会的活動の創造や安定したコミュニティの構築のための戦略を開発した。

4　イギリスにおける理論の発展と犯罪予防施策

イギリスにおける CPTED は、政府の強い推進力に支えられて発展してきた。

1980 年代、バリー・ポイナー（Barry Poyner）は、ニューマンの理論を基礎に、住宅・住宅地だけでなく学校、路上、公共交通機関などを対象に、防犯環境設計の指針を提案した。同時期、アリス・コールマン（Alice Coleman）は、公営住宅団地の安全性を高める計画・設計の原則を掲げ、政府の支援を得て大規模な団地改善を手がけている。

1989 年には、人々が安心して働き、暮らすことのできる安全で質の高い場所を創り出すという政府の目標のもとで、イギリス警察が主導し、環境設計によって安全確保をめざす SBD（Secured by Design）の制度が創設された。この制度は、デザイン・ガイドを満たした住宅等の開発に対して認証が与えられる防犯性能認定制度で、警察署に配置された ALO（Architectural Liaison Officer＝防犯環境設計アドバイザー）と呼ばれる専門官により推進されている。この制度は、後に紹介するわが国の防犯モデルマンション登録制度のモデルとなった。

さらにイギリス政府は、治安の悪化を受けて成立した「犯罪および秩序違反法」（1998 年）にもとづき、「防犯まちづくりガイドライン」を発表した。

そこには、防犯的な都市環境に関する理論を踏まえ、より実践的な防犯環境構築のための原則が示されている。

以上のように欧米の犯罪予防は、単体の住宅や建築に始まり、住宅地、都市へと対象が広がってきた。さらにハード面の手法にまちづくりなどのソフト面の手法が加わり、犯罪や犯罪不安感の減少は「生活の質」を向上させ、持続可能な都市の実現につながるとの認識のもとに発展してきた。

2　日本における住まいの防犯対策

1　まもりやすい住空間理論の追検証

1970年代、わが国では高度経済成長による都市化が進行し、市街地に大規模な高層住宅団地が建設されるようになった。当時の治安状況といえば、1973（昭和48）年に一般刑法犯認知件数が119万件と戦後の最低を記録したように、欧米に比してはるかに安全で、特に高層住宅は戸建住宅と比べて空き巣などの住戸侵入を受けにくく、犯罪に強い住まいと考えられていた。しかし、大阪の公的高層住宅団地で起きたエレベーター利用殺人事件（1971年、深夜に帰宅した女性が後からエレベーターに乗り込んできた男にら致され、高層階のゴミ処理室で暴行殺害されたとされる事件）に象徴されるように、決して安全といえる状況ではなかった。エレベーター、避難階段、屋上などの死角空間が多く、誰もが容易に住棟に侵入できる高層住宅は、わいせつ行為、シンナー遊び、落書きなどの違法行為が多く発生していた。

このような状況を受けて、ニューマンの「まもりやすい住空間」理論を追検証しようとする研究が開始された。その結果、高層住宅は住戸侵入は少ないものの、避難階段、エレベーターなどの屋内共用空間では性犯罪被害が発生し、駐輪場、駐車場などの屋外共用空間では窃盗被害が発生していること、またこれらの空間では居住者の犯罪不安感が高いことなどが明らかにされた。これらの成果を踏まえて、領域性や自然的監視性などの空間原理にもとづく高層住宅の望ましい計画・設計・管理の指針が提案された。

また1980年代には、都市の犯罪増加を背景に、住宅だけでなく住宅地、市街地、都市といったより広い空間レベルにおける防犯研究も進められるようになった。

2 CPTED 理論の普及

1990 年代に入ると、過去の経験や欧米の実践に学び、住まいづくりや街づくりにおいても CPTED 理論にもとづく防犯対策が推進されるようになってきた。その際に導入された防犯環境設計の 4 原則は、1）被害対象の回避・強化（犯罪の誘発要因を除去したり、被害対象物を強くする）、2）アクセス・コントロール（犯罪企図者の接近を妨げる）、3）監視性確保（周囲からの見通しを確保する）、4）領域性強化（居住者の帰属意識を高め、コミュニティ活動を促進する）である。

従来、住まいの防犯対策は、公共や民間の住宅供給・管理部門が独自に試行錯誤を行ってきたが、2000 年以降、犯罪の急増と社会の不安の高まりを背景に、国や自治体が積極的に対策に乗り出すようになり、大きく推進されることになった。

3 防犯に配慮した共同住宅

(1) 共同住宅の防犯設計指針

アパートやマンションなどの共同住宅では、1970 年代以降さまざまな問題が発生したことから、徐々に対策が講じられてきた。たとえば外来者の侵入を制限する共用玄関のオートロック・システムや防犯カメラなどの防犯設備は、初期には一部のいわゆる「高級マンション」に設置されていたが、現在では標準装備となっている。また、このような防犯設備だけに依存するのではなく、場所の領域性や自然的監視性の向上を意図した住棟設計や配置設計も試みられてきた。

1990 年代後半から、共同住宅では戸建住宅を上回る勢いで住戸侵入が増加し、また性犯罪なども増加した。そこで国土交通省は、警察庁の協力を得て、2001（平成 13）年「防犯に配慮した共同住宅に係る設計指針」（以下、「国の指針」と呼ぶ）を策定し、都道府県、関係団体等に通知し、その周知・活用を要請した。この指針は、CPTED 4 原則の考え方に立ち、共同住宅の新築や既存住宅の改修を行う際の企画・計画・設計の具体的な手法を示すもので、建築主に自発的な対策を促すことによって防犯性の高い共同住宅の普及をめざしている。

この時期、都道府県においても犯罪の増加を背景に、地域が取り組むべき課題や方向性を示した「生活安全条例」が相次いで制定された。その中には、国の指針をモデルに共同住宅の防犯配慮事項が盛り込まれたものもある。さらにその指針は、一部の都府県において住宅金融公庫（当時）の割増融資の条件とされた。このようなかたちで、犯罪が急増した共同住宅の防犯設計指針の普及がはかられていった。

(2)　防犯モデルマンション登録制度

マンション（本稿では「共同住宅」と同義）の防犯性能の向上を目的に、第三者機関がマンションの防犯性能を認定する制度も創設された。先駆けとなったのは、1999（平成11）年に創設された広島県防犯モデルマンション登録制度である。この制度は、独自の防犯設計基準にもとづいて建設されたマンションを一定の防犯性能を備えた「防犯モデルマンション」として認定を受けたいと望むNPO法人広島県マンション協会の要望に応えて設立された。さらに、国の指針が策定されると、これに準拠した独自の審査基準が設けられ、地方の防犯協会連合会が事務局となって、専門家が審査を行う防犯モデルマンション登録制度が、静岡、大阪、東京などいくつかの都道府県で発足した。この制度は法律に基づかない任意の制度であるが、第三者機関による診断と評価は、居住者に安心感を与えるとともに、共同住宅の防犯性能の向上に寄与している。

この制度は、犯罪予防に有効との認識が高まり、2005（平成17）年の犯罪対策閣僚会議の「安全・安心なまちづくり全国展開プラン」において「防犯優良マンション認定制度」として全国的展開がはかられることになった。この制度のメリットは、一定の防犯性能を備えたマンションの普及、認定マンションがWEBで公開されることによるマンションのPR効果、消費者のマンション選びの際の情報提供など、マンション事業者や消費者双方にある。

この制度のもとで認定を受けるのは多くは分譲マンションであるが、近年は一人暮らしの大学生や若い女性の性犯罪被害の防止も視野に入れた「防犯優良賃貸マンション認定制度」のように、別枠で賃貸住宅の防犯性を評価する制度が運用されるようになっている。

防犯優良マンション認定制度は、竣工時のマンションに一定の防犯性能を付与することに貢献してきたといえる。しかし、時間経過とともに設備の劣化や陳腐化等が生じるため性能維持は恒久的ではない。そのため認定には有効期間が設けられているが、実際には費用対効果の観点から認定更新をしないマンションもあり、今後の課題である。

(3) 共同住宅の防犯性向上の課題

国の設計指針や防犯モデルマンション登録制度の創設などによって、とくに新築の共同住宅の防犯性能は向上してきた。しかし、竣工後かなりの年数が経過している共同住宅では、計画当初から防犯対策が十分でないものも多い。これらの既存住宅は、所有者の判断や居住者の合意を得て防犯改修が行われているところもあるが、建物構造や費用の点から改善には限界がある。また、新築の防犯登録マンションであっても犯罪被害は皆無とはいえず、その原因が居住者の生活マナーや低い防犯意識にあることも少なくない。以上のことから、防犯性の向上にはハード面だけでなく、居住者による周辺環境への注視や不審者への声かけなどのソフト面の対策もあわせて実施される必要がある。

近年、同一敷地に複数の住棟が建つ団地型の共同住宅では、住棟内はもとより敷地内にも外来者が許可なく立ち入らないようにアクセス・コントロールを厳格に実施されているところが増えている。このような閉鎖性の強い住環境は周辺コミュニティとの交流を阻害しているという指摘もあり、設計や管理の工夫が問われている。

4 防犯に配慮した戸建住宅

日本の住まいは、伝統的に気候風土の影響を受けた開放性の高い木造住宅が中心で、また治安が良好な時代が比較的長く続いてきたこともあって防犯対策は十分ではなかった。犯罪の増加に伴い、防犯対策が深刻な課題となってきたのは1990年代後半以降である。

戸建住宅には共同住宅のように体系化された防犯設計指針はないが、住宅メーカーは独自の仕様で防犯住宅を開発しており、またいくつかの地方公共団体は生活安全条例の中で設計指針を示すなど、戸建住宅の防犯対策が進められてきた。近年は、マンションと同様、「防犯優良戸建住宅」や「防犯モデル一戸建住宅」などの認定制度を設ける都府県も多い。

戸建住宅に多い犯罪は侵入窃盗である。その対策として、CPTED 原則の「被害対象の強化」の観点から、開口部からの侵入を効果的に防止する建物部品（錠、ガラス、シャッターなど）が重要な役割を果たす。また、「監視性確保」の観点から、道路から住宅への見通しを遮る塀などの囲いを設けない「オープン外構」と呼ばれる設計手法が採用されることもある。その意図は、住宅に侵入しようとする者を早期に発見することであるが、計画にあたってはプライバシー侵害に対して十分な配慮が求められる。

開口部の建物部品のうち、とくに関係省庁および民間団体からなる官民合同会議が実施する防犯性能試験に合格した製品は「防犯建物部品」として目録が公開されており、戸建住宅や共同住宅への採用が推奨されている。防犯建物部品の導入を促進する仕組みとしては、「住宅の品質確保の促進等に関する法律」にもとづく「住宅性能表示制度」がある。これは、住宅取得者に住宅の性能（耐震、火災安全など）を分野別にわかりやすく示すための制度で、2005（平成 17）年に新たに「防犯」の分野が加わり、住宅開口部への防犯建物部品の使用の有無が評価の対象となった。

さまざまな犯罪の増加を背景に、個々の住宅だけでなく住宅地全体の防犯性を高めることへの関心が高まり、道路や公園などの公共スペースに防犯カメラを設置したり、ガードマンによる巡回サービスをとり入れるなどの、「セキュリティタウン」と呼ばれる戸建住宅地の開発も進められた。また一部には、住宅地の入口にゲートを設けて部外者の侵入を制限する開発も登場している。アメリカでは、このような住宅地は「ゲーテッド・コミュニティ（gated community）」と呼ばれて一般的な開発手法となっているが、周辺地域と隔絶された要塞型の大規模なコミュニティのあり様を疑問視する意見もある（コラム 18 参照）。

わが国では、高いコストを負担して過度にハードな対策を施したり、高度なセキュリティシステムを導入したりするのではなく、居住者自らが防犯活動に参加することによって防犯効果をあげることができるし、またそのような活動自体がまちづくりにも好影響をもたらすと考えられることも多い。

3　今後の住まいの防犯の課題

わが国の住まいの防犯対策は、欧米で発展してきたCPTED理論に学び、広く進められてきた。共同住宅では、防犯設計指針が策定され、防犯性を診断・評価する防犯モデルマンション登録制度が生まれた。戸建住宅では、共同住宅のように体系化された設計指針こそないが、とくに新築住宅では設計や設備面の対策が前進し、さらに住宅地全体の安全性向上にも目が向けられるようになった。

しかし近年、住宅地では人口の減少・高齢化が進み、空き家が増加している。防犯がそれほど重視されていない時期に建てられた住宅は、侵入窃盗などの被害を受けやすい。隣地が空き家や更地の場合は、その危険がさらに増す。これらの地域では、個々の住宅だけでなく住宅地としてどのように安全性を確保していくのかが課題となる。

住まいの防犯には、ハード面の対策とともに、居住者の意識に委ねられることの多い管理面の配慮も重要であることは言うまでもない。近年、住まいの防犯性が強化されたことによって、共同住宅、戸建住宅ともに以前にも増して物理的閉鎖性が強まってきている。このことは決して好ましい状況とはいえない。防犯対策は立地、周辺の犯罪状況、住まいの形態等に応じて検討されなければならない。今後、住宅や住宅地の安全性は生活の質を左右する重要な要素であるという認識のもとで、環境設計にもとづく防犯対策と防犯以外の生活ニーズを両立させうる安全で快適な住環境をめざすことが重要である。

参考文献

・ジェーン・ジェイコブス（黒川紀章訳）『アメリカ大都市の死と生』（鹿島出版会、1977年）（原書 “The Death and Life of Great American Cities” 1962）

・オスカー・ニューマン（湯川利和・湯川聰子訳）『まもりやすい住空間』（鹿島出版会、1976年）（“Defensible Space — Crime Prevention Through Urban Design” 1972）

・ティモシー・D. クロウ（猪狩達夫監修・高杉文子訳）『環境設計による犯罪予防』

(財)都市防犯研究センター（1994年）（原書“Crime Prevention Trough Environmental Design” 1991）
・ガーダ・R. ウェカール、キャロリン・ホイッツマン（瀬渡章子・樋村恭一訳）『安全な都市―計画・設計・管理の指針―』（(財)都市防犯研究センター、2003年）（原書“Safe Cities — Guidelines for Planning, Design and Management —” 1995）
・グレゴリー・サビル「北米における防犯環境設計の動向」、『JUSRIレポート』別冊第14号、(財)都市防犯研究センター（2000年）
・バリー・ポイナー（小出治ほか訳）『デザインは犯罪を防ぐ』（(財)都市防犯研究センター、1991年）（原書“Design against Crime” 1983）
・Safer Places — The Planning System and Crime Prevention —, UK Home Office, 2004
・湯川利和・瀬渡章子「住環境の防犯性能に関する領域論的研究」(財)新住宅普及会・住宅建築研究所編『住宅建築研究所報 No. 6』1–15頁（丸善、1980年）
・湯川利和・瀬渡章子「住環境の防犯性能に関する領域論的研究（その2）」(財)新住宅普及会・住宅建築研究所編『住宅建築研究所報 No. 7』345–358頁（丸善、1981年）
・伊藤滋編『都市と犯罪』（東洋経済新報社、1982年）
・伊藤滋編『犯罪のない街づくり』（東洋経済新報社、1985年）
・湯川利和『不安な高層　安心な高層』（学芸出版社、1987年）
・『防犯環境設計ハンドブック住宅編』JUSRIレポート別冊第8号（(財)都市防犯研究センター）（1997年）
・(財)ベターリビング・(財)住宅リフォーム・紛争処理支援センター編『共同住宅の防犯設計ガイドブック―防犯に配慮した共同住宅に係る設計指針・解説』（創樹社、2001年）
・中迫由実，瀬渡章子「単身者を対象とした民間賃貸マンションの防犯性能の現状と課題――一般賃貸マンションと防犯モデルマンションの比較―」『日本建築学会計画系論文集 No. 614』（2007年）
・エドワード・J. ブレークリー、メーリー・ゲイル・スナイダー、竹井隆人訳『ゲーテッド・コミュニティ―米国の要塞都市―』（集文社、2004年）（原書“Fortress America：Gated Communities in the United States” 1999）

Ⅱ　子どもの安全

キーワード

児童虐待／うっかり事故／通学路の安全

1　はじめに

「子どもの安全」は、こんにち深刻な問題である。社会には、子どもの安全を脅かす種々のリスクがあり、現に、犯罪被害に限らず、偶発的な事故の被害も後を絶たない。このように、子どもは、その生命、身体の安全の維持にとって庇護の必要な社会的弱者であり、とりわけ被害防止はきわめて重要である。そのため、社会にはセキュリティ・ネットが講じられているが、伝統的にはわが国でも家庭、学校、地域社会においても子どもの安全を図る努力は行われてきた。

しかし、現代社会は複雑化し、人間関係がこれまでになかった形で構築されるようになると、安全や保護のあり方も当然ながら従来の方式では対応できない側面も生じている。なかでも家族内部の人間関係の複雑化に伴う虐待問題、あるいは子どもの日常生活においてSNS利用の拡大などによる被害化は深刻であり、たんに成人による犯罪事件に巻き込まれるだけでなく、いじめなどの子ども同士の事件も発展しやすく、これらに対応するためには警察だけでなく多機関の連携が求められている。

「子どもの安全」に関わる事項は多岐にわたるが、ここでは、犯罪事件や事故に限定し、その背後にある考え方や実態等を考察する。

2 「子どもの安全」の考え方

1 「子どもの安全」思想の変遷

フランスの歴史家フィリップ・アリエス（Philippe Aries）によると、そもそも「子ども（enfant）」という概念は近代以前にはなく、単なる「小さな大人」にすぎなかったという。つまり「子ども」は歴史的にみて比較的新しく、近代の産物であるとされる。少なくとも19世紀以前には児童期に当たる用語がなく、当然ながら児童をめぐる社会問題も認識されなかった。しかも、中世から近世にかけてヨーロッパでは児童の死亡率がきわめて高く、また両親も子どもを大事に扱う風習がなく、虐待も頻発していたという。すなわち、子どもは「小さな大人」であり、肉体的精神的に労働能力が育ち、大人と意志疎通が可能になる7，8歳になると、大人と同様の労働に従事し、娯楽も味わったとされる（「〈子供〉の誕生」1980年、28〜29頁）。

実際、18世紀末から19世紀初頭イギリスでは、児童は産業革命の労働力の一翼を担った。これは産業革命による社会構造の大転換に伴い、社会の産業化、工業化が進み、農民が大量に都市に流入したが、それにつれて子どもも親と共に、あるいは地方農民の口減らしとして都市に出て工場で働くようになったのである。とくに、資本家は労働力の安い子ども（一般には7歳以上）に注目し、家庭によっては子どもが一家の稼ぎ頭の役割を果たすこともあった。通常、子どもは朝6時から夜7時くらいまで働き、その結果、過労のほか、貧弱な設備、不衛生な工場環境などから病気で倒れる子どもが続出し、子どもの中には工場を抜け出し、路上で浮浪をした者もいたと言われる（角山栄「イギリス産業革命」世界の歴史18巻、1970年185頁以下）。このように、この時期、子どもは社会の最下層として放置されたままであった。これは刑罰のあり方でも同様であった。イギリスで少年犯罪者という概念が誕生するには、19世紀後半を待たなければならず、7歳までは不可罰、14歳までは責任無能力推定（doli incapax）という原則はあったものの、それ以上の年齢の子どもには大人と同様の刑罰が科された。というよりも、刑罰の言い渡し、執行において子どもと大人が識別されていなかったというのが現実であった。当時、刑罰の大半が死刑であり、当然ながらきわめて過酷であった。

このような子どもの悲惨な状況、つまり貧困、重労働、労働搾取、両親による虐待などに対して、ようやく社会的な同情や哀れみが生まれたのは19世紀後半のことであり、現に、イギリスでは1884年に全国児童残虐行為防止協会（the National Society of the Prevention for Cruelty to Children, NSPCC）が設立されている。この目的は、主として前記のような子どもの困難な状況の改善と貧困家庭に対する支援にあった。非常に奇妙なことに、それ以前、すでに動物虐待防止協会は存在していたのに、子どもを保護する社会運動は乏しかったのである。そこで、一部の社会事業家がアメリカ・ニューヨーク児童残虐防止協会の視察などを経て、まず 1883 年にリバプールにこの種の協会を組織し、ついで翌年ロンドンにも設けられ、これが全国の支部を統合して全国協会となったのである。地域から寄付や財産寄贈などを受けて財政基盤を整えた NSPCC では調査官（inspector）を雇用し、子どもの虐待や放任などの現状を調査させて報告書を発刊した。このような運動が結実して、1884 年に児童残虐防止法（the Prevention of Cruelty to Children Act）が成立した。1889 年、NSPCC は年次総会で名称変更を決議し、現在に至っている。実はわが国でも 1933 年（昭和 8 年）に児童虐待防止法が制定されているが、趣旨はこれとほぼ同様であり、親が子どもを食い物にするなど児童労働の搾取防止が主たる目的であった。しかし、現代的な意味で世界的に児童保護が強調されるようになったのは、1989 年国連「子どもの権利条約」以降であろう。

2　「子ども」観の相違

社会的弱者としての子どもの安全は、大人の責任において確保する必要があるが、その根底にある思想はわが国と欧米諸国では、かなりの相違があるように思われる。すなわち、社会における子どもの位置づけが根本的に異なるということである。欧米では、子どもは公共物であって誰の所有物でもなく、いわば「神の子」である。したがって、不適切な養育を行っている両親は生みの親であれ、子どもを危険にさらしているのは現実であるから、このような場合、欧米では何の容赦もなく、子どもを親から強制的に引き離し、適切な養育を行う能力のある里親の下に送るか、他の社会福祉施設に収容する。つまり、生みの親は、たまたまわが子を神から預かり養育しているにすぎない。キリスト教的子ども観からすれば、そのような見方ができよう。他方、わが国では、子どもは親の私物という意識が強く、仮に虐待を受けていても「子どもは生みの親の元で暮らすのが最も幸せ」という通念によって、あるいは虐待後に親が、「今度こそうまくやるから、任せて欲しい」と懇願すると、つい子どもを親の元に帰してしまう児童相談所の処理の仕方は、職員にも依然として日本式子ども観が残存しており、その結果、いまだに虐待による死亡や傷害事件があとをたたないのだと思われる。

しかしながら、「子どもの安全」を考える場合、とくに親のうっかり事故などを検討する際には、親子の文脈だけで考察するのではなく、あくまでも子どもの視点から考えるべきである。そうでないと親も被害者として扱われて、むしろ同情される結果になり、子どもが抱えるリスクが見えなくなるおそれがある。社会的にもこのような同情がうっかり事故防止に陰を落とすことになろう。親が子どもを抱きかかえて自動車を運転する、子どもを車道側で歩かせる、3人乗りして自転車を走らせる（最近合法的な3人乗り自転車が開発されてはいるが）、駐車場を走り回る子どもを注意しないなどの親の作為・不作為が、「虐待」の語感からあまりにかけ離れているために、本人にも反省や教訓が生まれないのかもしれない。しかし、「子どもの安全」に真剣に取り組むためには、「虐待」の認識を大きく転換する必要がある。残念ながら、わが国では「うっかり事故」が虐待との認識には乏しい。現に、2010年の年齢別死因において14歳未満では「不慮の事故」が死因のトップにあるのは、親の保護が十分でないことを示している。たとえば、家庭内の浴槽で溺れ死ぬ子ども（0歳から9歳）が年間で40人ほどいるという事実は（おそらく未遂はその数十倍あるであろう）、どうみても子どもに対して十分に安全が図られていないと言わなければならない。

3 子どもをめぐる事件

世界的に、こんにち社会の関心は児童虐待に向かい、こんにちでも「子どもの安全（child safety, child protection）」といえば、児童虐待がテーマとされることが多い。先述の1989年の国連「子どもの権利」条約は、各国の児童虐待施策に大きな影響を与えた。児童虐待は、必ずしも家庭内に限らず、教会や社会福祉施設などでも発生しているが、いずれも親密な人間関係を利用した事件としての性格を有する。とくに、離婚や別居という家族関係の複雑化に伴い、同居者や保護者による過激な虐待死事件が発生している。児童虐待では、家庭という密室で無防備な子どもが攻撃を受けるため発見が遅れやすい。そこで、危険が発生する以前の予防策が検討されている。

他方、屋外ないし路上、街頭における「子どもの安全」に対しては必ずしも十分な議論が行われていない。わが国では、2004年から2005年にかけて奈良、広島、栃木などで発生した通学路における事件が象徴的であるが、しかし、事件からしばらく経つと問題意識が風化する傾向にある。イギリスでも1993年に発生したジェイムズ・バルジャー（James Bulger）事件を契機に議論されるようになり、さらに2000年に発生したサラ・ペイン（Sarah Payne）事件では、いわゆる不審者による性犯罪が注目されるようになった。他方、アメリカで1994年に発生したミーガン・カンカ事件は後に性犯罪者情報の登録と開示を認めた「ミーガン法」を成立させたことで知られる。ミーガン事件、サラ・ペイン事件は、性欲の満足のために獲物（幼児）を探してうろつき回る捕食者（predator）タイプの性犯罪であった。こうして、こんにち欧米諸国の「子どもの安全」問題は、一方で児童虐待、他方で性犯罪の問題に分岐して議論されるに至っているが、わが国では必ずしも活発な議論を招いていない。

❍コラム39　ジェイムズ・バルジャー事件

1993年2月12日リバプール郊外で2歳の男児ジェイムズ・バルジャーが10歳の男子2名によって殺害され、その後鉄道の線路上で発見された事件で、バルジャーは母親と近くのショッピング・センターで買い物中に母親とはぐれた際に拉致されたものであった。たまたまショッピング・センターの監視カメラが拉致される様子を捉えていたため、その夜のニュースで報道され、一般公衆の大きな関心を呼んだ事件でもあった。この事件は、一般には殺人を行った少年犯罪者に対する刑罰のあり方を問うものであったが、同時に屋外における「子どもの安全」を喚起する結果ともなった。

❍コラム40　サラ・ペイン事件

2000年7月1日ウェスト・サセックス州で、兄弟とともに祖父母の家に遊びに来て、近くのトウモロコシ畑で遊んでいたサラ・ペインの行方が分からなくなり、両親が捜索願を出した。警察が捜査中に近くに住む41歳の男を逮捕し、その後、20キロ以上離れた地で遺体となって発見された。この男は以前に8歳の女児に対する拉致・強制わいせつで有罪犯罪を受けて服役した経歴があり、アメリカのミーガン事件との類似性から、サラ・ペインの母親は性犯罪者情報の一般公開を求める「サラ法」制定を求めて運動を続けている。現在、イギリスの制度では性犯罪者登録制度は採用されているが、一部の例外をのぞいて、一般には開示されていない（第13講Ⅱ「性犯罪」参照）。

もっとも、欧米諸国の個別の地域社会でも、「子どもの安全」のみに特化した予防活動の例は稀であり、どちらかというと、他の犯罪予防活動とともに展開されている場合が多い。これは、子どもが拉致・殺害される事件の発生は少なく、それよりも自動車窃盗、住宅侵入盗の予防策などの方が住民の関心が高いからであろう。もちろん、家庭でも学校でも子どもに対する安全・防御教育は行われており、各種NPO団体もこれを啓蒙したり、支援したりしている。また、通学にはスクール・バスが利用されたり、低学年の子どもの通学には親が付き添うのが一般であって、わが国のように子どもたちだけの集団で登下校する姿は、むしろ珍しい。フレックスタイムなどが発達した親の労働環境などが、このような親子の同伴の登下校を可能にしていると思われる。

3　子どもの犯罪・事故被害の実態

近年わが国では、「子どもの安全」は路上あるいは通学路において不審者からの保護が検討されがちであるが、これらの問題にとどまるものではない。確かに、これらの場所において子ども（13歳未満）が凶悪な事件の被害者となり、社会を震撼させた経緯もあるが、毎年の事件数は必ずしも多くはなく、本来的にこの問題にとどまらず、さらに多角的に検討する必要がある。先述したように、イギリスなどの欧米諸国では、「子どもの安全」はむしろ児童虐待の問題に特化しつつある。しかしながら、その「虐待」概念もさらに多様化しており、イギリスを含め欧米では、「子どもの安全を図らないこと」、「子どもを危険にさらすこと」自体が「虐待」と捉えられている。極端な例では、母親が再婚する場合に、その相手の男性に児童虐待歴がある場合、その男性をわが子と同居させること自体が「虐待」なのである。すなわち、まだ実際には虐待を行っていないとしても、その危険のある男性をわが子に近づけることで将来発生するかもしれない虐待を予防しようとする発想である。また、わが国でしばしばみられる幼児の車内放置や一人だけのお使いはれっきとした犯罪とされる。

1　子どもの犯罪や事故の被害

先にみたように、わが国の統計によると、子どもの死因の第 1 位は不慮の事故であり、わが国を含め、子どもがいわゆる「うっかり」事故に巻き込まれる例は枚挙にいとまがない。一般には、5 歳以下の幼児の事故であるが、自宅の浴室で溺れ死んだり、父親が放置したタバコの吸い殻を飲み込んだり、窓から乗り出して転落したり、親の留守中に火遊びをして火災となり焼け死ぬなど、家庭内、室内でも子どもにとって多くの危険がある。屋外でも、ショッピング・センターの駐車場で親が手を離した隙に他の車に引かれたり、車に放置されて熱射病で死亡したり、近くの鉄道線路で遊んでいて列車事故にあうなど、屋外でも事故の危険をはらんでいる。このような事故や事件は、考えてみれば親や保護者の「うっかり」状況から生まれたのであり、逆にいえば保護者がきちんと子どもを監督していれば回避できた可能性も高い。つまり、親や保護者が「子どもの安全」を脅かす状況に子どもを放置したと言わざるを得ない。いま一度、子どもは自ら危険を察知し、これを回避する能力が著しく低いという点を社会全体が認識すべきであろう。

このような「子どもの安全」を脅かす状況に陥れる行為は、故意であれ過失、あるいは無過失であれ「虐待」と同視するのが欧米である。わが国のように子どもを失った親に対する同情よりも、批判の方が遙かに大きいのである。「虐待（abuse）」なる語は確かに少し概念的に強い語感を与えるが、'abuse' には乱用、悪用、誤用などの意味もあり、正しく親は自らの権限を誤用して子どもを危険な状況においたのである。このような行動に対して、欧米では刑罰を持って臨んでいるケースがある。たとえば、古い法律であるが、イギリスの1933年児童および若年者法（the Children and Young Persons Act 1933）では、13歳未満の子どもを家庭内に保護者の不在状況で放置することを禁止し、この違反行為に対しては罰則をもうけている。これは、多くの家庭には暖炉があり、当時両親が不在中に、その暖炉の火で子どもが火傷を負ったり、火災になったりする事故に対する防止策でもあったが、現在、ほとんどの家庭では暖炉を利用しておらず、従って、1933年法は、こんにち家庭内の全般的な「子どもの安全」を守る法律として機能している。実際、多くの欧米諸国では、子どもを家庭に残す場合、ベビー・シッターなどを雇用し、監視役を確保するのが一般的である。わが国のように、子どもだけで留守番をすることなどは考えにくい。このほか、自動車運転の場面でも、一定年齢以下の子どもを助手席に乗せること自体禁止する国も少なくない。このように、日常生活のあらゆる領域で、子どもの安全、つまり子どもが受けるリスクを回避するルールが社会的にも法律的にも確立している。

2　子ども犯罪被害の実態

警察庁では、子どもを「13歳未満」と定義して被害件数の統計を記録している。これによると、これらの者の刑法犯罪の被害では、図表14(2)-1が示すとおり、平成20年以降に減少傾向がみられ、平成29年には全国で1万5,721件発生し、この10年で半分以下に減少した。しかし、全刑法犯の被害者に占める13歳未満の子どもの割合は、むしろ上昇しており、これは全般的な被害者の減少傾向にあって、減少幅が比較的小さい13歳未満の者が恒常的に犯罪標的に狙われやすい状況を示しているように思われる。わが国の少子化傾向から、また成長発展途上にある子どもの精神的肉体的なダメージという観点からすれば、2万人を超える子どもの被害者数は無視できない数字であり、他方、被害の性質上、多くの暗数が存在することも考えねばならない。さらには、これらの数値は両親・保護者のうっかり事故等を含まない数値であり、子どもの犯罪被害については社会が引き続き、重大な関心を払うべきと思われる。

罪種別でも、図表14(2)-1が示すように、13歳未満の被害件数は少ないものの、全刑法犯の被害者数に占める13歳未満の比率では、略取誘拐が最

図表 14(2)-1　13 歳未満の者の被害状況

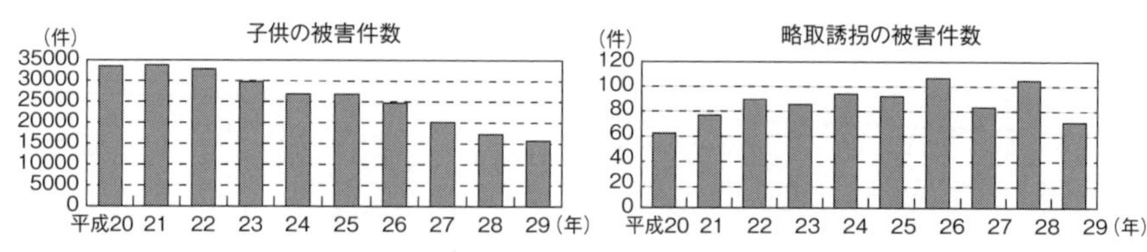

区分＼年次	20	21	22	23	24	25	26	27	28	29
子供の被害件数 (件)	33,552	33,840	32,897	29,784	26,791	26,783	24,707	20,106	17,252	15,721
うち殺人	115	78	77	76	67	68	83	82	74	65
うち強姦	8	7	7	14	11	9	6	3	4	6
うち強制性交等	71	53	55	65	76	69	77	64	69	91 (注)
うち暴行	868	757	707	710	846	882	858	886	906	852
うち傷害	473	491	467	493	495	548	539	557	631	613
うち強制わいせつ	944	944	1,070	1,027	1,066	1,116	1,095	881	893	953
うち公然わいせつ	76	80	109	83	139	136	133	140	109	91
うち逮捕・監禁	2	7	9	7	7	9	12	10	21	10
うち略取誘拐	63	77	91	86	95	94	109	84	106	72

注：29 年中の強姦を除く強制性交等の認知件数は 43 件であった。
※警察白書平成 30 年版による。

も高く、子どもの連れ去り易さを示している。次いで強制わいせつ、強姦が続く（なお、2017 年の刑法改正により、強姦は強制性交等、強盗強姦は強盗・強制性交等に変更された）。

それでは、子どもはどこで犯罪に遭っているか。やや古い統計であるが、図表 14(2)–2 から理解されるように、平成 20 年刑法犯に関する統計によると、駐輪場、駐車場が圧倒的に 37% と高く、次いで路上（17%）、マンションなどの共同住宅（16%）となっており、駐輪場が多いのは自転車窃盗の被害によるものと思われるが、恐喝、強制わいせつも一定数発生している。路上でも窃盗被害が目立つが、身体的危険が発生する略取誘拐では、公園や空き地よりも路上で多く発生しており、通学路における安全の確保、いわゆる「子ども 110 番の家」の整備が問題となる。他方、暴行は路上、強制わいせつは共同住宅、路上が多く、これは声かけや痴漢の発生を意味するものと判

図表 14(2)-2　13 歳未満被害：罪種別・場所別発生状況（2008 年）

罪種／区分	殺人		強姦		暴行		傷害		強制わいせつ		公然わいせつ		逮捕監禁		略取誘拐		その他	合計
	件数	割合(%)	件数	割合(%)	件数	割合(%)	件数	割合(%)	件数	割合(%)	件数	割合(%)	件数	割合(%)	件数	割合(%)		
被害総数	1,290	—	1,582	—	31,641	—	28,291	—	7,111	—	912	—	407	—	155	—	200.737	1,458,697
13 歳未満計	115	100.0	71	100.0	867	100.0	472	100.0	936	100.0	76	100.0	2	100.0	63	100.0	1,079	33,328
一戸建て住宅	38	33.0	10	14.1	26	3.0	56	11.9	71	7.6	1	1.3	1	50.0	4	6.3	30	2,608
共同住宅	43	37.4	27	38.0	80	9.2	98	20.8	257	27.5	8	10.5	0	0.0	9	14.3	113	5,384
学校(幼稚園)	1	0.9	9	12.7	10	1.2	38	8.1	25	2.7	3	3.9	0	0.0	3	4.8	34	802
駐車(輪)場	5	4.3	3	4.2	28	3.2	18	3.8	52	5.6	0	0.0	0	0.0	1	1.6	378	12,281
道路上	8	7.0	3	4.2	426	49.1	137	29.0	187	20.0	53	69.7	0	0.0	28	44.4	319	5,775
都市公園	1	0.9	1	1.4	91	10.5	39	8.3	99	10.6	5	6.6	0	0.0	4	6.3	56	2,120
空き地	2	1.7	1	1.4	10	1.2	5	1.1	10	1.1	0	0.0	0	0.0	1	1.6	14	165
列車内	0	0.0	0	0.0	10	1.2	2	0.4	2	0.2	0	0.0	0	0.0	0	0.0	3	22
駅・鉄道施設	0	0.0	0	0.0	13	1.5	2	0.4	6	0.6	0	0.0	0	0.0	0	0.0	10	94
その他	17	14.8	17	23.9	173	20.0	77	16.3	227	24.3	6	7.9	6	50.0	13	20.6	122	4,077

※警察庁の資料による

断されるが、マンションなど死角の多い場所で発生し、また比較的自然監視が高い路上でも危険性がある点に注意を要する。公然わいせつは基本的に、いわゆる「露出狂」の被害と考えられ、当然路上に多い。これらを総合すると、屋外屋内を通じ、現代社会において、子どもの安全を確保する場所は意外に少なく、空き地、公園、路上が危険であるだけでなく、共同住宅、学校でも一定の注意を払わないと、思いがけない事件、事故に遭遇する可能性がある。

これらの発生の時間別を分析すると、さらに被害状況が明らかになるだろう。また、学校（幼稚園）で強姦事件が発生していることについても、安全な場所というイメージを転換する必要がある。

4 「子どもの安全」に対する対応

政府レベルでは、2005 年（平成 17 年）に関係省庁の連絡会議が「犯罪から子どもを守るための対策」を発表し、①登下校時の安全確保、②犯罪から子どもを守るための総合対策を基軸に推進事項をまとめ、また翌年には犯罪対策閣僚会議・青少年育成本部により「子ども安全・安心加速化プラン」が了承された。これは、①地域の力で子どもを非行や犯罪被害から守る、②子どもが非行・犯罪被害に巻き込まれない力を地域で育む、③困難を抱える子どもの立ち直りを地域で支援するという三つの視点から方向性を示した。その後、2008年（平成20年）の「犯罪に強い社会の実現のための行動計画2008」にも「子どもと女性の安全を守るための施策の推進」という項目が盛り込まれており、政府においても子どもの安全は最重要課題であることが示されている。このような状況において、警察では、全国の都道府県本部に子供女性安全対策班などの対応をとっている。

1　屋外における子どもの安全

わが国では宮崎勤事件（1988～89年）、神戸小学生殺害事件（1997年）、奈良女児誘拐殺害事件（2004年）など屋外で発生した事件などが依然記憶に新しい。また、とくに就学児童にとって最も危険だとされるのが通学路であり、わが国のように徒歩で通学する形態では、どうしても子どもが一人になる時間・空間があり、そこが犯人にねらわれやすい点である。図表14(2)−3は子どもが殺害された事件一覧であるが、子どもが校内や通学時間帯に事件に巻き込まれる例が目立つ。その特徴は、①発生時間帯が下校時、②対象が低学年女児（これは後記の図表14(2)−4からも伺える）、③車や自転車を利用した犯行である。本表に挙げた事件は既遂であるから、これに未遂事件を含めれば、通学路でかなり事件が発生しているはずであり、現に、各県警のホームページ等を参照すると、全国で声かけ事案が多発している様子が伺える。前述のとおり奈良市、広島市、栃木・日光市（旧今市市）の事件はいずれも下校時に発生しており、通学路の安全を再認識させるものとなった。

2　通学路における子どもの安全対策

われわれの研究グループは、奈良市富雄地区を調査対象として、地域活動のあり方を検討した（守山正ほか「奈良市富雄地区における『子どもの安全』地域活動の検証と提言」社会安全研究財団実績報告書、2009年）。いうまでもなく、この地は2004年11月富雄北小学校1年生の女児が下校中において誘拐、殺害された事件の現場となった地区であり、その後、通学路における徹

図表 14(2)-3　平成期以降の子どもが殺害された主な事件

発生年月	犯人（被疑者）		発生地	発生時	被害者
	性別・年齢	職業			
平成元年6月（一部昭和）	男性(26歳)	無職	埼玉県 東京都	公園その他屋外	4人の幼女（4歳2人、5歳、7歳）
2年2月	少年(17歳)	無職	福岡県	下校時	男児（7歳）
2年3月	男性(38歳)	教師	広島県	屋外	女児（12歳）
4年2月	男性(54歳)	無職	福岡県		小1女児2人（7歳）
6年4月	男性(20歳)	無職	岐阜県	下校時	小2女児（7歳）
7年1月	男性(29歳)	無職	佐賀県	下校時	小1男児（7歳）
9年 2～5月	少年(14歳)	中学生	兵庫県	屋外	小4女児（10歳）、小6男児（12歳）
9年8月	男性(24歳)	防水工	福岡県	登校時	小2女児（8歳）
9年11月	男性(41歳)	運転手	和歌山県	屋外（車内）	小1女児（7歳）
10年4月	男性(45歳)		岩手県	下校時	小2女児（7歳）
11年4月	少年(18歳)	会社員	山口県	自宅	幼女（11ヶ月）、母親（23歳）
11年11月	女性(35歳)	無職	東京都	幼稚園内	幼稚園女児（2歳）
13年6月	男性(37歳)	無職	大阪府	小学校内	小1，2児童（8人）
13年10月	男性(23歳)	無職	長崎県	下校時	小1女児（7歳）
15年7月	少年(12歳)	中学生	長崎県	屋外（駐車場）	男児（4歳）
16年3月	男性(26歳)	会社員	群馬県	小学校内	小2女児（7歳）
16年6月	少女(9歳)	小学生	長崎県	小学校内	小6女児（11歳）
16年9月	不明		岡山県	自宅	小3女児（9歳）
16年9月	男性(39歳)	会社員	栃木県	屋外（川）	男児兄弟（3歳、4歳）
16年11月	男性(36歳)	新聞配達員	奈良県	下校時	小1女児（7歳）
17年11月	男性(34歳)	外国人	広島県	下校時	小1女児（7歳）
17年12月	不明		栃木県	下校時	小1女児（7歳）
17年12月	男性(23歳)	塾講師	京都府	学習塾内	小6女児（12歳）
18年2月	女性(34歳)	外国人	滋賀県	屋外（車内）	幼稚園男児（5歳）
18年 4，5月	女性(33歳)	無職	秋田県	下校時、屋外（川）	小1男児（7歳）、長女（9歳）
19年10月	不明		兵庫県	屋外（自宅前）	小2女児（7歳）

※衆議院調査局第一特別調査室編『子どもが被害者になった犯罪等に関する資料』（平成18年9月）6頁を参考にして、追加・修正の上、作成した。

図表 14(2)-4　奈良県における不審者情報の例（2009 年）

発生日時	行為者の概要	事案の概要
10月12日 16時	20～30 歳男性、外国人風、肥満	小２女児に「英語を教えてあげようか」などと声をかける
10月9日 18時	16～18 歳男性、眼鏡、白色携帯	小２女児らに「陰部を触って」などと声をかける
9月29日 17時30分	60～65 歳男性、白髪短髪	帰宅途中の小２女児に「お金を貸して」と声をかける
9月28日 16時	30～40 歳男性、黒色フード、サングラス、自転車	自転車帰宅途中の小２女児に「お金をあげる」などと声をかける
9月17日 16時30分	12～15 歳男性、黒縁眼鏡	徒歩通行中の小４女児につきまとう
9月16日 19時30分	20～30 歳、徒歩	徒歩歩行中の小６男児を追いかける
9月14日 15時30分	30 歳代前半、自転車	下校途中の小４女児に陰部を露出する
9月11日 18時45分	50 歳～60 歳男性、濃い眉毛、ほくろ	徒歩通行中の小３女児に「家はどこ」と声をかける
9月10日 8時	年齢不詳男性、自転車乗車	登校中の小２男児に「死ね」と声をかける
9月9日 14時30分	40～50 歳男性、カメラ所持	帰宅途中の小４女児にカメラ撮影する
9月7日 18時30分	30～40 歳男性、自転車	帰宅途中小５女児を自転車で後をつけ声をかける
9月7日 14時30分	30 歳と 40 歳位の男性２名作業服	下校途中の小６男児をカメラで数回撮影
9月2日 13時	20～30 歳男性、自動車に乗車中	下校中の小４女児に声をかける
8月27日 19時45分	高校生風、金髪、バイク乗車	自転車通行中の小４男児をバイクで追いかける
8月26日 17時	60～70 歳、眼鏡	帰宅途中の小４女児をつきまとう

8月23日 14時30分	30〜40歳、茶髪、日焼け	小３女児が「かわいいね」などと声をかける
8月19日 17時	40〜50歳、白髪まじりのぼさぼさ頭	小３女児が「今日、学校あったの」と声をかけられる
8月14日 16時	30〜40歳、路上駐車	小２男児が車内に手招きされる
8月8日 16時40分	60歳位、眼鏡、マスク	公園で遊んでいた小１男児２名に陰部を露出する
8月3日 12時20分	老人風男性、作業服、自転車乗車	通行中の小６女児に「車を盗まれた、一緒に探して」などと声をかける

※奈良県警察本部のホームページの情報を要約した。

底した見守り活動において、日本の「子どもの安全」の象徴となった地区でもある。この事件は、まさに捕食者（predator）タイプの誘拐殺害事件であり、通学路という児童が最も頻繁に使用する路上での出来事であったため、事件直後の周辺地区ではとくに保護者の間にパニックが生じ、その後、精力的な地域安全活動が展開されている。

先にみたように、欧米では日常生活において「子どもを一人にしない」意識がきわめて強いし、また法的にもそのような拘束力が働いている。わが国のように、依然として、子どもが一人でとぼとぼ通学する風景は欧米では考えられない。このように、わが国では社会的にも「子どもを一人にしない」という認識が強まっているとは思えないし、家庭や学校等における防犯教育も型どおりで済まされているように思われる。その点では、この奈良市富雄北小学校の実験は大きな教訓をもたらすと思われるし、実際、事件現場となった奈良県の意識は他の地区よりは、いくらか異なっている。

もっとも、奈良県は事件現場となったこともあり、反応がやや過剰であることもあり、これらの情報は基本的には市民から寄せられたものであって、場合によっては市民の誤解や早とちりなどで真の不審者ではないことも含まれているので、注意を要する。とくに、子どもの情報や記憶、判断は必ずしも正確ではなく、図表14(2)-4の実例の中にも、必ずしも「不審」ではないように思われるものも警察に通報されている。その遠因には、奈良県が

2005 年に制定した「子どもを犯罪の被害から守る条例」の影響が考えられる。この条例では子どもに対する声かけを規制しており、地域住民の過剰な対応が種々の問題を引き起こしていることも報告されている。

5　おわりに

子どもをめぐる痛ましい事件や事故は、減少してはいるものの、暗数を含めると比較的頻繁に発生していると考えられ、とくに大きな事件や事故は社会を震撼させている。子どもの判断力、自衛力は著しく低く、社会的な保護を失うとこのような事件や事故に巻き込まれる恐れがある。「子どもを一人にしない」という警告はこのような事件や事故を防ぐにはきわめて有効であるが、実際の社会では保護者が 24 時間常時これを実行するのはかなり難しい。したがって、子どもの保護は家庭だけで行うのは難しく、警察はもちろん学校や地域社会の力も必要である。

ところが、『孤独なボーリング』でアメリカのソーシャル・キャピタルの低下を論じたロバート・D・パットナム（Robert D. Putnam）の近著『私たちの子どもたち（Our Kids）』（2016 年）では、このような家庭以外による保護が現代では弱まっていることを指摘している。この指摘はわが国の社会にも一脈通じるところがあるが、アメリカではかつての地域社会において他人の子どもにも目を向け地域で育てるという意識、つまり、「私たちの子ども」が生物学的な意味でのわが子のみに関心が限定され、「私の子ども」の時代に向かいつつあるという。この本は、地域による子どもの見守りから、わが子の安全にのみ関心が移行する社会への警告の書となっている。

しかも、児童虐待のように家庭内でも子どもの危険が発生するようになると、学校や地域でも保護することができなくなれば公的機関による保護が必要となるが、それにも限界があり、そこで犯罪や事故の被害リスクが高い子どもへの注意は、結局は社会全体で担うべき責務であると思われる。

参考文献

・守山　正「女性、子供の安全」（公益財団法人公共政策調査会編『現代危機管理論』

（立花書房、2017 年））
・特集「犯罪からの『子どもの安全』」犯罪と非行 162 号 5～135 頁（2009 年）
・守山　正「イギリスにおける『子どもの安全』と性犯罪者対策」『犯罪の多角的検討』469～496 頁（有斐閣、2006 年）
・一般社団法人「子ども安全まちづくりパートナーズ」http：//kodomo–anzen.org/
・シンポジウム「地域における子どもの安全」犯罪と非行 179 号 37～78 頁（2015 年）

Ⅲ　安全・安心のまちづくり

キーワード

防犯環境設計／自主防犯活動／ソーシャル・キャピタル／マネジメントサイクル

1　身近な地域における犯罪問題

1　さまざまな犯罪からの安全

人々が日常生活を送る身近な地域では、住まいや子どもに関わる犯罪のほか、ひったくりや乗り物盗、車上ねらいなど、さまざまな犯罪が発生している。これらの中には、場合によっては傷害に至る路上強盗や、自動車盗などの損害の大きな窃盗も含まれる。また、地域によっては自販機荒らしや事務所荒らしのような事業者に損害を与える犯罪もあるし、放火のように被害が拡がるおそれのある凶悪犯罪が起きる場合もある。

こうした犯罪は、道路の形態や土地・建物の利用など、まちや場所の特性によって発生状況が異なる。例えば、ひったくりは歩道と車道が分離されていない道路で多く発生していることが知られている。事務所荒らしは事務所が多い地域に集中していることは自明のとおりである。放火は道路沿いに置かれた着火対象物や空き家などに着火し、木造住宅密集地区では隣家に類焼する危険性が高い。ある調査によれば、ひったくりは 18 時から 24 時までの間に被害の 3 分の 2 が集中し、自動車盗は 3 分の 2 が 22 時から 9 時までの間に集中するなど、犯罪類型によって発生する時間帯も異なる。

警察は、全ての地域や時間帯で同じように警戒活動や取締活動を行なうことは難しい状況にあることから、それぞれの犯罪の特性に応じて、多発する地域や時間帯に重点を置き、警戒活動や取締活動をすすめてきた。それでも一定の限界がある。

2　犯罪不安と安心

もしかしたら自らや家族が犯罪に遭遇するかもしれないという犯罪不安も、身近な地域においては軽視できない犯罪問題である（犯罪不安感については、第14講Ⅳを参照）。

犯罪の被害に遭うことと犯罪の不安を感じることの間には直接的な関係はない。実際に、男性や若者の方が被害に遭う可能性は高いが、犯罪不安は女性や高齢者の方が強く感じている人が多いとされている。個人差だけでなく、地域による差もある。一般に、農村部よりも都市部に住む人々の方が犯罪不安を感じている人が多い。

こうした犯罪不安は、必ずしも刑法上の犯罪に対する不安に限らない。空き家の増加やゴミ出しのマナー違反、青少年が深夜に公園などでたむろしていることも、犯罪不安として受け止められがちである。住民たちは、これらを地域社会が衰退していること、あるいは統制されていないことの象徴として感じ、それが高い犯罪不安につながっている。

犯罪不安は、夜間の外出や一人歩きを控え、常日頃から用心するなど、普段の暮らしにも少なからぬ影響を及ぼすことがある。また、警察にはもっと警戒活動や取締活動を強化してほしいという要求が高まる場合もあり、犯罪不安は広く社会的にも軽視できない問題となっている。

3　犯罪の生じにくい環境整備の推進

地域における犯罪被害や犯罪不安が社会的な問題になると、関係行政機関は犯罪の生じにくい環境の整備から着手する傾向がある。警察庁が2000年2月に策定した「安全・安心まちづくり推進要綱」は、地方公共団体等と連携して犯罪の生じにくい環境整備の推進を図ったものである。1997年に建設省（当時）と警察庁が合同して実施した「安全・安心まちづくり手法調査」に基づき、日本の警察として初めて建築・まちづくりの関係機関に理解と協力を求めた。その後、大阪府安全なまちづくり条例（2002年3月施行）や東京都安全・安心まちづくり条例（2003年10月施行）など犯罪の生じにくい環境整備の推進を図る「安全・安心まちづくり条例」が次々と施行された。

❍コラム41　防犯環境設計（CPTED）の普及

欧米におけるCPTEDは、当時深刻化していた公営住宅団地の犯罪問題を、政治色のあまりない建築・都市デザイン論として議論したことが刑事司法機関の関係者を含め、広範な人々からの支持を得た最大の理由とされている。そこで、米国司法省がCPTEDのプログラムを一般住宅地や学校、商業地に適用して普及を図ったが、期待に応えられる成果が得られなかった。それでも、そのプログラムの導入に伴う窃盗犯など減少効果が認められることから、米国では、建築・都市計画に関するガイドラインや建築・都市開発のデザイン審査委員会（Design review committees）、英国では、改善団地プロジェクトや警察の建築連絡担当官制度（ALO）、防犯デザイン認定制度（SBD）等を通してCPTEDの手法が普及した。

こうした要綱策定や条例施行の背景には、ピッキングなどによる住宅侵入盗の増加や、大阪教育大学付属池田小学校事件（2001年6月）をはじめとした学校侵入暴力事件の続発があった。建築などの物的環境がこうした犯罪を誘発しているという見方が一般社会にも広がり、犯罪の生じにくい環境整備の推進が重要かつ喫緊の行政課題として浮上した。それに伴い、欧米から日本に導入された防犯環境設計という専門用語も一般社会に普及した。防犯環境設計は、欧米ではCPTED（Crime Prevention Through Environmental Design）と呼ばれており、その直訳どおり、物的な環境の設計を通した犯罪予防のアプローチである。

2　防犯環境設計（CPTED）の方法論

1　古くて新しいアプローチ

物的な環境による犯罪予防のアプローチは、古くて新しい。外敵から都市を守る方法まで含めると、古代まで遡る。諸外国の古い都市に見られる都市壁は、都市の周囲に高い壁を築き、往来は都市門に限定して侵入を防いだ。日本では、こうした都市壁は発達しなかったが、江戸の町人地ではそれぞれの町の境界に木戸門を設け、その脇には現代の交番のような番屋が置かれた。番屋には自警団が詰め、夜間になると木戸が閉められた。

近代になると、こうした都市壁や木戸門は、交通の邪魔になるとして除去されたが、ナポレオン3世の統治下で行なわれたパリの大改造では、狭い街路を拡幅整備し、大通りや広場からの監視性を確保するとともに、反政府勢力がバリケードを築けないようにした。つまり、都市を外に開きながらも、道路や空地を都市の中に生み出すことを通して社会統制を図った。こうした都市計画は、都市の近代化の波に乗って、19世紀後半から20世紀にかけて世界各地に広がった。しかし、他方では、米国の建築評論家のジェイン・ジェイコブス（Jane Jacobs）が『アメリカ大都市の死と生』の中で批判したように、地域社会を無視した行政主導の都市計画は、既成市街地の地域コミュニティを壊し、街路に注がれていた「多くの目」を失わせた。このような批判が渦巻く中、防犯環境設計（CPTED）の概念が生まれた。

2　防犯環境設計（CPTED）の概念

防犯環境設計（CPTED）は、1970年代初頭に米国の犯罪学者と建築学者が唱えた概念である。名称は、犯罪学者のC. レイ・ジェフリー（C. Ray Jeffrey）の著書 ‘Crime Prevention Through Environmental Design’ に由来する。ジェフリーは、当時の犯罪政策の無力さに失望し、代替策として環境設計による犯罪予防のモデルを提示した。すなわち、防犯に適した物的環境の形成と防犯に有用な社会的関係の育成の重要性と効果を指摘し、同著の改訂版で、監視性の向上と社会的凝集力の強化を重視した指針を示した。

一方、建築学者のオスカー・ニューマン（Oscar Newman）は、前述のジェイン・ジェイコブスの著書に着想を得て、居住者が自らの住む領域を自然に監視し、その領域に対する縄張り意識の形成がわかるように設計された空間を「守りやすい空間」の概念として示した。そして、都市化によって衰退したインフォーマルな社会統制の再生は、都市設計によって実現可能であることを主張した。

いずれも地域社会に依拠した社会的犯罪予防のアプローチを含む概念を示したが、物的な環境による状況的犯罪予防のアプローチに注目が集まった。

日本に導入された防犯環境設計の概念は、「守りやすい空間」と同様、地域コミュニティによる犯罪予防の促進に主眼が置かれていた。すなわち、住民の何気ない視線の確保や住民のコミュニティ意識の向上を図る環境設計は、犯行を思いとどまらせるだけでなく、住民に安心感をもたらし、その場所の利用機会を増大させ、結果的に安全性を高めるという間接的なアプローチであった。しかし、一般に普及した概念は、物的な環境によって犯行を制御する直接的なアプローチであった。これは、関係者以外の出入を管理して住宅や学校に侵入しにくくする方法であり、人の目の代わりに防犯カメラを設置する方法であった。その多くは建築部品や機械設備を活用した方法で、市場を通して普及した。

3　防犯環境設計の方法

日本の公的指針では、防犯環境設計の基本的方法として、「監視性の確保」「領域性の強化」「接近の制御」「被害対象の強化・回避」の 4 つが示されている。

このうち「監視性の確保」は、最も効果が期待されている方法である。物的環境の設計としては、見通しや照明により周囲からの「人の目」を確保する。日本では、防犯カメラも含めるが、欧米では自然に「人の目」を確保することを基本としている。

「領域性の強化」は、ニューマンが主張した方法であり、その場所の占有性を明示する建築的手法をいう。つまり、フェンス等の設置による物的な領域の明示だけでなく、花・植木等による玄関周りの演出、建物の維持管理等、外観の状態や生活行動によって心理的な領域を知覚させる方法をいう。

「接近の制御」とは、潜在的犯罪者が被害対象に接近することを制御する。住宅や学校を例にとれば、フェンスや門扉などにより敷地内への侵入を制御する。道路では、車道と歩道の間をガードレールや植栽帯などで分離して、ひったくり犯の接近を制御する方法もある。

「被害対象の強化・回避」は、破壊行為に強い錠やガラスにするなど、主として建物に関する方法である。屋外空間の場合は、自販機の扉をこじ開けられないように強くする、ブロック塀を生け垣に替えて落書きされにくいようにするなどの方法がある。

4　防犯環境設計の効果と問題

防犯環境設計は、物的な環境を改善することから、侵入盗や乗り物盗などの窃盗に対する予防の効果が認められている。例えば、錠や扉の強化により侵入の難度が高くなり、犯行の機会が減ることは容易に予想される。防犯カメラについても、駐車場における犯罪減少に効果があることが諸外国の調査において認められている。しかしながら、人を狙った犯罪については、移動を伴うために物的な環境の改善の効果は限定的である。

防犯環境設計は、さまざまな問題を抱えている。犯罪者は狙いにくい対象を避け、狙いやすい対象に移動するという「犯罪の転移」を伴う。また、建物や道路等の所有者や管理者に影響を与えるが、利用者や住民を遠ざけるという問題を抱えている。つまり、行き過ぎると人々のコミュニケーションや信頼関係の妨げになり、閉塞感の強い不自由な生活をもたらす。地域では、中長期的に犯罪予防の取り組みを進める上で重要な役割を担う地域コミュニティの存在やキーパーソンの参加をあまり考慮しなかった面が見られた。こうしたことから、地域においては安全・安心のまちづくりの展開が必要とされている。

3　安全・安心のまちづくりとは

1　まちづくりを通した安全・安心の向上

近年、防災や商業、福祉、景観など、さまざまな分野で「まちづくり」という言葉を用いた取り組みが進められている。ここでいう「まちづくり」とは、「まちをつくる」ことだけではない。道路や建物などの物的環境の整備のほか、いわゆる地域再生や地域協働の意味合いが込められている。つまり、地域社会における相互扶助や地域コミュニティの活性化など、住民の主体的な取り組み、あるいは行政と市民の協働（cooperation）による諸活動を通して、地域社会が抱えている課題の解決を図ろうとする一連のプロセスをいう。

地域社会において複数の主体が何らかの目標を共有し、互いに連携・協力して行なわれる「まちづくり」は、1995年の阪神・淡路大震災において、その意義が再認識された。すなわち、あのような不可抗力の大地震に対して被害を最小限にとどめるには、平常時からの物的環境の整備に加え、住民の主体的な相互扶助が重要であり、行政と市民の協働が不可欠であることが改めて認識された。

安全・安心のまちづくりは、阪神・淡路大震災後、行政の施策として積極的に取り上げられてきた。広義にとらえれば、地域社会の安全・安心に関わる課題の解決に向けたまちづくりであり、まちづくりを通して災害や犯罪、事故等からの安全・安心の向上を図る住民主体または官民協働のプロセスであるが、犯罪からの安全・安心のまちづくりという狭義の概念が普及している。

❍コラム42　まちづくりの概念

まちづくりという用語は、多義的に使用されており、その概念はあいまいであるが、そのルーツを辿ると、物的な環境の計画を行政主導で行う「都市計画」に対する概念であり、社会的な計画を組み合わせた、行政と市民の協働を指す。英語のcommunity designやcommunity developmentがまちづくりに相当する。これに対し、警察庁の「安全・安心まちづくり推進要綱」や各都道府県の「安全・安心まちづくり条例」及び関係省庁の「防犯まちづくり」は、主として物的な環境の整備又は管理を「まちづくり」と呼び、地域住民等による自主防犯活動に係る取組みと併せて、「安全・安心まちづくり」又は「防犯まちづくり」と呼んでいる。

2　自主防犯活動との組み合わせ

国土交通省、警察庁、文部科学省の関係各局と内閣府都市再生本部事務局で構成される防犯まちづくり関係省庁協議会は、それまで接点が乏しかった自主防犯活動とまちづくりを相互に組み合わせた取り組みを「防犯まちづくり」と称し、2003年7月にその推進について関係省庁として取り組むべき施策を取りまとめ、発表した。そこでは、身近な地域における犯罪の予防を図るには、地域の特性を踏まえつつ、関係機関や関係団体が相互に連携し、長期的な視点にたって、防犯に配慮した道路や公園、学校、集合住宅等の整備と管理を推進することが重要であるとした。

さらに、内閣総理大臣が主宰し全閣僚で構成される犯罪対策閣僚会議は、2005年6月に「安全・安心なまちづくり全国展開プラン」を決定し、安全・安心なまちづくりの国民的な運動の展開を図った。ここでいう「安全・安心なまちづくり」とは、「官民一体の取組みによる「犯罪の生じにくい環境の整備」と「自主防犯活動及びその支援」というハード面とソフト面の両面からのアプローチをいい、この全国展開プランは「住民参加型の安全・安心なまちづくり全国展開」、「住まいと子どもの安全確保」、「健全で魅力あふれる繁華街・歓楽街の再生」の三つの柱からなる60あまりの施策を取りまとめた。

3　自主防犯パトロールの効果と問題

地域の自主防犯活動に取組む住民・ボランティア団体が年々増えている。警察庁が全国の都道府県警察の協力を得て調べたところによると、2018年末には約4万7,000団体あり、その構成員数は約260万人である。そのうち、徒歩によるパトロールを行なっている団体は約8割を占めている。

自主防犯パトロールは、集団ではなく、一人で犬の散歩や買い物しながら行なうものも少なくない。その目的は、犯行現場を発見する機会を高めることだけに限らず、地域の活性化や環境浄化、住民の連帯感の向上など多様である。防犯灯のたま切れや樹木の繁茂、迷惑駐車のチェックなど、防犯診断を兼ねて行うケースもある。

住宅地における自主防犯パトロールは総じて、犯罪発生の減少と犯罪不安の緩和に効果が認められている。諸外国の調査によると、パトロールを実施した地域の犯罪率は、それ以前より減少しており、行なわれていなかった地域よりも減少していることが明らかにされている。ただし、パトロールの頻度や住民の認知度合によって効果に差が見られる。

一般に、パトロールの参加者は、地域に対する責任感が強く、他の地域活動にも参加している住民が多いとされている。しかし、人数は限られており、参加者の高齢化や活動時間帯の限界、他団体との連携不足などが問題視されている。

4　計画的な安全・安心のまちづくりの展開

1　地域におけるさまざまなまちづくり活動

地域においては、パトロール以外にもさまざまな自主防犯活動が行なわれている。例えば、学校やPTAでは、地域の不安箇所・危険箇所の点検結果を地図上に記す地域安全マップづくりが進められている。子ども自身の危機回避能力の向上だけでなく、地域への愛着を深めることや地域の環境改善を目的とするマップづくりも見られる。また、緊急避難場所の「子ども110番の家」をウオークラリーとしてめぐるイベントが各地で行なわれている。いずれも、地域の現状を点検・評価する取組みであり、コミュニケーションを図る契機やツールになっている。

目を転ずると、住民参加による公園・緑地の清掃や樹木の剪定、花いっぱい運動、迷惑駐車の対策、老朽ブロック塀の改善、商店街の活性化、建築のルールづくりなど、様々なまちづくり活動が行われている。それらを防犯に関する取組みとして位置づけると、青少年による公園のゴミ拾いや花いっぱい運動は、環境浄化だけでなく、非行防止につながるし、「多くの目」を確保する契機にもなる。老朽ブロック塀の改善は、地震時の倒壊防止や景観形成だけでなく、敷地内外の見通しの確保や侵入の足場の除去といった防犯環境設計の実践につながる。

前述した防犯まちづくり関係省庁協議会は、「防犯まちづくりにおいては、防犯に特化した活動だけが重要であるのではない。日ごろから快適で活力のあるまちをつくることが防犯にも効果を有するとの観点に立って、幅広い視野から取り組むことが望ましい」として、従来の防犯の取り組みをまちづくりの領域に拡大した。

2　ソーシャル・キャピタルの醸成

近年、さまざまな学問分野で、ソーシャル・キャピタル（社会関係資本）という概念が取り上げられている。これは、人々の協調活動の活発化により社会の効率性が向上できるという考え方から、人々の信頼関係や互酬性の規範、社会的ネットワークなどの社会組織の重要性を説く概念である。

安全・安心のまちづくりに換言すれば、地域社会に存在する個人間や団体間の信頼関係や互酬性の規範などは、地域社会にとって有用な資本であり、それに基づく関係者の協調行動を活発にすることによって地域社会の安全性を効率的に高めることができるという地域協働の概念である。

米国の政治学者のロバート・パットナムによれば、そのタイプは、内部志向的な「結合型」と異なる組織間をつなぐ「橋渡し型」があり、発展的な展開には後者がより重要とされている。すなわち、自治会やPTA、商店会などが相互に連携・協力した活動の展開、NPOや大学など地域外の団体とのネットワークの重要性を示唆している。

3 マネジメントサイクルの展開

災害や事故などからの安全に関するリスクマネジメントにおいては、計画（Plan）、実行（Do）、評価（Check）、改善（Act）のPDCAモデルに基づく継続的なマネジメントサイクルの展開が求められている。犯罪からの安全についても、米国や英国では、状況判断（Scanning）、分析（Analysis）、対応（Response）、評価（Assessment）の一連の流れをSARAモデルと称して、現場での問題解決を進めている。日本でも最近、GIS（地理情報システム）等を活用して、地域の状況に即した効率的な犯罪対策が進められている。

WHO（世界保健機関）の関係機関が推進しているセーフコミュニティと呼ばれる世界的な認証制度も、マネジメントサイクルを組み入れている。同制度は、認証対象を地方自治体とし、犯罪や事故など広義な安全・安心のまちづくりの活動基盤の構築や国内外のネットワークへの参加を促進しており、日本でも2019年9月末現在、全国で16都市が国際認証を得ている。

狭義の安全・安心のまちづくりは、住民の自主性・主体性に委ねられているため、行政機関と同じようにマネジメントサイクルを展開することは困難であるが、小学校区などを単位とした関係団体と警察や自治体の協議会が協働して防犯まちづくり計画を立案して実行を促進し、それらを評価・改善する試みが市川市などのいくつかの地域で試みられている。

参考文献

・Steven. P. Lab. (2004), "Crime Prevention, Fifth Edition Approaches, Practices and Evaluations" スティーブン P. ラブ「犯罪予防—方法，実践，評価—」(社会安全研究財団、2006 年)
・Jane Jacobs (1961), "The Death and Life of Great American Cities" New York：Random House, ジェイン・ジェイコブズ（山形浩生訳）「アメリカ大都市の死と生」(鹿島出版会、2010 年)
・C. Rey Jeffery (1971, 1977), "Crime Prevention Through Environmental Design" Beverly Hills, CA
・Oscar Newman (1972), "Defensible Space–Crime Prevention Through Urban Design" New York：Macmillan, オスカー・ニューマン（湯川利和・湯川聡子訳）「まもりやすい住空間—都市設計による犯罪防止」(鹿島出版会、1976 年)
・山本俊哉「安全・安心まちづくりの概念と都市像」日本都市計画学会：都市計画 256 号 23〜28 頁（2007 年）
・Welsh and Farrington (2002), "Crime Prevention Effects of Closed Circuit Television" A Systematic Review, London,UK; Home Office
・Schneider, R. H. and T. Kitchen. (2002), Planning for Crime Prevention, A trans Atlantic Perspective. Routledge, リチャード・H・シュナイダー、テッド・キッチン（防犯環境デザイン研究会訳）「犯罪予防とまちづくり—理論と米英における実践」(丸善、2006)
・神山憲一・玉川達也「安全・安心なまちづくりの推進について」警察学論集 58 巻 12 号 1–25 頁（2005 年）
・警察庁「自主防犯活動を行う地域住民・ボランティア団体の活動状況について」(2010 年)
・防犯まちづくり関係省庁協議会「防犯まちづくりの推進について」(2003 年)
・ロバート・パットナム「孤独なボウリング—米国コミュニティの崩壊と再生」(柏書房、2006 年)

Ⅳ　犯罪不安感

キーワード

犯罪不安感／割れ窓理論／秩序違反行為／シグナル犯罪

人々は、誰しも犯罪被害に遭いたくないし、また被害に遭う不安を抱えることなく安全で安心な社会生活を送ることを望んでいる。実際には、大半の人は犯罪被害に遭うことなく人生を終えるが、他方で、ほとんどの人が何らかの不安感を抱えている。これが問題とされるのは、犯罪被害体験や犯罪不安感が人々の「生活の質（quality of life）」を損ねるためである。たとえば、この地域は危険だから引っ越しを考える、夜間外出は控える、特定の道は危険だから遠回りをするというように、犯罪不安感はわれわれの行動を修正したり、制限したりする。簡単にいえば、毎日犯罪に怯えながら送る生活は、明らかに「生活の質」が低い。近年、犯罪学文献では、安全な生活だけでなく質の高い生活を目指すという論調が目立つ。

従来、犯罪学の焦点は、犯罪現象そのものに当てられてきた。しかし、英米において犯罪が激増した1980年頃から、犯罪不安感の改善は、犯罪が多発した地域社会における人々の強い要望から、警察が対処すべき優先課題の一つとして位置づけられ、様々な対策が実施されその効果が検証されている。また、各国で犯罪被害実態調査が行われるようになって、次第に、犯罪不安感が重要な社会問題、政治問題となり、これに関する論文や書籍が相当数刊行され、最近の海外の犯罪学教科書では必ずと言っていいほど、犯罪不安感の説明に紙幅が割かれている。これは、犯罪不安感が犯罪学の重要テーマの一つになったことを意味する。わが国においても、2000年以降、犯罪不安感に関する各種調査が定期的に実施されており、犯罪不安感が警察や地方自治体の治安対策部門における重要テーマの一つとして認識されている。

1 意　義

犯罪不安感（fear of crime）とは、自らが犯罪被害者になるという不安と一般的には解されている。具体的には、犯罪被害者になったり事件の目撃者になったり、それらを見聞するなど直接的間接的に犯罪に関わることについての認識である。この認識には、二つが区別されている。一つが情緒・感情（feeling）であり、もう一つが知覚・認知（perception, cognition）である。前者は深夜に大きな物音がしてどきっとした、といったように反射的な感情であり、後者は、公園付近は若者がたむろしていて怖そうだという知覚である。簡単に、情緒は「感じること」と知覚は「考えること」であると識別する論者もある。

この犯罪不安感が犯罪学における主要課題の一つになったのは、先に述べたように、英米における犯罪被害実態調査に負うところが大きい。とくに、1960年代のアメリカで、犯罪不安感に関する調査が行われたことが契機となっている。当時、アメリカでは、公的な犯罪統計の精度に関する疑念が示され、実態を正確に把握するために暗数（dark figure）調査が頻繁に実施された。つまり、公的犯罪統計は犯罪の実態を反映していないのではないか、それでは犯罪の実態はどうか、という統計と実態の乖離問題である。これらの調査の中で、実際の犯罪被害経験の有無のほかに、犯罪に対する市民の懸念（concern, alarm）の程度も質問項目に加えられるようになった。これが、犯罪不安感に焦点が大々的に当てられるようになった起源とされる。当初、アメリカでは犯罪不安感は、貧困や民族少数派など特定の社会階層や人種と結びついた現象として捉えられていた。しかし、その後、徐々に、全国レベルから地方レベルへ、犯罪全般に関する不安感から個別具体的な不安感へと調査対象が変化した。すなわち、犯罪に関する一般的な社会的関心事から個人的問題へ焦点が移ってきたのである。具体的には、犯罪類型、性別、年齢、人種などで犯罪不安感に違いはあるのか。なぜ、人々は犯罪を不安に思うのか、あるいは逆に、思わないのか。犯罪被害経験者は被害経験のない者よりも犯罪不安感が高いのか。これらの疑問に答えるために種々の調査が実施され、一定の知見が示されている。

なお、犯罪不安感が過度に高まると、地域住民間の相互不信によって地域統制力を弱めることになり、他方、刑事司法機関への不信感（いわゆる正統性（legitimacy）の問題）も高まることによって、人々は私的警備の強化に走り、また、犯罪者への敵意から厳罰的な立法を求めることが指摘されている。反対に、高い犯罪発生レベルにありながら、犯罪不安感が低いか、無関心である場合、犯罪に対して無警戒になることから被害リスクが増大する。したがって、いずれにしても、実際の犯罪レベルと乖離した犯罪不安感は問題が多い。

2 理　論

1 割れ窓理論

割れ窓理論は、1982年にジェイムズ・ウィルソン（James Q.Wilson）とジョージ・ケリング（George Kelling）が唱えた理論で（J. Q. Wilson and G. L. Kelling, 1982）、その後、1996年にはケリングがコールズとの共著で改訂している（C. M. Coles and G. L. Kelling, 1996）。その主張はきわめて単純で、地域社会において軽微な犯罪や秩序違反行為に注意を払わなければ、当該地域は衰退し、凶悪な犯罪に発展して犯罪多発地帯に転じるとした。この場合、「割れ窓」は文字通り隠喩であり、住宅の窓が一枚破られたとき、地域住民が警察などに通報することなく、また修復もしないまま放置すると、犯行者はこれらの住宅や地域はこの種の問題に関心がない、あるいは寛容であると考え、さらに多くの窓を割るようになり、地域環境の悪化とともに、次第に重大な犯罪や違反行為へと変化し、他方で他の場所からもこの種の犯罪や違反行為者がこの地域に移動するようになる。この結果、いわば犯罪多発地帯化するというのである。言い換えれば、未修復の割れ窓を放置すると、誰も気にしないというシグナルが潜在的犯行者を含む不特定の人々に送信されることになる。そこで、地域住民が軽微な地域問題であっても関心を持つことが犯罪予防に繋がり、警察も重大犯罪だけでなく些細な秩序違反行為にも適切な対応が必要であると説いたのである。このように、割れ窓理論は地域の犯罪不安の要因を解明し、かつその対策を示唆した。しかしながら、このような主張に対して問題となるのが、はたしてこれらの主張は実証されているかという点である。実は、あまり知られていない事実として、割れ窓理論は、著者自らが実証的調査を行って結論に達したというよりも、他の理論をいくつか組み合わせて構築された理論であることである。基になった理論の中で著名なのは心理学者ジンバルドーの実験であった。近年の研究によると、秩序違反行為を放置すると、確かに秩序違反行為は地域に蔓延するが、重大犯罪が増加したという証拠は獲得されていないとして、割れ窓理論は実証されていないとするのが現在の定説である。

❍コラム43　ジンバルドーの実験

1969年フィリップ・ジンバルドー（Phillip Zimbardo）の研究チームは、アメリカの2か所を実験場所として選択し、それぞれ1台の中古自動車を路上に意図的に放置して、地域住民がどのような反応を示すかを調べた。その地区の一方は極めて治安の悪いニューヨーク市ブロンクス地区、他方は高級住宅街で名高いカリフォルニア州サンタクララ郡パロアルト地区であった。実験の結果、前者においては自動車放置後10分以内に通行人によって破壊され始め、26時間後には全部品が盗み出され、3日経過後には全面的に破壊された。ところが、後者では2週間放置した後も誰も破壊することはなかった。そこで、実験者はあえてその車の窓を破壊して放置し、さらに様子をみたところ、ここでも数時間後には車はほぼ完全に破壊された。ジンバルドーの仮説は、「ある地域において統制されていない証拠があり、犯罪行動が許容されることを示す視覚的手がかりがあれば、個人は逸脱に駆り立てられる」というものであった。割れ窓理論はこの実験を根拠の一つとしている。

2　シグナル犯罪論

近年、イギリスにおいて、マーティン・インズ（Martin Innes）が提唱するシグナル犯罪論が注目を浴びている（M. Innes, 2014）。シグナル犯罪とは、地域の人々の不安感に対して、突出して大きな影響を与える犯罪をいう。他方、影響を与えるのが秩序違反の場合にはシグナル無秩序（signal disorder）という。つまり、全ての犯罪や秩序違反が人々の犯罪不安感に等しく影響を与えているのではなく、特定の犯罪や秩序違反が犯罪不安感に強い影響を与えているという。たとえば、地域で薬物取引が行われ、売人や依存者が地域内を徘徊している場合、この薬物取引がシグナル犯罪である。

この理論の根底にあるのは、社会記号論および象徴的相互作用論である。つまり、インズは、犯罪不安を「問題の出来事に遭遇して引き起こされた特定形態に対する常態的な情緒や身体に基づく反動」と定義し、地域のシグナルは住民の知覚や解釈の相互作用から生まれるとしたのである。簡単に言えば、「シグナル犯罪」とは、特定の犯罪や秩序違反行為が、人々が感じたり知覚したりする不安感に不釣合いなほど大きなインパクトを与えるという視点である。この概念は、2000年代、イギリスで犯罪率は減少傾向にありながら、公衆の不安は高いままにあったため、その理由や警察の対応が議論される経緯で生まれた。インズによると、犯罪学文献には犯罪・秩序違反行為に対する公衆の理解を説明する一貫した理論が欠如しており、人々はどのようにして不安感を構築していくのかを問題とした。そこで出された答えが、「一部の犯罪と秩序違反行為は人々にとって、そのリスク知覚を形成するうえで他よりも重要である」というものであった。たとえば、家庭内のDVによる夫の妻殺害は、殺人とはいえ、社会一般では基本的に他人事であり、それほど大きな不安や恐怖心を引き起こさないが、下校途中の幼女が誘拐、殺害されればはるかに大きな不安を引き起こすことは間違いがない。これがシグナル犯罪であり、この幼女誘拐殺害事件では、これが潜在的リスクとしてコミュニティに伝達されるから地域の他の住民にも不安感が高まるのだという。このシグナルの観点から、普通の人々は日常生活で遭遇する一定の場所、人、状況をリスキーと考えるのであり、インズは、これがシグナルとして伝達される社会記号論的過程を分析したのである。

インズはロンドン市内において調査を行ったところ、不安感に影響を与えるのは犯罪よりも秩序違反行為であることを発見した。これは滅多に遭遇しない凶悪な犯罪よりも、日常的に遭遇する軽微な犯罪や秩序違反行為が日々繰り返される方が、不安感は大きいことによる。実際インズが作成した図表

図表 14(4)-1　地域住民が認識した不安感

	A 地区	B 地区	C 地区	D 地区	E 地区	F 地区
1 位	薬物	若者のうろつき	若者のうろつき	若者のうろつき	若者のうろつき	薬物
2 位	若者のうろつき	ゴミ放棄	落書き ゴミ放棄立ち小便	破壊行為器物損壊	薬物	若者のうろつき
3 位	暴行	器物損壊	器物損壊	暴動 公然飲酒	器物損壊落書き	公然飲酒
4 位	侵入盗	公然飲酒	暴動 路上強盗	公道での車レース スケボー	乗り物放置	反社会的隣人
5 位	路上強盗	暴動 車の暴走	薬物	殺人	侵入盗	器物損壊
6 位	公然飲酒	口頭での虐待	侵入盗		口頭での虐待	ギャング

出典：Innes, M. et al (2004) Signal Crimes and Reassurance Policing (vol. 1).

14(4)-1 をみると、明らかに比較的軽微な行為が上位にあり、逆に犯罪行為は下位に位置づけられている。地域社会の人々にとって、連日遭遇する「若者のうろつき」が滅多に被害に遭わない侵入窃盗よりも不安であることを示している。

また、インズやボトムズは、地域にはシグナル犯罪とは逆に、統制シグナル（control signal）があると指摘する（A. Bottoms, 2009）。統制シグナルとは、不安感とは逆に、人々に安心感を与える要素である。たとえば、警察などの公的機関や地域独自の活動は住民の安全・安心の知覚に影響を与える。つまり、これらの活動は言い換えれば、「安心シグナル」である（守山、2014）。

❍コラム 44　統制・安心シグナル

このような例はシカゴ市にみられた。ある地区は犯罪率が高いにもかかわらず、住民調査では高い安心度が示され、地域に対する満足度も高いという結果が得られた。そこで、どのような社会的条件があれば安心感につながるのかを調べたところ、この地区には安心の可視的サインが存在したという。一つには、地域において団体や機関の活動が活発であり、しかも近くには湖に面した風光明媚なリンカーン公園があり、また最寄りにはデュ・パウル大学があり、このような景観の良さ（ゲシュタルト効果）や便利さが高い犯罪率を相殺しているという。

3　リスク不安パラドックス（risk–fear paradox）

「コミュニティの犯罪不安感は、その犯罪行動のレベルによって引き起こされる」、すなわち、「犯罪が不安感の原因である」という仮説に疑問を呈するのが、スティーブン・ファーラルら（Stephen Farrall et. al, 2007）である。1970年代から1980年代の不安感研究では、なぜ一部の者が犯罪不安を報告し他の者は報告しないのかという疑問を理解するために犯罪リスクと個人の犯罪被害経験の二つが重要であった。犯罪不安感は被害経験の産物と見なされていたからである。より多くの被害経験や被害化の可能性が不安感の増大につながっていると考えられていたのである。

もっとも、1980年代から1990年代の実証研究によれば、「犯罪が不安感の原因である」という主張は、部分的にしか支持されないことが明らかになった。つまり、直接的な被害経験は、特定の犯罪類型の不安感に関連するものの、犯罪不安感の有力な原因ではないとされる。このように、犯罪不安感と犯罪レベル、犯罪不安感と個人的な被害経験の間の弱い相関関係から、ファーラルらは、人々は被害に遭う可能性よりも犯罪について多くの不安を感じているという「リスク不安パラドックス（risk–fear paradox）」を指摘する。つまり、客観的な犯罪リスクと主観的な不安感の間が乖離しているのである。この状況は後述するように、わが国の犯罪状況と不安感の関係に近似する。また、実際には被害化リスクの高い社会集団の一部は比較的不安感を感じていないこと（たとえば、若年男性）、被害化リスクが低い社会集団の一部は比較的不安感を感じていること（たとえば、高齢女性）といった事実も、「リスク不安パラドックス」の主張を補強する。

3　実態調査

1　わが国の各種不安感調査

わが国でも犯罪不安感や治安に関する実態調査が数多く行われている。代表的な調査としては、「治安に関する世論調査」（内閣府)、「社会意識に関する世論調査」（内閣府)、「犯罪被害者実態（暗数）調査」（法務省)、「都内の治安に関するアンケート」（警視庁）などがある。図表14(4)–2は、これらをまとめたものである。

2　調査結果

これらの調査を総合的に考察すると、おおむね次のような知見が示されている。

①男女別

・不安感は男性よりも女性の方が高い
・同居の家族に対する不安は、男性よりも女性の方がやや高い
・男性は「繁華街」、「ゲームセンター、パチンコ店、映画館等の娯楽施設」など多くの人が集まり出入りしそうな遊興の場で不安を感じやすい
・女性は「電車やバスなどの乗り物の中」や「エレベーター」など密室になりやすい空間で不安を感じやすい
・女性の方が男性よりも夜間の一人歩きについて不安感が顕著に高い
・自分が犯罪に巻き込まれるかもしれないという不安・被害リスクは、男性よりも女性が多い

②年齢別

・30歳代、40歳代の犯罪不安感が高く、高齢者層70歳以上は低い

③地域別

・地方、小規模都市よりも大都市で犯罪不安感が高い

④不安箇所

・不安を感じる場所は、路上、繁華街、駅、インターネット空間が高い

図表 14(4)-2 犯罪不安感や治安に関する主な実態調査

		東京都調査 (2011 年)	警視庁調査 (2012 年)	内閣府調査 (2012 年)
回答者数		2,009 名	929 名	1,956 名
対象者		都内居住の 20 歳以上	都内在住・通勤通学の 18 歳以上 (公募)	全国 20 歳以上
調査方法		個別訪問面接	インターネット	個別訪問面接
質問項目と回答の特徴	日本は安全な国か			そう思う 59.7% そう思わない 39.4%
	治安傾向の認識	悪くなった 33.2% (うち、どちらかというと悪くなった 28.1%) よくなった 15.1%	悪くなった 33.9% (うち、比較的悪くなった 28.2%) よくなった 27.0%	悪くなった 81.1% (うち、どちらかというと悪くなった 52.6%) よくなった 15.8%
	犯罪被害遭遇の不安	不安を感じる 53.1% 不安を感じない 46.7%	不安を感じる 77.3% 不安を感じない 22.7%	
	治安悪化と感じる理由	①マナー違反増加 ②不審者遭遇 ③ニュース見聞	①ニュース見聞 ②マナー悪化 ③ネット有害情報	①地域の連帯意識希薄 ②景気の悪化 ③情報の氾濫
	不安な場所	①路上 ②繁華街 ③インターネット		①繁華街 ②路上 ③インターネット
	不安な犯罪	①空き巣 ②ひったくり ③通り魔	①侵入盗 ②ひったくり ③凶悪犯罪	①侵入盗 ②すり・ひったくり ③暴行・傷害
	取締り要望の強い犯罪			①交通犯罪 ②凶悪犯罪 ③粗暴犯罪
	取組み要望の強い措置	①防犯カメラ ②照明灯 ③防犯パトロール	①警察官パトロール ②防犯カメラ ③少年の規範化	

※守山ほか「犯罪現象と住民意識」犯罪と非行 176 号 (2013 年)

⑥被害リスク

・一般に、自分自身は犯罪の被害に遭う可能性は低いだろうとリスクを低く見積もる傾向にある

⑦態様別不安

・インターネット空間に対する犯罪不安感やリスク知覚が高まっている

・夜間の一人歩きに対する不安は、男性よりも女性、60 歳以上よりも 59 歳以下、離婚・別居等よりも既婚・同棲、世帯被害経験なしよりもあり、個人被害経験なしよりもありが有意に高い

・不法侵入の被害に遭う不安は、一戸建て住宅がそれ以外に比べて、男性よりも女性、世帯被害なしよりもあり、個人被害なしよりもありが有意に高い

・自分が巻き込まれるかもしれないと思う犯罪、「侵入窃盗」、「凶悪犯罪」、「ネット犯罪」、「ひったくり」、「暴行・傷害」の順である

3　治安調査の問題点

わが国で従来行われてきた治安調査の特徴をみると、全般的に次の点を指摘しうる。①全国ないし自治体内部において、一律無作為に調査対象が抽出されてサンプリングされ地域ごとの不安感が無視されていること、②不安感・リスク知覚の対象は「犯罪行為（刑法違反行為）」に限定されていること、③不安感のみ（不安シグナル）が質問事項となっており、安心シグナルに関する考察が欠けていること、④犯罪に対する反応として「不安」という一種の感情だけで設問を構成され、感情と知覚が識別されていないこと、⑤調査方法として、アンケート調査票による質問紙記入方式のみが採用されて質的観察が行われていないこと、などである。

これらの手法は、不安感の実態を分析するには不十分である。その理由は、後述のケニス・フエラーロ（Kenneth Ferraro）やインズの指摘に鑑みると、第 1 に犯罪には地域特性があり、それに対応して不安感にも同様の特性があると考えられるからである。したがって、地域の不安要素である「不安シグナル」（インズのシグナル犯罪をヒントに「安心シグナル」と対をなる用語。守山ほか（2014）参照）を調査し、地域固有の不安感を明らかにする必要が

ある。第2に、前述のように人々の不安感に影響しているのは「犯罪行為」だけでなく、犯罪とはいえない秩序違反行為、迷惑行為、不品行や無秩序状態（物理的、社会的）も含まれ、むしろこれらの要素の方が不安感に対する影響は強いと考えられる。第3に、不安感を理解するうえでは、地域における不安要素だけでなく、逆に安心要素も調べる必要がある。いわゆる「安心シグナル」である（コラム44参照）。第4に、犯罪や秩序違反行為、無秩序状態に対する人々の反応は、図表14(4)-3が示すように、たんに「不安」という1種の感情ではなく、その他、「腹立たしい」、「不快」、「怖い」なども含まれている可能性があり、「不安感」自体の構造にも注意する必要がある。第5に、不安という感情の発露はいわば結果であり、不安感を解明するには、人々が不安要素をどのように解釈したかが問題であり、それを知るためには調査票の記入（量的観察）だけでなく、実際に住民に対して面接調査（質的観察）を行う必要がある。

図表14(4)-3　不安シグナルの感情効果に関する対応分析

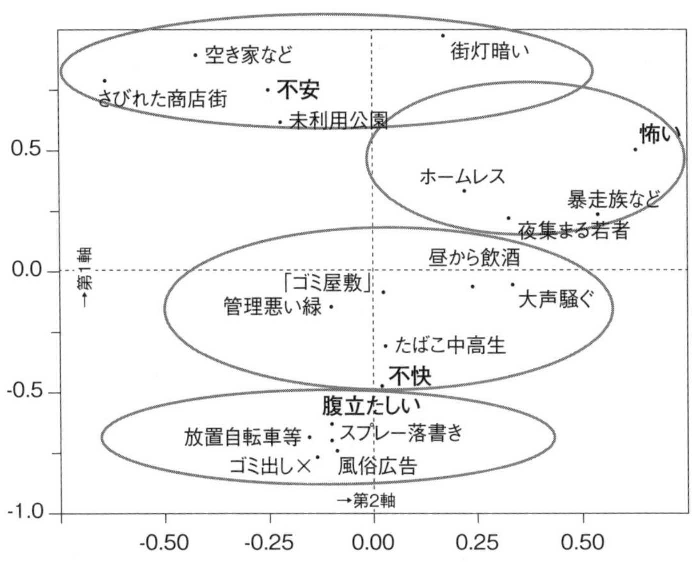

出典：守山正ほか「公的犯罪統計と体感治安の乖離に関する日英比較研究」日工組社会安全財団2013年度共同研究助成報告書（2014年）11頁

4 課　題

1 概念の整理

上記のように、犯罪不安感については、国内外で種々の調査研究が行われてきたが、概念自体は必ずしも明らかではない。これに類する用語として、わが国固有の「体感治安」がある。これは、文字通り人が体で感じる治安状況に関する認識・知覚であって、かりに現実の治安状況が良好であっても、実感する治安は異なるという含意がある。特に、90 年代中葉から警察が使用し始めた造語とされる。他方、欧米では、犯罪不安感は、「犯罪や犯罪に関連するシンボルに対する情緒的反応」とされるが、不安の中には情緒的部分と知覚的部分を含むがゆえに、両者を識別すべきとする議論が有力になりつつある。これについては、上述のアメリカのフエラーロやイギリスのインズの主張が参考になる。フエラーロは、人々が自分自身の犯罪被害リスクをどのように解釈するのかを考察し、従来、多くの研究が被害リスクや知覚されたリスクを明らかにしなかったことに鑑み、環境的、個人的変数を利用して罪種別の「知覚されたリスク（perceived risk）」を分析した（K. Ferraro, 1995）。インズは、さらに、不安感がシグナルとして地域住民に伝達される構造を明らかにし、不安が単なる感情ではないことを警告した。

わが国の不安感、体感治安も概念的には整理すべきであろう。考えてみれば、体感治安の「治安」という語は、通常個人レベルでは用いられない。「治安のよい家庭」とは言わないが、「この地域は治安が良い」と言われることから体感治安は集合的レベル、地域レベルの治安状況を示すものと思われる。そのように考えると、地域の治安、つまり体感治安は知覚として考えるべきである。たとえば、幼い子どもと同居しない高齢者家庭では、個人的には犯罪不安がないにしても、居住地域で児童誘拐事件が発生すれば、集合的な意味では不安を感じるはずである。この事件によって、「この地域は治安が悪化している」というシグナルが伝達されるからである。このように、犯罪不安感は個人レベルと地域レベルで分けて考えるべきであろう。このような観点を意識して行ったのが守山ほか「公的犯罪統計と体感治安の乖離に関する日英比較研究」(2014年) である。

2 犯罪不安感研究に基づく対策

イギリスでは、地域の安全指標として、①地域の集合的効力、②夜間の安全感、③警察への信頼、④社会的無秩序の問題知覚、⑤物理的無秩序の問題知覚、などが指摘されている。つまり、不安感を解消するには、これらの要素をクリアする必要がある。地域の集合的効力 (collective efficacy) とはサンプソンら (R. J. Sampson et al. 1997) の造語で、地域力に類似する概念に近い。とくに大都市の中流階層の地域では、人々の相互信頼はそれほど強くないが、ひとたび地域に問題が発生すると人々が団結して事柄に対処する状況を意味し、これが不安感解消の大きな力になると主張する。また、地域が安全かどうかの目安は「夜間のひとり歩き」であるという。これはわが国ではそれほど大きな指標にならないが、女性や高齢者には基準となる場合もあろう。次に警察への信頼感であるが、これは欧米では大きな問題となっており、当然、信頼度が低いと住民は自衛を強いられる。社会的無秩序、物理的無秩序の認識、とくに後者はわが国でもあまり注目されなかった事項であるが、近年空き家の増加などが放火の契機やホームレスのたまり場の問題などを引き起こしており、不安感低下の問題に限らず、これらへの対応は当然、必要である。

上述の通り、犯罪不安感を放置することは、人々の生活の質の低下、具体的な犯罪被害や目撃体験、警察等の刑事司法機関への信頼の低下、ひいては人々の厳罰的な態度へとつながる可能性がある。したがって、犯罪減少期にあっても、犯罪だけではなく犯罪不安感への対応の必要性は増している。

そこで、地域ごとに、いつ、どこで、どのような犯罪や秩序違反行為に対してどのような不安を感じるのかを調査し実態を把握する必要がある。たとえば、犯罪不安感マップを作成し、犯罪発生マップと比較することで、犯罪不安喚起地点と犯罪発生地点の重複・差異を可視化すれば、具体的な対応策を検討することができよう。

いずれにせよ、犯罪不安感については、大規模かつ定期的な実態調査と統計解析が行われ、わが国でも一定の知見は得られてはいるものの、各地域レベルでの犯罪不安感の実態解明にはさらなる調査研究が必要である。また、各地域の不安シグナルと安心シグナルの解析も課題である。この点についても調査研究を進め、犯罪不安感対策の成功事例・失敗事例を収集し知見を集積していくことで、犯罪だけではなく犯罪不安感にも対処することができ、ひいては安全で安心な社会につながる。そこで、警察においては、たんに犯罪分析にとどまらず、被害分析、さらには不安感分析も行うべきであろう。

参考文献

・Coles, C. M. and Kelling, G. L.（1996）, Fixing Broken Windows: Restoring Order and Reducing Crime in Our Communities.

・Bottoms, A. E.（2009）, Disorder, Order and Control Signals, The British Journal of Sociology, vol-60, no.1, pp. 49–55.

・Farrall S., Emily G. and Jackson J.（2007）, Theorising the Fear of Crime：The Cultural and Social Significance of Insecurities about Crime, Experience and Expression in the Fear of Crime Working Paper No. 5.

・Ferraro, K.（1995）, Fear of Crime: Interpreting Dictimization Risk.

・Innes, M.（2014）, Singnal Crimes: Reactions to Crime, Disorder, and Control.

・Kelling, G. L. and Wilson, J. Q.（1982）, Broken Windows, Atlantic Monthly 249（3）pp. 29–38.

・McLaughlin, E. and Muncil, J.（eds）（2001）, The SAGE Dictionary of Crimimology.

・Sampson, R. J., Raudenbush S. and Earls F.（1997）, Neighborhoods and Violent Crime: A Multilevel Study of Collective Efficacy, Science no. 277, pp. 918–924.

・守山　正、瀬渡章子、小島隆矢、中迫由実、渡邉泰洋「公的犯罪統計と体感治安の乖離に関する日英比較研究」日工組社会安全財団 2013 年度共同研究助成報告書（2014 年）

・守山　正 「犯罪不安感に関する一考察〜『シグナル』犯罪を手がかりに」 拓殖大学論集（法律・政治・経済編） 政治経済研究所 17（1）43–64 頁（2014 年）

・守山　正、河合　潔、河合幹雄、小島隆矢『「犯罪現象と住民意識」〜犯罪不安感はどこから来るのか』犯罪と非行 176 号 18–65 頁（2013 年）

・法務総合研究所『犯罪被害に関する総合的研究』研究部報告 49（2013 年）

・樋村恭一、飯村治子、小出治「犯罪不安喚起空間と犯罪発生空間の関係に関する研究」都市計画報告集 2-1（0）、45–49 頁（2003 年）

・東京都生活文化局「都民生活に関する世論調査」（2011 年 11 月）

・警視庁「けいしちょう安全安心モニター制度第 1 回調査」（2012 年 7 月）

・内閣府政府広報室「治安に関する特別世論調査」の概要（2012 年 8 月）

・社会安全研究財団「犯罪に対する不安感等に関する調査研究：第 4 回調査報告書」（2011 年 3 月）
・日工組社会安全財団「犯罪に対する不安感等に関する調査研究：第 5 回調査報告書」（2015 年 5 月）

事項索引

ひ

ふ

へ

ほ

執筆者一覧（掲載順）

守 山　 正（もりやま ただし）拓殖大学政経学部教授

第 1 講、第 3 講Ⅱ、第 5 講Ⅲ、第 6 講Ⅰ、第 9 講、第 10 講、第 13 講Ⅱ、第 14 講Ⅱ

渡 邉 泰 洋（わたなべ やすひろ）拓殖大学政経学部特任講師

第 2 講、第 6 講Ⅱ、第 7 講Ⅱ、第 14 講Ⅳ

小 林 寿 一（こばやし じゅいち）科学警察研究所犯罪行動科学部長

第 3 講Ⅰ、第 7 講Ⅰ、第 11 講

鮎 川　 潤（あゆかわ じゅん）関西学院大学法学部教授

第 3 講Ⅲ

朴　 元 奎（ぱく うぉんきゅ）北九州市立大学名誉教授

第 3 講Ⅳ、第 4 講、第 5 講Ⅱ・Ⅳ

藤 野 京 子（ふじの きょうこ）早稲田大学文学学術院教授

第 5 講Ⅰ、第 13 講Ⅲ・Ⅴ

渡 邉 和 美（わたなべ かずみ）科学警察研究所犯罪行動科学部付主任研究官

第 8 講、第 13 講Ⅰ

辰 野 文 理（たつの ぶんり）国士舘大学法学部教授

第 10 講

河 合 幹 雄（かわい みきお）桐蔭横浜大学法学部教授・副学長

第 12 講

横 田 賀英子（よこた かえこ）科学警察研究所犯罪行動科学部捜査支援研究室長

第 13 講Ⅳ

瀬 渡 章 子（せと あきこ）奈良女子大学生活環境学部教授

第 14 講Ⅰ

山 本 俊 哉（やまもと としや）明治大学理工学部教授

第 14 講Ⅲ

ビギナーズ犯罪学［第2版］

2016年5月20日　初　版第1刷発行
2020年2月1日　第2版第1刷発行

編著者　守山　正
　　　　小林寿一

発行者　阿部成一

〒162-0041　東京都新宿区早稲田鶴巻町514番地

発行所　株式会社　成文堂

電話 03(3203)9201（代）Fax(3203)9206
http://www.seibundoh.co.jp

製版・印刷　シナノ印刷　　製本　弘伸製本

☆乱丁・落丁本はおとりかえいたします☆　**検印省略**

INSN987-4-7923-5294-3 C3032

定価（本体3200円＋税）